国家社科基金项目（17BYY031）结项成果

羌语词汇研究

邓春琴 黄美云 著

中国社会科学出版社

图书在版编目（CIP）数据

羌语词汇研究 / 邓春琴，黄美云著 . -- 北京：中国社会科学出版社，2024. 8. -- ISBN 978-7-5227-3732-4

Ⅰ . H274.3

中国国家版本馆 CIP 数据核字第 2024L2J818 号

出 版 人	赵剑英
责任编辑	宫京蕾
责任校对	王　龙
责任印制	郝美娜

出	版	中国社会科学出版社
社	址	北京鼓楼西大街甲 158 号
邮	编	100720
网	址	http：//www.csspw.cn
发 行 部		010-84083685
门 市 部		010-84029450
经	销	新华书店及其他书店

印刷装订		北京君升印刷有限公司
版	次	2024 年 8 月第 1 版
印	次	2024 年 8 月第 1 次印刷
开	本	710×1000　1/16
印	张	28
插	页	2
字	数	476 千字
定	价	158.00 元

凡购买中国社会科学出版社图书，如有质量问题请与本社营销中心联系调换
电话：010-84083683
版权所有　侵权必究

序

黄树先

　　羌语是汉藏语系中很重要的一支语言，以羌语为中心，形成了藏缅语族中颇有特色的羌语支。羌语支的研究迭经孙宏开、黄成龙等几代学者的孜孜探求，成果丰硕，已经成为汉藏语系研究的一个学术热点。羌语的研究，语音、语法研究的相对系统一些，成果也比较多，而词汇的研究就相对薄弱很多。邓春琴教授的《羌语词汇研究》，刚好可以弥补这一缺憾。

　　邓春琴教授的《羌语词汇研究》，广泛搜罗前辈时贤的相关研究，加上他亲赴羌寨的田野调查，精心构结是书，值得学界关注。捧读书稿，觉得有以下几点值得注意，拈出与同好共赏：

　　第一，核心词视角下的羌语词汇研究。词汇是一个庞大的系统，这个系统的基础是位于词汇核心位置的核心词。学者眼里的核心词容有些许的差异，但大致是相同的。本书依据斯瓦迪士的《百词表》来观察羌语的词汇。纲举才能目张，抓住了核心，如若挈裘领，诎五指而顿之，顺者不可胜数也。

　　第二，语义场的构建。斯瓦迪士的《百词表》其实就是一百个语义场，把看似一团散沙的词汇，顺理到一个个语义场中，从而形成一个个相互关联的网络。语义场的建立，可以看出不同词语以及不同语义场之间的联系。我们曾讨论过词语的发展演化路径，提出词语有派出和派进两种路径，根据这两种路径，就可以看出词语的分化与形成。本书根据百词表构建语义场，每一个语义场包涵若干个词语，羌语的来源与演变可以清楚地呈现出来。

　　第三，历史比较。我们主张在汉藏语研究的大背景下研究汉语词汇，推而广之，也应该在汉藏语研究的大背景下研究诸如羌语词汇研究之类的探索。邓春琴教授的羌语研究，从汉藏语研究的视角，对羌语词语的来源进行追溯，拿汉语以及其他汉藏语系诸语言跟羌语词语进行比较。不得其源，焉能顺理其流变。

第四，词义比较。词语数量庞大，变化多端，前人视为畏途。语义的演变，千奇百怪，但人类的思维大体一致，语义演变是有规律可循的。本书引入比较词义的研究方法，对羌语的语义就行梳理。词义比较就是语义类型学，是最近几年兴起的研究思路，在汉语词汇学研究中虽有尝试，但仍有待进一步加强。把语义类型学运用到民族语言里，系统地整理一个民族语言的词义演变，尚不多见。我们相信，语义类型学的引入，势必对民族语言研究，尤其是对民族语言词汇的研究产生很好的示范作用。

"羌语词汇研究"是国家社科基金资助的研究项目，经过几年的辛苦研究，拿出了完美的成果。除了上面提到的这几个特点外，还有不少可圈可点的地方。邓春琴教授硕士阶段研究辞书学，对汉语各个时期不同种类的辞书作过系统研究。博士阶段系统接受汉语词汇学训练，打下了坚实的基础。汉语的背景，转而研究民族语言，我们可以看到汉语研究传统及方法在本书中的印迹。同时，我们也相信，研究过民族语言后，对汉语词汇的理解定当不同。我们主张不同学科背景的学者，相互学习，互相渗透，多学科的交叉，一定可以做出出彩的、不同于以往的成果来。

目　　录

绪　论 ……………………………………………………………………（1）
　一　羌语词汇研究现状 …………………………………………（1）
　二　研究价值 ……………………………………………………（4）
　三　研究方法 ……………………………………………………（5）
　四　研究材料 ……………………………………………………（5）
第一章　名词核心词 ……………………………………………………（7）
　第一节　人物核心名词 …………………………………………（7）
　　一　woman（女）………………………………………………（8）
　　二　man（男）…………………………………………………（15）
　　三　person（人）………………………………………………（28）
　　四　name（名）…………………………………………………（32）
　第二节　动物核心名词 …………………………………………（35）
　　一　fish（鱼）…………………………………………………（35）
　　二　bird（鸟）…………………………………………………（38）
　　三　dog（犬）…………………………………………………（49）
　　四　louse（虱）…………………………………………………（71）
　第三节　植物类核心名词 ………………………………………（78）
　　一　tree（树）…………………………………………………（78）
　　二　seed（种子）………………………………………………（87）
　　三　leaf（叶子）………………………………………………（95）
　　四　root（根）…………………………………………………（97）
　　五　bark（树皮）………………………………………………（100）
　第四节　组织构件核心词 ………………………………………（100）

一　skin（皮）……………………………………（101）
二　flesh（肉）……………………………………（103）
三　blood（血）……………………………………（106）
四　bone（骨）……………………………………（107）
五　grease（油）…………………………………（109）
六　egg（卵）……………………………………（112）

第五节　头部构件核心词……………………………（114）
一　feather（羽/毛）……………………………（114）
二　head（头）……………………………………（117）
三　ear（耳）……………………………………（120）
四　eye（眼）……………………………………（122）
五　nose（鼻）……………………………………（125）
六　mouth（嘴/口）………………………………（127）
七　tooth（牙）…………………………………（131）
八　tongue（舌）…………………………………（133）
九　horn（角）……………………………………（135）

第六节　四肢构件核心词……………………………（137）
一　claw（爪）……………………………………（138）
二　foot（脚）……………………………………（140）
三　knee（膝）……………………………………（143）
四　hand（手）……………………………………（145）
五　tail（尾）……………………………………（148）

第七节　躯干构件核心词……………………………（151）
一　belly（腹）……………………………………（151）
二　neck（颈）……………………………………（153）
三　breasts（胸）………………………………（156）
四　heart（心）…………………………………（159）
五　liver（肝）…………………………………（163）

第八节　人工物核心词………………………………（165）
一　smoke（烟）…………………………………（165）
二　fire（火）……………………………………（168）
三　ash（灰）……………………………………（171）

第九节　星际自然物核心词 ……………………………………（173）
　　一　sun（日）……………………………………………（174）
　　二　moon（月）…………………………………………（178）
　　三　star（星）……………………………………………（182）
　　四　rain（雨）……………………………………………（186）
　　五　cloud（云）…………………………………………（189）
　　六　night（夜）…………………………………………（193）

第十节　地球自然物核心词 ……………………………………（197）
　　一　water（水）…………………………………………（197）
　　二　stone（石）…………………………………………（201）
　　三　earth（地）…………………………………………（207）
　　四　path（路）…………………………………………（216）
　　五　mountain（山）……………………………………（222）

第二章　动词核心词研究 …………………………………………（230）
　第一节　身体活动核心动词研究 ………………………………（230）
　　一　sleep（睡）…………………………………………（230）
　　二　lie（躺）……………………………………………（234）
　　三　sit（坐）……………………………………………（237）
　　四　stand（站立）………………………………………（242）
　　五　give（给）…………………………………………（246）

　第二节　五官动作核心动词研究 ………………………………（254）
　　一　drink（喝）…………………………………………（255）
　　二　eat（吃）……………………………………………（258）
　　三　bite（咬）……………………………………………（264）
　　四　say（说）……………………………………………（267）
　　五　see（看）……………………………………………（281）
　　六　hear（听）……………………………………………（289）
　　七　know（知）…………………………………………（297）

　第三节　消耗类核心动词 ………………………………………（304）
　　一　die（死）……………………………………………（304）
　　二　kill（杀）……………………………………………（308）
　　三　burn（烧）…………………………………………（313）

第四节　位移类核心动词 …………………………………（320）
　　一　swim（游）…………………………………………（320）
　　二　fly（飞）……………………………………………（322）
　　三　walk（走）…………………………………………（325）
　　四　come（来）…………………………………………（333）
第三章　核心形容词 ……………………………………………（355）
　第一节　量化属性核心形容词 …………………………………（355）
　　一　big（大）……………………………………………（355）
　　二　long（长）…………………………………………（362）
　　三　small（小）…………………………………………（368）
　　四　hot（热）……………………………………………（373）
　　五　cold（冷）…………………………………………（376）
　第二节　模糊属性核心形容词 …………………………………（378）
　　一　full（满）……………………………………………（378）
　　二　new（新）…………………………………………（384）
　　三　good（好）…………………………………………（388）
　　四　round（圆）…………………………………………（402）
　　五　dry（干）……………………………………………（405）
　第三节　颜色属性核心形容词 …………………………………（408）
　　一　red（红）……………………………………………（408）
　　二　green（绿）…………………………………………（412）
　　三　yellow（黄）…………………………………………（415）
　　四　white（白）…………………………………………（418）
　　五　black（黑）…………………………………………（423）
结　语 ……………………………………………………………（428）
参考文献 …………………………………………………………（430）

绪 论

现阶段，使用羌语的人主要分布在四川省茂县、汶川县、理县、小姓县、北川羌族自治县、阿坝藏族羌族自治州的黑水县。第六次人口普查数据显示，羌族人口共有309576人。本课题组成员的调查发现，当前，完全使用羌语作为母语的人口约2.8万人。随着经济全球化、城乡一体化的发展，民族交往加剧，使用羌语的人口越来越少。羌语已经处于濒危的边缘，亟待抢救。羌语语言研究是抢救、保护羌语的重要组成部分。

中国社会科学院民族学与人类学研究所、中央民族大学、四川省民族研究所、四川民族大学等机构的学者致力于羌语语言研究，成绩喜人。黄成龙先后在2018—2021年分别撰写了四篇有关羌语研究综述的论文。根据黄成龙的介绍及我们掌握的研究成果，现有羌语研究成果，语音、语法是羌语研究的"热门"，词汇是羌语研究的"冷门"。孙宏开认为："词汇研究是羌语研究的薄弱环节。"为了推动羌语词汇的研究和羌语的保护，对羌语词汇进行深入研究，迫在眉睫。现对羌语词汇研究进行梳理。

一 羌语词汇研究现状

现有羌语词汇研究成果，主要体现在以下方面：

（一）羌语词汇田野调查

田野调查是羌语词汇研究的重要组成部分。中华人民共和国成立前，羌语田野调查主要是学者个人行为，美国学者保尔斯（Gordon T. Bowles）、中国学者张琨、闻宥是羌语田野调查的杰出代表。保尔斯对四川大金川一带的羌语进行了田野调查，张琨对汶川县、理县的羌语进行了田野调查，闻宥对汶川县萝卜寨、瓦寺、后二枯以及理县的九子营、理番等地的羌语进行了田野调查。之后，他们都撰写了高质量的羌语调查报告。中华人民共和国成立后，羌语田野调查既有国家行为，又有学者个人行为。20世纪五六十年代，中国科学院哲学社会科学部（现中国社会科学院）曾组织工作队对少数民族语言和历史文化进行普查。孙宏开、黄布凡等隶属第七工作组，负责羌语调查，共调查了32个方言点，每个调查点都记录了3000多个常用词。可惜，这些常用词材料大部分没有公布。尔后，孙宏开又只身至理县桃坪乡进行补充调查，为《羌语简志》的编写奠定了基础。刘光坤、黄布凡、黄成龙以及海外学者罗仁地、余文生、潘露莉等皆对羌语进行了田野调查。田野调查形成了不少羌语调查报告，基本弄清了羌语语音、词汇、语法面貌，促进了羌语简志的编写。然现有羌语田野调查主要对羌语北部方言的麻窝话、曲谷话、荣红话，以及南部方言的桃坪话、蒲溪话进行调查，其他土语涉猎较少。

（二）羌语词汇系统的描写和解释

在田野调查基础之上，学者们对羌语词汇系统进行了描写和解释。孙宏开利用20世纪五六十年代田野调查的资料，发表了《羌语概况》《羌语简志》等研究成果。《羌语概括》介绍了桃坪羌语以及羌语方言土语的特点，并第一次提出羌语、普米语和嘉戎语作为羌语支的观点。《羌语简志》是我国第一部系统描写羌语的著作，作者以南部桃坪话为例对羌语词汇的一般特征、构词方式、早期借词和新借词进行描写研究。黄布凡《羌语》以北部雅都话为例，介绍了羌语中汉语借词以及羌语南北方言词汇的基本情况。黄布凡、周发成《羌语研究》以曲谷话为例对羌语词的构造、语义关系以及羌语词汇的文化特征作了描写研究。还有《阿坝藏族羌族自治州志》《汶川县志》等书籍介绍了羌语的常用词、构词法以及借词等方面的情况。这些研究对羌语及羌语词汇系统进行了比较全面的描写与解释，加深了对羌语词汇系统的认识。

同时，亦有学者对羌语方言词汇系统进行了描写与研究。代表作有刘光坤的《麻窝羌语研究》、黄成龙的《蒲溪羌语研究》。两部著作皆对相应方言点的羌语词汇系统进行了描写与解释。《麻窝羌语研究》全面描写了麻窝羌语的语音特点、语法和词汇，并在词汇章中设立"词汇专题研究"一节，对麻窝羌语的借词进行研究。《蒲溪羌语研究》采用一种全新的语法框架来描述蒲溪话，是国内最早出版的参考语法学专著。该书全面介绍了蒲溪话的语音、词汇、语法等问题，第四章讨论了蒲溪话里，"词"是如何定义的。还有，麻慧群《木卡羌语研究》、贾慧灵《绵虒羌语研究》、王保锋《萝卜寨羌语语法研究》、高韬《语言接触视野下的南部羌语比较研究》、周发成《热额纳羌语参考语法》、郑武曦《龙溪羌语研究》等对木卡羌语、绵虒羌语、萝卜寨羌语、热额纳羌语、龙溪羌语的词汇特征、分类、构词方式以及羌语借词进行研究。

（三）公布羌语方言点词汇以及编纂羌语词典

不少学者在田野调查之后，会公布所调查方言点的词汇。闻宥《羌语词汇简编（九子营方言）》公布了约2000个羌—英对照词，闻宥《汶川萝卜寨辞汇简编（萝卜寨方言）》公布了1000多个羌—汉对照词。《羌语简志》《麻窝羌语研究》《藏缅语族语言词汇》《羌语音系学与词汇导论：共时与历时》《羌语语法及长篇语料和词汇注解》《蒲溪羌语研究》《藏缅语语音和词汇》都公布了上千个羌语常用词。同时，我国第一部羌语词典——周发成的《汉羌词典》，以茂县曲谷话为中心，收录了两万余条汉—羌对照词。将调查的羌语词汇公布于众，极具价值，然每本著作公布的羌语词汇大多仅涉及一两个方言点。

（四）羌语词汇的专题研究

羌语词汇专题研究成果不多，从广度到深度都还有很大的研究空间。羌语词汇专题研究体现在以下方面：

首先，羌语词汇比较研究。王静如《论四川羌语及弥药语与西夏语》，对羌语、弥药语、西夏语中数目、亲属、人体、家事、自然等名词进行对比，认为三种语言有密切的关系。闻宥《川西羌语之初步分析》比较了汶川、理县和黑水羌语的语音、词汇和形态，研究了各自的特点。尔后，孙宏开《羌语简志》、黄布凡《羌语支》等都对羌语词汇进行了比较研究。这些研究有利于羌语个性与共性的认识，然比较研究主要集中于羌语内部比较，跨语系比较研究还需加强。

其次，羌语构词法研究。羌语构词法研究成果主要依附在羌语论著中，不少论著皆设立专门章节对羌语构词法进行了阐述。《羌语简志》重点研究了羌语复合法、派生法两种构词方法。《羌语研究》从结构、形态、功能以及意义等角度对羌语词进行了分类研究。《麻窝羌语研究》研究了麻窝羌语派生法、复合法，以及重叠、象形、象声构词法。《蒲溪羌语研究》从语音、语义、形态和句法等方面对词的构成进行了研究。

再次，羌语借词研究。羌语论著常涉及羌语借词研究，《羌语简志》主要对羌语中的汉语借词产生方法、词序等问题进行了研究。《羌语研究》对羌语中的借词进行了初步的描写研究，并在羌汉词汇对照表中收录了356个汉语借词。《麻窝羌语研究》在借词一节中对麻窝羌语中的外来词，特别是藏语借词、汉语借词进行了阐述，还专门设立一节对羌语中藏语借词的特征、读音和使用情况等进行了初步研讨。刘光坤《羌语中的藏语借词》为羌语借词研究的代表作，该文分析了羌语北部方言中180多个藏语借词的语义特征、语音特征以及和固有词的关系，提出羌语北部方言藏语借词多，而南部方言汉语借词多。前贤对羌语借词的产生、构成、语义等角度进行了研究，但是缺乏对羌语借词进行层次研究。

最后，羌语词语考释研究。该方面的成果主要是考释保存在汉语中的羌语词。孙宏开《"邛笼"考》认为汉语"邛笼"来源于羌语，是羌语的音译借词。聂鸿音《道光〈石泉县志〉中的羌语词》以及《汉文史籍中的西羌语和党项语》共考释了近100个汉文典籍中的羌语词。赵小刚《朝那：保存在汉语中的古羌语》认为"朝那"一词是古羌语词语，是古羌族人对所居地的命名，意思是"黑龙"。用汉字记录的羌语词还不少，但这方面研究难度大，成果少，还需后来者继续努力。

综观现有羌语词汇研究成果，羌语词汇研究还有以下不足：第一，现有羌语词汇研究主要以片段形式出现，至今还没有一部专门研究羌语词汇的著作；第二，已公布的羌语方言点词汇表，多为单个方言点词汇表。至今，无人全面、系统地整理羌语各个方言点词汇对照表；第三，现有羌语常用词研究，主要以列举式为主，缺乏对常用词进行全面、深入研究。

词汇是羌语的重要组成部分，为更好地抢救、保护濒危羌语，羌语词汇研究显得尤为重要。

二 研究价值

羌语是我国境内一支重要的语言，羌语词汇研究对羌语的抢救、研究以及语言类型差异研究，都有重大的理论意义和应用价值：

（一）促进羌语抢救和保护

羌语是濒危语言，记录、保存羌语显得尤为重要。本课题通过田野调查，运用文本、视频、音频等形式记录羌语词汇，对羌语保护起到重要作用。

（二）服务国家经济发展

羌族是文化部、财政部"藏羌彝文化产业走廊"建设和国家"一带一路"建设中不可或缺的一部分，本课题的开展，能为"藏羌彝文化产业走廊"建设、"一带一路"建设提供一定的语言保障，服务国家和地方经济发展。

(三) 厘清羌语系属地位

本书将羌语词汇与汉语、藏缅语族其他语言对比，为羌语在藏缅语族中的系属关系提供语音、语义方面的证据和解释。

(四) 促进词义类型学研究

我们将羌语常用词词义与汉语、藏语、英语等语言常用词词义进行比较，揭示羌语常用词词义演变的共性和个性，具有重要的类型学价值。

三 研究方法

(一) 文献调查法

任何研究必须重视前贤研究成果，我们在研究过程中注重搜集整理前贤羌语词汇研究成果，形成羌语常用词研究成果数据库。

(二) 田野调查法

在前贤基础上，制作调查词表，对羌语方言点进行田野调查，弄清羌语词汇的实际状况。

(三) 历史比较法

羌语受到汉语和藏语影响深远，运用历史比较法，探索羌语语音演变，并对羌语常用词中的借词成分进行甄别。

(四) 比较词义法

在语言类型学视野下，运用"比较词义法"，探索核心词词义演变规律。

(五) 历史层次分析法

羌语借词来源复杂，本书运用历史层次分析法研究羌语借词历史层次及其演变。

四 研究材料

(一) 田野调查材料

田野调查材料包括两种：

第一种材料是我们自己进行田野调查获得的材料。在课题开展过程中，我们制作了核心词调查字表，该字表以斯瓦迪斯一百核心词为语义场，收集了615个具有核心词语义的词语。调查地方主要有永和、龙溪、小姓、萝卜寨、色儿古、罗顶寨、松坪沟、杨柳、白水9个地方。发音人涉及老年人4人，青年人5人。发音人皆能熟练地使用羌语交流，家庭内部都是使用羌语交流。

第二种材料是前贤田野调查成果。主要材料来源于以下论著：孙宏开《羌语简志》《汉藏语语音和词汇》、黄布凡《羌语研究》、刘光坤《麻窝羌语研究》、黄成龙《蒲溪羌语研究》《荣红羌语》《中华羌族历史文化集成：羌语言文字通览》、《藏缅语语音和词汇》编写组编写的《藏缅语语音和词汇》、Jonathan Paul Evans *Introduction to Qiang Phonology and Lexicon*：*Synchrony and Diachrony*、周发成《热额纳羌语参考语法》、王保锋《萝卜寨羌语语法研究》、高韬《语言接触视野下的南部羌语比较研究》、Zheng wu xi *A Grammar of Longxi Qiang*、Nsthaniel Sims *A Phonology and lexicon of the yonghe cariety of Qiang*、麻慧群《木卡羌语研究》、贾慧灵《绵虒羌语研究》。我们已经将这些材料中公布出来的词汇做成了一个语料库，可以轻易查询到某一个词在相应论著中的记录。

（二）书面材料

在研究成果中我们还充分利用现有羌语文献材料，通过口语材料和书面材料的结合，充分展现羌语核心词的使用现状。我们将《羌族释比经典（上、下）》（285万字）、《羌族释比唱经》（66万字）制作成了羌语书面语语料库。该语料库的建立，让我们更加全面地了解了羌语核心词的使用情况。

第一章　名词核心词

名词是核心词中的重要成员，在 M. Swadesh《一百词的修订表》（后简称《百词表》）中，共有 54 个名词核心词。还有几个兼类词，考虑到章节之间的平衡，我们把这些兼类词放入其他章节。根据北京大学中国语言学研究中心研制出来的语义分类树，我们把《百词表》中的 54 个核心名词分为 6 个类别，分别为人物核心名词、动物核心名词、植物核心名词、身体构件核心名词、人工物核心名词、自然物核心名词。其中，身体构件核心名词又分为 4 小类，自然物核心名词分为 2 小类。具体详情见下图：

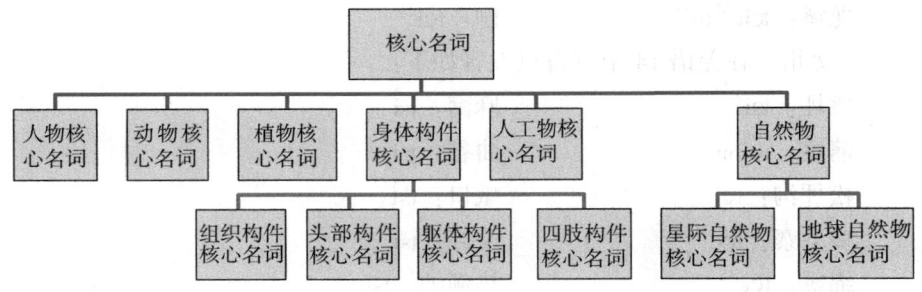

后面我们将严格按照这个分类，分门别类地进行研究。如果有特殊之处，将在文中标明。

第一节　人物核心名词

《百词表》中人物核心名词有 4 个：第 16 位的 woman（女）、第 17 位的 man（男）、第 18 位的 person（人）、第 100 位的 name（名字）。行文时按照它们在《百词表》中出现的次序来排列。

一 woman（女）

《牛津高阶英汉双解词典》："woman, an adult female human.""woman"对应汉语的"女人"。"woman"在《百词表》中占第16位，"女人"在郑张尚芳《华澳语言比较三百核心词表》中居第118位。羌语"女"语义场中，除了"女人"外，使用频率较高的词语还有"女儿""祖母""母亲""姑妈""姨妈""孙女"等。羌语"女人"和"女儿"两者关系密切，常常混合使用。

（一）女人/女儿

"女人"在羌语14个方言点发音如下：

桃坪：tɕi³³　　　　　　　麻窝：tsəm
蒲溪：tsi, zɑzɑ-pəi　　　　曲谷：tsiləŋw
松坪沟：tɕəukpu　　　　　峨口：tsi
萝卜寨：tɕe³¹　　　　　　荣红：tsɿ
绵虒：tɕie¹¹　　　　　　　热额纳：tɕi, tɕam
永和：tɕimæ　　　　　　　小姓：mɑ, mɑmu, ʁze ȵi
龙溪：tɕiɑ⁵⁵tu³¹　　　　　柳：tɕi³³

"女儿"在羌语14个方言点发音如下：

桃坪：tɕi³³　　　　　　　麻窝：tsi
蒲溪：tɕipu　　　　　　　曲谷：tsi
松坪沟：tɕi　　　　　　　峨口：tsɿ
萝卜寨：tɕe³¹　　　　　　荣红：tsi
绵虒：tɕe³¹　　　　　　　热额纳：tsi
永和：tɕi: -kɑpu　　　　　小姓：tɕi
龙溪：tɕiɑ³¹　　　　　　　杨柳：tɕi³³

羌语"女人""女儿"，既可以是单音节词，也可以是双音节词。单音节词主要有：

1. tɕi³³/ tɕi：桃坪、热额纳、杨柳将"女人"说成"tɕi"。桃坪、松坪沟、小姓、永和将"女儿"说成"tɕi"。如：

tsə ʁuɑ tɕi dzə tho xæphəu ji（《羌族释比经典·造人种》P.240）
男　五　女　四　那　跑出　了

从里面跳出五个男人和四个女人。
tɕi phia mi sə（《羌族释比经典·还愿》P. 652）
女人 的   不 会
不贪女色之情怀。

kuʐi   na ŋa   tsə ɲi tɕi pə¹（《羌族释比经典·羌戈大战》P. 5）
居住 好 和 儿 和 女 繁衍
安居乐业繁衍子孙。

羌语"tɕi"可与汉语"妻"相比较。《说文解字·女部》（以下简称《说文》）："妻，妇与夫齐者也。"本指男子的配偶，引申可以用指"宫中女御"。《礼记·曲礼下》："天子有后，有夫人，有世妇，有嫔，有妻，有妾。"郑玄注："妻，八十一御妻，《周礼》谓之女御，以其御序于王之燕寝。"朱彬训纂引吕大临曰："妻即御妻，视元士，名与士之妻同。"不仅汉语"妻子"与"女子"有关系，在其他语言中也有这种关系存在。如：

英语：wife：①妻子。②［古用］女人，现在主要用于某些短语之中。old wive's tales. 老妇谈。（《多功能英汉案头大词源》P. 1984）

法语：femme：①女性、妇女。②女子，成年女子。③妻子；已婚女子。④侍女；女佣，女仆。（《新世纪法汉大词典》P. 1088）

还可以用来表示"女人/女儿"意义，且与"tɕi"有密切相关的音有：萝卜寨的"tɕe³¹"、绵虒的"tɕie¹¹"、热额纳的"tɕam"及其他方言土语还有"tɕia""tɕa"。如：

bə¹   ale dzəɕi tɕebei ʂei a zo（《羌族释比经典·颂神禹》P. 198）
龙神 一个 凡 妇女   身 上 往
龙神投胎已成功。

tsaqo ɲitsə tɕi nə maʐi tɕe nə maʐi（《羌族释比经典·木吉珠和斗安珠》P. 85）
这家 两口儿 的 没有 女 的 没有
夫妻孤独无儿女。

tɕie ʂ tə tɕie ba tɕie se ʐi（《羌族释比经典·木吉珠和斗安珠》P. 79）
女 小女 大女 三个 有
养育三个仙女儿。

tɕi ka   pu la tɕia ka pu we（《羌族释比经典·招魂》P. 941）

儿 家业 做 了 女 家业 做 了
为人背抬做帮工，为儿为女多艰辛。
tɕa mumu tʂə tʂuo   tɕa   ʁa wu （《羌族释比经典·魂归来》P. 1150）
女子 是 这   旗   女子 就是
母旗女子专用旗。
"tɕe³¹""tɕie¹¹""tɕam""tɕia""tɕa"，这些音应该是"tɕi"语音流变而形成的音。

2. tsi：蒲溪、峨口两地用指"女人"，麻窝、曲谷、峨口、荣红、热额纳用指"女儿"。如：
　　tsi thexɕi 女方 （《汉羌词典》P. 296）
　　tsi ləŋu 女家 （《汉羌词典》P. 296）
羌语表"女人/女儿"的"tsi"可与汉语"子"相比较。子，上古音为"*ʔslɯʔ"，《说文·子部》"子，十一月阳气动，万物滋，人以为称。象形。""子"古代用指"儿、女"。《仪礼·丧服》："故子生三月，则父名之，死则哭之。"郑玄注："凡言子者，可以兼男女。"

与"tsi"相关，且可以用来表示"女人/女儿"的音，还有荣红的"tsɪ"、麻窝"tsəm"及其他方言土话的"tse""tsə"。如：
　　tɕi tsə təʐgu qha ku le （《羌族释比经典·颂催生女神》P. 488）
　　儿 女 出生 苦 很 有
　　生儿育女多艰辛。
　　tse tɕi ʐali zə ɕi sa （《羌族释比经典·霉灾》P. 1774）
　　女 儿 之处 出 送 了
　　将跟随儿女的霉运灾难赶出去了。
"tsɪ""tsəm""tse""tsə"与"tsi"关系密切，应该是"tsi"的语音流变而形成的音。

3. mɑ：松潘县小姓乡将"女人"说成"mɑ"。
　　tse-k mɑ fiep-the ɣgu-sa ne ɣzʌ-p le pi ʂəj （《四川松潘羌语》P. 194）
　　这 女 老 九 十 又 四 岁 有 成
　　那个老太太94岁了，是我年龄的两倍左右。
与之有关的音有 mi、mia、miæ、bie，也可以用来指"女人"。如：
　　pitɕhio pi ȵi pitɕhio mi （《羌族释比经典·还愿》P. 722）

庞大　男 和 庞大　女
体格健壮的男神和女神。
miɑ ji ti zฺaˀqəu le daχuala ça　(《羌族释比经典·解秽》P. 515)
女 和 男 秽气 来 洗干净　了
女与男不干净的洗干净了。
miæ　jiko sadzue　le tə çya se　tə χo se　(《羌族释比经典·解秽》P. 1313)
女人 这个 血罪 有 走 扫 了 走 撵 了
释比把流血罪扫走了，撵走了。
çe ȵia bie ȵia bie ȵia çe　(《羌族释比经典·凶魔》P. 1743)
男 和 女 和 女 和 男
不论男人和女人。

羌语该系列词与以下语言中的"女"有关。如：藏语 ma、拉萨 ma[55]、巴塘 ma[55]、夏河 ma、阿力克 mæ、麻玛 ma[53]、文浪 ma[55]、普米 ma[55]、吕苏 ma[53]、木雅 me[55]、纳木兹 mi[55]、扎坝 me[55]、史兴 mi[53]、道孚 mə、卓戎 mo、日戎 mɑ、格西 mə、格什扎 mɑ、观戎 me[53]、业戎 me[55]、却隅 mi[13]、贵琼 ma[53]、墨脱 ma、独龙 mai[53]、阿侬 mɯ[21]、达让僜 ma[35]、缅语 me、阿昌 me[31]、仙岛 mɛ[31]、浪速 myi[55]、勒期 myi[53]、怒苏 m[31]、彝语 mo[33]、撒尼 ma[33]、哈尼 ma[33]、基诺 mɔ[33]、纳西 me[33]、嘎卓 mo[33]。羌语该系列词可以和汉语"母"相比较。《说文·女部》："牧也。从女，象裹子形。一曰象乳子也。"本指"母亲"，后用指"女子"。详见后文"母亲"。

羌语中还会使用双音节表示"女人"，有：永和"tçimæ"、松坪沟"tçəukpu"、龙溪"tçia[55]tu[31]"、小姓"mɑmu"、"ɤze ȵi"、曲谷"tsiləŋw"、蒲溪"zɑzɑ-pəi"。如：
dzədzuo stə tçhie le thie tçime le dzฺekhe　(《羌族释比经典·迟基格布》P. 163)
官府　地方 酒　也 喝　女人 也 玩耍
宫中饮酒贪美色。
mətu kəl tsələm qə le　(《羌族释比经典·颂催生女神》P. 488)
天空 下 女人　爱 有
天下妇女尽沾恩。
meba　tçiba　khu ʂa　kei　(《羌族释比经典·熏木香》P. 542)
男人　女人 杨草树　砍

男女们看到了杨草树。

"tɕimæ""tɕəukpu""tɕia⁵⁵tu³¹""mɑmu""tsiləŋw"等双音节词多是在单音节"女人/女儿"词根基础上添加一个表示"人"的单音词或者其变音词。然而"ʁze ȵi""zɑzɑ-pəi"这两个双音节词构词方式不同，其来源还有待考证。

根据《羌语释比经典》"女人/女儿"使用情况显示，羌语中用来表示"女人/女儿"的词有不少，但是"tɕi"在羌语中占主导地位。根据现有调查材料我们可以发现羌语中用来指"女人/女儿"，羌语南方方言以"tɕi"为主，而羌语北方方言以"tsi"为主。

（二）祖母

"祖母"在羌语14个方言点发音如下：

桃坪：lai⁵⁵ lai³¹　　　麻窝：əu，əwu
蒲溪：a-le　　　　　　曲谷：ʔudu
松坪沟：①
萝卜寨：ɑ³¹ do⁵⁵　　　峨口：ow
　　　　　　　　　　荣红：utu mɑ
绵虒：a³³ tA¹¹　　　　热额纳：ʔa du
永和：æ mæ　　　　　小姓：ɑmɑ
龙溪：a⁵⁵ tsu³¹　　　　杨柳：a-li

羌语用指"祖母"，可以用附加式结构"a+"式。

1. 萝卜寨"ɑ³¹ do⁵⁵"、绵虒"a³³ tA¹¹"、热额纳"ʔa du"、曲谷"ʔudu"，皆来源相同。相似的发音还有 ada、ədu、wada、əŋdu，如：

tʂhətɕi adə ada ta astie sei（《羌族释比经典·迟基格布》P.178）
迟基　祖父　祖母　把　祭祀　了
迟基祭祀了祖先。

apa le na ədu le （《羌族释比经典·神来领受》P.388）
爷爷 们 和 奶奶 们
尊敬的祖宗先人们。

wabə wada miʑi mə anəko ti ŋao（《羌族释比经典·祝酒词》P.897）
祖父　祖母　没有　人　哪里　从　来

---

① 方言点后无发音记录是因为田野调查和现有文献中都没有收集到该字的读音，故没有录。后文情况相同。

人无祖宗根何来。
apa əŋdu ətsu kən（《羌族释比经典·送眼瞳》P. 996）
爷爷 奶奶 见面 去
眼魂走去可见到祖宗。
这类读音中的词根可以和汉语"妇"对应。

2. 用附加式表示"祖母"还可以用前缀 a/ɑ 再加上汉语借词表示，如蒲溪"a-le"、小姓"amɑ"。黄成龙指出"若词根元音为前元音，前缀的元音为 a—；当词根元音为后元音时，前缀元音为后元音 ɑ—。"①

3. 还可以直接用汉语借词表示"祖母"，如桃坪"lai^{55} lai^{31}"，相似的发音还有"mæ"，如：
mæ ɬæ sise jykhi çawa（《羌族释比经典·我说喜事》P. 868）
奶奶 去世 三天 鸡星 要了
奶奶去世三天，鸡星要回来了。
le 及 lai 是汉语"奶"的借词，"mɑ"或"mæ"是汉语"妈"的借词。

（三）母亲
"母亲"在羌语 14 个方言点发音如下：

桃坪：ma^{33}，ma^{55} ma^{55}　　麻窝：ama
蒲溪：va-mie；a-ma　　曲谷：mapu；mama；maː；ʔuwu
松坪沟：ma　　峨口：mɑː
萝卜寨：miɑ^{31}；ɑ^{31}mɑ^{55}　　荣红：mɑ
绵虒：a^{11}niɑŋ^{33}　　热额纳：ʔa ma
永和：mæː　　小姓：ɑwu，ma
龙溪：a^{35}ma^{31}　　杨柳：mæ

羌语"母亲"可以用单音节说成"ma"或者"mɑ"。羌语该系列读音和以下语言中的"母亲"有关系。如：仓洛 ma、门巴 ma^{53}、阿力克 mæ、巴尔提 mo、巴塘 ma、拉萨 ma^{55}、夏河 ma、阿侬 mai^{53}、达让 mɑ^{35}、独龙 mɑi^{53}、道孚 mə、则洛 ma^{53}、贵琼 ma^{33}、嘉戎 mo、木雅 me^{55}、纳木义 mi^{55}、普米 mɑ^{55}、却隅 mi^{13}、史兴 ma^{55}、西夏 mja^{1}、扎坝 ma^{55}、剑川 mo^{33}、哈尼 mɔ^{31}、基诺 mɔ^{33}、卡卓 mo^{33}、傈僳 mɑ^{55}、纳西 mi^{55}、怒苏 m^{31}、赫章 mo^{21}、撒尼 mɒ^{33}、丹老 me^{33}、东友 mɛ^{42}。羌语该系列词可以和

---

① 黄成龙：《蒲溪羌语研究》，民族出版社 2007 年版，第 108 页。

汉语的"母"相比较。《说文·女部》："母，牧也。"《尚书·尧典》："父顽，母嚚，象傲，克谐。"晋李密《陈情事表》："〔密〕行年四岁，舅夺母志。"清刘大櫆《钱节妇传》："吴中兵起，孝则之母及弟妹皆赴震泽以死。"《广韵·厚韵》："母，莫厚切。"其上古音，郑张尚芳构拟成*mɯʔ，李方桂构拟成*məgx，王力构拟成*mə。其中古音，郑张尚芳构拟成*məu，邵荣芬构拟成*məu，王力构拟成*məu。白保罗认为，藏语ʔama，卡瑙里语ama，巴兴语əmo（但"我的母亲"是wəma），瓦尤语umu<*ama，切邦语ma，内瓦里语ma，列普查语amo<*ama，迪加罗语（na-）ma，迪马尔语ama，缅-傈僳语*ma（缅语má仅仅作阴性的后缀），博多语（bi-）ma，加罗语ama"母亲"，并将藏缅语"母"构拟成*ma。①

也可以在"ma"或者"mɑ"前加一个前缀"a"组成双音节"a-ma""ɑ³¹ma⁵⁵"，还可以音变成æmæ，如：

epu pumo æmæ tʂatɕi （《羌族释比经典·麻吉故事》P.1415）
父亲 补摩 母亲 扎基
玉巴回去给父母说。

还可以用ma加一个借词标记mapu，也可以说成maphei，如：
poli maphei tɕi tshei tsə we （《羌族释比经典·通灵吉祥》P.952）
波利 母亲 儿 三 个 有
波利母亲有三个儿。

miɑ³¹变音可以说成mia、mæ、mi、mə，如：
təuŋæn mia kə dizda （《羌族释比经典·木吉珠和斗安珠》P.87）
斗安 母亲 个 说道
阿妈心疼开口问。

əŋ mæ dəkəlu zəχua （《羌族释比经典·兄妹治人烟》P.87）
你 母亲 想起来 思念
更不要思念你母亲的容貌。

qa mi qa miŋo kue zə¹ （《羌族释比经典·取火种》P.266）
我 母 我 母 你 来 说
阿妈你快告诉我。

pu mə mæʑi mi tɕa lu （《羌族释比经典·颂催生女神》P.488）

---

① Benedict, P.K（白保罗）: *Sino-Tibetan: a Conspectus*, Cambridge University Printing House. 1972: 156.

父 母 没有 人 那 来
人无父母身何来。
va-mie，亦可以说成 wamie，如：
nətshuə abəada ȵi waje wamie tə stie（《羌族释比经典·羌戈大战》P.29）
后来　祖先 和 父亲 母亲 来 敬
接着依次敬祖先。
这些音也可以加上前缀 a，如：
lə¹　amia hatʂhe ji（《羌族释比经典·尔一部》P.2140）
勒尔 母亲 十八 了
勒尔母亲刚十八。
ɑwu 也可以变音成 əwu，如：
mə dəʐku əwu sepətʂaŋ（《羌族释比经典·根源》P.382）
人 出生　母亲 来领受
催生女神来领受。
还会说成 welə 或者 thuwe，如：
welə tʂhaŋu ʐumo tʂha ŋu（《羌族释比经典·送瘟神》P.1349）
母亲 慈祥 是 女人 善良 是
母亲是慈祥善良的女人。
thuwe tʂha we　ʐəpo tʂha wu（《羌族释比经典·招魂》P.1373）
母亲 大 是　父亲　大 是
家中父亲为大，母亲为大。

绵虒的"a¹¹ niaŋ³³"是 a 前缀加上汉语借词。"niaŋ³³"当为汉语"娘"的借音。

二　man（男）

《牛津高阶英汉双解词典》："man, an adult male human.""man"对应汉语的"男人；成年男子"。"man"在《百词表》中占第 17 位，"男人"在郑张尚芳《华澳语言比较三百核心词表》中居第 117 位。羌语"男人"语义场中，除了"男人"外，还有"父亲""祖父""姑父""丈夫"。在此，我们主要探讨羌语"男人""儿子""父亲"三个词语使用情况，具体如下：

（一）男人

"男人"在羌语 14 个方言点发音如下：

桃坪：tʃʅ³³   麻窝：tɕim

蒲溪：tsə；tɕaʁlotsu   曲谷：tɕiləŋw

木卡：ʐæʁu   峨口：tʃɿ

萝卜寨：tɕi³¹   荣红：tʂi

绵虒：tsʅ¹¹   热额纳：tɕi

永和：tʂəkep   小姓：tɕomu

龙溪：bia³¹pha³¹   杨柳：tɕie

羌语"男人"可以用单音节词表示，单音节首辅音可以是双唇塞音，有 pi，如：

qæ səi go xpæ pi ælæ ləu ji （《羌族释比经典·治妖》P. 1284）
我 跟 呢 乞 男 一个 来 了
跟随我来了一个乞丐。

pi   jigo   tsəulə kətæ （《羌族释比经典·治妖》P. 1312）
男人 这个   水沟 上面
这个男人在水沟旁。

羌语该词与以下语言的"男"有关系。如：九寨沟 pu¹³、平武 po⁵³、铁楼 po⁵³、门巴 pu³⁵、巴尔提 pho、苏龙 bi⁵⁵、尔龚 pə、观音桥 bə⁵⁵、纳木义 phæ³³、九龙 pu¹¹、兰坪 by¹³、鲁甸 by¹³、箐花 by¹³、三岩龙 pu¹³、桃巴 pʉ³⁵、拖七 pʉ¹³、新营盘 bu¹³、左所 pu¹³。羌语该词可以和汉语的"夫"相比较。《说文·夫部》："夫，丈夫也。从大，一以象簪也。周制以八寸为尺，十尺为丈，人长八尺，故曰丈夫。"《诗经·秦风·黄鸟》："维此奄息，百夫之特。"《孟子·万章下》："故闻伯夷之风者，顽夫廉，懦夫有立志。"杨伯峻注："夫，男子。"唐苏鹗《苏氏演义》卷上："夫者，男子之美称。"《广韵·虞韵》："夫，甫无切。"其上古音，郑张尚芳构拟成 *pa，李方桂构拟成 *pjag，王力构拟成 *pia。其中古音，郑张尚芳构拟成 *pɨo，邵荣芬构拟成 *pio，王力构拟成 *piu。白保罗认为，藏语 pha~apha~apa，缅语 bhà，ăbhà，加罗语 pha~əpa，卢舍语 pa"父亲"，而克钦语是 wa~əwa，卡杜语 əwa，莫尚语 wa，布南语 əwa"父亲"，并将藏缅语的"男"构拟成 *pa。①

单音节首辅音可以是舌尖塞音，有 ti，如：

---

① Benedict, P. K（白保罗）：*Sino – Tibetan*：*a Conspectus*，Cambridge University Printing House. 1972：16.

tiphu ne kei tʂa pi se （《羌族释比经典·解秽》P.518）
迪普 你 是 当家 男 神
男神就是当家神。

羌语该词与以下语言中的"男"有关系。如：日部 tɑ、卓克基 tə。羌语该词可能与羌语用指"父亲"的词有关系。详见后文。

单音节首辅音可以是舌尖塞擦音，有 tsə、tʂə、dzuo，如：
tsə teke səle teke tsə teqə səle təqə tʂəu nə ʑiæ wa （《羌族释比经典·插旗》P.1228）
男子 过去 了 过去 男子 转来 了 转来 旗 就 插 了
保佑男子平安去平安回。

suasua metʂə suasua tʂə （《羌族释比经典·驱除邪气》P.1820）
掐算 男人 掐算 男
会掐算的释比算了。

dzuo te tɕibʐe he zədə se （《羌族释比经典·解秽》P.518）
男 在 大堂 上 文章 做
男归大堂做文章。

羌语该系列词语与以下语言的"男"有关系。如：阿力克 shar、剑川 tsɿ³³、扎坝 sy⁵⁵、哈尼 za³¹、傈僳 tsho³³、大研镇 zo³³、撒都 tshua⁴²、南华 tsha⁴²、撒尼 zɒ¹¹、巍山 zo³³、武定 zu³³、喜德 zɯ³³。羌语该系列词可以和汉语的"胥"相比较。《集韵·语韵》："胥，什长也。有才智者。或从人。"《逸周书·作雒》："凡工、贾、胥、市；臣、仆、州里，俾无交为。"朱右曾校释："胥，庶人，在官给徭役。"唐韩愈《行难》："某胥也，某商也，其生某任之，其死某诔之。"宋沈作喆《寓简》卷六："有老吏前致词曰：'某，胥也，而肄于礼官。'"清蒲松龄《聊斋志异·促织》："遂为猾胥报充里正役，百计营谋不能脱。"《广韵·鱼韵》："胥，私吕切。"其上古音，郑张尚芳构拟成 *sŋaʔ，李方桂构拟成 *sjagx，王力构拟成 *sia。其中古音，郑张尚芳构拟成 *siA，邵荣芬构拟成 *sio̱，王力构拟成 *sio。白保罗认为，藏语 za~źa，马加里语 za，迪加罗语 sa，克钦语 śa，缅语 sà，加罗语 bisa，迪马萨语 sa~basa，卢舍依语 fa"儿子，子孙"，怒语 za-mi（缅语 sami），并将藏缅语"男"构拟成 *za。①

---

① Benedict, P.K（白保罗）：*Sino-Tibetan: a Conspectus*, Cambridge University Printing House. 1972：24.

单音节首辅音可以是舌面前音，有 ɕe、tɕie，如：
agei da ʂə ɕe lio   qə ɕi gei   da ʂə（《羌族释比经典·妖邪》P. 1751）
一股 落 男子   上面 妖邪   落
一股妖邪落下了，妖邪落到男子身。

tɕie tɕi ɕytʂu tethe zəp tha ŋu tɕi ŋu（《羌族释比经典·咒面人》P. 1442）
男 的 鬼魂 招回 地方 那 是 的 是
给男儿招魂的地方在那里。

羌语该系列词与以下语言中的"男"有关系。如：拉萨 ka[55]、藏语 ɕə、阿侬 guɑ[31]、业隆 ɕɤe[55]、毕苏 kha[31]、基诺 khɔ[44]、户撒 tɕi[55]、孔家寨 kai[55]、允欠寨 kai[31]、中山乡 kɛ[31]、丹老 tɕɑ[53]、德努 tɕɑ[53]、东友 tɕɒ[55]、若开 tɕɑ[44]、土瓦 tɕɑ[44]、仰光 tɕɑ[55]、茵达 tɕɑ[53]、约语 tɕɑ[44]、仙岛 cɛ[55]、载瓦 ke[51]。羌语该系列词可与汉语的"郎"相比较。《说文·邑部》："郎，鲁亭也。从邑，良声。"《左传·隐公元年》："费伯帅师城郎。"杜预注："郎，鲁邑。高平方与县东南有郁郎亭。"汉魏以后该词可以用来指"青少年男子"。《三国志·吴志·周瑜传》："时瑜年二十四，吴中皆呼为周郎。"唐杜甫《少年行》："马上谁家白面郎，临轩下马坐人床。"明汤显祖《牡丹亭·肃苑》："预唤花郎，扫清花径。"《广韵·唐韵》："郎，鲁当切。"其上古音，郑张尚芳构拟成 *raaŋ，李方桂构拟成 *laŋ，王力构拟成 *laŋ。其中古音，郑张尚芳构拟成 *laŋ，邵荣芬构拟成 *laŋ，王力构拟成 *laŋ。白保罗认为，克伦语在 *khwa"男（人）"中有前缀，值得再讨论。

单音节首辅音可以是复辅音，有 ʂpi、Xliou，如：
te   tətə   ji me dudu   ji   ʂpi dudu   ji（《羌族释比经典·山黄岩黑》P. 1320）
来 顶撞 了 人 说闲话 了 男 说闲话 了
相互顶撞，说别人的闲话。

ne ȵia Xliou tʂho da dzo（《羌族释比经典·解秽》P. 524）
女 和 男   一齐 来 坐
男和女的都坐堂前。

羌语"男人"还可以用双音节表示，有 tɕoʐo、tetsə、ɕipi、ɕiʐi、meba、metɕie、metʂə、mupi、ȵətɕie、piji、səpi、tabu、tɕieji、tɕioʑio、tɕoʐo、tɕoʐuo、tɕuoʑe、tɕuoʑuo、tɕuoʐuo、məȵə、piɕie、 tɕibei、tɕilou、tɕioʐio、tɕitɕi、tɕoʐo、ʑəmə、ʑəmo，如：

nəʁuoxe dzuostə tɕoʐo tʂuəmie milu （《羌族释比经典·禁忌》P. 1099）
火塘边 座位 男 女 区别
火塘座位男女别。

tɕipəˈ nəŋa tetsə ɕile na （《羌族释比经典·解秽》P. 518）
女养 家庭 男 选择 好
养女之家挑好男。

ɕipi ɕiəuko muχatshei （《羌族释比经典·铁》P. 2107）
男儿 家中 保护神
家中的男保护神。

zieli atso ɕiʑi atso dzˌə dzˌa dzˌə dzˌa （《羌族释比经典·邪怪》P. 1723）
女孩 相聚 男孩 相聚 笑 了 笑 了
屋外女孩成群笑，屋内男孩成堆笑。

meba tɕiba khu ʂa kei （《羌族释比经典·禁忌》P. 542）
男人 女人 杨草树 砍
男女们砍到了杨草树。

metɕie zəbaˈ məˈ tse ʁa tʂhui （《羌族释比经典·甩镰刀》P. 1455）
男人 官大 梦 要 带 去
梦见男人升官不吉祥，需要甩出去。

mupi lətɕi ʁaʁo mu （《羌族释比经典·人安乐》P. 1191）
男人 们 满山 是
男子满山都有了。

nətɕie zəbaˈ məˈm de tsəʐuæ （《羌族释比经典·塔山》P. 1481）
男人 官大 梦见 来 镇住
梦见男人当大官，用塔山镇住。

piji go ʂələ pei sa le pei （《羌族释比经典·房门》P. 1303）
男人 呢 怪病 的 兽病 得
丈夫得了妖魔病。

səpi səmia mokhu diəu ȵia səkhu diəu （《羌族释比经典·梦一部》P. 1198）
男人 女人 坏梦 说 和噩梦 说
家中男人和女人相互来把噩梦讲。

tabu nəkei ʐəikewu təˈwe （《羌族释比经典·禁忌》P. 1099）
男人 是的 上方位 就座
是男人的话就该在上方位座。

tɕieji pupa　jym tha jepa （《羌族释比经典·禁忌》P. 1099）
男人 乳房 长者 那 埋
长乳房的男人埋在那里。

tʂuəmi tɕioʑio so bʐe tɕioʑio tʂuəmi so bʐe （《羌族释比经典·释比生肖论命》P. 2028）
女子　男子　比 大 男人　女人 比 大
男人妻大，而女儿夫长。

lokuə n̪i tɕibʐi tɕoʑo n̪i tʂuəmie jidʐe xezuo （《羌族释比经典·迟基格布》P. 177）
老年 和 小孩 男人 和 妇女 路上 等了
男女老少路口盼。

mija tɕoʑuo ŋu n̪i məjo mikue （《羌族释比经典·禁忌》P. 1099）
米雅 男人 是 与 不是 不管
不管米雅是不是男。

nəʁuoxe dzuostə tɕoʑo tʂuəmie milu （《羌族释比经典·禁忌》P. 1099）
火塘边　座位 男　女　区别
火塘座位男女别。

bʐenə tɕuoʑe wusti dzuo （《羌族释比经典·驱米雅》P. 1905）
长者 男人　上方　坐
长者男人上把位。

tɕuoʑuo tʂuomie tɕilə təpa dʐə mina dʐye （《羌族释比经典·驱米雅》P. 1905）
男人　女人　这个　遇见 事　坏的　出
男女遇它出怪事。

（二）儿子

"儿子"在羌语14个方言点发音如下：

桃坪：tʂʅ³³　　　　　　　麻窝：tɕi

蒲溪：tsə；kebʐə　　　　曲谷：tɕi

松坪沟：tɕæ　　　　　　 峨口：tʃɿ

萝卜寨：tɕi³¹   荣红：tʂi
绵虒：tsə³¹   热额纳：tɕi
永和：tɕe   小姓：tɕe
龙溪：tɕi³¹   杨柳：tɕie

羌语"儿"可以用单音节词表示，单音节的首辅音可以是舌尖音，有 tsə、tʂe、tsə、ʂə、tʂu、dzə、tsi、tʃɪ，如：

tsə tɕyi ælæ ji gɔ tubʐəi nelæ te ʐa wu ji（《羌族释比经典·治妖》P. 1292）
儿 小 一个 的 就 兄长 两个 的 做 说 了
幺兄弟便劝两个兄长就地住宿。

ʁuazu tʂe letɕi seke（《羌族释比经典·唱毒药猫》P. 1559）
洼辱 儿 有女 娶
寨主洼辱儿子娶媳妇。

ʂə tsu ʂə ba ʂə di da（《羌族释比经典·还愿》P. 612）
儿 小 儿 大 儿子 大 发
儿子儿孙也大发。

ɕie li kheili tʂu dieda¹（《羌族释比经典·阶波刹格》P. 429）
男 子 之中 儿 发展
男子传宗代代旺。

mia dzə miaphia kuwɔ pa we（《羌族释比经典·还愿》P. 654）
娘 儿 代代 还愿 做 了
娘儿代代来还愿。

羌语该系列的词与以下语言的"儿"有关系。如：仓洛 za、道孚 ze、则洛 zɿ⁵³、麦崩 tsi⁵⁵、二岗理 zi、观音桥 zi⁵³、业隆 zi⁵⁵、纳木义 zi⁵³、九龙 tsɤ³⁵、兰坪 tsy⁵⁵、鲁甸 tsu⁵⁵、箐花 tsy⁵⁵、三岩龙 tsu⁵³、桃巴 tsʉ⁵³、拖七 tsʉ⁵³、新营盘 tsu⁵³、左所 tsu⁵³、却隅 ʑi¹³、史兴 zo³⁵、哈尼 za³¹、卡卓 za³¹、傈僳 zɒ³¹、纳西 zɛ³¹、怒苏 za⁵⁵、果力 zo³¹、大姚 zo²¹、峨山 zʊ³³、圭山 zɒ²²、赫章 zu³³、禄劝 zo³³、弥勒 zo¹¹、南华 zo²¹、撒尼 zɒ²¹、巍山 za²¹、武定 zu³³、喜德 zɯ³³、丹老 tθa⁵³、德努 tθa⁵³、东友 shɒ⁵³、若开 tθa⁴⁴、土瓦 tθa⁴⁴、仰光 tθa⁵⁵、茵达 sha⁵³、约语 tθa⁵³。羌语该系列词可以和汉语"子"相比较。《说文·子部》："子，十一月阳气动，万物滋，人以为称。象形。"汉语"子"在上古汉语中常可以兼指儿女。《诗经·小雅·斯干》："乃生男子，载寝之床……乃生女子，载寝之地。"《仪礼·丧服》："故子生三月，则父名之，死则哭之。"郑玄注："凡言子者，可以兼男女。"《史记·淮南衡山列传》："衡山王赐，王后乘舒生子三人，长男爽为太子，次男孝，次女无采。又姬徐来生子男女四人。"北齐颜之推《颜氏家训·教子》："古者圣王有胎教之法，怀子三月，出居别宫。"唐韩愈《试大理评事王君墓志铭》："生三子，一男二女。"《广韵·止韵》："子，即里切。"其上古音，郑张尚芳构拟成 *ʔslɯʔ，李方桂构拟成 *tsjəgx，王力构拟成 *tsiə。其中古音，郑张尚芳构拟成 *tsiɨ，邵荣芬构拟成 *tsie，王力构拟成 *tsiə。

首辅音可以是舌面音，有 tçi、tçə、tçe、tçie、tçæ，如：

tse tçi ʐali zə çi sa （《羌族释比经典·霉灾》P. 1774）
女 儿 之处 出 送 了
将跟随儿女的霉运灾难赶出去。

pe   tijye tçə tijye na （《羌族释比经典·子报父仇》P. 1954）
父亲 报仇 儿子 报仇 了
你父亲死后，儿子来报仇。

pi po lə kə mi le tçe tçi lə sə nə tse ma ji jia manəqa jia ho （《羌族释比经典·不吉》P. 1013）
父 叔 一个 去 者 一个 儿女 一个 的 你 留 要 呀 嘿 不得行 呀 嚼哎嚼噢噢呜，想我父亲已远游，正如今年落黄花，大儿小儿怎奈何。

peja pətç tçie tçi metçie （《羌族释比经典·伯伢打猎》P. 1402）
伯伢 自己 儿 的 没有
伯伢自己没有儿子。

羌语该系列词与以下语言中的"儿"有关系。如：阿力克 çə、夏河 çə、阿侬 tçhɛn、达让 ju^{55}、独龙 tçan^{53}、西夏 gji^2、浪速 kai^{31}、仙岛 cɛ^{55}、载瓦 ke^{51}。羌语该系列词可以和汉语"雄"相比较。《说文·隹部》："雄，鸟父也。从隹，厷声。"《尔雅·释鸟》："鸟之雌雄不可别者，以翼右掩左，雄；左掩右，雌。"《诗经·邶风·雄雉》："雄雉于飞，下上其音。"引申可以指"男子"。《庄子·德充符》："〔哀骀它〕又以恶骇天下，和而不唱，知不出乎四域，且有雌雄合乎前，是必有异乎人者也。"陈鼓应今注："雌雄，指妇人丈夫。"唐韩愈《许国公神道碑铭》："河流两壖，盗连为群，雄唱雌和，首尾一身。"明夏完淳《狱中上母书》："淳死之后，新妇遗腹得雄，便以为家门之幸。"《广韵·东韵》："雄，羽弓切。"其上古音，郑张尚芳构拟成 *gʷɯŋ，李方桂构拟成 *gwjəŋ，王力构拟成 *ɣiuəŋ。其中古音，郑张尚芳构拟成 *ɣiuŋ，邵荣芬构拟成 *ɣiuŋ，王力构拟成 *ɣɨuŋ。

首辅音可以是半元音，有 ji，如：

ji ke ɦieẓə le dẓuke ɦietsha le （《羌族释比经典·敬神》P. 341）
儿 孙 满堂 有 代代 相传 有
儿孙满堂代代传。

羌语该词的来源应该也与发舌面音的"儿"有关。

羌语"儿子"也可以用复音词表示，如 tɕibzaʳ、tʂele、tsəɲi、letʂuə、tɕitɕi、tɕiŋ、təkhu、tsəqe 等形式，如：

ɕito pi lə ɕito tɕibzaˊ lə kə dieẓəda （《羌族释比经典·鬼》P. 1674）
玺多 父亲 一个 玺多 儿 一个 前 去说了
父亲对儿子又说道。

pumo tʂele pumo tɕile （《羌族释比经典·说狐狸》P. 1615）
布莫 儿 布莫 女
阿巴布莫有一儿一女。

atuo te tɕihe tsəɲi zə ʂuə duo （《羌族释比经典·祝酒词》P. 895）
一来 是 房里儿 孙子 多
一是家园子孙多。

zətʂuə letʂuə ŋa dzə sa gao （《羌族释比经典·斗安木吉结婚》P. 884）
孙子 儿子 些 吃 的 要
子孙后代有食粮。

tɕitɕi atsa tɕi ʁue wu we （《羌族释比经典·米》P. 859）
儿子 一个 儿 憨 是 了
儿子憨厚很老实。

ziɲi tekhu duˊ ɲi satɕhæ tə zə tai （《羌族释比经典·伯伢》P. 1463）
鬼王 儿子 鬼 和 小儿子 来 说 道
鬼王的儿子叫嚷道。

tipe tsə kəi tsəkæ səitə （《羌族释比经典·找铁》P. 2081）
中寨 儿子 去 儿子 三个
中寨的一家人有三个儿子。

tsəqe se tə lu tshua təʐəi ɣeˈ thi je （《羌族释比经典·解秽法鼓》P.506）
儿子 老三 松 砍 斧头 肩 扛 了
老三肩扛斧头松木。

mi ʂəi nə tsəte mimuji ŋu （《羌族释比经典·说孝子和孽子》P.1997）
不孝 者 儿子 弥木伊 是
不孝之子弥木伊。

əˈma mə ŋu zətʂu letsuə ŋa （《羌族释比经典·羌戈大战》P.14）
尔玛 人 些 儿子 儿孙 啊
羌人的子孙啊。

(三) 父亲

"父亲"在羌语14个方言点发音如下：

桃坪：pi⁵⁵；pɑ⁵⁵ pɑ³³   麻窝：eji
蒲溪：va-je，ɑ-je   曲谷：papa；tata；pa：；ʔepə
松坪沟：   峨口：bɑ：
萝卜寨：pi³¹，ɑ³¹pu⁵⁵/pɑ³¹pɑ³¹   荣红：tɑtə pɑ
绵虒：a¹¹ jA¹¹   热额纳：ʔa je
永和：pɨ；ta：ta   小姓：pi
龙溪：pɑ³¹   杨柳：pi

羌语"父亲"可以用单音节表示，单音节首辅音可以是双唇塞音，有 pi、pə、pe、pæ、pu、pa，如：

pi phəˈ tʂə ȵia mia phəˈ tʂənə minɕyo （《羌族释比经典·鬼》P.1676）
父 言语 的 和 母亲 言语 的 没有听
父母叮嘱已不听。

ʁutʂə nəkəˈ pə na tʂə dophuɣæ （《羌族释比经典·说凤凰》P.1599）
上方 上去 父 和 子 商议 了
上把位上父子商量了。

əŋ pe ŋu mæ qa mesa （《羌族释比经典·唱魂根》P.1637）
你 父 你 母 我 不认识
我并不认识你父亲母亲啊。

pæ hæ ly zə tɕie jy tɕie tʂhaʁa （《羌族释比经典·送公羊》P.1506）
父 之 子 官 做 富 做 变做
让所有的子女都升官发财。

du　pu　tʂə　du　mæ tʂə　(《羌族释比经典·毒药放咒》P. 1816)
毒药　父　杀了　毒药　母　杀了
释比我将毒药父母杀了。

nepu lie　na pa　phata qei　(《羌族释比经典·魂归来》P. 1151)
二岁 有 了　父亲　怀抱　里
二岁之时抱父怀。

羌语该系列的"父亲"词语与以下语言的"父亲"有关系。如：藏语 pha、拉萨 pa⁵⁵、巴塘 pha⁵³、麻玛 pa⁵³、文浪 pa⁵⁵、吕苏 bæ⁵³、木雅 βe²⁴、扎坝 pe⁵⁵、格西 pa、格什扎 pa、卓戎 pe、日戎 pɑ、却隅 pse¹³、贵琼 phe⁵⁵、墨脱 pa、独龙 pai⁵³、阿侬 phɯ³¹、达让僜 bɑ³⁵、格曼僜 pai³⁵、义都 bɑ⁵⁵、缅语 pha、仙岛 po³¹、浪速 phɔ³³、勒期 po⁵³、怒苏 bɑ³¹、彝语 bo³³、撒尼 bɑ¹¹、基诺 pu³³、纳西 bɑ³³、嘎卓 pa³¹。羌语该系列词语可以和汉语"父"相比较。《说文·又部》："矩也，家长率教者。从又举杖。"《释名·释亲属》："父，甫也，始生己也。"《诗经·小雅·蓼莪》："无父何怙？无母何恃？"南朝宋鲍照《松柏篇》诗："孝子抚坟号，父兮知来不？"唐牛僧孺《玄怪录·郭元振》："妾虽陋拙，父利乡人之五百缗，潜以应选。"王统照《银龙集·父子》："更有人主张要即时把这杀父的畜类活埋。"《广韵·麌韵》："父，方矩切。"其上古音，郑张尚芳构拟成 *paʔ，李方桂构拟成 *pjagx，王力构拟成 *pia。其中古音，郑张尚芳构拟成 *pio，邵荣芬构拟成 *pio，王力构拟成 *piu。白保罗认为，藏语 pha～apha～apa，缅语 bhà、ăbhà，加罗语 pha～əpa，卢舍语 pa "父亲"，而克钦语是 wa～əwa，卡杜语 əwa，莫尚语 wa，布南语 əwa "父亲"，并将藏缅语"父亲"构拟成 *pa。①

单音节首辅音可以是双唇鼻音，有 mia、mie、mæ，如：
puta　pi　le lə¹　mia ȵia mie　zei phzə　ʂə tʂho je　(《羌族释比经典·尔一部》P. 2149)
凡间　比　个　勒尔　父 和 母亲　前　主意　来 出　了
凡间释比给勒尔的父母出了主意。

lə¹ mia ȵia mie dake zəzə　(《羌族释比经典·尔一部》P. 2149)
勒尔　母 和 父　将去　地方

---

① Benedict, P.K（白保罗）: *Sino–Tibetan: a Conspectus*, Cambridge University Printing House. 1972: 16.

勒尔的父母亲不论走到任何地方。
pə mæ tʂhaʁa ʐəhe wasa se （《羌族释比经典·送草把人》P. 1380）
主人 父亲 属相 老鼠 猴子 龙
主人父亲属鼠申子神。

羌语该系列词的来源还有待进一步探寻。

单音节首辅音可以是舌面音，有 tɕy，如：
the tɕy qəpa səm sepetʂaŋ （《羌族释比经典·根源》P. 377）
他 父亲 全部 诸神 来领受
释比我敬请了诸神，敬请了诸神来领受。

单音节首辅音可以是喉音，有 fie，如：
mə ʁləs fie jye （《羌族释比经典·子报父仇》P. 1950）
子 报 父 仇
子报父仇。

羌语"父亲"还可以用单音节加"阿"构成复音词，有 apa、apəu、apu、amie、epu、eph，如：
kuetɕi apa ʂtɕie ji xpue （《羌族释比经典·取火种》P. 268）
你的 阿爸 心 的 软
你的阿爸心不忍。

mutɕetʂu le apəu ama daʁua ji （《羌族释比经典·木吉珠和斗安珠》P. 122）
木吉珠 个 阿爸 阿妈 喊 了
木吉门外喊双亲。

apu kue ʐo qa¹ te ʂpi wa （《羌族释比经典·取火种》P. 276）
阿爸 你 给 另 谋划 要
阿爸给你另想法。

lə¹ amie ʂe te ŋue （《羌族释比经典·尔一部》P. 2140）
勒尔 父亲 谁 的 是
勒尔父亲他是谁。

epu peja me lyyi （《羌族释比经典·伯伢打猎》P. 1406）
父亲 伯伢 没 回来
父亲伯伢没回来。

epu peja eɲy wu¹ su wu¹ me je （《羌族释比经典·伯伢打猎》P. 1407）
父亲 伯伢 你自己 老实 比 老实 没 了

父亲伯伢呀，比你老实的人再没有了。
eph peja tsə tɕiʑin tsə kupaꞌ nə（《羌族释比经典·伯伢打猎》P. 1407）
父亲 伯伢 别 忧愁 别 生气 的
父亲伯伢你别焦虑和忧愁。

羌语"父亲"双音节词还可以是其他形式，有 waji、waje、wajie、pita、pitɕi、piti、pupu、thesa、thewu、zəpo，如：

pətʂhə dzʐə to waji wamie wo pa（《羌族释比经典·释比生肖论命》P. 2028）
年少 事 多 父 母 对 好
年内多灾，孝敬父母。

nətshuə abəada ɲi waje wamie tə stie（《羌族释比经典·羌戈大战》P. 29）
后来 祖先 和 父亲 母亲 来 敬
接着依次敬祖先。

tɕibʑi miʑi paji wajie wamie（《羌族释比经典·丧葬禁忌》P. 1106）
小孩 死者 的 父亲 母亲
死去小孩的父母。

pita təbaidzʐu ɲi thapi ma（《羌族释比经典·迟基格布》P. 149）
父亲 想起来 呢 报仇 要
想起父亲仇未报。

pitɕi bute dzətshu datshu（《羌族释比经典·迟基格布》P. 148）
父亲 怀里 左跳 右跳
父亲怀里左右跳。

kuə tɕi piti ʑakəzuə dzəse（《羌族释比经典·青稞和麦子的来历》P. 2161）
你 的 父亲 五谷种 送给
你的父亲送给五谷种子。

pupu kes ʑuətʂhe jye ji（《羌族释比经典·伯伢莫居打地府》P. 1477）
父亲 走得 道路 有 了
你的父亲将去世。

thesa tetʂə pə natɕe dephu hai（《羌族释比经典·送草把人》P. 1377）
父亲 在想 与 儿子 商量 要
父亲准备与儿子商量。

thewu tʂha ŋu ʑəmo tʂhaŋu（《羌族释比经典·送瘟神》P. 1349）
父亲 强壮 是 男子 剽悍

父亲是强壮剽悍男子。

thuwe tʂha we ʐəpo tʂha wu （《羌族释比经典·招魂》P. 1373）

母亲　大　是 父亲 大 是

家中父亲为大，母亲为大。

羌语复合词中的"wa"可以和汉语的"父"相比较。

三　person（人）

《牛津高阶英汉双解词典》："person, a human as an individual." "person"对应汉语"人"。"人"在《百词表》中占第 18 位，在郑张尚芳《华澳语言比较三百核心词表》中居第 116 位，在黄布凡《藏缅语 300 核心词词表》中为三级核心词。

"人"在羌语 14 个方言点发音如下：

桃坪：mə^{33}　　　　　麻窝：nə

蒲溪：me　　　　　　曲谷：mi

松坪沟：mə　　　　　峨口：miə

萝卜寨：mu^{31}　　　　荣红：mi

绵虒：me^{11}　　　　　热额纳：mi

永和：me　　　　　　小姓：ȵi

龙溪：mu^{31}　　　　　杨柳：miə

羌语指"人"常用单音节表示，单音节首辅音可以是双唇音，双唇鼻音有"me""mu""mə"使用频率最高。如：

（1）me，主要在桃坪、蒲溪、绵虒、永和等地使用。如：

quamu me læ tətə qəi （《羌族释比经典·敬木比神》P. 456）

入侵者 人 呢 防 能

防御外侵居高处。

（2）mu，主要在萝卜寨、龙溪等地使用。如：

kua　bia　tʂo　bia mu dʐeibia （《羌族释比经典·走神路》P. 577）

还愿　背　祭品　背 人 背起

背上愿物上路来。

（3）mə，主要在木卡等地使用，如：

mə tʂə　tha tɕi　mapia wu nə （《羌族释比经典·人》P. 592）

人 制造　就 的　天神 是 啊

制造人种的是天神。

单音节首辅音为双唇鼻音时，还可以有其他形式，如：

(4) mi，主要使用于曲谷、荣红、热额纳等地。如：

zu qə ʐaˊlo mi dida （《羌族释比经典·还愿》P.627）
山 高 过来 人 顺利

高山之处人顺利。

(5) mo、mæ，如：

tʂhei mo daqa di lio eˊ we （《羌族释比经典·还天晴愿》P.688）
百 人 之中 愿 来 说 了

成百众人还愿来。

mæ neəu khuepu khuepia nəu wu （《羌族释比经典·解秽》P.519）
人 来 牲畜 家畜 来 了

人丁兴旺六畜发。

羌语"人"单音节首辅音为双唇鼻音的词，对应汉语"民"。汉语"民"，《说文·民部》："民，众萌也。"可以用来指"人"《诗经·大雅·生民》："厥初生民，时维姜嫄。生民如何，克禋克祀。"朱熹集传："民，人也。"《左传·成公十三年》："民受天地之中以生。"孔颖达疏："民者，人也。"《论语·季氏》："困而不学，民斯为下矣。"南朝梁刘勰《文心雕龙·原道》："天文斯观，民胥以效。"唐韩愈《送浮屠文畅师序》："民之初生，固若禽兽夷狄然。"《广韵·真韵》："民，弥邻切"，其上古音，郑张尚芳构拟成*min，李方桂构拟成*mjin，王力构拟成*mien。其中古音，郑张尚芳构拟成*miɪn，邵荣芬构拟成*mjen，王力构拟成*mien。本尼迪克特将汉藏语"人"构拟为*（r）-mi（y）。这类用表"人"的词语，羌语中也可以用来泛指"别人"。如：

"me"，蒲溪方言中就可以用来指"别人"。如：

me dʑæ tsəʐo sənə （《羌族释比经典·敬神》P.323）
别人 吃 不要 去的

不要吃别人的东西。

"mu"可以用来指"别人"，如：

peçi be ʐi mu ʐdu mipu atʂa tɕekeu （《羌族释比经典·邪怪》P.1725）
今天 在 此 别人 怪 不是 我们 家中

今天却出了怪事，怪事尽在家中出。

"mə"亦可以用来指"别人"。如：

thaχe tɕi se tə mi na ȵi mə phba da kh ʂa ji（《羌族释比经典·释比掌论吉凶》P. 2024）

那 　的 天 还 不 好 呢 别人 古墓 去 犯 了

那天如若还不好，定是触犯了别人的古墓。

此类使用在羌语其他方言中还存在，如曲谷、荣红、热额纳的 mi、峨口的 miɛ、萝卜寨的 məi³⁵等都可以用来泛指"别人"。

羌语"人"单音节首辅音还可以是双唇塞音，有 pia、bia、pie、pai、pu，如：

tɕia qo pia na tɕia ləə¹a sa（《羌族释比经典·还愿》P. 626）

这 家 人 和 这 房 族

这房之中这家人。

ȵiqei datʂha tɕia qo bia ȵia tɕia lə za tɕi bu datʂha we（《羌族释比经典·人真心》P. 673）

瘟疫 镇除 这 家 人 和 这 房 族 人 天花 瘟疫 镇除 了

天花瘟疫都镇除了，这家这寨都康乐。

ɣdzie pie qe ʁua nəi pu ji me te ʂpi sə（《羌族释比经典·治妖》P. 1293）

凡 人 头 傻 睡 做 的 没 去 探 的

打探一下那三个傻子是否睡着了。

zə tɕe tɕæxlu olətsə pai（《羌族释比经典·说鬼》P. 1358）

鬼 的 老三 长成 人

鬼的老三长大了。

pu qə tɕhi ȵia ɕi qa ȵia mi ʁueli ȵio（《羌族释比经典·向神通明》P. 413）

人 饭 吃 和 心 起 坏 者 很远 驱赶

吃了别人的饭，反起坏心者驱赶出很远之外。

这类形式与壮语中表"人"有关系，如泰语 phu³、老挝 phu³、版纳 phu³、德宏 phu³、龙州 phu³、武鸣 phau⁴、柳江 phu⁴、布依 phu⁴。金理新认为这类词与表"人"的量词关系密切。

羌语"人"单音节首辅音还可以是舌尖前鼻音，有麻窝方言的

nə，如：

atɕa lia na nə mu zə （《羌族释比经典·还天晴愿》P. 689）
一岁 有 了 人 喂 养
一岁之时人喂养。

羌语"人"说成舌尖前鼻音的 nə，与前面的来源有些不同。金理新认为："声母为 m- 的和声母为 n- 是两个不同的语词。两者有不同的来源。这一语词在苗语支语言中跟'他''老鼠''雨''鸟'属于同一声母。除了'雨'瑶语为 bl- 外，其余一律是鼻音声母 n-。很显然，苗语支的'人'跟瑶语支的'人'声母不属于同一类。"① 我们赞同此说。

羌语"人"单音节首辅音还可以是舌尖前音，有 tsə、su、ze、zei、zə、dzə，如：

thə ji ȵi tsə ɕilə kha mi atsa wu （《羌族释比经典·颂神禹》P. 191）
他 的 两 人 性情 暴 者 一对 是
两神都是急性子。

su pha kato di dzu dzətɕha （《羌族释比经典·请神》P. 301）
人 住 之地 好 土地 拿来
良田沃地归凡人。

ze ti mu ti ze dio jəuti di jəuti （《羌族释比经典·解秽法鼓》P. 504）
人 敬 天 敬 人 多 敬献 来 敬献
芸芸众生敬奉上天。

zei tsə tʂəu ȵa zei tɕe tʂəu tʂəu nə ʑie wa （《羌族释比经典·插旗》P. 1128）
人 男 旗 和 人 女 旗 旗 就 插 了
插旗保佑全家男和女。

zə sə puze ʐaˈqəu le datʂhoɕo wa （《羌族释比经典·解秽》P. 515）
人 的 人位 秽气 有 解秽 了
人位秽气来解除。

dzə la di ʁo nala di wa （《羌族释比经典·人前展示》P. 864）
人 来 接 肯 什么 接 了
凡人应如何迎接。

---

① 金理新：《汉藏语系核心词》，民族出版社 2012 年版，第 306 页。

这一类词语的来源与单音节首辅音为双唇鼻音的来源不同，其形式在其他语言中也存在。如独龙 sɑŋ⁵³、吕苏 tshuo⁵³、哈尼 tsho⁵⁵、嘎卓 tsho³³。该形式与藏语关系密切。

羌语"人"单音节首辅音还可以是舌面前音，有 tɕi 及小姓方言的 ȵi，如：

ʁa dzəu səkə ɕya mu tɕi dʐy da kue（《羌族释比经典·阶波刹格》P. 426）
寨 门 出去 亮 的 人 罪 的 解
出了寨门明理之人来解罪。

这类发音在藏缅语其他方言中也存在，如拉祜 tɕho³³、纳西 ɕi³³、高坡 ȵin⁵⁵、枫香 ȵɨ²⁴、夏河 ȵə。这类词与首辅音为双唇鼻音的来源有关。

羌语"人"单音节首辅音还可以用小舌音，有 qa、ʁu，如：
qa jyo tsa qa dzəjyo tsa qa（《羌族释比经典·还愿》P. 688）
人 位 在 这 官位 这 在
人位在此，官位在此。

tɕhi tɕoqə nə ʁu tɕoqə nə（《羌族释比经典·人前展示》P. 864）
神 见得 啊 人 见得 啊
神已看见人已看见。

金理新指出："语词'人'在壮语诸方言里面，除了南部小部分方言外，其余大部分方言读擦音 h……因而，它们的共同形式构拟为 *m-qun。"① 据此，我们认为羌语这类词语可能与壮语关系密切。

四　name（名）

《牛津高阶英汉双解词典》："name, a word or words that a particular person, animal, place or thing is known by." "name" 对应汉语中的"名字"。"名"在《百词表》中占第 100 位，在黄布凡《藏缅语 300 核心词词表》中为一级核心词。

"名字"在羌语 14 个方言点发音如下：

桃坪：xmə⁵⁵　　　　　　　　麻窝：rmə

蒲溪：z̩me　　　　　　　　　曲谷：z̩mə

---

① 金理新：《汉藏语系核心词》，民族出版社 2012 年版，第 409 页。

第一章　名词核心词

松坪沟：z̩mə　　　　　　峨口：z̩mə
萝卜寨：mu⁵⁵　　　　　　荣红：z̩mə
绵虒：me¹¹ me³³　　　　　热额纳：z̩mu
永和：məˈ　　　　　　　 小姓：ɤmə
龙溪：min³³tsə³⁵　　　　 杨柳：z̩mə

羌语中"名字"主要有三种形式，第一种是汉语借词，如龙溪的"min³³tsə³⁵"，第二种是首辅音为单辅音的单音节词，主要有 mu、ma、me、mə、məˈ、mi、nə 等形式，如：

pei pi ȵia mu peipipo（《羌族释比经典·向神通明》P. 409）
碑　公　啥　名　碑比波
碑公名叫碑比波。

dʑo　　pi da ma ʁodimu（《羌族释比经典·还愿》P. 588）
金丝猴　公　的　名　窝底木
金丝猴公窝底木。

suo　lu suo ʁue suo tse me la（《羌族释比经典·敬师祖师爷》P. 497）
一段　来　一段　请　一段　念　名　威
唱一段祖师的威名。

z̩ə mə təf z̩ə tapei（《羌族释比经典·说鬼》P. 1361）
鬼　名字　喊　鬼　欢喜
喊了鬼名喜欢了。

dʑəmə tɕeqhua jytɕi məˈ lə die laχua（《羌族释比经典·颂神禹》P. 190）
凡人　家乡　　大禹　名　个　的　传开
羌人大禹名传播。

ze　pi ȵia mi　tibi　mi ze mia ȵia mi susua mi（《羌族释比经典·给祖师换衣》P. 1117）
祖师公　啥　名　德比　名　祖师母　啥　名　苏珊　名
男祖师叫德比，女祖师叫苏珊。

tʂæcao nə dzu a ʂe z̩ə tʂælin nə dzu a ʂe z̩ə（《羌族释比经典·给早饭》P. 1194）
张孝　名下　一把　给　张林　名下　一把　给
张孝手中递一把，张林手中给一把。

以上形式的"名"与下面所谈的一种形式,首辅音为复辅音的单音词关系密切。故来源放到后面一起分析。

第三种首辅音为复辅音单音节词,主要有 rmə、ʐmə、ʐmu、xmə、ɤmə、ʐme 六个。如:

tɕiku   ta   le-m   ʁuasam   ʐmə (《热额纳羌语参考语法》P. 155)
屋里 (处所) 在   瓦萨木   名字

在屋里的人名叫瓦萨木。

zuə^{33} qə^{33} tshie^{55} tɕi^{55} ti^{33} ŋɑ^{33}, xmə^{55} tə^{33} thie^{33} liŋ^{31} sʅ^{13} (《羌语简志》P. 152)

地   (助词) 庙 子 (助词) 有,名字 (助词) 铁   灵 寺

山上有庙子,名叫铁灵寺。

ʐepiʁa læ kue ʐme ŋue (《羌族释比经典·取火种》P. 267)
热比娃 呢 你 名 是

你名叫热比娃。

周发成认为:"ʐ 单独出现在音节首时摩擦较重,读作[ʐ]。在轻声音节中或作复辅音的前置辅音时摩擦较轻,ʐ 读若[r]。"① 据此可知,rmə 与 ʐmə、ʐmu、ʐme 同源。

"名"在甲骨文中就出现了。《说文·口部》:"名,自命也。"《广韵·清韵》:"名,武并切"。其上古音,郑张尚芳构拟成 *meŋ,李方桂构拟成 *mjiŋ,王力构拟成 *mieŋ。其中古音,郑张尚芳构拟成 *miɛŋ,邵荣芬构拟成 *miæŋ,王力构拟成 *miɛŋ。白保罗把原始藏缅语的"名字"和汉语的"名"进行比较,并将"名字"构拟成 *r-miŋ。邢公畹、coblin 分别拿汉语的"名"和缅语的"maŋ^2"进行比较。刘光坤认为:"从各语言的同源词在韵尾方面的对应关系看,其同源词关系是明显的。可是,这些词在羌语中却大部分都丢失了辅音韵尾。"② 如藏语中的"名字":藏文 miŋ、拉萨藏语 miŋ^{11}、夏河藏语 ȵaŋ、墨脱门巴语 miŋ、错那门巴语 məŋ^{13},这些方言中的"名字"都带有韵尾,但是对应到羌语中韵尾就脱落了。所以说,羌语"名字"单音节词的词尾无论是单辅音还是复辅音,它们这些词语来源应该是相同的,属于同源词。

---

① 周发成:《热额纳羌语参考语法》,博士学位论文,上海师范大学,2019 年,第 30 页。
② 刘光坤:《麻窝羌语研究》,四川民族出版社 1998 年版,第 104 页。

第二节　动物核心名词

《百词表》中动物核心名词有四个：第 19 位的 fish（鱼）、第 20 位的 bird（鸟）、第 21 位的 dog（犬）、第 22 位的 louse（虱）。

一　fish（鱼）

《牛津高阶英汉双解词典》："fish, a creature that lives in water, breathes through GILLS, and uses FINS and a tail for swimming." "fish" 对应汉语中的"鱼"。鱼和人类生活联系紧密，在语言中成为一个不可或缺的核心词。据黄金贵《古代文化词义集类辨考》统计，《诗经》中共见鱼名 14 种，《山海经》中所记鱼类有 58 种。"鱼"在《百词表》中占第 19 位，在郑张尚芳《华澳语言比较三百核心词表》中居第 67 位，加*，为最核心的词，在黄布凡《藏缅语 300 核心词词表》中为二级核心词。

"鱼"在羌语 14 个方言点发音如下：

桃坪：dʐʅ³³　　　　　麻窝：ʁdzə
蒲溪：ʁəi　　　　　　曲谷：ʁzə
松坪沟：ʁə　　　　　峨口：ʁzə
萝卜寨：zɑ³¹　　　　荣红：ʁzə
绵虒：tsue¹¹ tʂue¹¹　热额纳：ʁʐə
永和：ʑi　　　　　　小姓：ʁʐə
龙溪：ʁa³¹　　　　　杨柳：ʁʐə

羌语中用指"鱼"的词可以是单音节，单音节主要有两种类别，一种是单音节首辅音为单辅音形式的词，另一种是单音节首辅音为复辅音形式的词。

首辅音为单辅音时，单辅音可以是小舌音，有 ʁəi、ʁe、ʁa³¹，如：
ʁəi lo- tha（钓鱼）　　ʁəi tsui（鱼子）（《蒲溪羌语研究》P. 287）
tsue-kou　ʁe　la（《蒲溪羌语研究》P. 83）
水（助词）鱼 有
河里有鱼。
ʁà àpiá (fish fur) / ʁà jìtə (fish egg) / ʁà tsé (fish catch)（《a grammar of longxi qiang》P. 631）

ʁa na bu ji ŋu la çyqə tsuqa kə n̠i（《羌族释比经典·安家神》P. 308）

鱼 和 虾 者 你的 海中 水里 去 是
鱼虾终归入大海。

《说文·鱼部》："鱼，水虫也，象形。"《广韵·鱼韵》："鱼，语居切。"其上古音，郑张尚芳构拟成 *ŋa，李方桂构拟成 *ŋjag，王力构拟成 *ŋia。其中古音，郑张尚芳构拟成 *ŋɨA，邵荣芬构拟成 *ŋio，王力构拟成 *ŋɨo。白保罗把原始藏缅语的"鱼"构拟成 *ŋya，并拿汉语的"鱼"与之比较。诸位先生的构拟与藏缅语中的不少表"鱼"的词语形成了对应，如：景颇 ŋa^{55}、阿侬怒 ŋuɑ^{53}、缅语 ŋa、阿昌 ŋa^{55}、彝语 ŋo、怒苏怒 ŋa^{55}。前人的构拟与羌语"鱼"的 ʁei、ʁei，发音是一致。

羌语其他方言点"鱼"的发音，如蒲溪 ʁəi、松坪沟 ʁe、龙溪 ʁa^{31} 与《羌族释比经典》所记录"鱼"的发音"ẓə、ʑi、ẓɑ、ʑia"有一些相差。这些看似不同的词，却与道孚语中的"鱼"ʁyə、木雅话中的"鱼"ʁuə^{53} 形式非常相似，我们认为羌语这些形式的词可能与藏语有关。金理新认为："道孚语跟藏语一致的语词多半是从藏语借来的，比如道孚 ʁyə 和藏语 g-yu'绿松石'。"①

单辅音可以是舌尖后音，有 ẓə，如：

tɕytʂu jawu ẓə dẓu tʂhulu tʂu detʂhu（《羌族释比经典·熏木香》P. 540）

大海 深处 鱼 乌龟 出来 邪魔 起了
大海深处的鱼儿乌龟，敬请出来邪魔驱除。

单辅音可以是舌面前音，有 ʑi、ẓɑ、ʑia，如：

ˈʑi-ʑiˌkʰɑɹ（鱼皮）（《a phonology and lexicon of the yonghe variety of qiang》P. 52 ）

qa^{31}-mu^{55}thə^{31}-je^{55} ẓɑ^{31}ɕe^{55}-ɦɿ^{155} zə^{31}-pu^{55}-sɑ^{31}.（《萝卜寨羌语语法研究》P. 62）

我   助词 他/她 助词 鱼 三 条 向上 买 助词
我向他/她买了三条鱼。

mu sa ʑekə seitsu pasa ʑia dʑei ʂə sa（《羌语释比经典·茅

---

① 金理新：《汉藏语系核心词》，民族出版社2012年版，第317页。

人》P. 1764

人 的 病痛 大河 盖处 鱼 绳线 拉 了
凡人不幸落入大河，我将大河之处的鱼线拉起来。
首辅音也可以是舌面后音，有 ɣei、ʁei，如：

sa mu ɣei χo ʂəi tsueʁa mi ʂei（《羌族释比经典·释比论干支》P. 2022）
危日鱼 捕 好 游泳 不 好
危日宜：捕鱼，忌：游泳不利。

tsue ko ɣei læ dʑiodʑio zə（《羌族释比经典·取火种》P. 261）
水 中 鱼 呢 多多 有
水中鱼儿好悠闲。

舌面前音有一个相对比较特殊的发音，是 dʐʅ^{33}，如：
a^{55} ȵi^{31} dʐʅ^{33} ti^{33} bzɑ^{33}（《羌语简志》P. 84）
哪儿 鱼（助词）大
哪儿的鱼大？

桃坪"鱼" dʐʅ^{33} 的发音与普米"鱼" dzɨ^{35}、扎坝"鱼" dzy^{13} 的发音相似，它们之间应该有一定的关系。

羌语"鱼"首辅音为复辅音时，构词形式主要是在单辅音前加小舌音 ʁ，有 ʁdzə、ʁzə。如：

tanu tanuk   ʁdzə quəɣli ji?（《麻窝羌语研究》P. 137）
哪儿 哪儿（助词）鱼 多   （后加）
哪些地方的鱼多？

ʁlugu   a:da ʁzə le（《热额纳羌语参考语法》P. 88）
池塘（处所） 鱼 有
池塘里有鱼。

ʁzə tsu pij（《汉羌词典》P. 470）
鱼水情。

或者在小舌音 ʁ 后加舌冠齿龈擦音 z，有 ʁzə。如：
tsə-ʁa   bzə kənaha ha zi（《羌语荣红话》P. 60）
水（助词）鱼 很多   有
水里有很多鱼。

羌语"鱼"也可以用双音节表示，主要出现在绵虒方言中，有 tsue^{11}

tʂue¹¹，如：

tsue¹¹ tʂue¹¹ a dʐʅ³³（《绵虒羌语研究》P. 102）
鱼　　一条
一条鱼。

二　bird（鸟）

《牛津高阶英汉双解词典》："bird, a creature that is covered with feathers and has two wings and two legs. Most birds can fly."" bird"对应汉语"鸟"。"鸟"在《百词表》中占第 20 位，在郑张尚芳《华澳语言比较三百核心词表》中居第 61 位，为最核心的词。羌语中"鸟"语义场成员比较多，我们在此主要分析鸟类及其家禽中与鸟关系密切的词。

（一）鸟

"鸟"在羌语 14 个方言点发音如下：

桃坪：dʑe²⁴¹ ye⁵⁵ mə³³　　　麻窝：wə

蒲溪：jy tsha　　　　　　　曲谷：jytʂhu

松坪沟：wu　　　　　　　　峨口：wu tsɛ

萝卜寨：ʁu³¹ ʐi⁵⁵　　　　　　荣红：wətshi

绵虒：ji¹¹ tshe³³　　　　　　热额纳：ʁuə tshe

永和：wəji　　　　　　　　小姓：wutshe

龙溪：ji³¹ tsha⁵⁵　　　　　　杨柳：wutshe

羌语中用指"鸟"的词，一般有两种。一种是单音节词，一种是双音节词。单音节词主要有以下成员：

1. wə：麻窝羌语将"鸟"称"wə"。刘光坤认为："数词 a '一' 用来限制名词时和名词在语音上结合的很紧。"① "wə"与"a"连接在一起时，会读成"wa"。如：

qɑː phuq tiː q wa（wə a）ʑi ji（《麻窝羌语研究》P. 145）
山顶　树　上面　鸟一　　有（后加）
山顶的树上有一只鸟。

羌语还会将"鸟"读成"wu（松坪沟）""ŋu"。如：

ŋu ʐənəi xɬu nanəi（《羌族释比经典·天宫龙潭》P. 371）

---

① 刘光坤：《麻窝羌语研究》，四川民族出版社 1998 年版，第 145 页。

鸟　管理　鹰　　撑管

管理着天空的飞禽。

《说文·鸟部》："鸟，长尾禽之总名也，象形。"《广韵·篠韵》："鸟，都了切"。其上古音，郑张尚芳构拟成 *tɯɯw ʔ，李方桂构拟成 *tiəgwx，王力构拟成 **tyu。其中古音，郑张尚芳构拟成 *teu，邵荣芬构拟成 *tɛu，王力构拟成 *tieu。白保罗将藏缅语构拟为 *wa = *(b) wa。金理新认为："藏语的 y 之前可以附加 g-，却不能附加 b-……藏缅语的'鸟'是 *b-ya ~ *b-yam。"① 王力认为，"凫""鹜"同源。潘悟云、黄树先拿"凫"对藏缅语的"鸟"。我们赞同潘悟云、黄树先的说法。《广韵·虞韵》："凫，防无切。"其上古音，郑张尚芳构拟成 *ba，李方桂构拟成 *bjag，王力构拟成 *bia。其中古音，郑张尚芳构拟成 *bɨo，邵荣芬构拟成 *bio，王力构拟成 *bʱɨu。白保罗认为藏缅语"鸟"跟汉语"鹕"有关。

2. la

　　lutsi　pho qəŋadʐe teji　la　dʐe ɣe je（《羌族释比经典·话说神洁木吉珠》P. 1947）

山林 树 上 老鸦 栖息 鸟的　好　了

山中树上栖息雀鸟。

羌语该词应该是对应"雉"。黄树先认为藏缅语的"鸟"与"弋"有关。郑张尚芳认为，"雉"从"弋"*hliʔ 声，对应缅文 rac<rik，也应为 *rliʔ。白保罗拿汉语的"翟"*lʼeewG// *k-lewk 跟藏缅语进行比较。

3. jy

　　kojy matʂə　jy po suoqo tɕhio sələ ji（《羌族释比经典·木吉珠和斗安珠》P. 115）

菜子 这样 鸟 的 食囊 切　去取 了

九颗菜籽在嗉内。

羌语该词应该是与"鸡"有关。黄树先认为藏缅语"鸟"可以对汉语的"鸡"。②《说文·鸟部》："鸡，知时畜也。"《广韵·齐韵》："鸡，古奚切。"其上古音，郑张尚芳构拟成 *kee，李方桂构拟成 *kig，王力构拟成 *kye。其中古音，郑张尚芳构拟成 *kei，邵荣芬构拟成 *kɛi，王力构

---

① 金理新：《汉藏语系核心词》，民族出版社 2012 年版，第 321 页。
② 黄树先：《说鸟》，《中文学术前沿》2015 年第 1 期。

拟成 *kiɛi。以上构拟可以从音理上说通该发音的来源。

羌语中用指"鸟"的双音节词主要有两类：

第一类是由 jy 开头组成的双音节词，蒲溪的"jy tsha"、曲谷的"jytshu"、绵虒的"ji^{11} tshe^{33}"、龙溪的"ji^{31} tsha^{55}"。还可以读成"jytshæ"，如：

jytsha papu mi nə ʐbu tə ʑi（《羌族释比经典·颂神禹》P. 195）
鸟雀 效仿者 的 窝 巢 在

有的像鸟筑巢住。

ʐa tshəko jitsha tɕynko ʑio（《羌族释比经典·羌戈大战》P. 34）
岩下边 鸟儿 歌 在唱

岩下边鸟儿在唱歌。

jytshu sətɕi ta sə pe wa（《羌族释比经典·颂观音神》P. 487）
鸟雀 寺庙 上 神 成 了

百雀寺中成了道。

ɣəiɕie jytshæ ʐbu pu miɲue qhua ʐbu pu ji（《羌族释比经典·治妖》P. 1947）
黄胸脯 鸟儿 巢 做 不 会 妖 巢 做 了

黄鸟不会筑巢筑了妖巢。

第二类是由"wə"开头组成的双音节词。有荣红的"wətshi"、峨口的"wu tsɛ"、小姓的"wutshe"以及热额纳的"ʁuə tshe"。如：

genkuo i ʂə wətshi ka-han（《羌语语法和长篇语料分析》P. 290）
鹦鹉 是 鸟 一种

鹦鹉是一种鸟。

ʔeɲi ʔaʂ ʔa-xɕytə-n ɣuətshe dæː fiækæ zæʁæ du（《热额纳羌语参考语法》P. 175）
你自己 一下 听 鸟 （助词）一个这样 叫（语气词）

你自己听一下！那鸟就是这样叫的拉。

除此之外，桃坪的"dʑe^{241} ye^{55} mə^{33}"属于一个比较特殊的词，它是由 dʑe^{241}（飞）、ye^{55}（有）、mə^{33}（后加形式）构成的三音节词。

（二）鸡

"鸡"在羌语14个方言点发音如下：

桃坪：yi^{31}　　　　　　　　　麻窝：tɕiwə

第一章 名词核心词 41

蒲溪：jy　　　　　　　曲谷：jy/ju
松坪沟：wəi　　　　　峨口：tɕuy
萝卜寨：jy³¹　　　　　荣红：tɕy:
绵虒：i³¹　　　　　　热额纳：ʁuə
永和：dʐy　　　　　　小姓：wu
龙溪：yu　　　　　　　杨柳：wu

羌语中用指"鸡"主要使用单音节，有 jy、i、ji、ju、yu、dʐy、tɕuy、ʁuə、wu 等形式。

1. jy：主要在蒲溪、萝卜寨、曲谷等地使用。如：
dʐie jy kue mi sə ji（《羌族释比经典·山黄岩黑》P.1321）
病　鸡的没啼的
家中也无病鸡啼鸣。

《说文·隹部》："鸡，知时畜也。从隹，奚声。"《广韵·齐韵》："鸡，古奚切。"其上古音，郑张尚芳构拟成 *kee，李方桂构拟成 *kig，王力构拟成 *kye。其中古音，郑张尚芳构拟成 *kei，邵荣芬构拟成 *kɛi，王力构拟成 *kiɛi。西田龙雄、罗美珍等拿汉语的"鸡"和缅语的"鸡"krak⁴比较。黄树先拿汉语"鸡"和缅语的"鸡"kje³比较。[①] 羌语的"鸡"jy应该是与汉语的"鸡"同源。

"jy"既可以用指"鸟"，也可以用指"鸡"。这种现象不仅仅羌语中有，在其他语言中也存在。如：

汉语：雏：1、小鸡。2、幼鸟。（《汉语大字典》P.4105）
英语：chick：雏鸟；雏鸡。（《牛津高阶英汉双解词典》第七版 P.330）

"鸡"也会说成不圆唇的 ji，或者 i、yi。如：
tsha ȵi pieŋ aʁolo ji aphata（《羌族释比经典·祝酒词》P.899）
羊　和　猪　有　一圈　鸡　满山坡
猪羊满圈鸡满坡。

i³¹ xtə⁵⁵ 鸡蛋（《羌语简志》P.160）
yi³¹ phʐi⁵⁵ phʐi³³ 白鸡（《羌语简志》P.160）

孙宏开认为桃坪羌语中"鸡"单读为"yi"，合成词的时候会读成

[①] 黄树先：《汉缅语比较研究》，华中科技大学出版社 2003 年版，第 104 页。

i。① 这种情况在绵虒语言中也同样存在。

2. wu、ju、yu，这些用来指"鸡"的单音词的元音发音部位皆为后高。如：

qoŋgu ɤȵe-the- ʂ wu　　fie-tɕi. （《四川松潘羌语》P. 196）
你　　两（助词）鸡（方向）杀
你们俩把鸡杀了。

juʈʂu 雏鸡　（《羌语研究》P. 259）
还会音变为 ʐu、dzu，如：
ʐə ʐu tietie ʐu mi ɕe （《羌族释比经典·说鬼》P. 1360）
鬼 鸡 不停　鸡 母 叫
鬼母鸡不停啼叫。

tshe ɤe Xɬi na dzu lu Xɬi （《羌族释比经典·放出动物》P. 1825）
羊　下　放　和　鸡　来　放
羊是天神放来的，鸡是天神放来的。

3. ɤuə、tɕuy、wəi，该三个单音节主要特征为韵母为复合元音。如：

ʔu ɤuə tʂə xɕu-n-a：　ma-xɕu-naʔ （《热额纳羌语参考语法》P. 84）
你 鸡 杀 敢　　　　不 敢
你敢不敢杀鸡？

羌语"鸡"以上形式的发音可能与藏语关系密切。白保罗认为："卢舍依语 sa-va（库基语 *wa），米基尔语 vo，切邦语 wa，尼语、倮倮语 wa'乌'。藏缅语 *wa。巴兴语有 ba'鸡，野禽'（也许借自藏语 bya'乌，鸡'），而列普查语 fo'乌'有不明确。"② 白保罗认为藏缅语这个形式跟汉语"鹉"有关，我们赞同白保罗的观点。其实，羌语"鸡"以上形式的发音与汉语"鹉"有关系。《广韵·麌韵》："鹉，文甫切。"其上古音，郑张尚芳构拟成 *maʔ，李方桂构拟成 *mjagx，王力构拟成 *mia。其中古音，郑张尚芳构拟成 *miɔʔ，邵荣芬构拟成 *mio，王力构拟成 *miu。

用来指"鸡"的复合元音还有"kəu"。如：

kəu phʐi loʐo　ʂəu mikhi （《羌族释比经典·夫妻缘由》P. 876）

---

① 孙宏开：《羌语简志》，民族出版社 1981 年版，第 160 页。
② Benedict, P. K（白保罗）：*Sino-Tibetan：a Conspectus*, Cambridge University Printing House. 1984：99.

鸡　白　也不要　拴　不去

白公鸡也不用去拴。

羌语"鸡""kəu",这个词的来源还有待进一步考证。我们认为其可能与壮语有关系。详情见下:

马山壮语	靖西壮语	那坡坡荷壮语	武鸣壮语
kjoi³ kai⁵	kha: n⁵mən⁴kai⁵	khiŋ¹ kai⁵	lin⁴kai⁵
蕉 鸡	黄姜鸡	姜 鸡	舌鸡
小个香蕉	小黄姜	小姜	小鸡

羌语指"鸡"也可以用复音词来表示,有麻窝的"tɕiwə"。tɕiwə tɕi 公鸡。除此之外,还可以用 jitsə、jyji 复音词来指"鸡"。例如:

futhie tshaʁa ʐupu jitsə se (《羌族释比经典·送草把人》P. 1381)

媳妇　属于　蛇　鸡　牛

媳妇属相巳酉丑。

tetʂhə ʁuasaʐu tʂhetʂhə jyji zudʐə (《羌族释比经典·熏烟》P. 1581)

七卦　属猴子　八卦　鸡　相合

掐七卦属猴,掐算八卦属鸡。

(三) 老鹰

"老鹰"在羌语14个方言点发音如下:

桃坪:χuɑ⁵⁵　　　　　　麻窝:χlu

蒲溪:xla　　　　　　　曲谷:jyaʁa

松坪沟:χɬu　　　　　　峨口:χlu/qhlu

萝卜寨:χo⁵⁵li³¹pɑ³¹　　荣红:xlu

绵虒:la³¹　　　　　　　热额纳:χlu

永和:ɬu　　　　　　　　小姓:χɬu

龙溪:xo　　　　　　　　杨柳:iŋ

羌语"老鹰"可以用单音词表示,也可以用复音词表示。单音词首辅音可以是单辅音,也可以是复辅音。

单辅音单音词主要有 la³¹、ŋa、tɕy、tʂu,如:

1. la,永和方言也可以说成 ɬu,如:

ŋu deje ji la daje ji (《羌族释比经典·说莫居》P. 1469)

雕　来　了　鹰　来　了

雕来了鹰来了。

羌语"老鹰"该类词可以和汉语"鹰"相比较。"鹰"在《说文》中是以重文形式出现,为"雁"的重文,在春秋战国时期文献中就有记载。《诗经·大雅·大明》:"维师尚父,时维鹰扬。"唐白居易《放鹰》诗:"鹰翅疾如风,鹰爪利如锥。"明李时珍《本草纲目·禽三·鹰》:"鹰出辽海者上,北地及东北胡者次之。北人多取雏养之,南人八九月以媒取之。乃鸟之疏暴者。"《玉篇·鸟部》:"鹰,鸷鸟。"《广韵·蒸韵》:"鹰,于陵切。"其上古音,郑张尚芳构拟成 *qlɯŋ,李方桂构拟成 *ʔjəŋ,王力构拟成 *ʔɯŋ。其中古音,郑张尚芳构拟成 *ʔiiŋ,邵荣芬构拟成 *ʔieŋ,王力构拟成 *ʔiəŋ。王辅世、毛宗武把原始苗瑶语"老鹰"构拟成 *qlA:ŋ①。白保罗将原始藏缅语的"鹰"构拟成 *laŋ。

2. ŋa,龙溪方言也可以说成 xo,如:

muta ʂe ȵieu ŋa dzeu məla. (《羌族释比经典·罪一部》P.1931)
天上 下 来 鹰 鹞 影子
从天上下来鹰和鹞子。

羌语该类词的来源应该与上面探讨的词有关联。

3. tɕy

tɕhip tɕy næ we (《羌族释比经典·驱煞》P.1498)
半空 鹰 和 鹞子
半空中的鹰和鹞子。

该词来源应该与"鸡"有关系,前文已经做了交代,在此不再赘述,详情参阅前文。

4. tʂu

tʂu jye xawo tʂha tsəwa (《羌族释比经典·送瘟神》P.1347)
老鹰 鹞子 回转 送 回来
老鹰鹞子转来接回来。

5. dʐəu

muta ʂəȵuŋa dʐəu ʂpi xse (《羌族释比经典·请神》P.318)
天上 飞来 鹞子 老鹰 释比 神
天上飞来的鹞子和老鹰是释比的神。

首辅音为复辅音单音词有 χla、χɬu,还有桃坪的 χuɑ⁵⁵。如:

---

① 王辅世、毛宗武:《苗瑶语古音构拟》,中国社会科学出版社 1995 年版,第 58 页。

1. ɮla

lutsə pho qəŋa dʑetə jie ɮla dʑe ɣe jie phʐe ko tɕio jie（《羌族释比经典·吉祥》P. 318）

杉林 树 上 老鸦 上 了 老鹰 丰富 好了 白的 看见 了

松林树上有鹰有鸦多吉祥。

2. ɮɫu

ȵy tshəna ɮlu due ɣeŋue（《羌族释比经典·招羊神》P. 1662）

绵羊 跟随 老鹰 嘴 带 走

绵羊身上有邪气跟随，释比叫老鹰嘴带走了。

羌语"老鹰"也可以用复音词表示，有 xəlepa、ɮo^{55}li^{31}pɑ^{31}、jyaʁa，如：

1. xəlepa，萝卜寨读成 ɮo^{55}li^{31}pɑ^{31}

mutɕie ɕi bo xəlepa ze（《羌族释比经典·木吉珠和斗安珠》P. 80）

木吉 心 高 鹰 来比

木吉常来比雄鹰。

（四）猫头鹰

"猫头鹰"在羌语14个方言点发音如下：

桃坪：kho   麻窝：nəɮləbɑlɑ
蒲溪：jy kho   曲谷：juxu
松坪沟：   峨口：wu xu
萝卜寨：je^{31}ʂə^{55}jiŋ^{55} 荣红：wufu
绵虒：fu^{11}lA^{33} 热额纳：ɣuəxu
永和：mækʰy / nækʰy   小姓：wuxu
龙溪：jě ʂə jín   杨柳：jiŋ

羌语中"猫头鹰"用单音词来表示，主要有：

羌语"猫头鹰"可说成 kho

kho   ʐɑ ke dʑəu puje（《羌族释比经典·丧事唱诵》P. 962）

猫头鹰 睡 还 活 做

猫头鹰睡觉时你父母仍然还在地里干活。

可以在该单音节前加 jy 或者 ji，如：

jikho dəkə patʂuə xe kuədzo lu（《羌族释比经典·还愿》P. 1907）

猫头鹰 木梯顶 尖端 上 歇脚 来

猫头鹰歇木梯顶。

也会说成 jyphu，如：

deŋ mipi   jyphu   zedu na ʁadesa（《羌族释比经典·撵妖魔》P. 1569）
纳寨 不吉 猫头鹰 哭闹 就 戳穿

纳萨碉上猫头鹰哭叫不吉利，释比我实话将妖戳穿了。

也会说成 ja，如：

ʁuedzu woȵi   ja ɕie   dəˀ（《羌族释比经典·打扫房子》P. 1159）
罩楼 栏架 猫头鹰 叫   了

罩楼栏架猫头鹰叫了。

还可以说成 qhəu，如：

qhəu kə daʁua lə   tə ʁua（《羌族释比经典·还愿》P. 962）
猫头鹰 的 帮助 箭 上 帮

猫头鹰飞临帮助箭。

羌语还可以用复音词 wuxu、juxu、ɣuəxu 来指"猫头鹰"。同时，羌语中也会使用汉语借词表示猫头鹰，如 je³¹ ʂə⁵⁵jiŋ⁵⁵、jě ʂə jín、nəχləbala。

（五）蜜蜂

"蜜蜂"在羌语 14 个方言点发音如下：

桃坪：bə³¹ dʑy³³   麻窝：bə
蒲溪：bedʐy   曲谷：bu
松坪沟：pu tɕio   峨口：bə
萝卜寨：bu³¹ ʐu⁵⁵   荣红：bə
绵虒：be¹¹ jəu³³   热额纳：bu
永和：buʐu   小姓：ʁȵy
龙溪：bu³¹ jiou³¹   龙溪：wuba

羌语"蜜蜂"可以用单音词 bu、bə、ʁȵy，如：

bu   ke   mipi bu we fua to（《羌族释比经典·送邪气》P. 771）
蜜蜂 分群 不吉 蜜蜂 回 桶 了

蜜蜂分群回原桶不吉利。

羌语"蜜蜂"单音节首辅音为双唇音的 bu、bə，应该可以与汉语"蜂"相比较。"蜜蜂"最早见于《诗经·周颂·小毖》："予其惩，而毖后患。莫予荓蜂，自求辛螫。""蜜蜂"也可以称为"蜂子"。唐李贺《谢秀才有妾缟练改从于人谢贺复继》诗之三："洞房思不禁，蜂子作花心。"宋道潜《春日杂兴》诗："粉腰蜂子尤无赖，挠遍花须未肯休。"也可以称"蜂"。汉王充《论衡·言毒》："蜜为蜂液，蜂则阳物也。"南朝梁庾肩吾《和竹斋》诗："蜂归怜蜜熟，燕入重巢干。"宋苏轼《送乔施州》诗："鸡号黑暗通蛮货，蜂闹黄连采蜜花。"自注："胡人谓犀为黑暗。"《玉篇·虫部》："蜂，螫人飞虫也。亦作蠭。"《广韵·东韵》："蜂，薄红切。"其上古音，郑张尚芳构拟成 *buŋ，李方桂构拟成 *buŋ，王力构拟成 *bhuŋ。其中古音，郑张尚芳构拟成 *buŋ，邵荣芬构拟成 *buŋ，王力构拟成 *bhuŋ。羌语是一种韵尾脱落相对明显的语言，韵尾脱落后，就形成了现有的 bu、bə、be、pu 等发音情况。所有说羌语的"蜜蜂"与汉语"蜂"两者关系紧密。

还可以在 bu、bə 或者 be 后面加上一个前缀或后缀。如 buʑio、bə³¹ dʑy³³、bedʑy、bu³¹ʐu⁵⁵、be¹¹ jəu³³、buʑu、bu³¹jiou³¹。如：

buʑio tsaə qə we zəsə ȵio qe wuphe bu le wu（《羌族释比经典·蜜蜂颂》P.771）
蜜蜂 这个 头 长 地方 绵羊 头 拥有 蜜蜂 个 是
蜂儿蜂儿逗人喜，头角弯弯像蚂蚁。

boʑiəu kemia leqe mia je（《羌族释比经典·米亚一部》P.1219）
蜜蜂 无故 蜂箱 米亚 了
蜜蜂无故死在蜂箱中。

（六）乌鸦

"乌鸦"在羌语 14 个方言点发音如下：

桃坪：nə³³ ŋa⁵⁵　　　　　麻窝：ȵaʁu
蒲溪：meŋa；neŋa　　　　曲谷：noʁo
木卡：nə ŋa　　　　　　　峨口：nu ʁu
萝卜寨：nia³¹ʁo⁵⁵　　　　荣红：noʁu
绵虒：ŋa¹¹；nə³¹ʁa⁵⁵　　热额纳：naʁu
永和：naʁ u　　　　　　　小姓：naʁa
龙溪：la³¹ʁo⁵⁵　　　　　杨柳：naʁa

羌语中乌鸦常用双音节词表达，有 nə ŋa，如：

nəŋa tɕike luço xse（《羌族释比经典·吉》P.569）
老鸦 那里 杉树 神
老鸦那里有杉树神。

也可以说成 na ʁo 或者 nia³¹ʁo⁵⁵，如：

naʁo papu phuqəɕya （《羌族释比经典·还愿》P. 803）
乌鸦 学着 蒙蒙亮

天刚蒙蒙亮时，就学着乌鸦出去了。

也可以说成 laʁu，如：

zədʐə lema laʁu je （《羌族释比经典·开坛请神》P. 392）
对看 有不 老鸹 要

供品五谷老鸹要吃。

还可以有 neŋa、nə³¹ʁa⁵⁵、naʁa、la³¹ʁo⁵⁵、ȵaʁu、noʁo、nu ʁu、noʁu、naʁu、naʀ u，如：

nəŋa nəŋa no kutshu hȵi （《羌族释比经典·羌戈大战》P. 25）
乌鸦 乌鸦 你 听见 着

乌鸦乌鸦你听着。

kəukəu tsuəpei lokei ʑi （《羌族释比经典·三把剑一部》P. 706）
乌鸦 红嘴 碉上 在

红嘴乌鸦站在碉楼顶。

səkhu səkhu jysi khui （《羌族释比经典·召唤乌鸦》P. 1065）
冲来 冲来 乌鸦 冲来

乌鸦从夜空俯冲下来了。

羌语"乌鸦"可以和汉语的"老鸦"相对应。"乌鸦"，羽毛通体或大部分黑色。可以称为"乌"。《诗经·邶风·北风》："莫赤匪狐，莫黑匪乌。"朱熹集传："乌，鸦。黑色。"汉王充《论衡·感虚》："〔秦王〕与之誓曰：'使日再中，天雨粟，令乌白头，马生角……乃得归。'"唐温庭筠《更漏子》词之一："惊塞雁，起城乌，画屏金鹧鸪。"俗称"老鸹""老鸦"。唐顾况《乌夜啼》诗："此是天上老鸦鸣，人间老鸦无此声。"宋梅尧臣《直宿广文舍下》诗："亦尝苦老鸦，鸣噪每切切。"《广韵·晧韵》："老，庐晧切。"其上古音，郑张尚芳构拟成 *ruuʔ，李方桂构拟成 *ləgwx，王力构拟成 *lu。其中古音，郑张尚芳构拟成 *lɑu，邵荣芬构拟成 *lɑu，王力构拟成 *lɑu。《广韵·麻韵》："鸦，于加切。"其上古音，郑张尚芳构拟成 *qraa，李方桂构拟成 *ʔrag，王力构拟成 *ea。其中古音，郑张尚芳构拟成 *ʔɣa，邵荣芬构拟成 *ʔa，王力构拟成 *a。汉语"老"和"鸦"两个音组合在一起，和现在羌语的"乌鸦"之间的关系就非常明显了。

除了双音节外，还可以使用单音节词，有 jy，如：

第一章 名词核心词

ŋuxɬo jy　la　jyŋu（《羌族释比经典·召唤乌鸦》P. 1065）
神鸟 乌鸦 飞 乌鸦 是
天空的神鸟飞翔了。

还可以说 ŋa，如：

lutsə　pho　qəŋa　dzʅetə jie Xla　dzʅe Xe　jie phzʅe ko tɕio　jie（《羌族释比经典·吉祥》P. 2211）
杉树 树 上 老鸦 上　了 老鹰 丰富 好 了 白　的 看见 了
杉林树上有鹰有鸦多吉祥。

这两个字的来源前文已经有交代，在此不赘述，可参阅前文。

三 dog（犬）

《牛津高阶英汉双解词典》："dog, an animal with four legs and a tail, often kept as a pet or trained for work, for example hunting or guarding buildings. There are many types of dog, some of which are wild.""dog"对应汉语"狗、犬"。考古证明，夏商周时期，"犬"已成为当时主要的家畜之一。《礼记·少仪》："犬则执绁，守犬、田犬，则授摈者。既受，乃问犬名。"疏："犬有三种：一曰，守犬，守御宅舍者也；二曰田犬，田猎所用也；三曰食犬，充君子庖厨庶羞用也。"《说文·犬部》收录了 87 个与"犬"有关的字。"犬"在《百词表》中占第 21 位，在郑张尚芳《华澳语言比较三百核心词表》中居第 52 位，在黄布凡《藏缅语 300 核心词词表》中为一级核心词。我们在此主要分析羌语的狗及其常见的四肢动物。

（一）狗

"狗"在羌语 14 个方言点发音如下：

桃坪：khuə[55]　　　麻窝：khuə
蒲溪：khue　　　　曲谷：khuə
松坪沟：khu　　　　峨口：khuə
萝卜寨：khu[31]　　　荣红：khuə
绵虒：khue[11]　　　热额纳：khu
永和：khe　　　　　小姓：khu
龙溪：khuə　　　　杨柳：khu

羌语各个方言"狗"的发音不同主要体现在韵母上，韵母有单韵母，也有双韵母。单韵母有 u、e、æ。发 u 居多，如：

khu pi ȵiamu ɕitopi to dʑi nə jy（《羌语释比经典·铁》P. 2102）
狗 公 啥名 细多比 的 唱 的 完
已唱完猎狗细多比。

khu 还可以说成舌根音 qhu，如：

qhu na pæ le okukuai（《羌语释比经典·唱是非》P. 1958）
狗 和 猪 有 打架了
狗和猪相互打架了。

也可以说成 khe 或者 khæ，如：

khæ tʂhei le nia ji ma le khei（《羌语释比经典·解秽》P. 516）
狗 撵出 时 和 母鸡 打回 要
狗撵猎物，打回山鸡。

羌语"狗"的复韵母有 khuə，如：

khuə xnəze adə pə¹ nə miʑi（《羌语释比经典·驱除家里怪物》P. 1908）
狗 七只 生 喂养 者 没有
狗生七只无人养。

也可以说成 khue，也可以说成舌根音 qhue。如：

khue la tɕi je khue mu ȵio je（《羌语释比经典·罪一部》P. 1929）
狗 出 的 了 狗 者 赶 了
将狗赶出去了。

qhue na wu¹dodu gua gua mætɕhi due wu tɕhi（《羌语释比经典·定住地脉》P. 2059）
狗 和 龙柱子的 争吵 争吵 不要 和睦 是 要
狗龙争吵有克星，释比送走克星送来了和睦。

羌语"狗"的发音具有很强的一致性，羌语"狗"不能与汉语"狗"相比较。汉语"狗"来源于"小"，王力《同源字典》、黄树先《说"幼小"》等文皆有论述。羌语的"狗"应对应汉语的"犬"。《说文·犬部》："犬，狗之有悬蹄者也，象形。"《诗经·小雅·巧言》："跃跃毚兔，遇犬获之。"南朝梁沈约《齐故安陆昭王碑文》："邑居不闻夜吠之犬，牧人不睹晨饮之羊。"元关汉卿《救风尘》第四折："雨后有人耕绿野，月明无犬吠花村。"《广韵·铣韵》："犬，苦泫切。"其上古音，郑张尚芳构拟成*khweenʔ，李方桂构拟成*khwianx，王力构拟成*khyua。其中古音，郑张

尚芳构拟成 *khwenʔ，邵荣芬构拟成 *khuɛn，王力构拟成 *khiwen。郑张尚芳拿汉语的"犬"和缅语的"狗""khwe³"比较。白保罗也拿汉语的犬对应藏缅语的"狗"，并将原始藏缅语"狗"构拟成 *kwiy。但是白保罗将汉语的"狗"与"犬"混淆，这点值得商榷。

（二）狼

"狼"在羌语 14 个方言点发音如下：

桃坪：lɑ⁵⁵　　　　　　麻窝：lɑ
蒲溪：la　　　　　　　曲谷：lɑ
松坪沟：lɑ　　　　　　峨口：lɑ
萝卜寨：lɑ³¹　　　　　荣红：lɑ
绵虒：sʅ¹¹；lɑŋ³　　　热额纳：lɑ
永和：sikʰy；la　　　　小姓：laɕi
龙溪：la⁵⁵　　　　　　杨柳：lɑ

羌语中"狼"可以读为"la"或者后元音不圆唇的"lɑ"。如：

ʁazu si ȵi   la χpa pida duo（《羌语释比经典·敬天地谢神恩》P. 836）

山上 豹 和 狼 豺　老虎 多

山中豺狼虎豹多。

羌语中还可以将"狼"说成"nu"。如：

χamu pikə nu ȵi   məna la məna ɕy detshu（《羌语释比经典·魂起来》P. 999）

森林 奔跑 狼 黑　威力 豺狗 威力 魂 起来

黑狼豺狗不能奔跑，释比将魂招回来了。

还可以读成 ȵy，u 读成前圆唇高音 y。如：

χamu pikə ȵy na la   ma dathe（《羌语释比经典·熏烟》P. 1578）

莽林 奔跑 狼 和 豺狗 没有 熏烟

灰狼豺狗没有吉祥树熏烟不能奔跑。

羌语"狼"以上形式，我们认为其可以和汉语的"狼"相比较。《说文·犬部》："狼，似犬，锐头，白颊，高前，广后。从犬，良声。"《诗经·齐风·还》："并驱从两狼兮，揖我谓我臧兮。"《吕氏春秋·明理》："有狼入于国，有人自天降。"宋苏舜钦《猎狐篇》："所向不能入，有类狼失狈。"《广韵·唐韵》："狼，鲁当切。"其上古音，郑张尚芳构拟成

*raaŋ，李方桂构拟成*laŋ，王力构拟成*laŋ。其中古音，郑张尚芳构拟成*laŋ，邵荣芬构拟成*laŋ，王力构拟成*laŋʔ。

除此之外，蒲溪羌语"狼"也可以说成"sɿ¹¹"，永和"狼"也说成"sikʰy"。这两种羌语方言的"sɿ"或者"sɨ"来源还有待进一步探寻。我们初步判断其当与汉语的"豺"对应。《说文·豸部》："豺，狼属，狗声。从豸，才声。"《逸周书·时训》："霜降之日，豺乃祭兽。"朱右曾校释："豺似狗，高前广后，黄色，群行，其牙如锥，杀兽而陈之若祭。"汉王褒《四子讲德论》："牧兽者不育豺。"明李时珍《本草纲目·兽二·豺》："豺，处处山中有之，狼属也。俗名豺狗，其形似狗而颇白，前矮后高而长尾，其体细瘦而健猛，其毛黄褐色而鬠鬠，其牙似锥而噬物，群行虎亦畏之，又喜食羊。"徐珂《清稗类钞·动物·豺》："豺，亦作犲，与狼同类异种，状如犬而身瘦，毛黄褐色，口吻深裂，尾长下垂，其身有臭气，哭声能闻于远，性之残暴与狼同。"《广韵·皆韵》："豺，士皆切。"其上古音，郑张尚芳构拟成*zruɯɯ，李方桂构拟成*dzrəg，王力构拟成*dʒe。其中古音，郑张尚芳构拟成*dʒɤɛi，邵荣芬构拟成*dʒei，王力构拟成*dʒei。

（三）猪

"猪"在羌语14个方言点发音如下：

桃坪：pa³³　　　　　　麻窝：pi

蒲溪：pie　　　　　　　曲谷：pie

松坪沟：piæ　　　　　 峨口：piɛ

萝卜寨：piɑ³¹　　　　　荣红：pie

绵虒：piA¹¹　　　　　　热额纳：pie

永和：pæ　　　　　　　小姓：pe

龙溪：pia³¹　　　　　　杨柳：piæ

羌语"猪"的发音主要是单音节，声母皆为p，然韵母有单韵母和复韵母两种。单韵母主要是前不圆唇的 i、e、æ、a。如：

pi tsaXlɑ çi ɣnəri tʃəs piɑː ji （《麻窝羌语研究》P. 175）

猪　这　助词　两头　杀　后加成分

这群猪中要杀两头。

qu ɑ tə-suɑ-kie,　tse-k kel-the-ɑ pe ne ʑe-j （《四川松潘羌语》P. 194)

你 一下 数 去，这 圈　　猪 几 有？

你数数看，这圈里有几头猪？

pæ je　tɕito sə　ȵythyi　（《羌语释比经典·打整房子》P. 1489）

猪　喂　地方　神　保佑

喂猪的地方有神保佑。

pa zə tshuadzəŋawo dasa se（《羌语释比经典·羌戈之战》P. 53）

猪 小 寨首　那些 送到 了

小猪送到各寨首。

羌语"猪"的复韵母有 ia、ie、iɛ、iɑ、iA。如：

pie ȵi qhapa　thə datɕha　（《羌语释比经典·走神路》P. 581）

猪 的 瘟疫 把它 解除

猪的瘟疫解除掉。

atɕilətɕi pia mu aɕi　nətʂə tʂhu wa　（《羌语释比经典·还愿》P. 618）

十一月　猪 属 一天 日子 修房 了

时值农历十一月，属猪这天是吉日。

pia^{31}-ti^{31} ʁo^{55}-mɑ^{31}-ji^{31} pi^{31}　（《萝卜寨羌语语法研究》P. 91）

猪　　　生　　　变成

猪就要生了。

ɦia^{11}-ji^{33} piA^{33} tɕi^{11}-tie^{33}　（《绵虒羌语研究》P. 59）

他　　　猪　　喂

他在喂猪。

羌语"猪"发音具有相对的一致性，各地方音差别不大。众多学者将藏缅语的"猪"与汉语的"豝"相对应。我们赞同此说。"豝"可以指"母猪"。《说文·豕部》："豝，牝豕也。从豕，巴声。"《诗经·召南·驺虞》："彼茁者葭，壹发五豝。"郑玄笺："豕，牝曰豝。"南朝宋刘少府《答何衡阳书》："诗翼五豝，礼弗身践。"可以指"小猪"。《周礼·夏官·大司马》："大兽公之，小禽私之。"郑玄注引汉郑司农曰："《诗》云：'言私其豵，献肩于公。'一岁为豵，二岁为豝，三岁为特，四岁为肩，五岁为慎。"一说指一岁的兽。《礼记·射义》："驺虞者，乐官备也。"汉郑玄注："谓《驺虞》曰'壹发五豝'，喻得贤者多也。"陆德明《经典释文》："兽一岁曰豝。"明何景明《七述》："仰贯双兔，俯连五豝。"也可以指"大猪"。《太平御览》卷九○三引南朝宋何承天

《篡文》："渔阳以大猪为豝。"《广韵·麻韵》："豝，伯加切。"其上古音，郑张尚芳构拟成 *praa，李方桂构拟成 *prag，王力构拟成 *pea。其中古音，郑张尚芳构拟成 *pɣa，邵荣芬构拟成 *pa，王力构拟成 *pa。白保罗将原始藏缅语"猪"构拟成 *pak ~ *pwak。所以说羌语的"猪"与汉语"豝"关系密切。

（四）牛

"牛"在羌语14个方言点发音如下：

桃坪：zๅ^{31} ŋu^{33}　　　麻窝：səʁu

蒲溪：m　　　　　　　曲谷：suʁu；xçe

木卡：ŋu　　　　　　　峨口：ʁu

萝卜寨：fiə^{131} tsə^{55}　　荣红：x ʂe

绵虒：ŋo^{11}　　　　　热额纳：saʁua

永和：çi:　　　　　　 小姓：xçe

龙溪：màji　　　　　　龙溪：çi

羌语"牛"可以用"m"一个音素表示，如：

m thɑ-ɣo-tɑ zมam-ɣɑ mi-zə-pi-i（《蒲溪羌语研究》P.138）

牛　那些　　母牛　　　　在　变成

那些牛中的母牛不见了。

"m"也可以在该音素后加一个"u"，表示"牛"。如：

mu dzui ʂnata tçhiæ dzui tshə（《羌语释比经典·还愿得福》P.825）

牛　罪　后面　羊　罪　还

牛罪请毕请羊罪。

也可以用辅音+元音构成的音节来表示。有 ŋu、ŋo、çi:、ʁu，如：

guŋu　nə sə　fia dʐo ŋu sə（《羌语释比经典·还愿》P.594）

九　牛　有　了　十　头　牛　有

九头牛发展成十头牛。

ŋu 也可以说成唇软腭音 wu，如：

jypu　le səktçito wu thu qa wu zมu qa（《羌语释比经典·送魂魄》P.594）

九岁　有　牧场上　牛　管　能　牛　放　能

九岁时能在牧场上放牧牛群了。

ŋo bzมi jy　si　hephzมe koko dzมe ʂəpie jye（《羌语释比经典·我说喜

事》P. 867）

  牛　蛇　鸡　　的　相会　里面　星　孵出　来了

  牛蛇鸡相会那天孵出来了。

  çi we dʐu tʂhu tshəmi tʂhu jitʂua（《羌语释比经典·送瘟神》P. 1351）

  牛　给　草　喂　　怪物　　送　　出去

  给牛喂草遇到怪物要处送出去。

  辅音+元音构成的音节，除上之外，还可以说成 se、ʐə、ʂe、dʐu，如：

  səŋu ŋuɲi ŋuXu ȵu（《羌语释比经典·祭祀还愿篇》P. 812）

  牛　出　放去　赶　　回来

  牛放出去后，又赶回来。

  qhamei tçhewo ʐə tə tie we（《羌语释比经典·鼓》P. 1187）

  面坨坨　三个　　牛　给　吃　　了

  三个面坨给牛吃。

  ʂə sə mi wo mami tsha（《羌语释比经典·走神路》P. 580）

  牛　看　不　还　不会　要

  不是牛则不会还。

  dʐu li qəpa mi le zə wa（《羌语释比经典·人前展示》P. 580）

  牛　的　头　你　就　给　了

  献上牛的头。

  还可以用复辅音+元音构成的音节来表示。有 xʂe、xçe，如：

  Xʂe ȵa tshe za ʁa ɦiaf dzə（《羌语荣红话》P. 57）

  牛　和　羊　　地　　草　吃

  牛和羊在地里吃草。

  quate-k ky-ku xçe nan ʐe-ku（《四川松潘羌语》P. 193）

  你家　　家　　牛　多少　有

  你家有多少头牛？

  羌语的"牛"也可以用复音词来表示，有 ɦiə^{131}tsə^{55}、màji、səʁu、suʁu、saʁua，如：

  ɦiə^{131}tsə^{55}-sə^{31}　nə^{31}-to^{31}　ʐe^{31}-thui^{55}　ȵa^{31}（《萝卜寨羌语语法研究》P. 59）

  牛　　　　你　　　向里　顶

牛顶到你了。

ʁu ʁe χɬi na səʁu lu χɬi （《羌族释比经典·放出动物》P. 1825）
马 下 放 和 牛 来 放

马是天神放来的，牛是天神放来的。

qupu suʁu hakE xsize qo：qe （《羌语研究》P. 95）
他 牛 这样 三条 有

他有这样的三条牛。

khəbu saʁua ɦiakə xɕiʑe ʐəw （《热额纳羌语参考语法》P. 61）
他 牛 这样 三条 有

他有这样的三条牛。

（五）豹子

"豹子"在羌语 14 个方言点发音如下：

桃坪：si^{55}	麻窝：sə
蒲溪：xpa	曲谷：sə
松坪沟：χə^1	峨口：sə
萝卜寨：si^{2}kE^{3}pa^{2}tʂʅ^1/ɕi^{31}kə^{31}pa^{31}tʂə^{55}	荣红：sə
绵虒：si^{31}	热额纳：sə/lapa guəm
永和：ɕixu	小姓：ʁdiodʐu
龙溪：ɕi^{31}	杨柳：bao

羌语"豹子"，可以用单音节词表示，也可以用双音节词表示。单音节词主要有以下几种。

羌语"豹子"可以说成 sə，如：

thali qhue ko sə ȵia χo dze mi mo ɕia （《羌族释比经典·梦一部》P. 1199）
深 沟 中 豹 和 虎 吃 没 梦 了

梦见深沟浅槽中的虎豹悠闲自在。

可以说成 si，如：

ʁaʐu si ȵi la χpa pida duo （《羌族释比经典·敬天地谢神恩》P. 836）
山上 豹 和 狼 豺 老虎 多

山中豺狼虎豹多。

可以说成 se，如：

se ɳa hŋu kə le phzʅi（《羌族释比经典·解秽》P. 836）
豹 和 虎 头 是 白
老虎和豹子头上是白色。
同时可以说成 sei，如：
thani khuequ sei dzʅe tə ɤo dzʅe na dzʅe ko tɕio jie（《羌族释比经典·顺》P. 836）
山里 沟槽 豹子 顺利 之 追 顺利 和 顺利 的 看见 了
深山老林捕猎顺利，一切顺利。
还可以说成 ɕi，如：
tʂhəu dikhzʅo ɳia ɕi zətʂhua ji（《羌族释比经典·木吉珠和斗安珠》P. 86）
猎 去打 和 豹 去抓 了
能擒虎来又降豹。
羌语中的"豹子"也可以说成复辅音"xpa"，如：
zʅgupu zʅda sæ qəi ɳi xpa tɕhie qəi ji（《羌族释比经典·取火种》P. 267）
九岁 虎 杀 能 和 豹 逮 能 的
九岁杀虎又捉豹。
"xpa"在语境中，受到前面语音的影响，也可以去掉前面的"x"，说成"pa"，如：
tha li qhue ko sei pa xo pa ŋu ɕitsə（《羌族释比经典·劝慰》P. 1045）
万 山 老 林 豺 狼 虎 豹 你 知道
你知道万山老林中的豺狼和虎豹。

萝卜寨"豹子"说成"si²kᴇ³pa²tʂʅ¹/ɕi³¹kə³¹pa³¹tʂə⁵⁵"，该词是羌语词汇加汉语借词构成的复音词。热额纳"豹子"说成"lapa guəm"亦是一个复音词，不过该词是由 lapa guə+m 而来。前者 lapa guə 指穿花衣，后者 m 是后缀。m 后缀在羌语中常用作构成指人名词，或者构成指物名词。

（六）猴子

"猴子"在羌语 14 个方言点发音如下：

桃坪：ʥuə²⁴¹   麻窝：ʁuɑsi
蒲溪：ʁzu   曲谷：ʁuɑsa

松坪沟：ʐʁuɑ-sɑ   峨口：ʁuɑ sɑ
萝卜寨：ʁuɑ³¹sɑ³¹   荣红：ʁuɑsɑ
绵虒：wa¹¹ sA³³   热额纳：ʁuɑsɑ
永和：ʁuɑsɑ   小姓：ʁuɑsɑ
龙溪：ʁuɑ³¹sɑ³¹   杨柳：ʁuɑsɑ

羌语"猴子"可以说成"ʁuɑsɑ""ʁuɑsɑ"，如：

ʁuasa pate dzətshu datshu （《羌族释比经典·羌戈大战》P. 21）
猴子 像 左窜   右跳
就像群猴乱跳窜。

作定语时，也可以直接省略后缀，说成"ʁua"，如：

ʁua sa ze te   eˀdio teqə （《羌族释比经典·尔一部》P. 21）
猴 王 的 鬼 门 跟 前
猴王来到鬼门跟前。

也可以说成"ʁzu"，如：

tsa-tɕi ʁzu ʐɑpi pə ʂ mi-qe-i （《蒲溪羌语研究》P. 258）
这   猴子 皮 不是   行
这个（猴子帽）只能用猴皮才能做。

也可以说成"ɣzu"，如：

pu ʂu mita ji go ɣzu ʐo dze mu （《羌族释比经典·惩治毒药猫》P. 1241）
年龄 不知 的 就 猴 的 属 者
不知晓年龄的属猴者。

麻窝羌语"猴子"说成"ʁuasi"，也可以说成"ʁuase"，如：

tsəpu zətɕo ʁuase mupu （《羌族释比经典·还愿》P. 811）
今年 过来 猴子 属年
今年是个属猴年。

绵虒"猴子"说成"wa¹¹ sA³³"，在具体的语境中"wa¹¹ sA³³"，可以说成"wa sa"，如：

jyʁa wasa ne etu wa ɦiaçyæ （《羌族释比经典·说鬼》P. 1361）
崖上 猴子 被 发现 枝条 弯下
崖上的猴子被发现，抓住枝条弯下腰。

羌语"猴子"还可以说成"dʑuə"，如：

dzu dzuə pə adə mu dzu tɕi dzo （《羌族释比经典·释比生肖论命》

P. 2024）

　　　土　猴　年　出生　这　土　的　属

　　土猴年生者，戊行属土。

　　还可以说成"zu"，如：

　　zu pi　aze　photɕho kete（《羌族释比经典·根治流产》P. 1313）

　　猴 老 一只 树尖　上面

　　树尖上面，有只老猴子。

　　可以说成"zə"，如：

　　ʁuaχɬə ʂetə　zə pida ʂe（《羌族释比经典·灾一部》P. 1207）

　　五月　相冲　猴 虎 冲

　　五月中申寅相冲。

　　或者说成"dʑue"，如：

　　dzue mu tsutʐə pu ji go χutsue ləu wu（《羌族释比经典·释比论干支》P. 2022）

　　猴　日 灶　修 的 就 妖邪 来 要

　　申若安灶妖邪作怪。

　　可以说成"dʑi"，如：

　　dʑi　li　tʂo sə ma mi tsha（《羌族释比经典·铁三足》P. 2067）

　　猴子 的　旗　看 不 会 错

　　猴子看旗没有错。

（七）狐狸

"狐狸"在羌语14个方言点发音如下：

桃坪：qhɑ³³χguə³³　　　　　麻窝：rgua

蒲溪：ʐgua　　　　　　　　曲谷：ʐgue

松坪沟：　　　　　　　　　峨口：ʐguɛ

萝卜寨：fu³¹li⁵¹　　　　　　荣红：tue:¹

绵虒：kA³³que¹¹　　　　　　热额纳：ʐgye

永和：　　　　　　　　　　小姓：ʁguə

龙溪：qha³¹gua³¹　　　　　杨柳：fuli

羌语"狐狸"可以说成"ʐguɑ""ʐgue""ʐguɛ""ʐgye""ʁguə"，也可以说成"ʐguæ"如：

ʐguæ phu æiɛ kue tsə wa kue phʐæ wa ȵi tsa mu（《羌族释比经典·

山黄岩黑》P. 1320)

狐狸 灰 一只 你 杀 要 你 宰 要 啥 得 呢
那只灰狐狸要杀你要宰你，你能奈何？
也可以说成"gue"，如：
pezə keka   gue deta （《羌族释比经典·说狐狸》P. 1618）
藏地 方向 狐狸 寻找
藏地去寻找了食物。
也可以在"gue"后加一个后缀"mə"或者"me"，如：
guemə tʂətsə buje səl mele ma ȵi（《羌族释比经典·说狐狸》P. 1616)
狐狸 这个 喂养 贤心 没有 为 啥
我本想好心喂养你。
gueme tʂətsə peqhu seqhue deke ʐe（《羌族释比经典·说狐狸》P. 1618)
狐狸 这个 藏狗 三群 上去 撵
三群藏狗撵出了狐狸。
也可以说成"jye"，如：
jye   su   kai mo nəna （《羌族释比经典·结拜弟兄》P. 742)
狐狸 尾巴 尖 火 被烧
狐狸的尾巴被火烧着了。
"jye"后面可以加一个后缀"mə"或者"nə"，如：
jyemə tɕelə pəmo tsuə kə. （《羌族释比经典·结拜弟兄》P. 742)
狐狸   这只 布莫 水井 去
这只狐狸到布莫的水井边去。
hæto fieʂə ɬe ʂua xsə jyenə tɕæ（《羌族释比经典·唱狐狸》P. 742)
头上 照下 太阳 神 狐狸 送
把狐狸送到太阳神照下来的地方。
萝卜寨羌语"狐狸"用汉语借词"hu li"表示，而绵虒羌语"狐狸"使用"$kA^{33}que^{11}$"表示。

（八）老鼠

"老鼠"在羌语14个方言点发音如下：

桃坪：$z\text{ʅ}^{31}$　$kuə^{33}$　　　　　麻窝：zə ʂkuə
蒲溪：zeka　　　　　　　　　曲谷：zə ʂku

松坪沟：dzɿ kuə　　　　　　峨口：zə xu¹

萝卜寨：dzʐə³¹ku⁵⁵　　　　荣红：zexuə

绵虒：zə³³ kue³¹　　　　　热额纳：zə ʂku

永和：dʑixue　　　　　　　小姓：zəxk

龙溪：zə³¹ku⁵⁵　　　　　　杨柳：zʐə

羌语"老鼠"一般说成复音词，差别主要体现在第一个音节上，复音词第二个音节"ka""ku""kuə""xue"等之间皆有联系。根据第一个音节首辅音的不同，可以分为以下几个类别：

第一类是舌尖前塞擦音 dz 类，可以说成"dzɿ kuə"，也可以音变成"dzekue""dzəkue""dzexkuə""dzəxkue"。如：

dzekue kemia budʐa　mia　je（《羌族释比经典·米亚一部》P. 1218）
　老鼠　无故　壁板后 米亚 了
老鼠无故死在壁板后。

seiχɬə ʂetə dzəkue zʐəu ʂe（《羌族释比经典·灾一部》P. 1207）
三月　相冲 鼠　马 冲
三月中子午相冲。

dzeχkue susui ji go dzʐə mimie wu（《羌族释比经典·释比论干支》P. 2021）
老鼠　算　的 就 事 找　要
子若问卜自遭灾殃。

χqa dzəxkue pu adə pa（《羌族释比经典·释比生肖论命》P. 2028）
金　鼠　　年 出 生　者
金鼠年生者命运论。

第二类是舌尖前擦音 z 类，可以说成"zɿ³¹ kuə³³""zeka""zə³³ kue³¹""zə³¹ku⁵⁵""zə ʂkuə""zə ʂku""zə xu¹""zexuə""zəxk"。如：

χa-n-dzi dzuapaχmɑ a-zi, xkoŋtsetse a-zi, bawu a-zi, tho-tə-go, tsa-l zeka a-zi, tʂhətʂhəqa a-zi……（《蒲溪羌语研究》P. 263）
十二　蟾蜍　　一只，壁虎　一只　蛇 一，那　　这　老鼠一只，蜘蛛　　一只……
十二只动物形状是：一只蟾蜍、一只壁虎、一条蛇，那以后，一只老鼠、一个蜘蛛……

no³³ zə³³ kue³¹ a¹¹tio¹¹ tɕiu³³-so¹¹（《绵虒羌语研究》P. 54）

你　老鼠　　一只　　看见
你看见一只老鼠。
lutɕi zə ʂkuə a　kuə tsi ji（《麻窝羌语研究》P. 145）
猫　老鼠　一　抓　住
猫抓住一只老鼠。
还可以说成"zekæ""zefu""zəqə"，如：
zekæ go ʐbu ʁzu qhæ ji（《羌族释比经典·惩治毒药猫》P. 1239）
鼠　　就　龙　猴　冲了
鼠和龙猴相冲。
ʁu na　zefu　tʂhadu　gua　gua mætɕhi　due wu tɕhi（《羌族释比经典·定住地脉》P. 2059）
马　和　老鼠　食的　争吵　争吵　不要　和睦　是　要
马和鼠争食争吵有克星，释比送走克星送来了和睦。
zəqə wu' ʁuasa se we（《羌族释比经典·吹散天晕》P. 1067）
老鼠　龙　猴子　三　有
某某人龙鼠猴三相合一命。
第三类是舌尖后塞擦音 dʐ，可以说成"dʐə³¹ku⁵⁵"。如：
dʐəku papu　boly　ɕya（《羌族释比经典·还愿》P. 803）
老鼠　学着　板壁上　亮
学着老鼠昼夜不停。
第四类是舌尖后擦音"ʐ"，可以说成"ʐəkə""ʐəqə""ʐəɣə""ʐehe""ʐəfu"。如：
əŋ ȵio　na　ʐəkə　wu' na ʁuasa se（《羌族释比经典·卜算》P. 2016）
你　这人　和　老鼠　龙　和　猴子　合
从你的生辰八卦看，鼠龙猴三相合一命。
ʐə　laqu　ʐəqə　laqu　demasei（《羌族释比经典·拴魂魄》P. 1520）
兔　秽气　老鼠　秽气　撵除
兔的秽气老鼠的秽气，释比用面火撵除。
ʐəɣə ʁu na ʁuasa se（《羌族释比经典·唱是非》P. 1960）
老鼠　龙　和　猴子　合
鼠龙猴三相合一命。
ʐəhe ʁuasa se（《羌族释比经典·招魂》P. 2028）

老鼠 猴子 合
老鼠猴子龙相合。
ŋuji tɕitsəko ʐʅəfu thitɕiletɕi khamu tɕito mi （《羌族释比经典·送瘟神》P. 1348）

你　发财人 老鼠 麻线　　咬断　　吉祥 不
麻线被老鼠咬断不吉祥。

第五类是舌面前塞擦音 dʑ。永和羌语将"老鼠"说成"dʑixue"。

羌语"老鼠"除了使用双音节词外，还可以使用单音节词来表示，如"jəʐʅ""ʐʅə"。如：

jəʐʅ puje laqu pæmi næ tshu laqu demasei （《羌族释比经典·拴魂魄》P. 1519）

鼠 洞打 秽气 母猪 要 吃 秽气 攘除
老鼠房里打洞，释比用面火攘除；母猪吃儿女，释比用面火攘除。

thəw pemæ tʂhaʁa ʐʅə wu wasa se （《羌族释比经典·送公羊》P. 1506）
这　　父母　一命　鼠 龙 猴 合
这家中申子辰三相属一命。

（九）马

"马"在羌语 14 个方言点发音如下：

桃坪：ʐʅu^{55}　　　　　麻窝：ɹu
蒲溪：ʐʅu　　　　　　曲谷：wu^{1}
松坪沟：jy　　　　　峨口：ɹu
萝卜寨：ʐʅo^{31}　　　　荣红：wə
绵虒：ʐʅəu^{31}　　　　热额纳：we^{1}
永和：jy　　　　　　小姓：jy
龙溪：ʁo^{31}　　　　　杨柳：jy

羌语中"马"主要使用单音节表示，根据元音的类型，可以分为以下几种类型。

第一，元音为后高圆唇音。有"ʐʅu""ɹu""wu^{1}""ʁu"，如：

mə ȵi ʐʅu te phosta xe kuʑi （《羌族释比经典·羌戈大战》P. 9）
　人 和 马 在　林荫 上 扎住
人马扎营林荫建。

ɹu ȵuȵu qu:^{1} dzu tɕu ji. （《麻窝羌语研究》P. 139）

马 自己 家　　来
马自己回来了。
wu lə dathe jina tshe dathaŋ（《羌族释比经典·说柏香》P. 2087）
马 的 完成 以后 羊 施法术
给马施了法，就给羊施法术。
ʁu ɤʐəphi la ətsa ma dzə wa（《羌族释比经典·祭神林》P. 2229）
马 四匹 也 追 不 能 了
四匹马去追难追回。

第二，元音为后次高圆唇 o。有"ʐo""ʁo""wo"，如：
mu³¹ tsə³¹-tsə⁵⁵ ʐo³¹-to⁵⁵ dzu⁵⁵ mi⁵⁵-tɕe⁵⁵-u（《萝卜寨羌语研究》P. 97）
人　　这　个　马　　　骑　没
这个人没骑过马。
ʁo ʂəla ne ȵu zə pou we（《羌族释比经典·驱邪治病保太平》P. 1850）
马 丢　 了 黄牛 去 买 了
丢了马来买黄牛。
wo əˀ qə qə əˀɕio əˀɕio a əˀɕio（《羌族释比经典·祛病驱邪》P. 1709）
马 的 头 上 干净 干净 一个干净
马的头上皆干净。

第三，元音为前高圆唇音 y，有"jy"。如：
jykə tɕhumu jy ti momu tsə ʂua ma（《羌族释比经典·竹留子》P. 1709）
骑马摔死　马 亡 灵魂 埋下 要
骑马摔死者的灵魂要埋下。

第四，元音为复韵母 əu，有"ʐəu"。如：
ŋɑ³³ ʐəu³³ a¹¹jɑ¹¹ tɕiu³³-ɕa¹¹（《绵虒羌语研究》P. 53）
我　 马　　一　匹　看
我看见一匹马。

第五，元音可以为央元音 ə，也可以说成 eˀ，有荣红羌语"wə"和热额纳羌语"weˀ"。如：
thu weˀ Xɕiʐa na（《热额纳羌语参考语法》P. 61）
那 马　三个 好
那三匹马好。

（十）猫

"猫"在羌语14个方言点发音如下：

桃坪：ma³¹ ȵy⁵⁵　　　　　麻窝：lutɕi
蒲溪：man　　　　　　　　曲谷：puȵu
松坪沟：ma niu　　　　　　峨口：pu ȵu
萝卜寨：bia⁵⁵ȵu⁵⁵　　　　　荣红：puȵu
绵虒：me¹¹ nio³³　　　　　热额纳：puȵi
永和：mæȵy　　　　　　　小姓：meȵi
龙溪：lutɕi/ma³⁵ ȵiou　　　杨柳：meȵi

羌语"猫"皆是双音节词，根据读音大致可以分为三个类别。第一类是首字母读鼻音声母m，可以说成"ma³¹ ȵy⁵⁵""ma niu""me¹¹ nio³³""mæȵy""mánjiou""meȵi""mænə""maȵi"。如：

qa　mamiu-i（《木卡羌语研究》P. 44）
我　猫　所有格标记
我有猫。

ŋa³³ me³³ nio³³ ji¹¹-ɚ³³（《绵虒羌语研究》P. 56）
我　　猫　　　　有
我有猫。

mæȵy mipi doɡua sədu thʐə wuˈdu na ʁadasa（《羌族释比经典·撵妖魔》P. 1570）
猫　　不吉 打架 生出　事情　地方 就 戳穿
猫之间相互争斗嬉戏不吉利，释比我施法将妖戳穿了。

wutsu te ɕtɕie mænə phʐəi（《羌族释比经典·驱除病》P. 1570）
路坎 上 敬 猫　　红
路坎上方敬了一只红猫。

jyaʐa baphe nə kə maȵi əˈɕi tɕhuaʁ papu dzei miphia（《羌族释比经典·坐红锅》P. 1867）
房背 坪上 之 处 猫　在处 跳跃　地方 界址 没有
房背之上猫儿跳，猫跳之处无界址。

第二类是首字母是边音l，有"lutɕi"，如：

lutɕi zə ʂkuə a kuə tsi ji（《麻窝羌语研究》P. 145）
猫　　老鼠　一 抓 住

猫抓住一只老鼠。

luɕi ȵi khuə（《羌语简志》P.49）

猫　　和　狗

第三类是首字母是双唇音，有"puȵu""puȵi""bia⁵⁵ȵu⁵⁵"，如：

ɕau³¹ tʂaŋ⁵⁵-li⁵⁵ bia⁵⁵ ȵu⁵⁵ ɑ³¹ ȵɑ³¹-gɑ⁵⁵ nə³¹ ge⁵³ tʂhi³¹ tʂhɿ¹ jɑ³¹（《萝卜寨羌语研究》P.70）

小 张　　猫　　什么　　都 更　跑

小张的猫到处跑。

（十一）羊

"羊"在羌语14个方言点发音如下：

桃坪：sɑ³¹ u³³　　　　　麻窝：tshaȵu

蒲溪：tɕhe　　　　　　　曲谷：tshe

松坪沟：tsha　　　　　　峨口：qu:¹ ʂu

萝卜寨：tɕʰe³¹　　　　　荣红：tshe

绵虒：tshe¹¹　　　　　　热额纳：tshe

永和：tshɛ　　　　　　　小姓：tɕhyȵɤ

龙溪：jo　　　　　　　　杨柳：tsheȵi

羌语"羊"可以用单音节表示，也可以用双音节表示。双音节表意主要是第一个音节。将单音节的辅音和双音节第一个音节的辅音进行分类，主要有五类。

第一类是声母为舌尖前音。有 tsh、s。以 tsh 为首辅音的有 tsha、tshe、tshaȵu、tshɛ、tshæ。如：

nətshu tsha ȵiȵu təmi dzuapai（《羌族释比经典·羌戈大战》P.35）

后来 羊　和 牛 没有 丢失。

从此牛羊没丢失。

aɕi zəlɤu seikəu tɕhe le tetʂhei teȵio the ɕijəu（《羌族释比经典·木吉珠和斗安珠》P.80）

一天 过来 神中羊 的 赶上 赶　她 喜欢

整日吆赶神牛羊。

tshe pəə¹ khəbu tapu-j dzʐə fiu（《热额纳羌语参考语法》P.129）

羊　养　他　喜欢 事　是

养羊是他心爱的工作。

tshæ pæ ze se ɣa tsep ætsuætçil zəpe¹k （《羌族释比经典·送公羊》P.1506）
羊　猪兔 三 同 今天 犯触　太阳
今年未卯亥犯太阳。
以 s 为首辅音的有 sɑ³¹ u³³、se，如：
si¹³ sɑ³¹ u³³ xu³³ xɑ³¹ çe⁵¹ i³¹ （《羌语简志》P.82）
谁 羊（后加）（前加）放（后加）
谁把羊放了？
kha se phe mamo tçysetai tçito mi （《羌族释比经典·送瘟神》P.1348）
山坡上 羊 变 不肯　羔不带 吉祥 不
山坡上羊不发展，母羊不产崽不吉祥。
第二类是声母为舌尖后音 dʐ，有 dʐə、dʐe、dʐei。如：
çe mia tçeko çypəutçhi kə dʐə kue lə çy （《羌族释比经典·铁》P.2107）
家 女 家中 细布神　前 羊 愿　还 上
向家中女保护神敬上羊愿。
dʐe phei dzə tçi　sə nə tçhi qu gua we （《羌族释比经典·还天晴愿》P.689）
羊　公　凡人们 用 来 神 功 报 了
公羊用来还神愿。
atçia dʐei phei dzətçie zəla　tçhi qu gua we （《羌族释比经典·还愿》P.661）
一头羊　白　凡人 给　神功 报　了
白羊一头来敬奉，报答神灵的恩德。
第三类是声母为舌面前音 tç，有 tçha、tçhe、tçhæ、tçhiæ、tçia、tçhyŋy。如：
tçha so phe le ʁua　ʂəçi wa （《羌族释比经典·驱邪》P.1195）
羊　血 杀的 朝外 放出 了
用羊血向外洒了。
tçhe tçitʂu kə ə¹çio ə¹çio　atçi tʂu nə （《羌族释比经典·祛病驱邪》P.1709）
羊　蹄子 上 干净 干净 一个 踢 了
羊蹄来将置邪踢。

tsətɕi pə˩ ȵi tɕhæ ʂtu tɕio ji（《羌族释比经典·还愿》P. 822）
儿女 养 呢 羊 放像 的
儿孙满堂合好欢。

dzui ŋa tɕhiæ læ ɕisæ tɕhiæ（《羌族释比经典·还愿得福》P. 825）
罪 有 羊 呢 祭 羊
犯罪羊儿做祭羊。

pu tɕhi zətɕio tɕhia mə pu（《羌族释比经典·还愿》P. 661）
年 新 过来 羊 属 年
新年这年属羊年。

第四类是声母为舌面中音 j，有 jo、jəu，如：

jo ɕu- ʂə-zu, joχu potɕi tə-tse, joχu lili（《龙溪羌语研究》P. 461）
羊 群 羊毛杆 举起 羊毛 扭曲
当她放羊的时候，她拿着羊毛杆，拧着羊毛。

jəu we jəu ta mi lə je（《羌族释比经典·熏烟》P. 1580）
羊 看 羊 带 没 回 了
牧羊很久都未回。

第五类是声母为小舌音 q，有峨口的 qu:˩ ʂu。

（十二）兔子

"兔子"在羌语 14 个方言点发音如下：

桃坪：zi^{241} 麻窝：ʁdʐə，ɣdʐə

蒲溪：z̩de gugu 曲谷：z̩ets qupu

松坪沟： 峨口：z̩ə ʂqa piɛ

萝卜寨：$z̩də^{55}$/$thu^{55}z̩ə^{\text{J}55}$ 荣红：z̩ətɕhaq

绵虒：$dʐɿ^{33}$ 热额纳：z̩etʂ qəpu

永和：zitsi-kjɛpu 小姓：ʁadi

龙溪： 杨柳：z̩idi

羌语"兔子"可以用单音节表示，也可以用双音节表示。单音节有 $z̩də^{55}$、zi^{241}、$dʐɿ^{33}$、ʁdʐə、ɣdʐə。如：

$z̩də^{55}$ $nu^{31}ku^{55}pia^{55}$-thi^{31} $z̩o^{31}$-$ŋa^{31}$ $ʁa^{55}$-u（《萝卜寨羌语语法研究》P. 164）
兔子 耳朵 马 像
兔子的耳朵像马一样。

qa⁵⁵ tsʅ³¹ tɕi⁵⁵ ko³³ ʑi²¹³ ti³³ dʑʅ³³ zia³³ ʑi³³ , ko⁵⁵ ko³² tʂaŋ⁵⁵ tsʅ³³ thu¹³ n̩i⁵⁵ ti³³ , n̩i⁵⁵n̩i³¹ , n̩i⁵⁵ ti³³（《羌语简志》P. 154）

我　家　家里　兔子　　四　　只　有，里面　　獐子兔　　二，黑　二

我家有四只兔子，其中有两只獐子兔，两只黑的。

也可以说成 zˎə、də、zə、ze:，如：

dzˎətʂhə tshe pæ na mu zˎə seχadzˎə（《羌族释比经典·熏烟》P. 1580）

四卦　羊 猪　和 说 兔 三命合

释比我掐四卦，猪羊兔三相合一命。

ɦianəχɬə　jy　də　ʂe（《羌族释比经典·灾一部》P. 1207）

十二月　鸡　兔　冲

十二月间酉卯相冲。

tsha pæ zə seha atshua　tɕe　lə（《羌族释比经典·送瘟神》P. 1349）

羊　猪　兔 为 一命　　犯了 那卦

羊猪兔为一命犯了那卦。

tshæ pæ ze　se　 χa tsep ætsuætɕil zəpeʔk （《羌族释比经典·送公羊》P. 1506）

羊　猪 兔 三 同 今天 触犯　太阳

今年未卯亥犯太阳。

还可以用复合词表示，有蒲溪的 zˎde gugu、曲谷的 zˎets qupu、萝卜寨的 thu⁵⁵ zˎə¹⁵⁵、峨口的 zə ʂqa piɛ、荣红的 zˎətɕhaq、热额纳的 zˎəts qəpu、永和的 zitsi-kjɛpu。如：

χumui zˎetsqupu eze ho-q te-w （《羌语研究》P. 156）

虎木吉　兔子　一只　打死

虎木吉打死了一只兔子。

khəbu zˎətsqəpu ʔæˡ ʔe-ty. （《热额纳羌语参考语法》P. 80）

他　兔子　　一个　看见

他看见了一只兔子。

复合词除了以上几个之外，还可以说成 muzə、jidə、ʁon̩i，如：

tshe pæ na muzə　se　hæ （《羌族释比经典·喊回魂魄》P. 1510）

羊　猪 和 兔子 三　相合

猪羊兔三相合一命。

pida jidə ta ase tə mi na jigo (《羌族释比经典·释比掌论凶吉》P. 2025)
虎 兔 之位 一天 的 不好 如果
虎兔之位那天如若犯病。

ʁoɲi seqhue de ke ʐe (《羌族释比经典·说狐狸》P. 1618)
兔子 三群 上 去 撵
藏狗撵出了兔子三群。

（十三）熊

"熊"在羌语14个方言点发音如下：

桃坪：ti^{33} 麻窝：ti
蒲溪：tɕi 曲谷：tɕi
木卡：di 峨口：tɕI
萝卜寨：$tɕe^{55} pia^{55} tʂu^{55}$ 荣红：tɕi
绵虒：ti^{33} 热额纳：di
永和：ti 小姓：di
龙溪：$tɕa^{55}$ 杨柳：di

羌语"熊"主要用单音节表示，有 ti、di、tɕi、tɕa、dzəu，如：
susə luna ləʁa ɦiæwhu ti ma keŋ (《羌族释比经典·勒布斯色》P. 1395)
冬天 来了 杉洞 空了 熊 不 去
冬天来了你不去空的杉树洞里。

tɕi miæ aze lə ʁo pui (《羌族释比经典·房门》P. 1302)
熊 母 一头 错 猎 做
错打了一头怀孕的老母熊。

qha ma qha na tɕa ɲi tʂə (《羌族释比经典·人安乐》P. 1192)
苦 是 苦 的 熊 的 胆
苦的比熊胆苦。

thaliqhue ko sə dzəu tɕi dze ki mo ɕia (《羌族释比经典·梦一部》P. 1198)
深沟 中 豹 熊 的 吃 的 梦 了
梦见深山老林熊豹凶残地争抢猎物。

萝卜寨羌语也会用合成词"$tɕe^{55} pia^{55} tʂu^{55}$"来表示。如：
$tɕe^{55} pia^{55} tʂu^{55}$ [$sə^{31}$-$qə^{31}$ tie^{31}-je^{55}] -thi^{31}-to^{55} $nə^{31}$ $ɦia^{31}$-$tɕo^{55}$-$sə^{31}$-mi^{55}

(《萝卜寨羌语语法研究》P. 120)

老熊　　　向外　打　　　　　　你　向下　看见
打死的老熊你看见了吗？

也可以说成"tɕepia"，如：

tɕepia bʐa lə ə¹tɕi tɕekəu ʁueto alə ꭓua ji（《羌族释比经典·鬼》P. 1198）

老熊　大　一个　阎王　家里　城沿　一个　守护　说
我在阎府有职责，护守阎王的城池。

四　louse（虱）

《牛津高阶英汉双解词典》："louse, a small insect that lives on the bodies of humans and animals." "louse" 对应汉语的"虱"。"louse" 在《百词表》中占第 22 位，在郑张尚芳《华澳语言比较三百核心词表》居第 71 位。在黄布凡《藏缅语 300 核心词词表》中为三级核心词。该词指昆虫纲中的一种具体虫，在羌语中，该语义场中所指相对单薄。在此，我们除了分析"虱子"外，还将一些虫类词放在此处分析。

（一）louse 虱

"虱"在羌语 14 个方言点发音如下：

桃坪：xtʂi³³　　　　　　麻窝：xtʂə
蒲溪：xtʂə　　　　　　　曲谷：xtʂə
松坪沟：ꭓtʂə　　　　　　峨口：xtʂə
萝卜寨：tʂei⁵⁵　　　　　荣红：stʂe
绵虒：dʐi³¹ꭓəu³¹　　　　热额纳：xtʂə
永和：tɕi　　　　　　　　小姓：xtʂə
龙溪：tsəi⁵⁵　　　　　　杨柳：xtʂə

羌语"虱"主要说成单音节词，首辅音可以是复辅音，有 xtʂi、xtʂə、stʂe，如：

phu ə¹ xtʂæ ȵi xtʂə ə¹ tsei ji（《羌族释比经典·造人种》P. 237）
衣　来　脱　就　虱　来　看　了
脱下衣裳来看虱子。

也可以说成 xtʂei、ʂtʂi、ʂtʂei，如：

dʐəmə kaʐə xtʂei atʂə sa（《羌族释比经典·木吉珠和斗安珠》P. 125）

凡间 板凳 虱子 来掐 了
板凳上边掐了虱。
nəʁuo xe ʂtʂi xuxuo miqe （《羌族释比经典·禁忌》P. 1100）
火塘 里 虱子 捉 不能
火塘上不能捉虱子。
piahæ qə ɕi ʂtʂei khuaɕi （《羌族释比经典·妖邪》P. 1752）
野猪 上 面 虱子 起群
妖邪落到野猪身，野猪虱子成了群。
首辅音可以是单辅音，有 tʂei、tsəi、tɕi，如：
mu³³ tɕe³¹ tɕe³¹ tʂu⁵⁵ tʂei⁵⁵ tie⁵⁵ tie⁵⁵ ȵia⁵⁵ dzu³¹ tie⁵⁵ tie⁵⁵ lə¹⁵⁵ tiu⁵⁵ te³¹ pa³¹ je³¹
（《羌族释比唱经·木姐珠》P. 38）
木 姐 姐 珠 虱 起 堆 和 虮子 起 串 的 且 的 成 了
木姐珠一身生的虱子、虮子。
也可以说成 tʂə，如：
kæ˧ paq tʂə səsa ma nawu jæ （《羌族释比经典·麻吉的故事》P. 1416）
头 顶上 虱 看 吗 好的 吗
我们相互捉头上的虱子好不好。

羌语"虱子"可以和汉语"蝨"相比较。《说文·䖵部》："蝨，咬人虫。从䖵，卂声。"《韩非子·说林下》："三蝨相与讼，一蝨过之，曰：'讼者奚说？'三蝨曰：'争肥饶之地。'"汉焦赣《易林·萃之大过》："乱头多忧，搔蝨生愁。"三国魏嵇康《与山巨源绝交书》："危坐一时，痹不得摇，性复多蝨，把搔无已。"清俞樾《茶香室丛钞·赵仲让》："冬月坐庭中，向日，解衣裘捕蝨。""蝨"也可以称为"蝨子"，即"虱子"。元郑廷玉《看钱奴》第二折："你且着他靠后些，饿虱子满屋飞哩。"《西游记》第七十一回："那些毫毛即变做三样恶物，乃虱子、虼蚤、臭虫，攻入妖王身内，挨着皮肤乱咬。"《广韵·栉韵》："蝨，所栉切。"其上古音，郑张尚芳构拟成 *srig，李方桂构拟成 *srjit，王力构拟成 *ʃiet。其中古音，郑张尚芳构拟成 *ʃɣiit，邵荣芬构拟成 *ʃiet，王力构拟成 *ʃiet。白保罗拿汉语"蝨"与藏缅语"虱子"比较，把原始藏缅语的"虱子"构拟成 *srik。金理新认为："藏缅语'虱子'的词根是 *s-而不是 *r-。"从羌语"虱子"的发音来看，金理新的说法可信。

(二) 虫子

"虫子"在羌语14个方言点发音如下：

桃坪：bə³¹ dʐa³¹　　　麻窝：bulu
蒲溪：bolo　　　　　　曲谷：biʐi
松坪沟：bidi　　　　　峨口：bəl
萝卜寨：bu⁵⁵lu⁵⁵　　　荣红：bəl
绵虒：bo¹¹lo¹¹虫（统称）　热额纳：buʑie
永和：bəm　　　　　　小姓：bu
龙溪：bu³¹lo⁵⁵　　　　杨柳：bidi

羌语"虫"有两种表达形式，一是用单音节词表示，二是用双音节词表示。单音节词又有两种，一种韵尾属于开音节，有 bu，如：

　ʂkhelə bubu　　the tɕha bu jia（《羌族释比经典·鬼》P.1683）
　八月　蚊虫　群　起　虫　了
　八月蚊虫起了群。

也可以说成 bo、bi，如：

　bo ɣe　　ŋu tʂə la　tɕhi ɲi ma（《羌族释比经典·绵虫》P.1696）
　虫　驱除　是的　飞　要　要　啊
　你是邪怪就飞走。

　bi　　ŋa le dʐəɲi lu（《羌族释比经典·羌戈大战》P.41）
　昆虫　些 也 爬了 来
　各种昆虫爬来了。

还可以说成 dʐei，如：

　a³¹ dʐei⁵⁵ ʐei³¹ je³¹ ʁo³¹ ɲi³³ ŋəu⁵⁵ wa³³（《羌族释比唱经·木姐阿纽》P.49）
　一条虫　有了　远　处　上　来
　虫子我都撵的远远的。

另一种是用 m、n、l 作为单音节的韵尾。有 bəm、bəl，也可以说成 bən，如：

　sutsə　ly næ　bən tsu tɕi　mi ŋu tɕi ŋu（《羌族释比经典·伯伢莫居打地府》P.1476）
　冬天　来 呢　虫子 蛙 的　不 是　的 是
　冬天来了蛙虫预示着。

羌语"虫"可能与藏语的"虫"有关系。藏语的"虫"可以说成

"ɦbu"，白保罗根据藏语的发音，将"虫"构拟成"*buw"。藏语中"虫"和"蛇"关系紧密，两者在发音上很相似。如：藏语 sbrul、拉萨 tʂy¹³、巴塘 dzy³⁵、夏河 ru、博嘎尔 bɯ、义都 bu⁵⁵等。

但是我们认为羌语的"虫"可能和汉语的"蜚"有关系。《说文·虫部》："蜚，臭虫，负蠜也。从虫，非声。""蜚"原始义当用指"草虫"。《左传·隐公元年》："有蜚。不为灾，亦不书。"《汉书·刘向传》："五石陨坠，六鹢退飞，多麋，有蜮、蜚，鸜鹆来巢者，皆一见。"颜师古注："蜚，负蠜也。"清俞正燮《癸巳存稿·反切证义》："负蠜为蜚，不聿为笔。"也可以指"飞禽"。唐刘禹锡《问大钧赋》："倮鳞蜚走，灌莽苞阜。"引申可以泛指一般的"虫"。《史记·周本纪》："麋鹿在牧，蜚鸿满野。"司马贞索隐："高诱曰'蜚鸿，蠛蠓也。'言飞虫蔽田满野，故为灾，非是鸿雁也。"唐王勃《干元殿颂序》："蜚鸿集野，瞻乌鲜投足之因。"古直《哀朝鲜》诗："川原郁惨色，中野多蜚鸿。"明李时珍《本草纲目·虫三·蜚蠊》："蜚蠊、行夜、䗪虫三种，西南夷皆食之，混呼为负盘。"《广韵·尾韵》："蜚，扶沸切。"其上古音，郑张尚芳构拟成（1955：272）*bɯls，李方桂构拟成*bjədh，王力构拟成*biəi。其中古音，郑张尚芳构拟成*piuɨʔ，邵荣芬构拟成*piuəi，王力构拟成*pɨwəi。通过比较，我们可以发现两者可能有关系。

"蜚"也可以用指形状与"蛇"相近的动物。《山海经·东山经》："又东二百里，曰太山，上多金玉、桢木。有兽焉，其状如牛而白首，一目而蛇尾，其名曰蜚。行水则竭，行草则死，见则天下大疫。"故后文羌语的"蛇"与羌语的"虫"有关联。

羌语"虫"双音节词主要体现在词尾的不同，可以用"lo"做词尾，有 bolo，如：

    bolo aze tɕyle ji（《羌族释比经典·根治流产》P. 1312）
    虫 这只 怀孕 了
    虫子怀孕了。

也可以说成 bulo、bəlo，如：

    gazə   bulo qəzə Xuaŋtʂhon thə datɕha（《羌族释比经典·请神》P. 300）
    植物根 虫 天花 蝗虫   来 解秽
    根腐蝗灾解除掉。

    pietshə baŋa bəlo tə mi sə（《羌族释比经典·驱米雅》P. 1905）

猪膘 陈年 虫　会 不 生
陈年猪膘不生蛆。

也可以用 lu 做词尾，如：

zuə　dzə le bəlu tə　mi sə（《羌族释比经典·驱米雅》P. 1905）

粮食 吃 够 虫 会 不 生

粮食够吃无虫害。

羌语"虫"还可以通过单音节 bu、bo、bi 等单音节再加上"dʑei"的音变构成复合式双音节词。有桃坪"bə^{31} dʐa^{31}"、曲谷"biʑi"、热额纳"buʑie"、松坪沟"bidi"。

（三）蛇

"蛇"在羌语 14 个方言点发音如下：

桃坪：bə^{31} guə^{241}　　麻窝：bəs

蒲溪：bawu　　曲谷：bəs；bidʑi

松坪沟：bi-ɣʑɑ　　峨口：bəs；ʒɪʒ

萝卜寨：bu^{31} tshə^{31}　　荣红：bəs

绵虒：bə^{13}　　热额纳：bis

永和：bes　　小姓：bigu

龙溪：bu^{31} tshɿ^{31}　　杨柳：bi-ɣʑɑ

羌语"蛇"可以用单音节表示，也可以用双音节表示。单音节根据首辅音可以分为复辅音和单辅音两种情况。复辅音主要有 bʑi、bʑəi，如：

ŋo bʑi jy si hephʐe koko dʑe ʂəpie jye（《羌族释比经典·我说喜事》P. 867）

牛 蛇 鸡 的 相会 里面 星 孵出 来了。

牛蛇鸡相会那天孵出来了。

tʂheχɫə ʂetə pia bʑəi ʂe（《羌族释比经典·灾一部》P. 1027）

八月　相冲 猪 蛇 冲

八月中亥巳相冲。

单辅音主要读双唇音，有 bi、bu、bua、bə、bəs、bes、bis，如：

doji ʂəxu bi luole kuətiu（《羌族释比经典·驱除家里怪物》P. 1908）

外面 出去 蛇 缠绕 看见

出门便见蛇交尾。

jitʂhə jy bu jitsi zudʐə（《羌族释比经典·熏烟》P. 1580）
二卦 鸡 蛇 牛 相合
释比我掐二卦，鸡蛇牛三相合。

latshata to bua dʐa də'（《羌族释比经典·打扫房子》P. 1159）
纳萨台后 蛇 交尾 处
纳萨台处蛇怪出。

səq dʐudu bəs laqu demasei（《羌族释比经典·拴魂魄》P. 1519）
山崖 巢穴 蛇 秽气 攮除
蛇洞穴有秽气，释比用面火攮除。

汉语的"蛇"本字为"它"。《说文·它部》："它，虫也，从虫而长，象冤曲垂尾形。上古草居，患它。故相问无它乎？"徐灏笺："它，蛇。古今字。""它"指"蛇"亦作"蚮"。《左传·成公二年》："丑父（逢丑父）寝于輲中，蛇出于其下，以肱击之，伤而匿之，故不能推车而及。"汉刘向《说苑·君道》："齐景公出猎，上山见虎，下泽见蚮。"《广韵·歌韵》："它，托何切。"其上古音，郑张尚芳构拟成*lhaal，李方桂构拟成*thar，王力构拟成*thai。其中古音，郑张尚芳构拟成*jiɛ，邵荣芬构拟成*iɛ，王力构拟成*jie。显然，汉语"蛇"与羌语的"蛇"之间关系不紧密。我们认为羌语"蛇"可能与羌语的"虫"来源有关。

羌语"蛇"和景颇语"蛇"关系紧密。如：景颇 pu³³、独龙 bɯ⁵³、阿侬 bɯ³¹、达让僜 bu⁵⁵、义都 bu⁵⁵。

单辅音也有读舌尖前音的 ly，如：
pæ ly zətɕe jitɕe tʂhaʁə（《羌族释比经典·招魂》P. 1373）
猪 蛇 之间 在 相克
猪蛇之间在相克。

羌语"蛇"双音节词主要是在单音节基础上增加一个音节，有 bese、besə、bewu、bəʐu、busə、butɕi、butshə、ləbi、ʐupu、bigu，如：
bese tsupəi tʂhatɕi mia je（《羌族释比经典·米亚一部》P. 1218）
蛇 那样 乱石堆 米亚 了
蛇无故死在乱石堆中。

besə jitie tɕi lu mamu（《羌族释比经典·拴魂魄》P. 1347）
蛇 看见 房 来 不吉利
看见蛇来房里不吉利。

bewu ɕioqe ɕiozɀde læ ji（《羌族释比经典·治疗中神邪者》P.1266）
蛇　双头交　有了
挖出了一双交尾盘头的蛇。

bəzu ste tʂhə mi ŋue sto te tʂhei ʂəle xlai（《羌族释比经典·房门》P.1519）
蛇　蛋下不会独　的下病毒 产
蛇产下一个病毒蛋。

busə na papa guja ja（《羌族释比经典·兄妹治人烟》P.250）
蛇 和 奶奶 不要 想
成精的蛇装进红口袋，夭折小孩不要四年母亲。

jy butɕi na jitsə zui（《羌族释比经典·开坛请神》P.392）
鸡 蛇　和 牛　合
鸡蛇牛三相合一命。

butshə qəti tʂosua ɕi ma（《羌族释比经典·凶魔》P.1742）
蛇　上面 竹尖 放 了
竹尖插在蛇身上。

ləbi zɀu ta thase tə mi na jigo（《羌族释比经典·释比掌论凶吉》P.2026）
蛇 马 之位 那天 的 不 好 如果
蛇马之位这天如若犯了病。

futhie tshaʁa zɀupu jitsə sə（《羌族释比经典·送草把人》P.392）
媳妇 属于　蛇　鸡　牛
媳妇相属巳酉丑。

bigu ʁe Xɬi na ʂuawu lu Xɬi（《羌族释比经典·开坛请神》P.392）
蛇 下 放 和 龙 　 来 放
蛇是天神放来的，龙是天神放来的。

（四）蚂蚁

"蚂蚁"在羌语14个方言点发音如下：

桃坪：$ma^{33} i^{55} tsɿ^{31}$　　　　麻窝：tiuku

蒲溪：xtɕytʂhua　　　　　　曲谷：tɕukhuə; mæhæ

木卡：(s) tiu tʂha　　　　　峨口：tɕu khu¹

萝卜寨：$tɕo^{31} khzɀa^{55}$　　　荣红：tɕukhu

绵虒：tshȵ¹¹ ʂʅ³³ pu¹¹　　热额纳：dyku kue
永和：tyːˈtɕʰjæ　　　　小姓：tik x ʂuə
龙溪：ma⁵¹ji⁵⁵tsə³³　　　杨柳：tɕik x ʂuə

羌语"蚂蚁"主要有三种形式，第一种是借自成都话。有桃坪 mɑ³³ i⁵⁵ tsȵ³¹、龙溪 ma⁵¹ji⁵⁵tsə³³、曲谷 mæhæ。成都新津、浦江、邛崃等地都将"蚂蚁"说成"ma⁴² i⁵⁵ tsȵ⁴²"，如新津话"蚂蚁子，开出来，有人偷你的青枫柴"、邛崃话"人多办法多，蚂蚁子能把泰山拖"。也可以说成"ma⁵² iɚ⁵⁵（蚂蚁儿）"。

第二种是多音节词，但第一个音节的主辅音为舌面前塞擦清音 tɕ，有曲谷"tɕukhuə"、蒲溪"xtɕytʂhua"、峨口"tɕu khuˈ"、萝卜寨"tɕo³¹khʐɑ⁵⁵"、荣红"tɕukhu"，如：

蚂蚁窝：tɕo³¹khʐɑ³¹ zbu³¹ 蚂蚁蛋：tɕo³¹khʐɑ⁵⁵ jy³¹ ʂtə³¹（《萝卜寨羌语语法研究》P. 284）

也可以说成 ɕikhua，如：

ɕikhua butʂue nəxa miʐe mi nə wo（《羌族释比经典·木吉珠和斗安珠》P. 127）

蚂蚁　巢筑　白天　夜晚　都　不　分
蚂蚁打洞日夜忙。

第三种是多音节词，但第一个音节的主辅音为舌尖前音 t、d、tsh，有麻窝"tiuku"、木卡"（s）tiu tʂha"、永和"tyːˈtɕʰjæ"、小姓"tik x ʂuə"、热额纳"dyku kue"、绵虒"tshȵ¹¹ ʂʅ³³ pu¹¹"。

第三节　植物类核心名词

植物与人类息息相关，两者和谐相处才能营构一个美好的世界。植物除了美化世界外，还为人类提供了丰富的能源。《诗经》中就有众多对植物的描写，诠释了植物在人类生活中的重要性。《百词表》中植物类核心名词有五个：第 23 位的 tree（树）、第 24 位的 seed（种子）、第 25 位的 leaf（叶子）、第 26 位的 root（根）、第 27 位的 bark（树皮）。下面我们逐一论之。

一　tree（树）

《牛津高阶英汉双解词典》："tree, a tall plant that can live a

long time. Trees have a thick central wooden STEM (the trunk) from which branches grow, usually with leaves on them." "tree" 对应汉语 "树"。"树" 在《百词表》中占第 23 位，在郑张尚芳《华澳语言比较三百核心词词表》中居第 41 位，在黄布凡《藏缅语 300 核心词词表》中为一级核心词。本部分除了分析羌语中用表 "树" 的词外，我们还把表集体概念的 "林" 以及表示具体树木名称的词语也放在该部分讨论。

（一）树

"树" 在羌语 14 个方言点发音如下：

桃坪：pho^{55} 麻窝：phəq

蒲溪：pho 曲谷：səɸ

松坪沟：lə 峨口：səɸ

萝卜寨：pho^{33} 荣红：səf

绵虒：pho^{31} 热额纳：phu

永和：phu 小姓：phə，fiepeli

龙溪：phu^{31} 杨柳：phu

羌语 "树" 主要用单音节用表示，从音节首辅音看，主要有两类，一类是双唇音，另一类是舌尖前音。双唇音主要有 pho、phu、phə、phəq、po、pu、bo、mo，如：

tso pho naqe se ə¹ dzo ɲiəu （《羌族释比经典·开天门》P. 698）

水 树 之地 神 下 坐 来

树神水神请来坐了。

phu we we sə phuwatɕhi （《羌族释比经典·请神》P. 298）

树 亮 亮 上 普巴期

森林之中大树神。

ɕi po zu ʑi ɕisa pu ma （《羌族释比经典·修房造屋》P. 2132）

神 树 坛 前 敬神 做 要

神林坛前敬了神。

pu bʑa kheli moə¹ ɲio ma （《羌族释比经典·送草把人》P. 1742）

树 大 底下 凶魔 赶走 啊

赶到大树底下去。

phʑe su koko phʑe bo χue je （《羌族释比经典·好人》P. 1942）

雪白 山 之中 雪白 树 长 了

雪山上长出雪白的树了。

phuo mo təwo phuoχe¹ wonə woɕi tɕha （《羌族释比经典·分万物》P.527）

高山　树　来分　树林　　分的 分的　要

高山树木分大小。

羌语读双唇音的"树"与汉语"本"有关系。《说文·木部》："本，木下曰本。从木，一在其下。""本"本义指"树根"。《诗经·大雅·荡》："枝叶未有害，本实先拨。"《吕氏春秋·辩土》："是以晦广以平，则不丧本茎。"高诱注："本，根也。"唐柳宗元《种树郭橐驼传》："凡植木之性，其本欲舒，其培欲平，其土欲故。"引申可以指草木的茎、干。《广雅·释木》："本，干也。"《国语·晋语八》："枝叶益张，本根益茂。""本"也可以用来指草木的棵子或整个植株或树。《吕氏春秋·审时》："是以得时之禾，长秱长穗，大本而茎杀，疏穖而穗大。"高诱注："本，根也。"夏纬英《校释》："本，不是根的意思，应当是指植株的。"宋叶德礼《契丹国志·胡峤陷北记》："息鸡草尤美而本大。"《广韵·混韵》："本，布忖切。"其上古音，郑张尚芳构拟成*pɯɯnʔ，李方桂构拟成*pənx，王力构拟成*pyən。其中古音，郑张尚芳构拟成*puən，邵荣芬构拟成*puən，王力构拟成*puən。金理新认为："景颇语'树'对应缅语支的是'树根'，而'树根'toŋ³³对应藏语支的则是'树干'（藏语sdoŋ）。它们的共同形式构拟成pun。这一形式在戎语支语言里面则作为'树'的构词语素出现。藏缅语'树'根的这一形式很显然对应汉语的*punʔ'本'。"①

羌语"树"舌尖前音单音节词主要有sei、tsha、səɸ、səf，如：

te phu te phu ɲi　ʂtaləqe sei　ji　te　pu so（《羌族释比经典·说母亲》P.967）

来 吹 来 吹　就 刺笼包 树 用 来 吹 了

用刺笼包树做的火筒不断地吹火。

pama dʐyalia tsha dʐyalia le　khu zəɕo sa（《羌族释比经典·还愿》P.596）

竹子 扫帚　树　打扫 一样 狗　收回 了

---

① 金理新：《汉藏语系核心词》，民族出版社2012年版，第372页。

猎狗唤回很彻底，满山遍野都清净。

羌语"树"发舌尖前音的以上词语应该与汉语有密切关系。金理新认为藏缅语的 *syik～*syiŋ 对应汉语的"斯"或"析"。我们不赞同此说法。因为汉语这两个字本义甚至其引申义或者假借义都不会用来指与"树"有关的名词。有学者认为羌语该类词与汉语的"薪"有关系。我们认为此说可靠性较大。《说文·艸部》："薪，荛也。"《玉篇·艸部》："薪，柴也。"《诗经·周南·汉广》："翘翘错薪，言刈其楚。"晋陶潜《自祭文》："含欢谷汲，行歌负薪，翳翳柴门，事我宵晨。"清恽敬《读〈孟子〉一》："《孟子》七篇未尝一言及之者，盖不敢导其波之窦，而投其焰之薪也。"《礼记·月令》："季冬之月，乃命四监收秩薪柴，以共郊庙及百祀之薪燎。"郑玄注："大者可析谓之薪，小者合束谓之柴。薪施吹爨，柴以给燎。"《广韵·真韵》："薪，息邻切。"其上古音，郑张尚芳构拟成 *siŋ，李方桂构拟成 *sjin，王力构拟为 *sien。其中古音，郑张尚芳构拟成 *sɪn，邵荣芬构拟成 *sien，王力构拟为 *sien。白保罗根据藏语śiŋ，卡瑙里语śiŋ，马加里语śiŋ，瓦尤语siŋ，巴兴语siŋ，米里语ö-śiŋ，怒语śiŋ～thiŋ，缅语sats，卢舍依语thiŋ，米基尔语theŋ"树、木"，将藏缅语构拟成 *siŋ。

羌语"树"还有一个特殊的发音 lə，如：

wu¹　sa　miwu　lə　sawu（《羌族释比经典·安顿三界》P. 1623）
牦牛　血　洒了　松杆　保护
牦牛血杉杆上蘸洒了，杉杆上神旗太平如意。

这个"lə"的来源还有待进一步探讨。其发音与松树同，我们认为其来源可能与松树有关。

（二）松树

"松树"在羌语14个方言点发音如下：

桃坪：xmɑ⁵⁵　　　　　麻窝：ʁdzusi

蒲溪：lup　　　　　　曲谷：ɕpies

松坪沟：le pho　　　　峨口：ɕpiεɸ

萝卜寨：ɕpiɑ⁵⁵phu⁵⁵　　荣红：ɕpief

绵虒：miA¹¹pho³³　　　热额纳：lu

永和：pε phu　　　　　小姓：xpial

龙溪：ʁdzusi　　　　　杨柳：le

羌语"松树"可以用单音节表示，也可以用双音节表示。单音节有首辅音为单辅音的，主要有舌尖前音 lu、lə，如：

ɦatshəu pu　je　lu　ʑi　na　je　（《羌族释比经典·解秽法鼓》P. 506）
十六　年　了　松　长　好　了
经过十六年，松树成长了。

lə　ʁa　o wo　çi　ma se　（《羌族释比经典·许愿》P. 766）
松　杆　一　根　松　了　要
笔直松杆敬送给神了。

羌语"松树"单音节首辅音也可以是双唇音，有 po，如：

po ȵa phiʐu　zehe　ʐai　（《羌族释比经典·请神》P. 316）
松树　和　雪隆包　同在　一座山
雪隆包上长松林。

这个来源应该与前文讲的"树"有关系。

也有单音节有首元音前为复辅音，主要有 xmɑ、ɕpies、ɕpiɛɸ、ɕpief、xpial、ɕmie，如：

bæləu ɕmie qe tɕie bata　ɦiə ʁua ʐgəu　（《羌族释比经典·喊病鬼》P. 1322）
蒲溪　松　枝　长　坝子　下　喊　来
从大蒲溪长着松树的平坝喊下来。

羌语"松树"还可以用复音词表示，有 ʁdzusi、lutsə、ɕpia[55]phu[55]、miA[11] pho[33]、pɛ phu、hmæpho、hmeipho、hmepho、hmiaphe、hmiepho、pephu、kəulu、kule、ləʁua、lude、luȵa、luʐe、mieȵi，这些复音词大多数采用单音节词后或者前增加一个表"树"的词构成。如：

lutsə phoqe　ŋa　ᵡe dʐe ji　ᵡɫa le　ʑi　je　（《羌族释比经典·蔗一部》P. 1322）
松　树枝　老鸹 中 蔗 的　鹰　呢　有　了
蔗让松树枝中老鸹和老鹰成群栖息了。

molaŋ ɕiȵtɕhao hmæpho xse nə　（《羌族释比经典·请神》P. 314）
木兰　新桥　　松树　　神 有
有松树神在木兰新桥。

hmepho tɕikəʐei babastə atɕhye　（《羌族释比经典·羌戈大战》P. 28）
松树　　房前面　矮地方　栽了

松树栽在屋矮处。
hmiepho tɕihȵata ʁaʐu atɕhye（《羌族释比经典·羌戈大战》P. 29）
松树　房背后　山上　栽了
松树栽到房后面。
kuasa xe hmeipho ʐetɕhi lantə tsuodʐa（《羌族释比经典·羌戈大战》P. 29）
还愿　上　松树　桠枝　随便　捆绑
松树枝桠乱捆扎。
hmiepho ʐetɕhi tətʂuodʐa ȵi tɕibeta jidʐe atʂhue（《羌族释比经典·羌戈大战》P. 28）
松树　桠枝　捆好　后　房旁　路边　插下
松枝捆好插路边。
molaŋ ɕiŋtɕhao hmiaphe xse nə（《羌族释比经典·请神》P. 28）
穆兰　新桥　松树　神　有
穆兰新桥有松树神。
degui data lude guije（《羌族释比经典·找铁》P. 2082）
倒下　倾斜　松树　倒下
松树砍后，倾斜的树木倒下了。
supe naqe kule te¹ didʐe ⅹe je ə¹ ko tɕio je（《羌族释比经典·尔一部》P. 1919）
高山　之上　松树　起　桦树　中　的　尔　中　好　了
尔让高山之上的松树和桦树成长起来了。
ləʁua pho ji mi ʐgəuʐgəu səi（《羌族释比经典·治疗中神邪者》P. 1266）
松树　板　的　没　颠倒　的
松木做的模板没砌颠倒。
luwe a tse to wu mi gui ʐowu gui je（《羌族释比经典·解秽法鼓》P. 507）
松树　一根　往上　不　倒　往下　倒　了
松树不朝上倒，往下倒。
degui data lude guije（《羌族释比经典·找铁》P. 2082）
倒下　倾斜　松树　倒下

松树砍后，倾斜的树木倒下了。

supe naqe　lule　dʐe ji didʐe dʐe ko tɕio je（《羌族释比经典·蔗一部》P. 1926）

高山　之上　松树　蔗的 桦树 蔗中 好了

蔗让山中的松树和桦树成长起来了。

luɳi qhue ko　luʐe　puqe　supu ʐepu diʐe puqe（《羌族释比经典·给祖师换衣》P. 1118）

松林　槽中　松树　之上　高山　岩洞　桦树　之上

在松木林中，在高山岩洞，在华林之中。

pephu kheti bæmæ ji（《羌族释比经典·唱魂根》P. 1546）

松树　底部　想躲　要

他们在松树根处躲藏。

（三）柳树

"柳树"在羌语14个方言点发音如下：

桃坪：sʅ^{31} ə^{155}　　　　麻窝：tsəsɑ^1

蒲溪：se^1　　　　　　　曲谷：thəɸ

松坪沟：se　　　　　　　峨口：tɕhəɸ

萝卜寨：so^{55}ʐə^{55} phu^{31}　荣红：se^1

绵虒：ia^{35} liu^{31} pho^{31}　　热额纳：ʂə^1 phu

永和：səsɨ phu　　　　　小姓：sej

龙溪：jan^{31}li^{35}　　　　　杨柳：se^1 phu

羌语"柳树"可以使用三种形式来表达，第一种是用单音节，主要有 se^1、sə^1、suə、suə^1、sue、thəɸ、tɕhəɸ、sej，如：

sə^1　buli　lə　dʐi　dʐi we（《羌族释比经典·砍杉杆》P. 1115）

杨柳 条子　杉　带子　拴了

杨柳条来做带子，来给杉杆腰上拴。

se^1　　wu^1 nuphi wu^1（《羌族释比经典·绷鼓》P. 1125）

杨柳 鼓　白绵羊 鼓

杨柳鼓和白绵羊鼓。

suə　ɕitʂhu pheʐei tʂəkə anə　ɕi ma（《羌族释比经典·邪怪》P. 1733）

杨柳 树梢 路上　正是 快些 放 要

杨柳树梢垂的快，定将邪怪驱除尽。

sue ʁepi   ʂæpuypi doʁule（《羌族释比经典·开坛请神》P. 393）
杨柳 枝条 麦草秆 敬请到
杨柳枝条要敬请到看，麦子草秆要敬请到。

第二种是使用双音节，有 sʅ³¹ə˦⁵⁵、tsəsɑˀ、phosa、ʁua ʂə、suesə、ʂəˀphu、səˀphu，这些双音节词大多采用 "柳+树"的形式构词。如：

zda fiə səi go phosa   phoʁua phoɤdzə phoʐmie xɬæ ji（《羌族释比经典·治疗中神邪者》P. 1261）
右 下 撒 就 杨柳 泡杉 绳子木 铁拐树 送 了
右手撒下种子，长出了杨柳、泡杉、绳子木和铁拐树。

bu ʂə lə ȵia ʁua ʂə lə sə die tʂhoço（《羌族释比经典·解秽》P. 560）
荆棘 枝 和 杨柳 枝 是 来 解秽
荆条柳枝来解秽。

səˀphu jym   fiæly jæ（《羌族释比经典·敬青苗土地》P. 2196）
杨柳 青苗 下来 了
杨柳林里的青苗归来了。

suesə ɤəˀpæ ʁatʂu tʂuai（《羌族释比经典·唱魂根》P. 1533）
杨柳 树皮 制造 好
用杨柳树皮制作了九龙椅。

第三种是使用多音节，有 so⁵⁵zə⁵⁵phu³¹、səsɨ phu。

（四）杉树

"杉树"在羌语 14 个方言点发音如下：

桃坪：lu⁵⁵   麻窝：lɤ
蒲溪：lu pho   曲谷：lu
松坪沟：   峨口：luə
萝卜寨：lu³¹phu⁵⁵   荣红：lu
绵虒：pe³¹se³⁵pho³¹   热额纳：lu
永和：ləphu   小姓：ləp
龙溪：lə³¹phu³¹   杨柳：viphu

羌语 "杉树" 主要使用两种形式来表达，一种形式是单音节，主要有 lu、lə、Xɬə、ʁua、lɤ，如：

de tshua de tshua lu de tshu je（《羌族释比经典·尔一部》P. 2141）
去 砍 去 砍 杉 去 砍 了

用尽全力去砍杉树。

lə　zuei tɕhepo dzei dʐu pu ȵa dzei lio ʁu we（《羌族释比经典·人前展示》P. 863）
杉树 种子 三斗 物 伴 做 和 物 来 肯 了
杉树种子三斗陪伴她。

ʐi pa lə ȵia ʁua pa lə die tʂhoɕo （《羌族释比经典·解秽》P. 560）
桦树枝 和杉树 枝条 来 解秽
桦树杉树枝条来解秽。

ji　me　Xɬə　phʐəi ȵəu wu （《羌族释比经典·插旗》P. 1231）
添　人　杉树　白　来 要
家道昌盛人丁旺。

另一种形式是在前面单音节后面加上"树"的词，主要有 lupho、luphu、lutsə、luʁua、lupu、luȵi、luɕo、ləʁa、ləphu、lephu、ləpa、ləmu、ləȵi、ləmi，如：

nəta tətika lupho te ʐistə （《羌族释比经典·送精怪》P. 1914）
天上 顶 杉树 就 住房
参天杉树是住房。

gu pu　tə　la luphu biake tədʐyesa （《羌族释比经典·绷鼓》P. 1130）
九 岁 有 了 杉树 旁边 冒出尖
这棵杉树木九岁时，从平旁边冒出新芽来。

lutsə adʐei ɕyȵi suala weiȵi wala （《羌族释比经典·尔一部》P. 2142）
杉树 一根 吁哩 沙啦 喂咧 哇啦
杉树吁哩沙啦喂咧哇啦一阵子。

bu tɕi tɕie lupu tsutɕhio tha tə bie （《羌族释比经典·蜂蜜颂》P. 2115）
蜂 的 女 杉树 水桶 腰 来 背
养蜂之家取来蜜，女的背起杉木桶。

dʑieji luʁua xsenə Xpalie tɕhontu xse （《羌族释比经典·插旗》P. 1231）
大韩寨 杉树 神位 尽头 穷都 神
大韩寨尽头有杉树神位和穷都神。

supe naqe luȵi qhue ko tho te ke je （《羌族释比经典·尔一部》P. 2144）
山坡 顶上 杉树林 里那 的 去 了
到了山顶的杉树林里。

ləmi miwu lə sə dʐei（《羌族释比经典·许愿》P. 627）
杉树 不是 杉 要 够
像那杉树长得好。

tʂha qhua məla ləmu la we（《羌族释比经典·砍杉杆》P. 1114）
八 坡 之中 杉树 有 了
八沟八槽有杉苗。

ləȵi miwu a bia pe（《羌族释比经典·唤鸡》P. 1231）
杉树 不是 一 山 有
杉树遍山成了林。

tshua phie taji ləpa tshua we jiepa tshua we（《羌族释比经典·别》P. 1850）
毛铁 斧头 杉树 砍 了 桦树 砍 了
白铁斧头砍了杉树，白铁斧头砍了桦树。

ləphu tsu tɕi ka da wo（《羌族释比经典·还愿》P. 614）
杉树 儿 的 根 要 发
杉树成长根大发。

po na fetsə ləpu tipu ʐuma ji（《羌族释比经典·开坛》P. 1061）
雷 和 冰雹 杉树 桦树 压弯 了
雷和冰雹把杉树、桦树压弯了。

ləʁa aʁo tshua matʂaŋ（《羌族释比经典·开坛请神》P. 392）
杉树 一根 房背 插了
杉树一根房背中间插了。

dʑieji nə ləʁua phoɕio xsəi nə（《羌族释比经典·请神灵》P. 330）
大寒寨 的 杉树 婆索 神 的
大寒寨的杉树林里供的是婆索神。

lephu tsu tɕi ka dawo we（《羌族释比经典·吉祥语》P. 847）
杉树 儿 的 根 发 了
杉树长来根要发。

二 seed（种子）

《牛津高阶英汉双解词典》："Seed, the small hard part produced by a plant, from which a new plant can grow." "seed" 对应汉语"种子"。seed

（种子）在《百词表》中占第 24 位，在郑张尚芳《华澳语言比较三百核心词表》中居第 46 位。本部分除了分析"种子"语义场中的词外，还将"豆子""小麦"等纳入分析。

（一）种子

"种子"在羌语 14 个方言点发音如下：

桃坪：zuə^{31} za^{241}　　麻窝：tʃhaz

蒲溪：zu　　曲谷：zu

松坪沟：zə　　峨口：zuə

萝卜寨：z̪ɑ^{31} jy^{55}　　荣红：zuə

绵虒：zui^{11}　　热额纳：zuə

永和：jɑz　　小姓：zu

龙溪：dʐy^{31}　　杨柳：tʂoŋ

羌语"种子"一般使用单音节词表示，单音节词元音前辅音主要是单辅音，首辅音可以是舌尖前音，有 zu、zə、zui、zuə、zue、zuei，如：

zu　tesəi　ȵi　z̪ua　te bəi（《羌族释比经典·解秽》P. 656）
种子　撒　和　庄稼　的　种
撒种施肥做庄稼。

luphuo hmiephuo zuə　ku　le（《羌族释比经典·祝酒词》P. 893）
杉树　桦树　　种子　带　来
带来杉木桦树种。

muta xsə　bathuhe z̪ake　zue　ʂətʂa（《羌族释比经典·青稞和麦子的来历》P. 2161）
天上　神　从怀里　五谷　种子　取出
阿巴木比从怀里取出五谷种子。

qhua　zuei tɕhepo dzei dʐu pu ȵa dzei lio ʁu we（《羌族释比经典·人前展示》P. 863）
野樱桃　种子 三斗　物　伴 做 和 物 来 肯　了
三斗野樱桃种子陪奁来。

羌语该类用指"种子"的词可能与汉语"子"有关系。《说文·子部》："子，十一月阳气动，万物滋，人以为称。象形。"本用指"儿、女"。《玉篇·子部》："子，儿也。"《诗经·小雅·斯干》："乃生男子，载寝之床……乃生女子，载寝之地。"《仪礼·丧服》："故子生三月，则父名之，死则哭之。"郑玄注："凡言子者，可以兼男女。"后引申可以指"植物的种子"。南朝宋刘义庆《世说新语·雅量》："树在道边而多子，此必苦李。"北魏贾思勰《齐民要术·五谷果蓏菜茹非中国物产者》："《神异经》曰：'南方荒中有沛竹……其子美，食之可以已疮疠。'"唐李绅《悯农》诗之一："春种一粒粟，秋成万颗子。"宋苏轼《花落复次前韵》："闇香入户寻短梦，青子缀枝留小园。"《广韵·止韵》："子，即里切。"其上古音，郑张尚芳构拟成*ʔslɯʔ，李方桂构拟成*tsjəgx，王力构拟成*tsiə。其中古音，郑张尚芳构拟成*tsiɨ，邵荣芬构拟成*tsie，王力构拟成*tsiə。白保罗将藏缅语构拟成*mruw。

单音节词元音前辅音也可以使用小舌音，有ʁue，如：

ŋulaçi　　jiti　　ʁue　phia　la　ʁue　çi　atça　pa　tçi　gə　lə　pe　we（《羌族释比经典·唱根源》P. 849）

鹅掌柴　种子　种　种下　好　种子　撒　一季　庄稼　又　说　月　是　了

犁田撒种一季庄稼又下种了。

单音节词元音前辅音还可以使用舌面音，有tʃhaz、dʑy、ʑy，如：

ʁo　　ʑy　tçhepo　ku　Jodi　we（《羌族释比经典·接母舅》P. 944）

羊角　种子　三斗　舅　接来　了

羊角种三斗接舅家。

单音节词元音前辅音还可以使用双唇音，有pia、phia，如：

tʂhalə gə lə dzeipi ʁuetçi pia dʐouma la toqə tse（《羌族释比经典·唱根源》P. 849）

八月　说　来　凡人　勤劳　种子　浸泡　向　犁头　握

八月羌人浸泡种子把田耕。

tçhiba　qəto　phia　zəʁue wa（《羌族释比经典·还愿》P. 599）

天庭　上面　种子　招来　要

天庭之上好粮要招来。

羌语"种子"单音节结构也会使用VC结构，有jɑz。这应该跟汉语"芽"有关系。《说文·艸部》："芽，萌芽也。从艸，牙声。"本用以指"刚长出来的可以发育成茎叶的部分"。汉东方朔《非有先生论》："甘露既降，朱草萌芽。"唐韩愈《独钓》诗之二："雨多添柳耳，水长减蒲芽。"宋辛弃疾《鹧鸪天·代人赋》："陌上柔桑破嫩芽，东邻蚕种已生些。"《广韵·麻韵》："芽，五加切。"其上古音，郑张尚芳构拟成*ŋraa，李方桂构拟成*ŋrag，王力构拟成*ŋea。其中古音，郑张尚芳构拟成*ŋɯɛ，邵荣芬构拟成*ŋa，王力构拟成*ŋa。羌语"种子"jɑz，与汉语"芽"音上很相似。汉语"芽"虽然不会用指"种子"，但是"芽"与"种子"密不可分，"芽"一般都是从"种子"中长出来的。故羌语中应该是使用"部分"代替"整体"的方法，用指"种子"。羌语种子jɑz，与四川方言的"芽"发音很相近，就是在后面加了一个"子"的音。如四川方言的"芽"：成都 ia²¹、金堂 ia⁵⁵、双流 ia²¹、崇州 ia²¹、温江 ia²¹、大邑 ia²¹、浦江 ia²¹、邛崃 ia²¹、郫县 ia²¹、新都 ia³¹、都江堰 ia²¹、彭州 ia²¹。

羌语"种子"也有部分使用双音节来表示，有 jiti、zɑ³¹、jy⁵⁵、zuə³¹ za²⁴¹、ʐgudie、ʐguzu、zuəle、zuəŋa、zuəsə、zuəte、zuʐge，如：

ŋulaɕi jiti ʁue phia la ʁue ɕi atɕa pa tɕi gə lə pe we（《羌族释比经典·唱根源》P.849）
鹅掌柴 种子 种 种下 好 种子 撒 一季 庄稼 又 说 月 是 了
犁田撒种一季庄稼又下种了。

jəuma ʐgudie tɕho atʂho（《羌族释比经典·五谷神》P.2199）
玉米 种子   且   拿来
赐予羌民玉米种子。

zəta ʐguzu dese wa（《羌族释比经典·说节日》P.2222）
地上 种子 播撒 了
五谷种子撒播完。

tʂhuase zuəle no kuətɕy（《羌族释比经典·五谷神》P.884）
黑棘   种子 你 带去
荆棘种子你带去。

zuəŋa ʁaʐu he ʂə ɕi sə（《羌族释比经典·五谷神》P.884）
种子 山坡 上 出 撒 去
种子撒在荒地上。

kəʐəi mə ti du te tɕo məɲi tshəko zuəsə ɕi（《羌族释比经典·还愿插旗杆》P.841）
以前 人 来 说 得 好 太阳 底下 种子 撒
古人说得好，撒种太阳下。

ʐakə zuəte tshua xsə wo ʂə ʐuʐu（《羌族释比经典·青稞和麦子的来

历》P. 2162)

五谷 种子 寨　神 给 分 出去
寨神把五谷种子分给凡民。
zuʐ ge æ　gu æ　ʐəu pu　ji（《羌族释比经典·还愿》P. 722）
种子　一　颗　一　根　做　了
一颗种子发了一株树。

(二) 豆子

"豆子"在羌语14个方言点发音如下：

桃坪：də³³　　　　　　麻窝：təuɸu

蒲溪：təutsə　　　　　曲谷：də

松坪沟：dəpæ　　　　 峨口：tə

萝卜寨：təu³¹təu³¹　　 荣红：də

绵虒：təu³¹təu⁵⁵　　　 热额纳：də pie

永和：dəpæ　　　　　 小姓：di

龙溪：də³¹pia⁵⁵　　　　杨柳：təutəu

羌语"豆子"可以用单音节词表示，有 də、tə、di，如：

sexɫe də tshua ʂa（《羌族释比经典·还愿》P. 722）
三月　黄豆　种　下
三月时种下了黄豆。

以上羌语"豆子"词与汉语"豆"有关系。汉语"豆"，本义不是用指"植物的种子"，是用来表示"器皿"。《说文·口部》："豆，古食肉器也。从口，象形。"《诗经·大雅·生民》："卬盛于豆，于豆于登。"毛传："木曰豆，瓦曰登。豆，荐菹醢也。"《公羊传·桓公四年》："一曰干豆。"何休注："豆，祭器名，状如镫。"《史记·乐书》："簠簋俎豆制度文章，礼之器也。"后来可以用来之"豆类植物的总称"。《战国策·韩策一》："韩地险恶山居，五谷所生，非麦而豆，民之所食，大抵豆饭藿羹。"汉杨恽《报孙会宗书》："田彼南山，芜秽不治，种一顷豆，落而为萁。"北魏贾思勰《齐民要术·大豆》："四月时雨降，可种大小豆。"宋范成大《劳畲耕》诗："不如峡农饱，豆麦终残年。"也可以用来指"豆类植物的种子"，如"豇豆""豌豆"等。《广韵·候韵》："豆，田候切。"其上古音，郑张尚芳构拟成 *doos，李方桂构拟成 *dugh，王力构拟成 *do。其中古音，郑张尚芳构拟成 *dəu，邵荣芬构拟成 *dəu，王力构拟

成 *dhəu。羌语"豆子"与汉语"豆"语音上相似，肯定存在关系。汉语的"豆"最初不是用指"豆类植物的种子"，我们认为汉语"豆"用指"豆类植物的种子"绝对不应该是"豆"的引申义。"豆"与"豆类植物"词义联系在一起，可能是汉语的记音字。

羌语"豆子"也可以用双音节词表示，双音节词主要有两种，一种是通过重叠造词，有 təu^{31} təu^{55}。这个发音和四川方言非常一致。四川方言常把"豆子"说成"豆豆"。

还有一种是在单音节词后面加上一个后缀，有 təutsə、dəpæ、də^{31} pia^{55}、də pie、diŋa 形式，如：

tʂhexɬe dəpæ ʁepi ji（《羌族释比经典·招仓房》P. 2095）
八月　豆类 成熟 了
八月时将豆类割回家。

ɕibie stə ko diŋa tɕhye（《羌族释比经典·招仓房》P. 885）
半坡 地方 上 豆类 种
黄豆杂粮种半坡。

təutsə 中的 tsə 是汉语后缀词"子"，piə、pæ、pia 是羌语名词圆形标记。

（三）麦子

"麦子"在羌语 14 个方言点发音如下：

桃坪：ʁuə^{241}　　　　　麻窝：ʁlə
蒲溪：ɣle　　　　　　曲谷：ʁlə
松坪沟：ɣlʅ　　　　　峨口：ʁlə
萝卜寨：ʁə^{31}；dzə^{55}　　荣红：ʁlə
绵虒：le^{31}　　　　　热额纳：ʁlə
永和：dzˌə　　　　　小姓：ʁlə
龙溪：bə^{31}　　　　　杨柳：ʁlə

羌语"麦子"常用单音节词表示，单音节词元音前的辅音可以是复辅音，有 ʁlə、ɣlə、ɣle，如：

sə　dzə na ɣlʅ mə te le（《羌族释比经典·颂谷神》P. 490）
神 青稞 和 麦子 人 给 了
神赐青稞和麦子。

dzə ȵi ɣle læ za ʂe tʂhəi（《羌族释比经典·解秽》P. 566）

青稞 和 麦子 呢 面 来 磨
青稞麦子磨成面。

单音节词元音前的辅音也可以是单辅音，有 ʁuə、ʁə³¹、dzə⁵⁵、dze、le、dzʐə、bə、ʁə、ʁe，如：

 dze ȵia dzʐə khæ thə pai（《羌族释比经典·解秽》P. 1489）
 麦子 和 青稞 克 食 做了
 用麦子青稞做"克"的食物。

 thoχo thotʂə dzʐə te sei（《羌族释比经典·解秽》P. 864）
 提兜 装好 麦子 插 撒
 兜里装上麦子种撒了。

 χpəta tʂətʂhə ko ʁə ŋapai（《羌族释比经典·青稞与麦子的来历》P. 2162）
 凡间 从此 就 麦子 有了
 凡间从此有麦子。

 dzə ȵia ʁe lə die kə da（《羌族释比经典·阶波刹格》P. 429）
 青稞 和 麦子 的 柜中 丰富 要
 青稞麦子装满仓。

 qeba pu zəi le zəi pha je（《羌族释比经典·罪一部》P. 1928）
 嘴中 做 来 麦子 来 铺 了
 阿布克里看了青稞麦子。

 zʐuəbzu stə heko ʁə atɕhye（《羌族释比经典·斗安木吉结婚》P. 885）
 高地 地方 面上 麦子 种
 山坡高地种麦子。

 ȵiəula tiəuqhəu dzʐə le dzʐe ji re le ŋa je（《羌族释比经典·蔗一部》P. 1926）
 山间 天地 青稞 呢 蔗 的 麦子 呢 有 了
 蔗让山间田地的青稞和麦子茁壮成长了。

单音节词元音前的辅音也可以是双唇音，有 bə、phia，如：

 dzə sə phia sa na dalia we（《羌族释比经典·人真心》P. 673）
 种 青稞 麦子 了 地方 长好 了
 种上青稞和麦子。

羌语还可以用双音节表示"麦子"，主要是在前面单音节的基础上增加一个音节，有 dzəle、dẓuzu、ɣənei、ɣəŋa、ɣəta、ɣəte、ɣoli、leȵa、leti、ʁəȵi、ʁəŋa、teji，如：

nejo la　tiəu qho　dzədẓe　təle　dẓe　Xe jie phẓe ko　tɕio　jie（《羌族释比经典·吉祥》P. 673）
庄稼 地 面 青稞 麦子 之上 丰富 好 的 白 的 看见 了
庄稼地里青稞好麦子好多吉祥。

tʂəuXɬə　ji　ȵiəu ȵiəula tiəuqhəu dzəle Xa jə（《羌族释比经典·利一部》P. 1211）
六月　　的 来　　田地　青稞　　麦子 黄 了
六月到来，田地当中的青稞麦子黄了。

tɕeXu dẓuzu lema tɕy（《羌族释比经典·费伢由狩猎变农耕》P. 2183）
这里　麦子　种植 适宜
这里适宜种麦子。

ɣənei paqha thə latɕha（《羌族释比经典·铁三足》P. 2071）
麦子 病疫 他 接触
麦子病疫解除掉。

ɣəŋa qa ʂə tʂhə paji ʂəsti sta（《羌族释比经典·青稞和麦子的来历》P. 2163）
麦子 根须 长出 了 伸展 了
麦子的根须也伸展了。

ɣəta təduȵi lu stə ŋa（《羌族释比经典·青稞和麦子的来历》P. 2162）
麦子 说起 来 出处 有
说起麦子有出处。

ɣəte mə' mutu he ə' ŋu（《羌族释比经典·青稞和麦子的来历》P. 2162）
麦子 本是 天庭 上 的 是
麦子本是天庭的。

ɣoli　paqa thə latɕha（《羌族释比经典·还愿》P. 628）
麦子 病疫 它 驱除
麦子杂病来驱除。

leɳa kukəi zueɳa kukəi（《羌族释比经典·找铁》P. 2080）
麦子 割去 荞子 割去
用镰刀割麦子和荞子。

ʁuaɬə təpa dzə titɕo leti tɕojye（《羌族释比经典·八月播种》P. 2156）
五月 来到 青稞 出穗 麦子 出穗了
五月到了，青稞麦子开始出穗了。

dzəɳi satəu ʁəɳi paqha thə datɕha（《羌族释比经典·请神》P. 300）
青稞 病疫 麦子 火烟 来 解秽
青稞麦子火烟除。

dzə ɳi ʁəŋa stikə nəto tɕi sa（《羌族释比经典·驱除家里怪物》P. 1908）
青稞 和 麦子 穗子 两只 在 出
青稞麦子出双穗。

niola tio khəu dzə dʐe teji dʐe χe je（《羌族释比经典·话说圣洁木吉珠》P. 1947）
农田 之 中 青稞 种 麦子 有 种 好 了
庄稼地里要种青稞和麦子。

羌语中用表示"小麦"的词，既可以指小麦植物，又可以指小麦的果实。如：

ʔu dzuaʁa tɕhyæ stæq læ-n tu, paoku nə ʁlə tiæ-tɕhyæ：-n-a mæ-tɕhyæ-jy-n-a：（《热额纳羌语参考语法》P. 173）
你 甜荞 种 想 既然 玉米 和 小麦 还 种 不 种
你既然想种甜荞，那么还种不种玉米和小麦。

tsæ：zə tæ：ta ʁlə xɕikɕitʂ na：n ha-lu-a（《热额纳羌语参考语法》P. 67）
这个 地（定指）一个 麦子 三百斤 约 出产
这块地大概能出三百来斤麦子。

三　leaf（叶子）

《牛津高阶英汉双解词典》："leaf, a flat green part of a plant, growing from a stem or branch or from the root." "leaf" 对应汉语"叶子"。"叶"

在《百词表》中占第 25 位，在郑张尚芳《华澳语言比较三百核心词表》中居第 42 位。

"叶子"在羌语 14 个方言点发音如下：

桃坪：tɕha^{55} qə^{33}　　　麻窝：khɕaq
蒲溪：pho tɕhe　　　　　　曲谷：xtɕapa
松坪沟：tshama　　　　　　峨口：tʂhu khʂu
萝卜寨：ɕa^{31}qa^{31}　　　荣红：xtʂapa
绵虒：ɕa^{31}qe^{31}　　　热额纳：xtɕa pa
永和：tɕhakə　　　　　　　小姓：xɕama
龙溪：qə^{31}ma^{31}　　　杨柳：xama

在"羌语文献语料库"中查询，羌语"叶子"还可以用单音节词表达，有 ʂa、tɕhie，如：

atɕi lə ma ɕi ȵia ʂa to jia tsu ɕia（《羌族释比经典·颂神禹》P. 204）

一起 的 吗 枝 和 叶 的 来 烧 要

吩咐大家烧枝叶。

tɕhie ȵi ptsələ ꭓo ꭓo thui ji（《羌族释比经典·还愿得福》P. 825）

叶 和 根 一齐 吞 了

连根带叶一齐啃。

羌语"叶子" ʂa 可能与藏语有关。白保罗将藏缅语"叶"构拟成 *s-la 和 *la 两种形式。在藏缅语中，采用 *la 形式的为主。有藏语 lo、拉萨 lo^{13}、巴塘 lo^{13}、夏河 lo、阿力克 lo、错那 lɔ^{55}、扎坝 lo^{33}、木雅 lo^{33}。羌语"叶子" ʂa 应该是采用前一种形式，在前一种形式基础上音变成 ʂa。

而羌语"叶子" tɕhie 与嘎卓"叶子" tɕha^{31}在音上非常相似，具体来源还有待探讨。金理新认为嘎卓"叶子"与缅语"叶子"关系密切，属于同一种类型的词语。①

羌语"叶子"同时也可以用复音词表达，有 photɕhie、xtɕa pa、ɕi^{31}phu^{55}、qə^{31}ma^{31}、xɕama、tshama 等形式，如：

ʐəi ti ŋusə photɕhie qəpupu（《羌族释比经典·生产禁忌》P. 1102）

---

① 金理新：《汉藏语系核心词》，民族出版社 2012 年版，第 377 页。

忌 用 大黄 叶子 头顶盖

忌用大黄叶盖头。

tsəj phu da ʁu xtɕa pa mæ jye （《热额纳羌语参考语法》P. 304）

这棵树没有叶子。

ɕi³¹ phu⁵⁵ tsə³¹ bu⁵⁵ ɕa³¹ qa³¹ mo³⁵ pu³¹ （《萝卜寨羌语语法研究》P. 141）

树 这 棵 叶子 没有 做

这棵树没有叶子。

qə³¹-ma³¹-ti³¹ a³¹ tsho³¹ tsho³¹ sə³¹ tse³⁵ ji³¹ pa³¹ pu³¹ we³¹ （《龙溪羌语羌语》P. 323）

叶子 落下 钱 变 做

叶子一直在落，他们变成了钱。

四 root（根）

《牛津高阶英汉双解词典》："root，the part of a plant that grows under the ground and absorbs water and minerals that it sends to the rest of the plant.""root"对应汉语"根、根茎"。Root 在《百词表》中占第 26 位，在郑张尚芳《华澳语言比较三百核心词表》中居第 43 位。

"根"在羌语 14 个方言点发音如下：

桃坪：kie³³　　　　　　麻窝：kɑpɑ

蒲溪：kale　　　　　　 曲谷：kopu

松坪沟：kopə　　　　　峨口：kɛ/ku pu

萝卜寨：ɕi³¹ phu⁵⁵ gʐə⁵⁵　　荣红：kopu

绵虒：ke¹¹ ke¹¹　　　　热额纳：kie pu

永和：pəˈlə　　　　　　小姓：tʂə

龙溪：ka³¹ pu³⁵　　　　 杨柳：pu kə ken

上面读音中双音节词较多，但是根据我们在"羌语文献语料库"中的查询，羌语利用单音节词表示"根"的情况还不少。羌语"根"用单音节词表达，其元音前辅音主要读舌面后音或者小舌音，有 ge、gei、kie、ka、kæ、ke、kə、qə，如：

ge tshu nə kəpa alə pu ji （《羌族释比经典·鬼》P. 1681）

根 倒立 的 一个 做了

柱头根梢倒着立。

gei zə　ke　pu ʐgu　jio çia　（《羌族释比经典·向神通明》P. 410）
根　多　根　做 牢固　的　要
根与根间接牢固。

apaçiela　ji e¹　ka　kə　tço datu we　（《羌族释比经典·打整房子》P. 1888）
阿巴锡拉　桦树　根　下　且 躲 了
只见阿巴锡拉一晃，桦树根下不见影。

tshua mi ŋue læ kæ tshua so kæ dzui læ so　（《羌族释比经典·说母亲》P. 970）
砍　不 会 呢 根 砍　了 根 罪　有 了
不会砍树却砍树根这是对树的罪过。

mubia ti　kə　çe dʑio tsu n̪i　ke die bʐe　（《羌族释比经典·颂神禹》P. 211）
天空　顶　的　铁 打 柱　大　根　的　断
就像天柱断了根。

ɣe ʂpomi　kə　jio　mi　sa ba　（《羌族释比经典·凶魔》P. 1741）
马旋树　根　它　不　会　的
马旋树根魔不藏。

Xebu mina Xatʂhei qə miçi　（《羌族释比经典·安家神》P. 308）
土地　不好　百草　根　不生
土地不净寸草不生。

羌语以上形式的"根"，我们认为其可以和汉语"根"进行比较。《说文·木部》："根，木株也。从木，艮声。"《管子·水地》："〔水〕集于草木，根得其度，华得其数，实得其量。"《文子·符言》："故再实之木，其根必伤。"三国魏曹植《七步诗》："本是同根生，相煎何太急。"唐韩愈《和侯协律咏笋》："罗列暗连根，狂剧时穿壁。"《广韵·痕韵》："根，古痕切。"其上古音，郑张尚芳构拟成*kɯɯn，李方桂构拟成*kən，王力构拟成*kyən。其中古音，郑张尚芳构拟成*kən，邵荣芬构拟成*kən，王力构拟成*kən。

"ke、kə"指"根"时，还常用来指"根源""根基"，如：

çephe touqə sə mia ke nə　li　ma　（《羌族释比经典·绵虫》P. 1695）
白铁 犁头 来 绵　根　的 抄翻 要

犁头套上生铁铧，去把绵虫根抄翻。

pupo ŋu　na　zʑə　ke　le（《羌族释比经典·敬奉诸神》P. 404）
坟墓　时　好　官　根　有

坟墓地脉龙气好，官人根基就有了。

"根"用单音节词表达，其元音前辅音也可以读舌面前音，有 tɕi、tɕy，如：

ləpho tsu tɕi kə da wo（《羌族释比经典·造天地》P. 933）
杉林　小　根　上　发　要

杉树根儿大发展。

zʑdu　tɕy ma tha tʂə zʑdu ma ȵio（《羌族释比经典·霉灾》P. 1774）
霉灾　根　不　挖　则　霉灾　不　驱赶

不挖断霉运祸根，则灾祸不能被驱赶。

羌语中发舌面前音的"根"，我们认为可以和苗瑶语的"根"进行比较。如养蒿 tɕoŋ[55]、先进 tɕaŋ[13]、石门 dʐhaɯ[35]、高坡 tɕa[22]、摆托 tɕaŋ[21]、枫香 tɕaŋ[24]、瑶里 tɕɒ[24]、腊乙坪 tɕo[41]。

"根"用单音节词表达，其元音前辅音还可以读舌尖音，有 lə、ʂe、zʑəu、zə、tʂə，如：

tsue lə pho lə kæ ŋa ji（《羌族释比经典·造天地》P. 228）
水　根　树　根　根　有　的

水有源来树有根。

ʂpewu səi ta ʂe kæ tʂhu ȵi du kæ tʂhu wa（《羌族释比经典·惩治毒药猫》P. 1248）
今天　上 谁 根 踢 呢

今天我就要来清理毒药猫的恶根。

zuzʑge æ gu æ zʑəu pu ji（《羌族释比经典·还愿》P. 723）
种子　一　颗　一　根　做　了

一颗种子发了一株树。

"根"用单音节词表达，其元音前辅音还可以读双唇音，有 phə，如：

hæ　phə de ʂue jina　poma tɕiu（《羌族释比经典·送瘟神》P. 1351）
麦子　根　白　了　预兆　问题　出

麦子根发白预示出问题。

"根"也可以用双音节词表达，常在单音节后面加 pu、pə、pa、le、

lə。如：

te dẓa te dẓa kæle dẓa ji （《羌族释比经典·送瘟神》P. 972）
来　安　来　安　根　安　了
从根部将纺锤安了上去。

五　bark（树皮）

《牛津高阶英汉双解词典》："bark, the outer conering of a tree." "bark"对应汉语"树皮"。"bark"在《百词表》中占第 27 位，在郑张尚芳《华澳语言比较三百核心词表》中居第 110 位。金理新认为："就整个汉藏语系大部分语言而言，并没有一个专门表示'树皮'的语词。这主要是 bark 在汉藏语言里面不具有不可替代性，它极其容易被其他语词替代，或用其他语词来表达 bark 所表达的内容。因而，这一语词自然不可能是汉藏语系语言的基础词。"[①] 羌语中常用复音词来表示"树皮"。

"树皮"在羌语 14 个方言点发音如下：

桃坪：　　　　　　　　　　麻窝：
蒲溪：pho ẓapie　　　　　曲谷：səɸ ẓepi
木卡：se ẓa pie　　　　　　峨口：
萝卜寨：ɕi^{31} phu^{55} ẓa^{31} pia^{55}　荣红：səf ẓəq
绵虒：pho^{11} ẓA^{11} piA^{33}　　热额纳：sə fiæ^1 pi
永和：phu æ: pæ　　　　　小姓：sapa
龙溪：ɕi^{31} ɹa^{31} mu^{31}　　杨柳：phu ẓa pia

从上面可以看出，羌语树皮，主要是使用树、皮两个词语组合成复音词。前文已经阐述了树，后文要阐述皮。故在本部分就不再赘述"树皮"了。

第四节　组织构件核心词

《系辞下传》："古者包羲氏之王天下也，仰则观象于天，俯则观法于地，观鸟兽之文与地之宜，近取诸身，远取诸物，于是始作八卦，以通神明之德，以类万物之情。"观察自身，了解自己是人类最初活动之一，也

---

① 金理新：《汉藏语核心词辩正》，中国社会科学院民族学与人类学研究所博士后出站报告，2007 年，第 3 页。

是人类核心活动之一，身体构件词语在发展过程中必然也就会是人类的核心词。《百词表》中用来指"身体构件"的名词有 26 个，占据了核心名词的半壁江山，我们把这 26 个身体构件核心名词分为四类：组织结构核心词；头部构件核心词；四肢构件核心词；躯干构件核心词。下面就对以上四类身体构件核心名词进行逐一讨论。

组织结构主要指构成人体的组织成分，这个组织成分着眼于宏观世界，指我们肉眼所能见到的东西。《百词表》中含有六个成员：skin（皮）、flesh（肉）、blood（血）、bone（骨）、grease（油）、egg（卵）。

一　skin（皮）

《牛津高阶英汉双解词典》："skin, the layer of tissue that covers the body." "skin"对应汉语"皮肤"。"皮"在《百词表》中占第 28 位，在郑张尚芳《华澳语言比较三百核心词表》中居第 110 位。"皮"在现代汉语中，既可以指"植物"之皮，又可以指"动物"的"皮"。我们在此主要分析动物的"皮"。

"皮"在羌语 14 个方言点发音如下：

桃坪：tʃhʅ³¹ pa³³　　　　麻窝：nə¹pi

蒲溪：ʐɑpie　　　　　　曲谷：ʐepi

松坪沟：ʐæpiæ　　　　　峨口：ʀuɛ piɛ

萝卜寨：ʐɑ³¹pia⁵⁵　　　　荣红：ʐeːpi

绵虒：tshe³¹pia⁵⁵　　　　热额纳：ɦæ pi

永和：æːpæ　　　　　　小姓：jɑbɑ

龙溪：ʐɑ³¹pia⁵⁵　　　　　杨柳：ʐɑpia

羌语"皮"除了上面的复音词外，根据我们在"羌语文献语料库"中的查询，羌语"皮"可以用单音节表示，也可以用双音节表示。单音节元音前的辅音主要是舌尖音，可以是舌尖前音，有 lə、næ、tsha，如：

lə ə¹ Xobei tʂo ʂə ʂa sa（《羌族释比经典·还家愿》P. 676）

皮　做　绳索　腰　间　抽　了

抽出腰间皮绳索。

næ te　zues　næ te　zui（《羌族释比经典·麻吉的故事》P. 1418）

皮　的　长处　皮　来　长了

该长皮肤的地方长出了皮肤。

damu jyoto ɕa tsha kaji （《羌族释比经典·铁三足》P. 2067）
云雾 道路 铁 皮 锯子
云中之路铁皮锯。

羌语"皮"单音节首辅音也可以是舌尖后音，有 ʐa，如：

tshe bo ʐa ʐdʑie kuepa ji （《羌族释比经典·天平保福》P. 1318）
肉 痛 皮 病 变成 了
因此不幸染疾了。

还可以是小舌音、零声母、喉音，有 ʁæ、wu、ɦæ，如：

pæ ʁæ tsekæ phəjy pəi （《羌族释比经典·甩镰刀》P. 1454）
猪 皮 剥掉 皮衣 做了
剥掉猪皮缝了皮衣。

ge ɦei biæ ke bo wu khue sa （《羌族释比经典·绷鼓》P. 1318）
火 塘 边 上 鼓 皮 烤 要
火塘边上要烤鼓皮。

tʂhaŋtɕhy ləm je ɦæ pæ tsha teje （《羌族释比经典·兄妹治人烟》P. 1318）
毡子　擀　有 皮 毛 削 有
有擀毡削皮的皮匠。

羌语"皮肤"还可以在单音节后面增加一个词缀，组成双音节词，有 nə¹pi、ʐa³¹pia⁵⁵、ʐapie、ʐepi、ʐe:pi、tshe³¹pia⁵⁵、ɦæ pi、tshe³¹pia⁵⁵。如：

dʐə ɕipia ȵia dʐə ʐapia nə tə nə bə¹ ji （《羌族释比经典·木吉珠和斗安珠》P. 96）
凡人 气味 和凡人 皮 的 来 的 臭 了
为何天庭凡气重。

qatɕiŋa ʐapie lieka tɕadʐo ti wu tshuxka （《羌族释比经典·羌戈大战》P. 21）
戈基人　皮 厚 刀尖 用 难　戳穿
戈人皮厚刀难戳。

dumiaqhua ȵia du ʐa¹pia tʂə qa lo ma （《羌族释比经典·毒药猫》P. 1665）
毒药猫　的 毒药猫 皮　的 剥 来 了

要来剥去毒药猫的皮。

qɑ³¹–sə³¹ z̺ɑ³¹piɑ⁵⁵–to⁵⁵ die³¹–dz̺əi³⁵–ʂə³¹–tɕi³¹–sɑ³¹–u（《萝卜寨羌语语法研究》P. 125）
我   皮子   离心   破

我又把皮子弄破了。

bu məq ta z̺epi ʁɑʂə（《羌族释比经典·颂释比木拉》P. 476）
鼓   面   上   皮子   盖住

鼓圈蒙皮做成鼓。

高韬认为，pia 在羌语中是表示扁平的一个词，许多带有 pia 的词汇都具有扁平的语义，如"天空"，萝卜寨和绵虒都是 mu³¹pia⁵⁵，"皮肤" z̺ɑ³¹pia⁵⁵，"腮颊" koŋ³¹pia⁵⁵ 或者 tɕi³¹pia⁵⁵。①

二 flesh（肉）

《牛津高阶英汉双解词典》："flesh, the soft substance between the skin and bones of animal or human bodies." "flesh" 对应汉语 "肉"。"肉" 在《百词表》中占第 29 位，在郑张尚芳《华澳语言比较三百核心词表》中居第 109 位，在黄布凡《藏缅语 300 核心词词表》中为一级核心词。

"肉"在羌语 14 个方言点发音如下：

桃坪：tʃhŋ⁵⁵   麻窝：pis
蒲溪：tshe   曲谷：pies
木 卡：tshŋ   峨口：piɛs
萝卜寨：tsʰə³¹   荣红：pies
绵虒：tse¹¹；tʂhe¹¹   热额纳：pies
永和：tshɨ   小姓：pas
龙溪：tshɨ³¹   杨柳：pas

羌语 "肉" 主要使用单音节表示，音节结构主要是 C+V 或者 "C+V+C"，第一个辅音可以是双唇音，有 pies、pis、piɛs、pas、pu，如：

əŋtɕi ɕi n̺a pies tɕitha （《羌族释比经典·葬礼词》P. 1040）
您的   酒 和 肉   祭拜

为您祭祀的酒肉。

---

① 高韬：《语言接触视野下的南部羌语比较研究》，博士学位论文，西南交通大学，2018 年，第 330 页。

tshapis（羊肉）　pipis（猪肉）　ʁdzəpis（鱼肉）（《羌语简志》P. 186）
tsha ʐa te　phu pu tshə te dzəsa（《羌族释比经典·祝酒词》P. 892）
羊皮 可 衣 做　肉　可 食 用
羊皮做衣肉可食。

羌语"肉"以上形式，与藏语有些差别，藏语主要形式是 ça，如藏语 ça、拉萨 ça⁵⁵、巴塘 xha⁵⁴、夏河 xha、麻玛 ça⁵⁵、文浪 ça⁵⁵。我们认为羌语"肉"以上形式可以和汉语的"肤"相比较。《说文·肉部》："肤，皮也。从肉，卢声。"《诗经·卫风·硕人》："手如柔荑，肤如凝脂。"《孟子·告子上》："无尺寸之肤不爱焉，则无尺寸之肤不养也。"焦循正义："肤，为肌肉。"汉王充《论衡·无形》："人少则肤白，老则肤黑。"唐刘禹锡《因论·叹牛》："顾其足虽伤，而肤尚腯。""肤"甚至可以指"植物的皮"。《后汉书·宦者传·蔡伦》："伦乃造意，用树肤、麻头及敝布、鱼网以为纸。"《齐民要术·种瓠》引《泛胜之书》："〔瓠〕二十日出，黄色，好；破以为瓢。其中白肤，以养猪，致肥。"宋苏舜钦《依韵和胜之暑饮》："佳瓜判青肤，熟李吸绛膜。"《广韵·虞韵》："肤，甫无切。"其上古音，郑张尚芳构拟成*pa，李方桂构拟成*pjag，王力构拟成*pia。其中古音，郑张尚芳构拟成*pio，邵荣芬构拟成*pio，王力构拟成*piu。

第一个辅音也可以是舌根音，有 khu、khue，如：
khu qə çi qə çi qə zu qə tədi tçou（《羌族释比经典·向神通明》P. 412）
肉 敬 酒 敬 神 敬 凡人 敬 接上 好
刀头敬酒敬好了。

khue qə çi qə　aʐə　jie（《羌族释比经典·数神位》P. 433）
肉　上 酒 上 一齐 数了
刀头敬酒点一遍。

羌语以上用指"肉"的词应该与黎语的"肉"有关系。如：保黎 gom³、通黎 gam⁶、加茂 kə：m。金理新认为："黎语保定有ʔaːk⁷和gom³两个形式。其中gom³跟通什gam⁶、加茂kə：m¹'肉'来源相同。"① 羌语该系列的"肉"还可能与苗语"肉"有关系。如多祝 kuei⁴²、长

---

① 金理新：《汉藏语系核心词》，民族出版社2012年版，第218页。

桐 kwei⁵³、梅珠 ŋka¹²、三只羊 ŋka²²、陶化 ka⁴²、三江 kai⁵⁵、长坑 kue⁴²。这些词语也可以和汉语的"肌"相比较。《说文·肉部》："肌，肉也。从肉，几声。"《韩非子·用人》："昔者介子推无爵禄而义随文公，不忍口腹而仁割其肌。"《史记·扁鹊仓公列传》："乃割皮解肌，诀脉结筋。"《广韵·虞韵》："肌，居夷切。"其上古音，郑张尚芳构拟成 *kril，李方桂构拟成 *kjid，王力构拟成 *kiei。其中古音，郑张尚芳构拟成 *kɣiɪ，邵荣芬构拟成 *kiɪ，王力构拟成 *ki。

羌语"肉"单音节第一个辅音还可以是舌尖音，有 tshe、tshə、tshi、tsho、tʂhə、z̯a，如：

tetsuæ tshe dze du tshe dze nə （《羌族释比经典·惩治毒药猫》P. 1242）
清早　肉　吃　鬼　肉 吃 的
清早起来吃的是毒药猫的肉。

tshə bæ ȵi na tshə tʂu wai （《羌族释比经典·驱死煞》P. 1590）
肉　想要　就　肉　献 了
想要吃肉就敬献肉了。

tso ə¹fui tshə ʑi ŋu （《羌族释比经典·打醋坛》P. 634）
肉　煮了　肉　好吃　是
煮了肉肉好吃。

wu tshi da tɕhi pa da dilo （《羌族释比经典·开坛词》P. 951）
你　肉　来 吃　敬　的　领受
请来吃上酒席，尽情来领受啊。

la tʂhə pu ȵia la hiŋ tɕhi mi ʁueli ȵio （《羌族释比经典·向神通明》P. 414）
夜　肉　吃　和　夜　酒　喝　者　很远　驱赶
深夜吃喝久不归家的驱赶出很远之外。

ɕtɕie kuæ kuæ z̯a dʑy dʑy pu mi qe （《羌族释比经典·驱除病》P. 1273）
心　慌　慌　肉 麻 麻 做 不 能
别再让他心发慌肉发麻。

羌语这组用指"肉"的词，应当与缅语支关系密切。缅语支用指"肉"的词，如：缅语 sɑ、阿昌 ʂua³¹、仙岛 ʂɔ³¹、载瓦 ʃo³¹、浪速 ʃɔ³⁵、波拉 ʃa³⁵、勒期 ʃɔ⁵⁵、怒苏 ʂa⁵⁵。金理新认为缅语支的"肉"可以和汉语

"俎"相比较。《说文·且部》:"俎,礼俎也。从半肉在且上。"《诗经·小雅·楚茨》:"执爨踖踖,为俎孔硕。"《仪礼·乡射礼》注:"俎,肴之贵者也。"《左传·宣公十六年》:"季氏,而弗闻乎?王享有体荐,宴有折俎。"杜预注:"体解节折,升之于俎,物皆可食,所以示慈惠也。"南朝宋鲍《照数诗》:"八珍盈彤俎,绮肴纷错重。"唐韩愈《桃源图》诗:"争持酒食来相馈,礼数不同鳟俎异。"《广韵·语韵》:"俎,侧吕切。"其上古音,郑张尚芳构拟成 *ʔsraʔ,李方桂构拟成 *tsrjagx,王力构拟成 *tʃia。其中古音,郑张尚芳构拟成 *tʃiA,邵荣芬构拟成 *tʃɨo,王力构拟成 *tʃio。

三 blood（血）

《牛津高阶英汉双解词典》:"blood, the red liquid that flows through the bodies of bumans and animals。""blood"对应汉语"血"。"血"在《百词表》中占第 30 位,在郑张尚芳《华澳语言比较三百核心词表》中居第 108 位,在黄布凡《藏缅语 300 核心词词表》中为二级核心词。

"血"在羌语 14 个方言点发音如下:

桃坪：sɑ^{33} 麻窝：sɑ
蒲溪：sa   曲谷：sa
松坪沟：sɑ   峨口：sɑ
萝卜寨：sɑ^{31} 荣红：sɑ
绵虒：sa^{31} 热额纳：sa
永和：sɑ   小姓：sɑ
龙溪：sa^{31} 杨柳：sɑ

羌语"血"发音体现了一致性,发音差不多,不同主要体现在元音发音部位上,可以是前低的 a,也可以是后低的 ɑ,如:

sa ə^{1}le dzue ə^{1}ly（《羌族释比经典·根治流产》P. 1273）

血 流出 罪 出来

血流出来就有罪了。

çi^{31}sɑ^{55}ʑe^{31}-lue^{31}流鼻血（《萝卜寨羌语语法研究》P. 313）

也可以发音为 sə、so,如:

ɣena padə sə tɕhi dzə pa we（《羌族释比经典·赤》P. 2003）

仇人 羌军 血 吃够 是 了

战争血流已成河。
tɕha so phe le ʁua ʂəɕi wa （《羌族释比经典·驱邪》P. 1195）
羊 血 杀 的 朝外 放出 了
用羊血向外洒了。

金理新认为除了藏语支，其他藏缅语族语言语词"血"来源相同。我们赞同此说，如：缅语 swe、阿昌 sui³¹、仙岛 sui³¹、载瓦 sui²¹、浪速 sa³⁵、波拉 sui³⁵、勒期 sui⁵⁵、怒苏 sui⁵⁵、彝语 sɯ³³、撒尼 sz³⁵、傈僳 si³¹、哈尼 si³¹、拉姑 si¹¹、基诺 ɕɪ⁴⁴、纳西 sæ³³、嘎卓 si³¹、吕苏 ʂu⁵³、普米 se³⁵、木雅 sa⁵³、纳木兹 sæ⁵³、日戎 sɑ。以上材料表明，羌语"血"确实可以和汉语的"血"相比较。《说文·血部》："血，祭所荐牲血也。"《易·归妹》："士刲羊，无血。"汉扬雄《法言·渊骞》："原野厌人之肉，川谷流人之血。"《水浒传》第二十五回："王婆当时就地下扶起武大来，见他口里吐血，面皮蜡查也似黄了。"《广韵·屑韵》："血，呼决切。"其上古音，郑张尚芳构拟成 *qhwiig，李方桂构拟成 *hwit，王力构拟成 *xyuet。其中古音，郑张尚芳构拟成 *xwet，邵荣芬构拟成 *xuɛt，王力构拟成 *xiwet。白保罗将藏缅语构拟成 *s-hwiy = s-hywəy。

四 bone（骨）

《牛津高阶英汉双解词典》："bone, any of the hard parts that form the skel-eton of the body of a human or an animal." "bone" 对应汉语 "骨"。bone（骨）在《百词表》中占第 31 位，在郑张尚芳《华澳语言比较三百核心词表》中居第 111 位，在黄布凡《藏缅语 300 核心词词表》中为二级核心词。人体骨骼由 206 块骨头组成，在汉语发展过程中，用来指骨的词语很丰富。在此，我们仅讨论"骨头"。

"骨头"在羌语 14 个方言点发音如下：

桃坪：ʐɑ³¹ kie³³　　　麻窝：ɹəpaʈʂ
蒲溪：tshəʳ　　　　　曲谷：ʐeke
木卡：phzi ʐə　　　　峨口：ɛʳ paʈʂ
萝卜寨：ʐe³¹ke³¹　　　荣红：ʐekpaʈʂ
绵虒：ʐʅ¹¹ ʁəu¹¹　　　热额纳：ɦiki
永和：əːʳ-kjɛ　　　　小姓：jekə
龙溪：ɹa³¹ka³⁵　　　　杨柳：əga

羌语"骨头"只有蒲溪方言中说成单音节，蒲溪方言"骨头"说成"tshə¹"，也可以说成"tshuə¹"。如：

çie ʂkəu thəuthəu me tshə¹ thu（《羌族释比经典·取火种》P.263）
冷风　飕飕　　人骨　浸
冷风飕飕浸人骨。

dʑi fiə tɕi go tshə¹ tʂ oʈʂ oʈʂ o ȵie pu ji（《羌族释比经典·惩治毒药猫》P.1250）
脚来斩后骨粉碎　样　做了
斩断手脚后使毒药猫的骨都粉碎了。

tshuə¹ tshidʐi ti dusa ŋu（《羌族释比经典·羌戈大战》P.25）
骨头 三根　就 证据 是
三根肋骨就是证据。

dokhu xe xsəŋu tshuə¹ təbo（《羌族释比经典·羌戈大战》P.27）
门口　上　神牛　骨头　堆了
门前堆满牛骨片。

羌语以上形式的"骨头"，应该与苗瑶语"骨头"有关系。苗瑶语"骨头"如：杨蒿 shoŋ³⁵、先进 tshaŋ⁴⁴、石门 tshaɯ³³、高坡 shaŋ¹³、摆托 saŋ¹³、瑶里 tθa³³、腊乙坪 soŋ⁵⁵、多祝 suŋ³³、黄洛 tahŋ²²、小寨 thaŋ³³等。金理新认为："骨头，苗瑶语共同形式是*tshɯ，苗瑶语的'骨头'，我们看不出跟藏缅语以及汉语的'骨头'有什么关系。苗瑶语的'骨头'或可以跟南岛语的'骨头'比较。"① 我们认为，羌语的这几个表"骨头"的词可能和汉语"髓"有关系。《说文·骨部》："髓，骨中脂也。"《素问·解精微论》："髓者，骨之充也。"王冰注："充，满也。言髓填于骨充而满也。"《吕氏春秋·过理》："刑鬼侯之女而取其环，截涉者胫而视其髓。"唐白居易《与杨虞卿书》："去年六月，盗杀右丞相于通衢中，进血髓。"《广韵·纸韵》："髓，息委切。"其上古音，郑张尚芳构拟成*slolʔ，李方桂构拟成*stjarx，王力构拟成*siuai。其中古音，郑张尚芳构拟成*siuᴇ，邵荣芬构拟成*siuɛ，王力构拟成*siwe。

羌语其他地方多数说成双音节，有 ʐa³¹ kie³³、ɹəpatʂ、ʐeke、phzi ʐə、ɛ¹ patʂ、ʐekpatʂ、ʐʅ¹¹ ʁəu¹¹、fiiki、ə:¹-kjɛ、jekə、ɹa³¹ ka³⁵，如：

---

① 金理新：《汉藏语系核心词》，民族出版社2012年版，第212页。

matɕie əˈke ætsæsu ji （《羌族释比经典·麻吉故事》P. 1417）
麻吉 骨头 连接 了
将麻吉的骨头连接在了一起。

wok qa tɕi matɕie əˈkəɹ qa exəi læ （《羌族释比经典·麻吉故事》P. 1416）
哦 我 的 麻吉 骨头 我 丢 的
我将麻吉的骨头都丢出去。

以上双音节词都是由一个核心词加上一个词缀组合而成。周发成认为：" ki 表示根状物。ki 单用时是量词，ʔeki 是 '一杆（烟袋）' 的意思。"① 这些双音节词的词根与藏语"骨头"关系密切。如藏语的"骨头"：藏语 rus、拉萨 ry¹³、巴塘 ʐu⁵³、夏河 rə、阿力克 rə、麻玛 rɛ³⁵、文浪 ra³⁵、普米 rɛ³⁵、吕苏 əɹ³³、木雅 rə⁵⁵。白保罗将藏缅语的"骨头"构拟成 *rus。这些词根可以和汉语的"骨"相比较。《说文·骨部》："骨，肉之覆也。"段玉裁注："覆，实业，肉中骨曰覆。"《左传·隐公五年》："鸟兽之肉不登于俎，皮革、齿牙、骨角、毛羽不登于器，则公不射。"《楚辞·招魂》："雕题黑齿，得人肉以祀，以其骨为醢些。"《广韵·没韵》："骨，古忽切。"其上古音，郑张尚芳构拟成 *kuud，李方桂构拟成 *kwət，王力构拟成 *kuət。其中古音，郑张尚芳构拟成 *kuət，邵荣芬构拟成 *kuət，王力构拟成 *kuət。

五 grease（油）

《牛津高阶英汉双解词典》："grease, any thick oily substance, especially one that is used to make machines run smoothly." "grease" 对应汉语"油"。"油"在《百词表》中占第 32 位，在郑张尚芳《华澳语言比较三百核心词表》中居第 118 位，在黄布凡《藏缅语 300 核心词词表》中为一级核心词。孙宏开认为："羌语的词大部分是单音节和由单音节组成的合成词，多音节的单纯词比较少。此外，抽象的、概况性的名词也比较少。……但是没有'油'的总称。"② 在此，我们主要讨论动物油和猪油。

---

① 周发成：《热额纳羌语参考语法》，博士学位论文，上海师范大学，2019 年，第 187 页。
② 孙宏开：《羌语简志》，民族出版社 1981 年版，第 68 页。

(一) 油

"油"在羌语14个方言点发音如下：

桃坪：xȵo⁵⁵	麻窝：zdɑ
蒲溪：ʂȵo	曲谷：xɬi
松坪沟：zdəu	峨口：
萝卜寨：təu⁵⁵	荣红：zdue
绵虒：ma³³	热额纳：stuə
永和：tu	小姓：xtu/se
龙溪：ȵi³⁵ ça³¹	杨柳：xtuə

以上"油"主要用指羌语的"动物油"，羌语中还可以用来指"猪油"，见下文：

(二) 猪油

"猪油"在羌语14个方言点发音如下：

桃坪：xȵo⁵⁵	麻窝：pizdɑ
蒲溪：pie ʂȵo	曲谷：piese xɬi
松坪沟：mu	峨口：
萝卜寨：piɑ³¹çe⁵⁵	荣红：zdue
绵虒：piA¹¹ se¹¹ mA³³	热额纳：pie stuə
永和：tu	小姓：pese
龙溪：ȵi³⁵ ça³¹	杨柳：xtuə

羌语"猪油"可以用单音节表示，单音节首辅音可以是双唇音，有 məʲ、ma、du，如：

ʦu we we se məʲ ma maoŋ （《羌族释比经典·祭祀还愿篇》P. 766）
旗　有　有　三　猪油　了　擦

猪油取来旗子擦了。

du le　na　du　lu we daʁathe （《羌族释比经典·熏烟》P. 1581）
油　有　和　油　来　有　熏烟

肥猪宰杀后油多肉美，用烟熏了。

羌语双唇音的"油"应该与苗语的"油"有关系。苗语"油"如：瑶里 ntlɣuɔ³¹、文界 mi³⁵、长垌 mplu²²、三只羊 mpla：u³¹。金理新认为，苗语该形式与汉语的"膌"有关。我们赞同此说。《说文·肉部》："膫，肠间脂也。膋，膫或从劳省省。"《诗经·小雅·信南山》："执其鸾刀，以启其毛，取其血膋。"郑玄笺："膋，脂膏。"南朝梁沈约《梁雅乐歌·牷雅》："其膋既启，我豆既盈。"唐刘禹锡《彭阳侯令狐氏先庙碑》："箊甒在堂，萧膋在庭。"章炳麟《訄书·原教下》："焚膋者，或曰以达臭也。"《广韵·萧韵》："膋，落萧切。"其上古音，郑张尚芳构拟成 *reew，李方桂构拟成 *liagw，王力构拟成 *lyo。其中古音，郑张尚芳构拟成 *leu，邵荣芬构拟成 *lɛu，王力构拟成 *lieu。金理新将苗语该形式的"油"构拟成 *m-lu。

单音节首辅音也可以是复辅音，有 xȵo^{55}、zdue、ʂȵo、stuə、xtu、stuə、xɬi，这些形式的来源还有待进一步研究。

羌语"油"也可以用双音节表示，双音节大多采取"猪+油"的形式构词。有 piase、piakə、pizdɑ、pie ʂȵo、piɑ^{31} ɕe^{55}、pie stuə、pese、ȵi^{35} ɕa^{31}，如：

goχa piase atʂ hu tɕi na asə dẓo（《羌族释比经典·打扫房子》P. 1159）

陈饼 猪油 十六 斤 有 十三 两

陈猪油饼作供品，十六斤又十三两。

ɦadẓo lə qhua kə ɕo piakə ɕo（《羌族释比经典·打扫房子》P. 1159）

十 月 猪膘 刀头 敬 猪油 敬

十月来了敬了猪膘敬了猪油。

这组词还可以将词序反过来，有 ɕedi、ɕiqə、ɕypi、ɕypo、sedi、seidi、seti，如：

ɕedi ʁo ŋophẓe ʁo qaə'ʁo（《羌族释比经典·采料》P. 2128）

猪油 发展 银子 发展 金子 发展

这家猪油吃不完，这家金银用不完。

adzio la khaqə ɕio ɕiqə ɕio（《羌族释比经典·还愿》P. 662）

十月 间 猪膘 有 猪油 有

每逢十月还大愿，愿物来敬神灵们。

ɕypi ʁopu ȵia təwo ji（《羌族释比经典·绵虫》P. 1694）

猪油饼 啥 有 了

陈猪油饼生绵虫。

ɕypo ẓa'ʁo mia dieʁa nə（《羌族释比经典·绵虫》P. 1696）

猪油 饼饼 绵 消除 了

猪油饼饼绵虫消除了。

sedi ʁo ŋophzе ʁo qa ə¹ ʁo （《羌族释比经典·还家愿》P. 677）

猪油 多 白银 多 黄金 多

猪油丰厚，银子很多，黄金很多。

qhuaphe ʁo seti ʁo （《羌族释比经典·唤鸡》P. 932）

猪膘　多 猪油 多

猪膘丰厚猪油多。

qhuaphie ʁo seidi ʁo （《羌族释比经典·铁三足》P. 2069）

猪膘　　发 猪油 发

猪壮膘肥肉丰富。

还可以用三音节表示，有 piese xɬi、piA¹¹ se¹¹ mA³³，这种三音节词构词有些特殊。前一个都是指"猪"，后面两个音节皆用来指"油"，它们是 se、xɬi、ma。

六　egg（卵）

《牛津高阶英汉双解词典》："egg, a small oval, object with a thin hard shell produced by a female bird and containing a young bird; a similar object produced by a female fish, insect, etc." "egg" 对应汉语"蛋、卵"。"卵"在《百词表》中占第 33 位，在郑张尚芳《华澳语言比较三百核心词表》中居第 77 位。

"蛋"在羌语 14 个方言点发音如下：

桃坪：χtə⁵⁵　　　　麻窝：wəst

蒲溪：ʂte　　　　　曲谷：stə

木　卡：di　　　　 峨口：wəs

萝卜寨：ʂtə⁵⁵　　　荣红：wəs

绵虒：te³³　　　　热额纳：ɣusd

永和：te　　　　　小姓：ti

龙溪：tə³¹　　　　杨柳：wəs

羌语"蛋"使用单音节时，首辅音可以用舌尖前音，有 te、tə、ti、di，也可以发成舌尖后音，有 dʐu，如：

jyte ʁawu　te　mele dətsəsuæ （《羌族释比经典·埋葬邪气》P. 1574）

鸡蛋 空壳 蛋　没有　埋葬
鸡蛋打碎没有蛋黄，释比我施法埋葬。
dzʅə tə kəukəu dzʅə so wo sə（《羌族释比经典·祛病驱邪》P. 1705）
置　蛋 里面 邪　又　生 了
邪蛋里面生了邪。
jy³³ ȵi⁵⁵ le³¹ ə¹³³ pe³³ ti⁵⁵ tsu⁵⁵ qe³¹ səu³³ dzʅəu³³ ʁue³¹ ɕia³¹（《羌族释比唱经》P. 620）
鸡 好 是 的 鸡蛋　之上　魂魄　招回 来
鸡蛋之上的魂我都把它招回来了。
zʅ¹ədzʅu ɕytʂu　dzʅu tɕi wəi（《羌族释比经典·招回魂魄》P. 1422）
蟾蜍　魂魄　卵 的 是
蟾蜍的魂魄在于产卵处。

金理新认为，除了少数语言外，藏缅语族大部分语言的"蛋"是藏语型的"蛋"。蛋，藏缅语共同形式为*s-go。① 但是羌语上述用指"蛋"的词语明显与之不符。我们认为羌语上述用指"蛋"的词语可能与汉语"蛋"有关系。汉语"蛋"有文献记载时间不长。《字汇补·虫部》："蛋，俗呼鸟卵为蛋。"《西游记》第三十二回："想必这里是他的窠巢，生蛋布雏，怕我占了，故此这般打搅。"《字汇补》："蛋，徒叹切。"其中古音，郑张尚芳构拟成*dan，邵荣芬构拟成*dan，王力构拟成*dhan。

羌语单音节首辅音也可以说成复辅音，有 ʂtə、ʂte、ste、stə、xtə⁵⁵，如：

gei　ʂtə¹ khʂei gzei tʂu zа gei sa tɕhi（《羌族释比经典·妖邪》P. 1751）
妖邪 蛋 生　妖邪 儿 生 出 妖邪 血 喝
鸡窝处生蛋孵化出妖邪，妖邪钻进小鸡身。
ʂto ʂu ʁei ʂte xpeqhei pu ȵi ʁei tɕhio pu ji（《羌族释比经典·造人种》P. 238）
千 数 鱼 蛋 破开　做且 鱼群　成 了
成千上万的鱼卵变成了鱼群。
bəzu　ste tʂhə mi ŋue sto te tʂhei ʂəle xlai（《羌族释比经典·房门》

---

① 金理新：《汉藏语系核心词》，民族出版社2012年版，第358页。

P. 1303）

蛇　蛋下　不　会　独　的　下　病毒　产

蛇产下一个病毒蛋。

i³¹xtə⁵⁵鸡蛋

白保罗将以上形式的藏缅语构拟成 *s-raw。金理新认为，戎语支语言的"蛋"的共同形式应该是 *s-tak。戎语支的 *s-tak "蛋"的来源需要进一步研究。

也可以说成小舌音 qhua，及半元音 wəs，如：

jylə əˑadʐei qhua suwo tɕi wu tɕi da ɕi（《羌族释比经典·送到你家》P. 852）

鸡群　之中　　蛋　出生　的　你　的　给　了

鸡群之中产蛋多的给了你。

羌语该形式的"蛋"可以与汉语的"丸"相比较。《说文·丸部》："丸，圆，倾侧而转折。"《逸周书·器服》："二丸弇。"朱右曾校释引丁嘉葆曰："凡物圆转者皆曰丸。"《荀子·大略》："流丸止于瓯臾，流言止于知者。"《汉书·蒯通传》："必相率而降，犹如阪上走丸也。"后引申可以用来指"蛋"。《吕氏春秋·本味》："流沙之西，丹山之南，有凤之丸。"高诱注："丸，古卵字也。"《广韵·桓韵》："丸，胡官切。"其上古音，郑张尚芳构拟成 *gwaan，李方桂构拟成 *guan，王力构拟成 *ɣuan。其中古音，郑张尚芳构拟成 *ɣuan，邵荣芬构拟成 *ɣuan，王力构拟成 *ɣuan。

第五节　头部构件核心词

头部构件核心词主要指头的器官组织，在《百词表》中，头部构件共涉及10个词，分别为：36位的 feather（羽）、37位的 hair（毛）、38位的 head（头）、39位的 ear（耳）、40位的 eye（眼）、41位的 nose（鼻）、42位的 mouth（口）、43位的 tooth（牙）、44位的 tongue（舌）、34位的 horn（角）。这当中"羽、毛"归入该类，有些牵强，但是他们与头部也不是毫无关系。

一　feather（羽/毛）

《牛津高阶英汉双解词典》：" feather, any of the many light

fringed structures that grow from a bird's skin and cover its body." "feather" 对应汉语 "羽",主要指 "鸟" 的羽毛。"羽" 在《百词表》中占第 36 位,在郑张尚芳《华澳语言比较三百核心词表》中居第 80 位,在黄布凡《藏缅语 300 核心词词表》中为一级核心词。《牛津高阶英汉双解词典》:"hair, one of the fine thread-like strands that grow from the skin of people and animals." "hair" 对应汉语 "毛",侧重于指人和动物(更多指兽),而且在一些场合中,鸟的 "羽" 也会说为 "毛"。故我们把羌语 "羽" "毛" 两个语义场合并在一起讨论。

"羽/毛" 在羌语 14 个方言点发音如下:

桃坪:xmə^{33} 麻窝:hupɑ
蒲溪:xəm   曲谷:hupɑ
松坪沟:mə   峨口:xu pɑ
萝卜寨:fiu^{31},ṣto^{55} 荣红:xupɑ
绵虒:mu^{11} 热额纳:xupɑ
永和:hwə^{1} 小姓:hu
龙溪:hupɑ   杨柳:huŋ

羌语 "羽/毛" 可以说成单音节,单音节元音前可以是单辅音,单辅音可以是双唇鼻音,有 me、mu、mə,如:

tṣ hu tsuəketo jye me jy (《羌族释比经典·结拜兄弟》P.736)
獐子 背上 狐狸 毛 没有
我獐子背上没有长狐狸毛。

羌语发双唇鼻音的 "毛" 与藏缅语不少语言表示 "毛" 的词有共同来源。如:普米 mɛ^{55}、吕苏 mu^{53}、木雅 mo^{4}、业戎 mər^{33}、却隅 me^{33}、独龙 mɯn^{55}、景颇 mun^{33}、阿侬 min^{55}。羌语发双唇鼻音的 "毛" 可以与汉语 "毛" 相比较。《说文·毛部》:"毛,眉发之属及兽毛也。象形。"《逸周书·程典》:"如毛在躬,拔之痛,无不省。"《礼记·礼运》:"未有火化,食草木之实,鸟兽之肉,饮其血,茹其毛。"《左传·僖公十四年》:"皮之不存,毛将安傅?"《三国志·魏志·管辂传》:"平原太守刘邠取印囊及山鸡毛着器中,使筮。"《礼记·内则》"桃则胆之" 唐孔颖达疏:"桃多毛,拭治去毛,令色清滑如胆也。"《重修政和证类本草·草中之下·莎草》引唐本注:"〔莎草〕根若附子,周币多毛。"《广韵·豪韵》:"毛,莫袍切。" 其上古音,郑张尚芳构拟成 *maaw,李方桂构拟成 *

magw，王力构拟成*mo。其中古音，郑张尚芳构拟成*mau，邵荣芬构拟成*mau，王力构拟成*mau。白保罗将藏缅语"毛"构拟成*mul＝smul～rmil～rmul 等多种形式。金理新将藏缅语构拟成*s－mu 和*s－mul 两种形式。

羌语中"毛"和"眉"常常可以互指。羌语的"毛"也可以和汉语的"眉"相比较。《说文·眉部》："眉，目上毛也。"《谷梁传·文公十一年》："叔孙得臣，最善射者也。射其目，身横九亩，断其首而载之，眉见于轼。"汉傅毅《舞赋》："眉连娟以增绕兮，目流睇而横波。"唐秦韬玉《贫女》诗："敢将十指夸纤巧，不把双眉斗画长。"老舍《蜕》五："她须把最摩登的女郎变成最摩登的女战士；眉可以不描，粉可以不搽，但枪必须扛起。"《广韵·脂韵》："眉，武悲切。"其上古音，郑张尚芳构拟成*mril，李方桂构拟成*mjid，王力构拟成*miei。其中古音，郑张尚芳构拟成*mɤiɪ，邵荣芬构拟成*miɪ，王力构拟成*mi。

单辅音可以是双唇塞音，有 pæ，如：

tʂ aȵtɕhy ləm je fiæ pæ tsha teje（《羌族释比经典·兄妹治人烟》P. 242）

毡子　擀　有　皮　毛　削　有

有擀毡削皮的皮匠。

羌语发双唇塞音的"毛"可能与苗瑶语得"毛"有关系。如泰雅 paliʔ、赛德 paḷit、排湾 paḷsl、布农 paȵi、赛夏 palir、邵语 pali 等。

首辅音也可以是舌尖音，有 lə，如：

pu ma pu tshuə lə pu（《羌族释比经典·打扫房子》P. 1160）

粗　比　粗　獐子　毛　粗

毛粗胜过獐子毛。

羌语"毛"这个发音的来源应该和上面双唇塞音有关系。具体情况待查。

首辅音也可以是喉音，有 fiu、hu、fioŋ，如：

tɕhin^{31} fiu^{55}-ti^{31} tɕhe^{55}-sə^{31}-ge^{55}-sə^{31} lo^{31} ʑiu^{35}（《萝卜寨羌语语法研究》P. 64）

羊　毛　　羊　　　　　来

羊毛是来自羊。

jy fioŋ la qə jy mu seikə（《羌族释比经典·鬼》P. 1779）

鸡 毛 有 处 鸡 的 走
鸡毛之处病消失。

羌语发喉音的"毛"可以和汉语的"羽"相比较。《说文·羽部》："羽，鸟长毛也。象形。"《尚书·禹贡》："厥贡……齿、革、羽、毛。"孔传："羽，鸟羽。"《左传·僖公二十三年》："羽、毛、齿、革，则君地生焉。"《孟子·梁惠王上》："吾力足以举百钧而不足以举一羽。"《广韵·麌韵》："羽，王矩切。"其上古音，郑张尚芳构拟成 *Gwaʔ，李方桂构拟成 *gwjagx，王力构拟成 *ɣiua。其中古音，郑张尚芳构拟成 *ɣio，潘悟云构拟成 ɦiʋ，邵荣芬构拟成 *ɣio，王力构拟成 *ɣiu。

羌语"羽/毛"单音节元音前首辅音也可以是复辅音，有 ʂmu、hmə、xmə、xnə、xəm、hwə¹，如：

dzobia ʁaçia khe ʂmu zu je4khe ʐi na je（《羌族释比经典·克一部》P.1221）

青草 嫩草 克 毛 抓 了 克4住 好 了
克的毛像青草，被抓住了。

ʁu tçhekhua tshe hmə ȵu（《羌族释比经典·鼓的来历》P.1133）
碗 半边 羊 毛 刮
找来半边碗刮羊毛。

jy³³ qe³¹ mu³¹ pu⁵⁵ jy³³ ʐa³¹ se³³ ʐa³¹ jy³³ χnə³¹ ʐgu³³ dʐe³¹（《羌族释比唱经》P.410）

鸡 头 和 身 鸡 皮 三 张 鸡 毛 九 根

羌语"羽/毛"还可以说成双音节词，主要采取"毛+后缀"的构词方法，有 hupa、hupɑ、xupa、xupɑ、wesa 等形式，如：

qə pu wesa tsəte ʂoma dzə tçy ʂei（《羌族释比经典·开坛》P.1062）

头 蹄 毛 皮 分开 拿 一半 去
头蹄毛皮对半分。

二　head（头）

《牛津高阶英汉双解词典》："head, part of the body containing the eyes, nose, mouth and brain." "head"对应汉语"头"，"头"在《百词表》中占第 38 位，在郑张尚芳《华澳语言比较三百核心词表》中居第 82

位，在黄布凡《藏缅语 300 核心词词表》中为一级核心词。

"头"在羌语 14 个方言点发音如下：

桃坪：qə³³ po⁵⁵ tʂɿ³³　　　麻窝：qəpatʂ
蒲溪：qezˌbe　　　　　　　曲谷：qapatʂ
松坪沟：qəpatʂ　　　　　　峨口：qə patʂ
萝卜寨：qə³¹pa⁵⁵tʂə⁵⁵，zˌə⁵⁵　荣红：qəpatʂ
绵虒：qə³¹bzˌa⁵⁵ tsə³¹　　　热额纳：qə petʂ
永和：kəpatʂ　　　　　　　小姓：qəpatʂ，qə，za
龙溪：qə³¹ba⁵⁵tsɿ³¹　　　　杨柳：qəpatʂ

羌语"头"一般用双音节或者多音节表示，常在词根后面加 petʂ / patʂ，petʂ /patʂ 用于表示圆球形。petʂ 可单独成词，单独成词时是"圆球体"的意思。我们在这里只分析羌语中用来表"头"的词根。

羌语中用来表"头"的词根主要用单音节词表示，单音节首辅音可以是舌尖音，有 do，如：

tɕaku lə zˌa do dʐe tɕi ku mu ʁe tɕha（《羌族释比经典·还天晴愿》P. 691）

土猪 皮子 头 上 戴 的 人 的 要

土猪皮儿做帽戴。

羌语"头"do 可以和汉语"头"进行比较。《说文·页部》："头，首也。从页，豆声。"《左传·襄公十九年》："荀偃瘅疽，生疡于头。"唐法琳《对傅奕废佛僧事》："大庭氏人身牛头，女娲氏亦蛇身人头。"洪深《电影戏剧表演术》第一章："它们能使得演员的头抬起、低下、倾侧、垂倒、伸前、缩后、别转或旋动。"《广韵·侯韵》："头，度侯切。"其上古音，郑张尚芳构拟成 *doo，李方桂构拟成 *dug，王力构拟成 *do。其中古音，郑张尚芳构拟成 *dəu，邵荣芬构拟成 *dəu，王力构拟成 *dhəu。

单音节首辅音可以是舌面音，有 kæ、ke、kə、kəi、ku，如：

nəphi eji　ziȵi　tɕibaˈ kæˈ paq atshua wəi（《羌族释比经典·麻吉故事》P. 1416）

白石 用　鬼王 长女　头 顶上 砸　了

用白石砸死了鬼王的女儿。

ke le peijye　ɕe le de pa te　ʂa sua le ʂai（《羌族释比经典·三把剑一部》P. 705）

头 也 摇摆 身 也 抖 蹄 也 刨 尾 也 甩
头在摇，身在抖，蹄在刨，尾在甩。

latɕi kə le wu tɕi ɕyegai （《羌族释比经典·祝酒词》P. 893)
拉基 头 的 不 该 回转
拉基不该回头看。

tɕito dzˌəti waje wamie ta kəi dzie （《羌族释比经典·斗安木吉结婚》P. 882)
这件 事情 父亲 母亲 叫 头 痛
弄得父母都头痛。

rəˈrəˈni pæl kutɕy pæl thəxi səts lyi xɬu ʂæ ly ji （《羌族释比经典·塔山》P. 1481)
汉人 猪 头 猪 脚 塔山 来 镇邪 来了
汉人用猪头猪脚来塔山镇邪。

羌语该类"头"词语，与藏缅语族其他语言关系密切。藏缅语"头"词语如：藏语 m-go、拉萨 ko[13]、巴塘 ŋgu[53]、夏河 ngo、阿力克 ngo、麻玛 kɔk[35]、文浪 go[35]、普米 khu[53]、卓戎 ko、日戎 ku、义都 ko[55]。这个形式的"头"可以和汉语的"首"相比较。《说文·首部》："𦣻同。古文𦣻也。《象髪，謂之鬊，鬊卽巛也。凡𩠐之属皆从𩠐。"《诗经·邶风·静女》："爱而不见，搔首踟躕。"唐韩愈《过鸿沟》诗："谁劝君王回马首，真成一掷赌乾坤？"鲁迅《集外集·〈自嘲〉诗："横眉冷对千夫指，俯首甘为孺子牛。"《广韵·有韵》："首，书九切。"其上古音，郑张尚芳构拟成 *hljuʔ，李方桂构拟成 *hrjəgwx，王力构拟成 *ɕiu。其中古音，郑张尚芳构拟成 *ɕiu，邵荣芬构拟成 *ɕiəu，王力构拟成 *ɕiəu。

单音节首辅音也可以是小舌音，有 qe、qə、qa、ʁua、wu，如：

tata mi to qe səi ləu so （《羌族释比经典·驱除病》P. 1274)
戴 不 及 头 光 来 了
来不及戴头巾光着头来了。

qa ʁue ma ʁue poto qə ʁue moəˈ lə pe sə （《羌族释比经典·凶魔》P. 1740)
头 摔 部 摔 斗 的 像 凶魔 的 是 了
摔肿脑袋斗样大。

bzˌe nə bzˌe tʂ ə qə tə go ɲia dzˌə mi sa （《羌族释比经典·颂神禹》

P. 200)
想 的 想 时 头 上 晕 和 事 不 知
着急之时变昏迷。
məq hæ¹ gusqə ʁua sa taʁua（《羌族释比经典·颂释比木拉》P. 476)
上面 黄 衣服 头 猴 帽子
上穿黄衣戴猴帽。
atɕitshi axuxe qə wu ɕye miqe（《羌族释比经典·婚育禁忌》P. 1103)
新娘 出嫁 时 头 回 不能
新娘出嫁忌回头。

羌语发小舌音的"头"比较特别，这是戎语支的一个显著特征。如纳木兹 qha³¹、木雅 qha⁵³、史兴 qhɑo⁵⁵。金理新认为："戎语支的小舌音，藏语对应的是舌根音，而且这些舌根音藏语总是出现不带流音或主元音不是前高元音的音节里面。……可见，戎语支的小舌音出现是有条件的，属于戎语支的创新。"①

三　ear（耳）

《牛津高阶双解英汉词典》："ear, organ of hearing; its outer part."
"ear"对应汉语"耳朵"，在《百词表》中占第 39 位，在郑张尚芳《华澳语言比较三百核心词表》中居第 86 位，在黄布凡《藏缅语 300 核心词词表》中为一级核心词。

"耳"在羌语 14 个方言点发音如下：

桃坪：ȵi³¹ kie³³　　　麻窝：ŋəku
蒲溪：ŋka　　　　　曲谷：ȵiku
松坪沟：ȵikhu　　　峨口：ȵə ku
萝卜寨：ȵu³¹ku⁵⁵piɑ⁵⁵　荣红：ȵyku
绵虒：ȵə³¹ke⁵⁵　　　热额纳：nəku
永和：ȵiku　　　　　小姓：ȵuku
龙溪：ȵi³¹ka⁵⁵　　　杨柳：ȵy

羌语"耳朵"主要使用双音节表示，常在词根后面加 ku，ku 主要用来表示圈形，或者在词根后面加 ku 语音流变形式。有时候也可以用 ku 或

---

① 金理新：《汉藏语系核心词》，民族出版社 2012 年版，第 100 页。

者 ku 语音流变形式来表示耳朵。如：

tɕiæʁei kæ ko tɕhy ʂe tso ji（《羌族释比经典·造天地》P. 232）
鳖鱼　耳中　就　来　拴 了
拴在鳖鱼耳朵旁。

羌语"耳朵"的词根的首辅音可以是舌尖鼻音，主要有 nə，如：

mi nokei nə zei zəkhei（《羌族释比经典·插旗》P. 1228）
没 听到 耳朵 处 帮助
未听见的要听见。

词根的首辅音也可以是舌面鼻音，有 ȵi、ȵə、ȵy，如：

ȵi qə ȵi dzə xluxlu de le（《羌族释比经典·吹散天晕》P. 1067）
耳朵 上 耳朵 天晕 灾难 沾 有
耳朵被天晕罩住，必定是有灾难缠住。

ŋəkæ ʂnata tshuetshue ŋo ji（《羌族释比经典·取火种》P. 277）
耳朵 背后　沙沙　　听 了
听得耳后沙沙响。

neik ȵidzɿə Xɬuxɬu əˑkəˑ lai（《羌族释比经典·擦死煞》P. 1628）
耳根 耳痛 灾难　擦了 走
耳朵疼痛是因为有灾难，释比我用钱纸擦净了。

ȵywu¹ ɕytsu zə wale（《羌族释比经典·喊魂魄》P. 1512）
耳环 魂魄 喊 过来
魂魄像耳环圈滚过来了。

羌语"耳"发舌尖鼻音和舌面鼻音两者应该是有共同来源，两者都是藏缅语中的典型词形表现。藏缅语"耳"如：藏语 rma、巴塘 na[55]、夏河 na、阿力克 rnæ、麻玛 nem[35]、文浪 na[35]、普米 nɛ[55]、吕苏 na[33]、木雅 ȵuə[24]、扎坝 ȵA[33]、卓戎 rna、日戎 rna、格西 ȵə、格什扎 ȵag、观戎 ȵu[53]、业戎 ni[55]。羌语这两类"耳"的词语可以和汉语"耳"相比较。《说文·耳部》："耳，主听也。象形。"《诗经·小雅·无羊》："尔牛来思，其耳湿湿。"《孟子·梁惠王上》："声音不足听于耳欤？"宋苏轼《东坡志林·庞安常耳聩》："吾与君皆异人也，吾以手为口，君以眼为耳，非异人乎？"田汉《丽人行》第一场："好，休息一会儿吧，这叫'耳不听为净'。"《广韵·止韵》："耳，而止切。"其上古音，郑张尚芳构拟成 *njɯʔ，李方桂构拟成 *njəgx，王力构拟成 *ȵiə。其中古音，郑张

尚芳构拟成 *ŋziɨ，邵荣芬构拟成 *ŋiə，王力构拟成 *ŋziə。

四 eye（眼）

《牛津高阶英汉双解词典》："eye，(a) organ of sight." "eye" 对应汉语"眼"，其在《百词表》中占第 40 位，在郑张尚芳《华澳语言比较三百核心词表》中居第 84 位，在黄布凡《藏缅语 300 核心词词表》中为一级核心词。

"眼睛"在羌语 14 个方言点发音如下：

桃坪：mi⁵⁵　　　　　　　麻窝：qən

蒲溪：bzə　　　　　　　曲谷：ȵoə¹pu/mi

木卡：mi　　　　　　　峨口：mɪj

萝卜寨：miɑ³¹pu⁵⁵　　　　荣红：mi：

绵虒：mɚt³³ ie¹¹　　　　热额纳：mi：mi

永和：mi kjɛ　　　　　　小姓：miȵi

龙溪：ni⁵⁵ma⁵⁵to³¹；mi³³se³³　杨柳：mi：

羌语"眼睛"可以用单音节表示，单音节的首辅音可以是单辅音，单辅音可以是唇音，有 mi、me、mo、mu，如：

patʂuə atsa mi no tədʐuə（《羌族释比经典·绣花》P. 911）
鲜花　一对　眼　都　被晃

一对鲜花夺目来。

fielə me jy xpi me jye（《羌族释比经典·天宫龙潭》P. 373）
出生　眼　长　比　眼　长

生来就长着释比的眼睛。

mi tio　keda mo zo tio khei（《羌族释比经典·解秽》P. 517）
没　看见　的　眼　要　看见　要

看不见的叫他看见。

mi tiəu kei mu zei zəkhei（《羌族释比经典·插旗》P. 1228）
不　看　了　眼睛　处　帮助

看不见的要分明。

羌语该形式的"眼睛"与藏缅语其他语言中的"眼睛"关系密切。如：藏语 mig、拉萨 mi⁵²、巴塘 miʔ⁵³、麻玛 meʔ⁵³、文浪 me⁵⁵、吕苏 miæ³³、木雅 mi⁵³、纳木兹 miæ⁵³、格西 mo、格什扎 map、观戎 mɑu⁵³、业戎 mək⁵⁵、格曼僜 min⁵⁵、缅语 myak、载瓦 myoʔ²¹、浪速 myɔʔ³¹、波拉 myaʔ³¹、勒期 myɔʔ³¹等。羌语该形式的"眼睛"可以与汉语"目"相比较。《说文·目部》："目，人眼。象形。重童子也。"《易·鼎》："巽而耳目聪明。"汉王充《论衡·命义》："非正色目不视，非正声耳不听。"明高启《梦松轩记》："目接其光辉，身承其教训。"《广韵·屋韵》："目，莫六切。"其上古音，郑张尚芳构拟成 *mug，李方桂构拟成 *mjəkw，王力构拟成 *miuk。其中古音，郑张尚芳构拟成 *mɨuk，邵荣芬构拟成 *miuk，王力构拟成 *miuk。

还可以是舌面鼻音，有 ȵio，如：
təpei ə¹li ȵio dami ɕi wu da ɕi wa （《羌族释比经典·波舍》P. 924）
明天 到了 眼 来见 要 你 去 放 了
时到天明送老走。

羌语该词的来源与上面羌语的"眼睛"相同，在藏缅语中也有相似的发音。如：贵琼 ȵa³⁵、史兴 ȵɜ³³、扎坝 ȵa⁵⁵、却隅 mȵe⁵⁵、普米 ȵɛ⁵³、阿昌 ȵəʔ⁵⁵、嘎卓 ȵa⁵³、阿侬 ȵi⁵⁵、仙岛 ɲɔ⁵⁵等。

单音节的首辅音也可以是舌尖音，有 ʂu，如：
zupe agu tɕhi ʂu mi lio tue （《羌族释比经典·羊皮鼓经》P. 777）
星星 一个 眨 眼 不 够 是
星星不再发光亮。

单音节的单辅音也可以是小舌音，有 qən，如：
qən rdʑi ji （《麻窝羌语研究》P. 219）
眼睛 痛（后加）
眼睛痛。

羌语以上两种形式的"眼睛"可能与侗台语有关系。如：保黎 tsha¹、通黎 tsha¹、武鸣 ɣa¹、龙州 ha¹、泰语 ta²、比佬 zɯ³³。金理新认为侗台语"眼睛"的共同语形式是 *m-ʈa>p-ʈa>p-la。下面复辅音的"眼睛"也应该与此有关。

单音节的首辅音也可以是复辅音，有 bzə、bdzə，如：
bzə wæ mi ŋu tshenə bzə wæ （《羌族释比经典·羊皮鼓经》P. 1241）
眼 长 不 会 花椒 眼 长
眼长得不像眼，却长着一双花椒眼。

tsəʐguæ bdzə ɕyæ qæ so ɕyæ （《羌族释比经典·还愿得福》P. 827）

神童　眼　亮　我　的　亮

神童眼睛比我亮。

羌语"眼睛"还可以用重叠构词表示，有 mi：mi、miɲi，如：

mimi əwu sepetʂ aŋ　（《羌族释比经典·根源》P. 827）

眼睛　母亲　来领受

眼光圣母来领受。

羌语还可以用附加式来表示"眼睛"，有 ȵoə¹pu、miɑ³¹ pu⁵⁵、mi kjɛ、mikə、mi³³se³³，如：

na ɲi tshe məsə ȵyopu tse　（《羌族释比经典·颂天神》P. 470）

好　与　坏　天神　眼睛　看

好坏难逃天神眼。

jye　mələ sə　jymə　ɬeʂua　jyənə tɕæ　（《羌族释比经典·唱狐狸》P. 1341）

狐狸　眼睛　神　太阳　月亮　狐狸　送

狐狸眼睛就像太阳和月亮一样。

nə³¹lɑ⁵⁵ pi³¹-mu⁵⁵ miɑ³¹ pu⁵⁵ tɕe³¹-ʐe⁵⁵ mi⁵⁵ʔ　（《萝卜寨羌语语法研究》P. 71）

你们　父亲　眼睛　疼　不

你父亲眼睛还疼不？

ni⁵⁵mia⁵⁵to³¹-te³¹ mu³¹khu⁵⁵ la³¹-mi⁵⁵zu³¹-pa³¹-sa³¹　（《语言接触视野下的南部羌语研究》P. 200）

眼睛　　烟子　　熏

眼睛被烟子熏得受不了。

ŋa³¹ me³¹tie⁵⁵ mi⁵⁵-tiəu³¹-ʐa³¹　（《语言接触视野下的南部羌语研究》P. 197）

我　眼睛　不　看

我眼睛看不见了。

羌语这些双音节，都是后加一个词缀构成的词。可以加 pu、kjɛ、le 等后缀形式。周发成认为："是表示依附于人体的各个器官和部件的存在，都可以用 jye。但表示眼睛、舌头、牙齿和心、肺、肠、肚等的存在却要用 le，因为眼睛存在于眼眶里，舌头、牙齿存在于口腔中，心、肺存在于胸腔里，肠、肚等内脏存在于腹腔中。而头发、鼻子、耳朵、嘴巴、手、脚等其他器官和部件的存在都用 jye。有时要依据当时存在的情况来选用存在动词，如蛇是有生命事物，说它在洞内时要用 le，在洞外

时则用 zi。"①

而绵虒方言"眼睛"$məɻt^{33}$ ie^{11}，采用的羌语词加汉语借词一起构词，用来表示"眼睛"。

五 nose（鼻）

《牛津高阶英汉双解词典》："nose, part of the face above the mouth, used for breathing and smelling.""nose"对应汉语"鼻子"，鼻（nose）在《百词表》中占第 41 位，在郑张尚芳《华澳语言比较三百核心词表》中居第 85 位，在黄布凡《藏缅语 300 核心词词表》中为一级核心词。

"鼻子"在羌语 14 个方言点发音如下：

桃坪：$xn̠i^{31}$ qo^{55} $pə^{33}$　　　麻窝：$stʁp$

蒲溪：Χəm paqa　　　　　曲谷：stuəts

木 卡：nə ma kə　　　　　峨口：ɕtɕyəs

萝卜寨：$ɕe^{55}qe^{55}pɑ^{55}$　　　　荣红：ɕtɕyts

绵虒：$nə^{11}$ ke^{33} pei^{11}　　　热额纳：stəq

永和：thəkapu　　　　　小姓：Χtəq

龙溪：ti^{33} pa^{55} $qə^{31}$　　　　杨柳：stəq

羌语上面列举的几种方言主要是使用双音节词或者多音节词表示"鼻子"。除了双音节词外，羌语也可以用单音节词来表示"鼻子"，单音节首辅音可以是舌尖音，有 ti、de、dək，如：

ao mi daga ɕi　ao　ti　pa　qə tɕi daga ɕi（《羌族释比经典·送茅人》P. 1883）

噢 眼 开 了　噢 鼻 的 上 的 来开要

噢，开了眼光；噢，来开鼻光。

de qə de dzə　xluxlu de le（《羌族释比经典·吹散天晕》P. 1067）

鼻子 上 鼻子 天晕 灾难　沾 有

鼻子被天晕罩住，必定是有灾难缠住。

dək dədz̯ə Χɬuχɬu əˈkəˈ lai（《羌族释比经典·擦死煞》P. 1628）

鼻子 鼻痛 灾难　擦了 走

---

① 周发成:《热额纳羌语参考语法》，博士学位论文，上海师范大学，2019 年，第 89 页。

鼻子疼痛是因为有灾难，释比我用钱纸擦净了。

羌语发舌尖音的"鼻子"，我们认为其与汉语"鼻"有关。《说文·鼻部》："鼻，引气自畀也。从自、畀。"《易·噬嗑》："噬肤灭鼻。"《孟子·离娄下》："西子蒙不洁，则人皆掩鼻而过之。"唐韩愈《刘统军碑》："公生而异，魁颜巨鼻。"《广韵·至韵》："鼻，毗至切。"其上古音，郑张尚芳构拟成*blids，李方桂构拟成*bjidh，王力构拟成*biet。其中古音，郑张尚芳构拟成*biɪ，邵荣芬构拟成*bjɪ，王力构拟成*bhi。《正字通·鼻部》："鼻，《说文》本作自，象鼻形。小篆因借所专，谐畀声作鼻。"《广韵·至韵》："自，疾二切。"其上古音，郑张尚芳构拟成*filjids，李方桂构拟成*dzjidh，王力构拟成*dziet。其中古音，郑张尚芳构拟成*dziɪ，邵荣芬构拟成*dziɪ，王力构拟成*dzhi。

单音节首辅音可以是复辅音，有ʂnə、hnə，如：

ʂnə na æ zəi kuæ ẓo fu ji kuæ te zə zəi（《羌族释比经典·还愿》P.719）

鼻 好 一 只 愿 给 许 了 愿 的 有 了
还愿头羊的鼻长得好，神领受了，愿许好了。

me ke tɕiko hnə pi jimu aphie（《羌族释比经典·教诲媳妇》P.873）

婆 在 家里 鼻子 上 鸡毛 一根
装腔作势的事不要做。

羌语该系列的"鼻子"与藏缅语关系紧密。如：藏语 sna、拉萨 nə[55]、巴塘 na[55]、夏河 hna、阿力克 rnæ、麻玛 na[53]、文浪 na[55]、彝语 na[55]、撒尼 nɒ[44]、傈僳 nɑ[33]、哈尼 na[55]、基诺 nə[42]、纳西 ni[55]。白保罗构拟藏缅语"鼻子"为*sna，黄树先认为，汉语"衈"的语源是"鼻子"，跟藏缅语*sna共源。我们赞同此说。《玉篇·血部》："衈，耳血也。"《礼记·杂记下》："门、夹室皆用鸡，先门而后夹室，其衈皆于屋下。"郑玄注："衈，谓将刲割牲以衈，先灭耳旁毛荐之。耳听声者，告神欲其听之。"《经典释文》："衈，音二。"《广韵·志韵》："衈，仍使切。"其上古音，郑张尚芳构拟成*njɯ，李方桂构拟成*njəgh，王力构拟成*ȵiə。其中古音，郑张尚芳构拟成*ȵ.ziɪ，邵荣芬构拟成*ȵ.zie，王力构拟成*ȵ.ziə。

羌语"鼻子"用双音节或者多音节表示时，常在词根后面加上表形态的标记或者汉语后缀"子"，有 ʂnələ、ɕiqə、stʁq、stəq、ti³³pa⁵⁵qə³¹、ɕe⁵⁵qe⁵⁵pa⁵⁵、stuəts、ɕtɕyəs、ɕtɕyts 等，如：

ʂnələ khæɫə sa ɕio pu ji su pie pu ji （《羌族释比经典·治妖》P.1288）

鼻子 下面 血 双 做 了 牙 獠 做 了

鼻子下面留出了两股血且长出了獠牙。

ɕiqə tə tshu tshubia sə lə koəˀ （《羌族释比经典·颂神禹》P.201）

鼻子 上 立 山梁 的 还 超过

鼻子挺拔像山梁。

tʂa⁵⁵sa⁵⁵ ɕi³¹kə⁵⁵pa⁵⁵-ie⁵⁵mi³¹te³¹-iəu²¹³ （《语言接触视野下的南部羌语比较研究》P.180）

张三 鼻子 疮 有

张三的鼻子生疮了。

以上复音词中 ɕtɕyts，除去韵尾的（子）"ts"外，"ɕtɕy"来源与上面复辅音相同，皆与藏语有关。

六　mouth（嘴/口）

《牛津高阶英汉双解词典》："mouth, opening through which animals take in food; space behind this containing the teeth, tongue, etc." "mouth" 对应汉语"嘴、口"，其在《百词表》中占第 42 位，在郑张尚芳《华澳语言比较三百核心词表》中居第 89 位，在黄布凡《藏缅语 300 核心词词表》中为三级核心词。

"嘴"在羌语 14 个方言点发音如下：

桃坪：χqɑ⁵⁵　　　　　　麻窝：dʐukə

蒲溪：χqɑ tɕe　　　　　曲谷：zdeku

木卡：xkɑ　　　　　　　峨口：zdɛ ku；ʂqu；qɑ

萝卜寨：χqo⁵⁵　　　　　荣红：ʂqu

绵虒：xgɑ/due¹¹　　　　热额纳：zdeku；zda ʁu

永和：dwɛː-kjɛ　　　　　小姓：dzuku；χtybɑq

龙溪：zuɑ³¹suei³¹bei⁵⁵；juɑ³¹ku⁵⁵　　杨柳：zdə ʁu

羌语"嘴/口"可以用单音节表示，单音节首辅音可以是单辅音，也可以是复辅音。单辅音可以是舌尖音，既包括舌尖前音，也包括舌尖后音。有 diy、due、dye、tie、ta、tue、dze、tshu、ʐei、dʐa, 如：
diy ʁue ma ʁua pho lo dye ʁue moə¹ lə pe sə（《羌族释比经典·凶魔》P. 1740）
嘴绊 不绊 肿   的 嘴绊 凶魔 一个 是 了
摔烂嘴巴像剪刀。

sə due xŋu due wu¹ due sua（《羌族释比经典·绷鼓》P. 1126）
豹嘴 虎嘴 鼓 嘴 算
豹嘴虎嘴当作它的嘴。

ʂtɕy dzə dze ʂnə tɕitɕitɕiaŋtɕiaŋ ʂe la pu ji（《羌族释比经典·治妖》P. 1293）
雀 四 嘴 红 叽叽喳喳   下 飞 做 了
四只红嘴雀鸟叽叽喳喳地飞了来。

buɕie ɕie tɕi tie sə tsə kə（《羌族释比经典·驱邪》P. 1872）
筷子 煞 的 嘴 上 不 去
筷子之煞不进嘴。

pia ɲi pia phʐe qə zəlo tə tshu tshua（《羌族释比经典·邪妖》P. 1756）
猪 黑 猪 白 前头 过来 上 嘴   咬
黑猪与白猪，一遇见就撕咬。

ŋu tue ləs tʂ æfæ lyly thai ŋu nə ɕiæ（《羌族释比经典·天宫龙潭》P. 372）
嗡 嘴 的 铠甲皮 那 嗡 的 有
嗡的嘴巴像铠甲的皮一样。

羌语用指"嘴"的 dze、tshu、ʐei、dʐa, 可能与现代汉语的"嘴"有关。如：北京 tsuei²¹⁴、哈尔滨 tsuei²¹³、天津 tsuei¹³、济南 tsuei⁵⁵、青岛 tsue⁵⁵、郑州 tsuei⁵³、西安 tsuei⁵³、西宁 tsuɨ⁵³、银川 tsuei⁵³、兰州 tsuei⁴⁴²、乌鲁木齐 tsuei⁵¹、武汉 tsei³⁵、成都 tsuei⁵³、贵阳 tsuei⁴²、昆明 tsuei⁵³、南京 tsuəi²¹²、合肥 tse²⁴、太原 tsuei⁵³、平原 tsuei⁵³、呼和浩特 tsuei⁵³。汉语"嘴"代替"口"是近代的事情，但是不影响语言之间的影响。汉语"嘴"最早见于宋代文献。宋范成大《桂海虞衡志·志器》："有陶器如杯椀，旁植一小管若瓶嘴。"《西游记》第三十二回："这虫鹭不大不小的，上秤称，只有二三两重。红铜嘴，黑铁脚，刷剌的一翅飞下来。"《集韵·纸韵》："嘴，祖委切。"其中古音，郑张尚芳构拟成*tsiuɛ，邵荣芬构拟成*tsiuɛ，王力构拟成*tsɨwe。

羌语用指"嘴"的 diy、due、dye、tie、ta、tue 应该也是与汉语有关系。江西赣方言中，"嘴"就说成"di³¹"。我们觉得他们之间是有关系，但是具体对应汉语哪个字，还有待进一步探讨。

单辅音也可以是舌根音，有 gu、ke、ku、xo、xa，如：

zəba setsə zədi tsu na gu setsua（《羌族释比经典·撵妖魔》P. 1568）
大官 三个 官地 商议 和 嘴 交流
大官三人断案一致。

ke mi qaku sito ʑi je（《羌族释比经典·我说喜事》P. 870）
嘴 不 张开 三个 在 有
看见有三个不张嘴的人。

pe ku tʂe mede pən ʁo qhuqhua（《羌族释比经典·熏木香》P. 544）
父亲 嘴巴 儿子 没教养 办法 都 熏完
父亲嘴巴没教育好儿子，用吉祥树来熏了。

ɕiaçia butʂue xo sə tʂei（《羌族释比经典·木吉珠和斗安珠》P. 127）
喜鹊 巢筑 嘴 来 衔
喜鹊筑巢嘴能衔。

sei xa mi wu tʂə dzə xa wu（《羌族释比经典·茅人》P. 1764）
神 口 不 是 的 凡人 口 是
不是神口是凡人之口。

羌语舌根音的"嘴"与藏缅语"嘴"很相近。如：嘉戎 kha、拉乌戎 khu⁵³、道孚 kha、藏语 kha、拉萨 kha⁵⁵、巴塘 kha⁵⁵、夏河 kha、阿力克 khæ、麻玛 kha⁵³、文浪 kha⁵⁵。羌语该形式的"嘴"对应汉语的"口"。《说文·口部》："口，人所以言食也。象形。"《尚书·秦誓》："人之彦圣，其心好之，不啻若自其口出，是能容之。"唐韩愈《归彭城》诗："到口不敢吐，徐徐俟其醶。"《儒林外史》第十六回："他倚恃尊长，开口就说：'本家的产业是卖不断的。'"《广韵·厚韵》："口，苦后切。"其上古音，郑张尚芳构拟成*khooʔ，李方桂构拟成*khugx，王力构拟成*kho。其中古音，郑张尚芳构拟成*khəu，邵荣芬构拟成*khəu，王力构拟成*khəu。白保罗将藏缅语"嘴"的共同形式构拟成*m-ka。

还可以是小舌音，有 qa、qei、qəi、qu、qo、χo，如：

χqa wæ mi ŋue lapa qa wæ （《羌族释比经典·惩治毒药猫》P. 1242)
嘴 长 不 会 喇叭 嘴 长
嘴长得不像嘴，却长着一张喇叭嘴。

dʐapa qei ji ʐomoʐo za mia ɕya wa （《羌族释比经典·米亚一部》P. 1218)
驴子 嘴 中 嗷哟嗷 叫 米亚 灭 要
驴子嗷嗷叫要灭米亚。

nəŋa qəi ji quamoqua za mia tsəi bya wa （《羌族释比经典·米亚一部》P. 1219)
老鸹 嘴 中 呱哟呱 叫 米亚 这 灭 要
老鸹嘴里呱呱叫要灭米亚。

zə di tsu na qu se tsu （《羌族释比经典·木吉珠和斗安珠》P. 127)
官 断 谈 和 嘴 三 谈
大官三人断案一致。

tɕe ɕitɕe maʐaəmaʐaˈ χo tə qa （《羌族释比经典·颂神禹》P. 206)
美女 仙女 慢慢地 嘴 地 张
没想羌女先说话。

羌语该系列用指"嘴"的词，应该与发舌根音的有共同来源。

首辅音可以是复辅音，有 χka、xka、xqa、xpa，如：

χka fieti zə mə du mi na （《羌族释比经典·斗安木吉结婚》P. 882)
嘴 里 来 话语 说 不 好
嘴里难把话语说。

xka fieti zə mə du mi na （《羌族释比经典·斗安木吉结婚》P. 882)
嘴 哪里 来 话语 说 不 好
嘴里难把话语说。

bzəsei xqa khəu zəu miqei （《羌族释比经典·木吉珠和斗安珠》P. 264)
眼闭 嘴 张 等 不能
坐以待毙实枉然。

dʑio ko ʁopho xpa xækhəu ɲi zəˈ pu ji （《羌族释比经典·造人种》P. 240)

洞 中 羊角树 嘴 张开 并 说话 了
洞中的羊角树张嘴说话了。

羌语"嘴/口"也可以用双音节或多音节表示，有的在词根后面加 ku 构成复音词。ku 表示圈形，用作名词的标记。也有的来自汉语借词。具体主要有 dequ、duaẓa、duedu、fuˈto、dʑəkuə、zdeku 这些词形，如：

dequ gue dephe lax （《羌族释比经典·敬请祖师》P. 1034）
嘴巴 大 说话 会
帝王的话语一言九鼎。

duaẓa ma la ɕiopo duaẓa mu pe sa （《羌族释比经典·茅人》P. 1764）
嘴巴 没 有 剪刀 嘴巴 茅人 成 了
没有嘴巴，用剪刀剪好茅人的嘴巴。

duedu ləˈpəˈ oqu kən （《羌族释比经典·唱魂根》P. 1539）
嘴巴 泥巴 塞满 做
郁米嘴巴塞满泥巴。

fuˈto rəˈki zət ma qa ji （《羌族释比经典·送魂魄》P. 1432）
嘴巴 馍 下咽 不 能 了
嘴巴里吞不下一口馍了。

七 tooth（牙）

《牛津高阶英汉双解词典》："tooth, each of the hard white bony structures rooted in the gums, used for biting and chewing." "tooth" 对应汉语"牙"，其在《百词表》中占第 43 位，在郑张尚芳《华澳语言比较三百核心词表》中居第 90 位，在黄布凡《藏缅语 300 核心词词表》中为一级核心词。

"牙"在羌语 14 个方言点发音如下：

桃坪：suə^{55}	麻窝：ʂə
蒲溪：suə	曲谷：ʂuə
松坪沟：dzə	峨口：ʂuə
萝卜寨：ʂu^{31}	荣红：ʂuə
绵虒：tse^{11} ke^{11}	热额纳：ʂuə
永和：ɕy	小姓：dzə
龙溪：ʂu^{31}	杨柳：dzə

羌语"牙"主要使用单音节表示，单音节首辅音可以是舌尖前音，有 su、suə、dzə、dze，如：

tsəʐguæ su læ qæ so tɕiæ （《羌族释比经典·还愿得福》P. 828）
神童　　牙 呢 比 我 尖
他的牙齿比我尖。

suə χulɑ 刷牙 （《蒲溪羌语研究》P. 312）

xseixɬə khæpu khue dze pæ səi （《羌族释比经典·说母亲》P. 968）
三月　时候　狗　牙　生了
三个月后就生出了下门牙。

dzə jye ʂa nə dzʐə miχua （《羌族释比经典·说鬼》P. 1360）
牙　长　得 好 咬 不会。
牙齿长不会咬人。

也可以是舌尖后音，有 ʂu、ʂə、ʂuə，如：

təuŋætʂu le miɕyæ qəti ɕyæditʂhei ʂu tʂhei phzʐei tɕho ditʂəi （《羌族释比经典·木吉珠和斗安珠》P. 93）
斗安珠　个　眼睛　睁大　出了神　牙　露　洁白 且　去望
斗安珠出神望木吉珠。

apa mupi tɕibzʐa ʂuə noaʁa （《羌族释比经典·羌戈大战》P. 27）
阿巴　木比　大儿　牙　咬紧
基波咬紧双门牙。

ʂə χla （《麻窝羌语研究》P. 208）
牙 洗
洗牙。

永和羌语还可以说成 ɕa、ɕy。如：

qa kua lio ma le pu ka ji zʐgu ɕa sə su wa （《羌族释比经典·走神路》P. 576）
我 还愿 来 要 手 拿 锯 的 九 齿 就 磨 了
手拿九齿锯一把。

羌语的单音节"牙"都与藏缅语同源。如：藏语 so、拉萨 so[53]、巴塘 su[53]、夏河 sho、阿力克 sho、麻玛 wa[53]、文浪 wa[55]、格西 ɕə、格什扎 ɕə、观戎 ɕyi[53]、业戎 ɕyi[55]、独龙 sa[53]、阿侬 sa[31]、普米 ʂʉ[53]。羌语该系列"牙"的词可以与汉语"齿"相比较。《说文·齿部》："齿，口龂骨也。

像口齿之形。止声。"《诗经·卫风·硕人》:"领如蝤蛴,齿如瓠犀。"南朝梁刘勰《文心雕龙·声律》:"抗喉矫舌之差,攒唇激齿之异,廉肉相准,皎然可分。"唐韩愈《落齿》诗:"去年落一牙,今年落一齿。"钱仲联集释:"《六书故》:'齿当唇,牙当车。'"后来可以泛指"牙齿"。《左传·哀公六年》:"女忘君之为孺子牛而折其齿乎。"汉枚乘《七发》:"澹澉手足,颊濯发齿。"《广韵·止韵》:"齿,昌里切。"其上古音,郑张尚芳构拟成*khjɯʔ,李方桂构拟成*thjəgx,王力构拟成*tɕhiə。其中古音,郑张尚芳构拟成*tɕhiɨ,邵荣芬构拟成*tɕhie,王力构拟成*tɕhiə。白保罗把藏缅语"牙齿"的共同形式构拟成*s-wa,金理新认为藏缅语"牙齿"的共同形式构拟成*s-Ga更合理。

羌语"牙"也可以用复音词来表示,有 tse¹¹ ke¹¹、dzələ、liʐei、subu,如:

tse¹¹ ke¹¹ se¹¹ tshəu¹³(《绵虒羌语研究》P.87)
牙齿　掉
掉牙齿。

pia χo dzələ ʁuatɕha to we(《羌族释比经典·还愿》P.651)
猪 嘴 牙齿 法器　就 了
释比带的法器中,猪的牙齿有一件。

liʐei ma la tshaʁua liʐei mu pe sa(《羌族释比经典·茅人》P.1764)
牙齿 不 是 倒勾刺 牙齿 茅人 成 了
没有牙齿,用倒勾刺做茅人的牙齿。

subu miwu dʐua tʂha sa(《羌族释比经典·走神路》P.2024)
牙齿 不是 口 开 了
不是牙齿有齿口。

八 tongue(舌)

《牛津高阶英汉双解词典》:"tongue, movable organ in the mouth, used in tasting, licking, swallowing and (in man) speaking."" tongue"对应汉语"舌",其在《百词表》中占第44位,在郑张尚芳《华澳语言比较三百核心词表》中居第91位,在黄布凡《藏缅语300核心词词表》中为三级核心词。

"舌"在羌语14个方言点发音如下:

桃坪：zʅ³¹ qə⁵⁵　　　　麻窝：zəq
蒲溪：zəqe　　　　　　曲谷：zəq
木卡：zʅ kə　　　　　 峨口：zəX
萝卜寨：dzə⁵⁵qə⁵⁵　　 荣红：zəq
绵虒：zʅ¹¹ ke³³　　　　热额纳：zəq
永和：zikə　　　　　　小姓：ʑep
龙溪：zəq³¹；zʅ³¹qə³¹　杨柳：zəq

羌语"舌头"可以用单音节表示，首辅音主要是舌尖音，有 zə、lə、tha，如：

　　tɕhie la tɕhie la ȵi khue zə xtʂæ ji（《羌族释比经典·治妖》P. 1279）
　　吊　着 吊　 着 就 狗 舌 伸 了
　　吊着就像狗一样伸出了长长的舌头。

　　zue lə xtʂæ ȵi khue zə xtʂæ ji（《羌族释比经典·治妖》P. 1288）
　　长　舌 伸　 呢 狗　舌 伸 了
　　伸出了像狗一样长长的舌头。

　　mu　dadu　ɕimiqu　tha mewe ʁo qhuqhua（《羌族释比经典·熏木香》P. 544）
　　火塘　周围　铁三足　舌头　没有　都　熏完
　　火塘铁三脚舌头没有，用吉祥树来熏了。

羌语发成舌尖音的"舌头"，与藏缅语"舌头"有共同的来源。如：藏语 ltɕe、拉萨 tɕe⁵⁵、巴塘 tɕe⁵³、夏河 htɕe、阿力克 rtɕi、麻玛 le⁵³、文浪 le⁵⁵、吕苏 ti⁵³、木雅 re、纳木兹 ɬæ⁵³、扎坝 di³³、史兴 sʅ⁵³、却隅 ɬli⁵⁵、贵琼 dzə³⁵、景颇 let³¹、墨脱 le、独龙 lɑi³¹、阿侬 lɛ³¹、义都 li⁵⁵。这些词可以和汉语的"舌"相比较。《说文·舌部》："舌，在口所以言也，别味也。"《诗经·小雅·雨无正》："哀哉不能言，匪舌是出，维躬是瘁。"《素问·阴阳应象大论》："在窍为舌。"王冰注："舌，所以司辨五味也。"《史记·张仪列传》："张仪谓其妻曰：'视我舌尚在不？'其妻笑曰：'舌在也。'"唐韩愈《赴江陵途中寄赠三学士》诗："自从齿牙缺，始慕舌为柔。"《广韵·薛韵》："舌，食列切。"其上古音，郑张尚芳构拟成 *ɦblj，李方桂构拟成 *djat，王力构拟成 *dʑiat。其中古音，郑张尚芳构拟成 *ziɛt，邵荣芬构拟成 *ʑiæt，王力构拟成 *dʑhiɛt。白保罗把藏缅语"舌头"共同语构拟成 *s-lay～m-lay。

羌语"舌头"也可以在单音节基础上增加一个词缀来表示，有 zəqe、
ʐɿ¹¹ ke³³、ʐɿ³¹ qə⁵⁵、ʐɿ kə、dzə⁵⁵qə⁵⁵、zikə、ʐɿ³¹ qə³¹等形式，如：
bdzə qetʂhəi ɲi zəqe tʂhə ji tsælə ŋæ mæ dʐei ləu sə səi（《羌族释比经
典·木吉剪纸救百兽》P. 2240）
眼　瞪着　且 舌头 伸 了 这下 我 才 事　来 知 了
瞪着双眼伸出舌头，这下我才知道事情糟了。
ʐɿ¹¹ ke³³ tai¹¹（《绵虒羌语研究》P. 98）
舌头　吐
吐舌头。
xqa tshuə zəqe xqu ɕie na tie ʂtə（《羌族释比经典·释比生肖论命》
P. 2029）
嘴　快 舌 硬 身 闲 心　直
口快舌硬，身闲心直。
mu　dadu　ɕimi　qutha mewe ʁo qhuqhua（《羌族释比经典·打醋坛》
P. 553）
火塘　周围　铁三足　舌头　没有　都　熏完
火塘铁三脚舌头没有，用吉祥树来熏了。
羌语用来表"舌头"的双音节词，词缀也可以省略元音，说成一个
带有辅音结尾的单音节，有 ʐək、zəp、zəX、ʐep，如：
ʐək ʐədzə Xɬuxɬu əˑkəˑ lai（《羌族释比经典·擦死煞》P. 1628）
舌头　舌痛　灾难　擦了　走
舌头疼痛是因为有灾难，释比我用钱纸擦净了。

九　horn（角）

《牛津高阶英汉双解词典》："horn, bony outgrowth, usu curved and pointed and one of a pair, on the heads of cattle, deer, rams and various other animals.""horn"对应汉语"角"，其在《百词表》中占第 34 位，在郑张尚芳《华澳语言比较三百核心词表》中居第 76 位，在黄布凡《藏缅语 300 核心词词表》中为二级核心词。"角"为"牛、羊、鹿"等动物头部常见构件，故放入该节探讨。

"角"在羌语 14 个方言点发音如下：

桃坪：ʐa³³ qə⁵⁵　　　　　　　麻窝：ɹer

蒲溪：ʐe　　　　　　　　　曲谷：ʐaq
松坪沟：ʐəq　　　　　　　峨口：fiəˀq
萝卜寨：fiə¹⁵⁵qə⁵⁵　　　　荣红：tɕo
绵虒：ʐe³¹qe⁵⁵　　　　　　热额纳：əˀq
永和：fiəˀkə　　　　　　　小姓：jɑq
龙溪：ə¹³¹⁵qə⁵⁵　　　　　　杨柳：əˀq

羌语"角"可以说成以元音开头的əˀ，如：

tʂhejæ miŋu əˀ　jye　ʂai（《羌族释比经典·说鬼》P. 1360）
犏牛　不是　角　长得　好

犏牛角才长得好。

也可以在此基础上增加一个后缀，有龙溪的əˀ³¹qə⁵⁵，或者将后缀的元音省略，有热额纳的əˀq。如：

Tɕi⁵⁵ lin³¹ tɕi³¹ tɕha³¹ ti³³ ji³¹ əˀ³¹kə³¹ ti³¹ χe³¹（《龙溪羌语研究》P. 227）
这　　铃　这　山羊　　　　　角

这铃安置在这只山羊的角上。

羌语"角"也可以说成小舌音或者喉音开头的单音节，有qə、fiəˀq，如：

do əˀ　qə kə ʁuatɕhi to we（《羌族释比经典·还愿》P. 651）
头　上　角　上　法器　就　了

释比带的法器中，绵羊角角有一样。

羌语"角"还可以说成舌尖音的单音节，有ʐæ、ʐe、ʐə，如：

ʐæ na æ　zəi kuæ ʐo fu ji kuæ te zə zəi（《羌族释比经典·还愿》P. 718）

角　好　一　只　愿　给　许　了　愿　的　有　了

还愿头羊的角长得好，神领受了，愿许好了。

muʐo dzepe khe zə zu je　khe ʑi　na　je（《羌族释比经典·克一部》P. 1221）
天空　星星　克　角　抓　了　克　住　好　了

克的角像星星，被抓住了。

ʐe wæ mi ŋue qa ʐe wæ ji（《羌族释比经典·擦死煞》P. 1628）
角　长　不　会　戈　角　长　了

长出了戈基人的角。

羌语以上形式的"角"与藏语有共同来源。如：藏语 rwa、拉萨 ra⁵⁵、巴塘 ẓa¹³、夏河 ra、阿力克 ra、麻玛 ru³⁵、文浪 ru³⁵、吕苏 əɹ³³、纳木兹 khu⁵⁵əɹ³¹、扎坝 ẓA³³、卓戎 ru、日戎 ʁrə、格西 qrə、观戎 rə⁵³、业戎 ru⁵⁵、义都 ɹu⁵⁵。白保罗将藏缅语"角"构拟为*ruŋ。

同时，可以在此基础之上增加一个后缀形成双音节词。如：

tɕe ẓaˈqə kə əˈɕio əˈɕio aəˈ qənə mi nə lienə（《羌族释比经典·祛病驱邪》P.1709）

羊 角 上 干净 干净 一个 上的 没 能 染上

羊角角处不沾邪。

羌语"角"还可以说成舌面音的单音节，有 tɕy。如：

ẓə tɕy la qə ɕi tʂhu tɕa（《羌族释比经典·鬼》P.1685）

牛 角 上 面 且 打 出

牛角将你打出去。

羌语角 tɕy 可以与苗瑶语有关系。如江底 tɕɔ：ŋ³³、湘江 kɔŋ³³、罗香 kɔŋ、长坪 kyo：ŋ³³、览金 kyɔŋ³³、长垌 kyaŋ⁴⁴、养蒿 ki³³、腊乙坪 kyo²²。羌语"角"与汉语"角"有关系。《说文·角部》："角，兽角也。象形，角与刀鱼相似。"《易·大壮》："羝羊触藩，羸其角。"汉王充《论衡·物势》："鹿之角，足以触犬。猕猴之手，足以搏鼠。然而鹿制于犬，猕猴服于鼠，角爪不利也。"唐韩愈《和侯协律咏笋》："见角牛羊没，看皮虎豹存。"《广韵·觉韵》："角，古岳切。"其上古音，郑张尚芳构拟成*kroog，李方桂构拟成*kruk，王力构拟成*keok。其中古音，郑张尚芳构拟成*kɣAk，邵荣芬构拟成*kɔk，王力构拟成*kɔk。白保罗将藏缅语"角"构拟成*kruw/*krəw、*ruŋ/*rwaŋ、*rwat 几种形式。周法高用"语义比较法"证明了汉语"角"与藏缅语"角"同源。

第六节 四肢构件核心词

《现代汉语词典》："四肢：指人体的两上肢和两下肢，也指某些动物的四条腿。"《百词表》用来指"四肢"的词语包括："45 位的 claw（爪）、46 位的 foot（脚）、47 位的 knee（膝）、48 位的 hand（手）"四个词语。为了讨论方便，我们把"35 位的 tail（尾）"也放入该节来分析。

一 claw（爪）

《牛津高阶英汉双解词典》："claw, (a) any of the pointed nails (naill) on the feet of some mammals, birds and reptiles ." "claw"对应汉语"爪"，其在《百词表》中占第45位，在郑张尚芳《华澳语言比较三百核心词表》中居第97位。

"爪子"在羌语14个方言点发音如下：

桃坪：i³¹ tshie⁵⁵ dʑi⁵⁵ 　　麻窝：pɑˀxəˀ
蒲溪：　　　　　　　　曲谷：jypæxəˀ
松坪沟：　　　　　　　峨口：pɑ Xəˀ
萝卜寨：bɑ³¹so³¹ko³¹　 荣红：paχ
绵虒：i tɕie kuə　　　 热额纳：ja pa
永和：tʂwa　　　　　　 小姓：pɑz
龙溪：pha³¹se³¹　　　　杨柳：wupizXəˀ

羌语"爪"多用复音词表示，但是其词根主要有以下几个：

第一，pa、pæ、pha，如龙溪方言、小姓方言、荣红方言、峨口方言、热额纳方言、麻窝方言、曲谷方言。这个系列与汉语西安方言的爪"pfɑ⁵³"、万荣方言的爪"pfɑ⁵⁵"有关系。羌语"爪"该系列的词可以和汉语"跗"相比较。《玉篇·足部》："跗，足上也。"《北史·艺术传下·马嗣明》："嗣明为灸两足跗上各三七壮，便愈。"宋欧阳修《送方希则序》："余虽后进晚出，而掎裳、摩跗、攘臂以游其间，交者固已多矣。"谢觉哉《乘轮绕鼓浪屿》诗："春风一舸绕明珠，雾作钗鬟浪作跗。"也可以用指"脚"。唐杨巨源《红线传》："田亲家翁止于帐内，鼓跗酣眠。"宋苏轼《菩萨蛮·咏足》词："偷穿宫样稳，并立双跗困。"清余怀《板桥杂记·丽品》："顾喜，一名小喜，性情豪爽，体态丰华，跗不纤妍，人称为顾大脚。"清无名氏《亡国恨·缳杰》："俺精魂难补助，只落得地下顿双跗。"《广韵·虞韵》："跗，甫无切。"其上古音，郑张尚芳构拟成*pa，李方桂构拟成*pjag，王力构拟成*pia。其中古音，郑张尚芳构拟成*pɨo，邵荣芬构拟成*pio，王力构拟成*pɨu。白保罗将原始藏缅语构拟成*pa。高建青、黄树先认为："拿汉语的'扶'和藏缅语*pwa比较，扶*ba……即四个指头的长度。这个意思和藏缅语的'手心、脚心'

义有差距。拿汉语'趺''番'对应就比较近。"①

第二，ko、kuə、go，如萝卜寨方言、绵虒方言。萝卜寨将鸡爪说成 jy³¹go³¹，将鹰爪说成 pa³¹khu³¹。羌语该系列的"爪"可以和苗语相比较。如：养蒿 ken³³、石门 kɦau³³、摆托 kɦu³²、野鸡坡 ku²⁴、西弄 kwa⁴²、三只羊 kwa³²³、凯掌 kɦu²⁴、腊乙坪 kyu⁴⁴、三江 kui⁴²。甚至可以和南岛语的"爪"相比较，如赛德 kukuh、沙语 ʔałuku、布农 kuskus、赛夏 kakloœfi、邵语 kuku、耶眉 kukuɖ。金理新将苗瑶语"爪"构拟为*ku。羌语"爪"该系列的词可以和汉语"甲"相比较。《说文·甲部》："甲，东方之孟，阳气萌动，从木戴孚甲之象。一曰人头宜为甲，甲象人头。凡甲之属皆从甲。"本指"铠甲"。《周礼·考工记·函人》："函人为甲，犀甲七属，兕甲六属，合甲五属。"《史记·仲尼弟子列传》："甲坚以新，士选以饱。"唐韩愈《与凤翔邢尚书书》："今阁下为王爪牙，为国藩垣，威行如秋，仁行如春，戎狄弃甲而远遁。"金董解元《西厢记诸宫调》卷二："裹一顶红巾，珍珠如糁饭；甲挂唐夷两副；靴穿抹绿。"后可以用来指"指甲"。《管子·四时》："西方曰辰，其时曰秋，其气曰阴，阴生金与甲。"尹知章注："阴气凝结坚实，故生金为爪甲。"《法苑珠林》卷五一："我苦行六年，手足爪甲不剪，皆长七寸许。"宋史达祖《西江月·闺思》词："指嫩香随甲影，颈寒秋入云边。"黄树先认为汉语"甲"、缅语的"爪"<*k［］raap 可以比较②。《广韵·狎韵》："甲，古狎切。"其上古音，郑张尚芳构拟成*kraab，李方桂构拟成*krap，王力构拟成*keap。其中古音，郑张尚芳构拟成*kɤap，邵荣芬构拟成*kap，王力构拟成*kap。

第三，dʑi，桃坪"爪"的词根主要使用此，其与藏语有关。如：藏语 sen、拉萨 se⁵⁵、巴塘 she⁵⁵、夏河 shen、阿力克 shen、麻玛 ʑii³⁵、文浪 ʑim³⁵。羌语该词与汉语"爪"可以比较。《说文·爪部》："爪，丮也。覆手曰爪。象形。凡爪之属皆从爪。"本指"鸟兽的脚趾或趾甲"。《周礼·考工己·梓人》："凡攫閷援簭之类，必深其爪，出其目，作其鳞之而。"汉应劭《风俗通·祀典·画虎》："今人卒得恶悟，烧虎皮饮之，击其爪，亦能辟恶。"唐杜甫《见王监兵马使说近山有白黑二鹰》诗之二："万里寒空祇一日，金眸玉爪不凡材。"《广韵·巧韵》："爪，侧绞切。"

---

① 高建青、黄树先：《说爪》，《语言研究》2006 年第 3 期。
② 黄树先：《汉缅语比较研究》，华中科技大学出版社 2003 年版，第 48 页。

其上古音，郑张尚芳构拟成 *ʔSruuʔ，李方桂构拟成 *tsrəgwx，王力构拟成 *tʃeu。其中古音，郑张尚芳构拟成 *tʃɤeu，邵荣芬构拟成 *tʃau，王力构拟成 *tʃau。羌语这个"爪"与羌语"脚"有关。

二　foot（脚）

《牛津高阶英汉双解词典》："foot, lowest part of the leg, below the ankle, on which a person or animal stands." "foot" 对应汉语"脚"，主要指脚踝以下部位，其在《百词表》中占第 46 位，在郑张尚芳《华澳语言比较三百核心词表》中居第 98 位，在黄布凡《藏缅语 300 核心词词表》中为三级核心词。

"脚"在羌语 14 个方言点发音如下：

桃坪：dʐi⁵⁵　　　　　麻窝：ʥaqu
蒲溪：dʐi　　　　　　曲谷：guaqa
松坪沟：dʐoku　　　　峨口：dʐu qu
萝卜寨：go³¹　　　　　荣红：ʥoqu
绵虒：gəu³¹gəu³¹　　　热额纳：dʑie qu
永和：dʐypɑ　　　　　小姓：dʐɑqu
龙溪：go³¹　　　　　　杨柳：dʑie qu

羌语"脚"可以说成单音节，单音节首辅音可以是舌尖塞擦音，有 tsu、tso、dʐi、dʐu、dzu，如：

tsuta mi ɲa tsu ta pu so（《羌族释比经典·说母亲》P. 968）
脚上 没 有 脚上 做 了
没有鞋子就做鞋子。

mupie pəulə ʂe dʐi tso n̠i du dʐio du ji tso səi（《羌族释比经典·惩治毒药猫》P. 1249）
天宫　纺线　谁 脚 捆 呢 鬼 脚 鬼 手 捆 了
用天神赐的纺线困住了毒药猫的手脚。

dʐi ʂe xtʂæ n̠i məi phəu pu ji（《羌族释比经典·取火种》P. 277）
脚 来 解 且 风 跑　做 了
两脚犹如灌了风。

sə dʐu xŋu dʐu wuˈ dʐu sua（《羌族释比经典·绷鼓》P. 1126）
豹 脚 虎 脚 鼓 脚 算

虎脚豹脚当做它的脚。
dzu qə dzu dzə xluxlu de le （《羌族释比经典·吹散天晕》P. 1068）
脚 上 脚 天晕 灾难 沾 有
脚被天晕罩住，必定是有灾难缠住。

羌语该系列"脚"可能与以下语言"脚"有关联。如江底 tsau³⁵、湘江 tsau³⁵、罗香 θau⁵⁵、览金 tθau⁴⁴、东山 tsau¹³、三江 tsɔu⁴⁴、十里香 tsau²⁴。羌语该系列"脚"词语可以和汉语"足"相比较。《说文·足部》："足，人之足也，在下。从止、口。"《尚书·说命上》："若跣弗视地，厥足用伤。"孔传："跣必视地，足乃无害。"《楚辞·渔父》："沧浪之水浊兮，可以濯吾足。"三国魏曹冏《六代论》："故语曰：'百足之虫，至死不僵。扶之者众也。'"唐韩愈《元和圣德诗》："婉婉弱子，赤立伛偻，牵头曳足，先断腰膂。"明袁宏道《由天池踰含蟠岭至三峡涧记》："潭面皆腻石，稍纵足则溜，其极无底。"《医宗金鉴·刺灸心法要诀·周身名位骨度》"足"注："足者，下体所以趋走也，俗名脚。"《广韵·烛韵》："足，即玉切。"其上古音，郑张尚芳构拟成 *ʔsog，李方桂构拟成 *tsjuk，王力构拟成 *tsiok。其中古音，郑张尚芳构拟成 *tsɨok，邵荣芬构拟成 *tsiok，王力构拟成 *tsiwok。

单音节首辅音可以是舌尖前边音，有 le，如：
qəzə mitsa dzuo dʑi tsə dʐuəle （《羌族释比经典·凶魔》P. 1099）
模糊 不得 坐 脚 禁止 翘 脚
不能乱坐翘腿脚。

羌语"脚"该词与下列语言"脚"可能有关系。长垌 lei⁴⁴；lai⁴⁴、梅珠 lau³³、油迈 la⁵⁵、西关 lɒ³³、滚董 lu³⁵、养蒿 lɛ³³、偶里 lɑu³³、高坡 lɒ²⁴。

单音节首辅音可以是舌尖前塞音，有 dua，如：
mi ʂə wu na dua muji ʑi （《羌族释比经典·毒药放咒》P. 1811）
后面 是 就 脚 影子 留
后脚踏过留邪影。

羌语该形式的"脚"可能与下列语言"脚"有关系。泰语 tin²、西泰 tin¹、德泰 tin⁶、龙州 tin¹、武鸣 tin¹、柳江 tin¹、布依 tin¹、靖西 tən¹、侗南 tin¹、侗北 tin¹、水语 tin¹。

单音节首辅音也可以是舌面音，有舌面后音 gəu、go，如：
mutsu zədʐəi khe gəu zu je khe ʑi na je （《羌族释比经典·克一部》

P. 1221)
　　天柱 四根　克　脚　抓了克住好了
　　克的四脚像四柱，被抓住了。
　　mo　go mi wa ʐaɕi go wa　（《羌族释比经典·凶魔》P. 1855)
　　凶魔 脚 不 是 刨锄 脚 样
　　凶魔的脚像刨锄。

羌语发舌面后音的"脚"与藏语"脚"有关。如藏语 rkaŋ、拉萨 kaŋ⁵⁵、巴塘 ko⁵⁵、夏河 hkaŋ、阿力克 rkoŋ。羌语该系列词可以和汉语"脚"相比较。《说文·肉部》："脚，胫也。"《墨子·明鬼下》："羊起而触之，折其脚。"汉邹阳《狱中上书自明》："昔司马喜膑脚于宋，卒相中山。"唐杜甫《北征》诗："见耶背面啼，垢腻脚不袜。"《广韵·药韵》："脚，居勺切。"其上古音，郑张尚芳构拟成*kaɡ，李方桂构拟成 kjak*，王力构拟成*kiak。其中古音，郑张尚芳构拟成*kiek，邵荣芬构拟成*kiak，王力构拟成*kiak。白保罗将藏缅语"脚"构拟成*ɡ-la，金理新为藏语"脚"的共同形式构拟成*s-kaŋ～*s-koŋ。

单音节首辅音也可以是舌面音，有舌面前音 dʑi、dʑy、dʑite，如：
dʑi wæ mi ŋue tshualə dʑi wæ　（《羌族释比经典·送亮神》P. 731)
　脚　长 不 会　弯钩　脚　长
　长着一双弯钩一样的脚。
ɦezu dʑy jye xpi dʑy jye　（《羌族释比经典·天宫龙潭》P. 373)
　长大　脚 长 比 脚 长
　生来就长着一双释比的脚。
ʐəuɲi dʑite jiko xewutʂhə　（《羌族释比经典·禁忌》P. 1098)
　忌讳　脚　神龛 面向
　忌讳脚朝神龛靠。

羌语这一形式的"脚"可以和汉语"支"相比较。《说文·支部》："支，去竹之枝叶。从手持半竹。"《诗经·卫风·芄兰》："芄兰之支，童子佩觿。"朱熹集传："支，枝同。"《三国志·吴志·吴主传》："刘备奔走，仅以身免。"裴松之注引三国魏鱼豢《魏略》："根未着地，摧折其支，虽未剜备五脏，使身首分离，其所降诛，亦足使虏部众凶惧。"宋尤袤《入春半月未有梅花》诗："应羞无雪教谁伴，未肯先春独探支。"也可以用指"肢"。《易·坤》："君子黄中通理，正位居体，美在其中而畅于四支。"北齐颜之推《颜氏家训·勉学》："〔田鹏鸾〕为周军所获。问齐主何在，绐云：'已出，计当出境。'疑其不信，欧捶服之。每折一支，辞色愈厉，竟断四体而卒。"宋洪迈《夷坚甲志·犬啮张三首》："张自是亦病，左支皆废。"《广韵·支韵》："支，章移切。"其上古音，郑张尚芳构拟成 *kje，李方桂构拟成 *krjig，王力构拟成 *tɕie。其中古音，郑张尚芳构拟成 *tɕiE，邵荣芬构拟成 *tɕiɛ，王力构拟成 *tɕie。

羌语"脚"单元音首辅音也可以是唇音，有 mou、ba、pa，如：

mou li ki tetsu tho lə se （《羌族释比经典·说母亲》P. 968）

脚 上 的 穿鞋 验 来 了

来查验你脚上穿的鞋子。

ji wæ mi ŋue ba tɕhyæ mi ŋue tɕhyæ ʁua pu ji （《羌族释比经典·送亮神》P. 731）

手 长 不 会 脚 踏   不 会 踏 傻 做 了

四蹄踏坏了凡人的歇气坪。

ji tse khəu pa tse ʐyæ （《羌族释比经典·送母亲》P. 982）

手 别 伸 脚 别 抬

别向人伸手乞讨，别贪图别人的东西。

羌语发唇音的"脚"可能与下列语言"脚"有关。养蒿 pa³³、先进 pua⁴³、石门 pa⁵⁵、高坡 pɑ²⁴、摆托 po⁵⁵、枫香 pa³²、瑶里 pai⁴²、文界 pe⁵⁵、梅珠 pai³³。羌语该类词应该与汉语"跌"相比较，前文有详细论述，在此不再赘述。

羌语"脚"还可以用复音词表示，主要在单音节基础上增加一个后缀，有 dʑoku、guaqa、dʐu qu、dʐoqu、dʑie qu、dʐaqu、dʐypa、dʑaqu 等形式，如：

khəbu dʐaqu dæ-Xtɕhæ-jy fiu ɕi, ʐam tshua-k khi mæ-jye （《热额纳羌语参考语法》P. 122）

他 脚 断 是 因为 舞 跳 没 有

他腿摔断了，不可能跳舞了。

三 knee（膝）

《牛津高阶英汉双解词典》："knee, (a) joint between the thigh and lower part of the human leg; corresponding joint in animals.""knee"对应汉

语"膝",其在《百词表》中占第47位,在郑张尚芳《华澳语言比较三百核心词表》中居第98位,在黄布凡《藏缅语300核心词词表》中为二级核心词。

"膝盖"在羌语14个方言点发音如下:

桃坪:χŋu⁵⁵   麻窝:ʁuə¹ ʂquə¹
蒲溪:dʑi pulu   曲谷:ʐguəp
松坪沟:wukepu   峨口:ə¹ paχ
萝卜寨:qo³¹sa⁵⁵qɑ⁵⁵   荣红:ʐguəp
绵虒:wu¹¹-ke¹¹ pu¹¹ tɕi¹¹;ŋo³¹kɛ³⁵ 热额纳:ʐʁuq
永和:ɣwu¹kə   小姓:ʁuaχ
龙溪:ʁo³¹qə⁵⁵   杨柳:ʁuaχ

羌语"膝"多用复音词表示,复音词的词根主要有以下几类:

第一类,词根首辅音为双唇音的 pu、pa,有蒲溪、绵虒、永和、峨口等方言。羌语这类用指"膝"的词根,与下列语言有关。如:藏语 pus、拉萨 py⁵⁵、巴塘 pe⁵⁵、夏河 wi、阿力克 wi、麻玛 pe⁵⁵、文浪 pe⁵⁵。金理新将藏缅语"膝"的共同形式构拟成 *pus,且认为该形式与汉语的"市"有关。我们赞同金理新的说法。《说文·市部》:"市,韠也。上古衣蔽前而已,市以象之。天子朱市,诸侯赤市,大夫葱衡。从巾,象连带之形。凡市之属皆从市。"《广韵·质韵》:"韠,胡服,蔽膝。"市,又作"韨"。《礼记·玉藻》:"一命缊韨幽衡,再命赤韨幽衡,三命赤韨葱衡。"郑玄注:"此玄冕爵弁服之韠,尊祭服,异其名耳。韨之言亦蔽也。"孔颖达疏:"他服称韠,祭服称韨。"《礼记·明堂位》:"有虞氏服韨。"郑玄注:"韨,冕服之韠也。舜始作之,以尊祭服。"《汉书·王莽传上》:"于是莽稽首再拜,受绿韨衮冕衣裳。"颜师古注:"此韨谓蔽膝也。"《广韵·物韵》:"市,分勿切。"其上古音,郑张尚芳构拟成 *pub,李方桂构拟成 *pjət,王力构拟成 *piət。其中古音,郑张尚芳构拟成 *pɨt,邵荣芬构拟成 *piuət,王力构拟成 *pɨuət。

第二类,词根首辅音为复辅音 χŋu、ʁuə、ʐguə、ʐguə、ʐʁu、ʁua。羌语该类用指"膝"的词根可能与下列语言有关。如:木雅 N uə²⁴、卓戎 mŋa、二嘎里 rŋi、道孚 rŋə、观戎 rŋi⁵³、业戎 rŋe⁵⁵、却隅 ʂŋi⁵⁵。金理新认为戎语支的"膝"可以构拟成 *s-ŋa ~ *m-ŋa。① 我们认为羌语该类"膝"词语可以和汉语"卷"相比较。《说文·卩部》："卷，膝曲也。"段玉裁注："卷之本义也。引申为凡曲之称。"《诗经·大雅·卷阿》："有卷者阿，飘风自南。"朱熹集传："卷，音权，曲也。阿，大陵也。"王筠《说文句读》："膝与卷盖内外相对也。"《广韵·仙韵》："卷，巨员切。"其上古音，郑张尚芳构拟成 *gron，李方桂构拟成 *gwjan，王力构拟成 *giuan。其中古音，郑张尚芳构拟成 *gɣiuɛn，邵荣芬构拟成 *gjuæn，王力构拟成 *ghiwɛn。

四　hand（手）

《牛津高阶英汉双解词典》："hand, end part of the human arm below the wrist.""hand"对应汉语"手"，其在《百词表》中占第 48 位，在郑张尚芳《华澳语言比较三百核心词表》中居第 95 位，在黄布凡《藏缅语 300 核心词词表》中为一级核心词。英语中"hand"与"arm"是有区别的，前者指"手腕至手指末端部分"，后者指"臂至手腕部分"。而汉语中"手"包涵了英语这两个词的所指，既可以指"手腕至手指末端部分"，亦可以指"整个上肢"。

"手"在羌语 14 个方言点发音如下：

桃坪：i^{55}　　　　　　麻窝：dʒəpɑ

蒲溪：ji　　　　　　　曲谷：japa

松坪沟：ji（i 较圆）　　峨口：jə pa

萝卜寨：li^{31}pa^{55}　　　　荣红：japa

绵虒：ji^{11}-pA^{33}　　　热额纳：jipa

永和：ʑipa　　　　　　小姓：lapa，latɕy

龙溪：li^{31}pa^{55}　　　　杨柳：lapa

羌语"手"可以用单音节表示，单音节首辅音有唇音 pa、pu，如：

pa ji　miwu　paqu tʂholi Xa sa tɕheli da（《羌族释比经典·走神路》P.574）

手　的　不是　手掌　秽气　解　了　洁净　啊

手不净则解了秽。

---

① 金理新：《汉藏语系核心词》，民族出版社 2012 年版，第 185 页。

pu mi ma læ　ʐdʑie ʂtɕie pu　（《羌族释比经典·解秽》P. 567）
　　手 不 断 呢 太平 保福 做
　　年年都念太平经。

羌语双唇音的"手"pa、pu，应该与藏缅语的"肩膀"有关系。如藏缅语的"肩膀"：藏语 phrɑg、卓戎 rpɑk、日戎 rpɑk、却隅 phiε[55]、彝语 bɑ[33]、撒尼 phæ[33]、傈僳 phɯ[33]、哈尼 ba[33]、基诺 phi[31]、嘎卓 phε[31]。金理新将藏缅语"肩膀"的共同形式构拟成 *p-rak ~ *b-rak。羌语该类词对应汉语"髆"《说文·骨部》："髆，肩甲也。"段玉裁注："《肉部》曰肩髆也。单称曰肩，累呼曰肩甲，甲之言盖也，肩盖乎众体也，今俗云肩甲者，古语耶。"《素问·骨空论》："循肩髆内侠脊抵腰中。"唐佚名《嘲崔左丞》："髆上全无项，胸前别有头。"《太平广记》卷二百四十八引《国朝杂记·长孙无忌》："耸髆成山字，埋肩不出头。"《广韵·铎韵》："髆，补各切。"其上古音，郑张尚芳构拟成 *paag，李方桂构拟成 *pak，王力构拟成 *pak。其中古音，郑张尚芳构拟成 *pak，邵荣芬构拟成 *pak，王力构拟成 *pak。

单音节首辅音也可以是舌尖前边音，有 le、li、lo、lyo，如：
　　qa kua　lio ma le　pu ka ji　ʐgu　ça sə su wa （《羌族释比经典·走神路》P. 576）
　　我 还愿来要手 拿锯的　九　齿就 磨了
　　手拿九齿锯一把。
　　mo　li　mi wa ɕie　li　wa sə we （《羌族释比经典·凶魔》P. 1855）
　　凶魔手 不是 铁　手　样 的 有
　　凶魔的手像铁手。
　　Xaɕia zuʐei tʂeiqə lə　ʐa　to　lo　tətʂua ji （《羌族释比经典·邪怪》P. 1723）
　　哈夏 猎人 打猎 之 弓 的 手 拿上了
　　此时哈夏已看准，打猎弓儿提手上。
　　mu təxa ȵia lyo təgo （《羌族释比经典·邪怪》P. 1756）
　　天 干旱 和 手 扔了
　　天也干旱无收成。

羌语发边音的"手"与以下语言"手"关系密切。藏语 lag、拉萨 lak[13]、巴塘 la[13]、夏河 laχ、阿力克 lok、麻玛 laʔ[53]、文浪 la[55]、达让僜

lɑ⁵⁵、博嘎尔 lok、义都 lɑ⁵⁵、吕苏 le⁵³、纳木兹 læ³¹、史兴 li³⁵、道孚 lʐa、却隅 le⁵⁵、缅语 lɑk、阿昌 lɔʔ⁵⁵、仙岛 loʔ⁵⁵、载瓦 loʔ²¹。白保罗将藏缅语的"手"构拟成*lak =*g-lak。黄树先、金理新认为藏缅语的*lak 对应汉语的"胳"。此说甚确。《说文·肉部》: "胳,亦下也。从肉,各声。"《广雅·释亲》: "胳谓之腋。"清王筠《说文句读》: "《广雅》'胳谓之腋',浑言之;许析言之。"《广韵·铎韵》: "胳,古落切。"其上古音,郑张尚芳构拟成*klaag,李方桂构拟成*kak,王力构拟成*kak。其中古音,郑张尚芳构拟成*kak,邵荣芬构拟成*kak,王力构拟成*kak。

单音节首辅音也可以是舌尖前塞音,有 diɛ、ta,如:

mu tʂho diɛ tʂho jy sɛ tɕha (《羌族释比经典·解秽》P.558)

解秽 上 手 拿 鸡 叫鸣 要

解秽要有叫鸣鸡。

li lu ta to ɕy zə tʂ ei we (《羌族释比经典·还羊神愿》P.681)

手 用 手 把 许 取 来 了

羊神用手帮人们。

羌语这两个用指"手"的词来源应该和发边音的"手"来源有关系。

单音节首辅音还可以是舌面前音,有 ʑi、ji、je、tɕy,如:

kotɕi ʑi sɛ ti kuə dzədzei (《羌族释比经典·羌戈大战》P.37)

戈基 手 柴 用 夹 伤了

戈人手被柴夹伤。

ji tɛ tsei je (《羌族释比经典·尔一部》P.2141)

手 来 拿 了

拿在了手中。

qaxa metəu je tɛ tsei je (《羌族释比经典·尔一部》P.2141)

金黄色 墨斗 手 来 拿 了

金黄色墨斗拿在手中。

tɕy li tʂ əkə anə tɕa (《羌族释比经典·邪怪》P.1732)

手 中 之上 快些 拴

搓条绳索把邪拴。

羌语以上用来指"手"的词与以下语言的"手"有关系。如:卓戎 yek、日戎 yɑk、格什扎 ʐa、观戎 ɣaɣ⁵⁵、业戎 yek⁵⁵、木雅 ɣi⁵³、扎坝 ya³³。羌语该类词可以和汉语"腋"相比较。"腋"是"亦"的今字《说文·

亦部》："亦，人之臂亦也。从大，象两亦之形。"徐灏注笺："隶变作'亦'，即古腋字，从大，左右作点，指事。"《庄子·秋水》："赴水则接腋持颐，蹶泥则没足灭趺。"《史记·赵世家》："吾闻千羊之皮不如一狐之腋。"《广韵·昔韵》："亦，羊益切。"其上古音，郑张尚芳构拟成 *laag，李方桂构拟成 *rak，王力构拟成 *ʎyak。其中古音，郑张尚芳构拟成 *jiɛk，邵荣芬构拟成 *iæk，王力构拟成 *jiɛk。

单音节首辅音还可以是舌面后音，有 kuo，如：

qapi kuo to poli mu tetse wa （《羌族释比经典·魂归来》P. 1149）
释比手 用 吉祥带 人 拴住 了
释比用手为人们拴上吉祥带。

羌语"手"还可以用复音词表示，主要是在单音节词基础之上增加一个词缀，构成双音节，有 lipa、lopa、ʑipa、jiba、makue 等形式，如：

pi lipa qə tɕio ɕie χua ɕi （《羌族释比经典·坐红锅》P. 1865）
释比 手 处 钱 要 想 是
释比手上拿纸钱。

pi ɕie dʐə tɕie lopa tə dʐə we （《羌族释比经典·祛病驱邪》P. 1707）
男 的 人 的 手 上 邪 了
男子手上收了伤。

matɕie ʑipa tɕhetɕiwaˀ pejy səi （《羌族释比经典·麻吉的故事》P. 1414）
麻吉 手 铁耙 当做 了
麻吉的手掌做了捞树叶的铁耙。

jiba atɕhia de thi te （《羌族释比经典·兄妹治人烟》P. 243）
手 一双 上 向 插
双手伸出举向天空。

makue dzuen dʐi ʂu jyele dʐyt dzuen （《羌族释比经典·召唤乌鸦》P. 1065）
手 磨 细 推 糌粑 磨
手磨来将糌粑磨细了。

五 tail（尾）

《牛津高阶英汉双解词典》："tail, movable part at the end of the body

of a bird, an animal, a fish or a reptile." "tail" 对应汉语 "尾", 其在《百词表》中占第 35 位, 在郑张尚芳《华澳语言比较三百核心词表》中居第 79 位, 在黄布凡《藏缅语 300 核心词词表》中为一级核心词。

"尾巴"在羌语 14 个方言点发音如下：

桃坪：suɑ^{55} kie^{33} 　　麻窝：suka

蒲溪：sua 　　　　　　曲谷：suku

松坪沟：sukua 　　　　峨口：sɛ kuɛ

萝卜寨：so^{31}ko^{31} 　　荣红：sikue

绵虒：suA^{33} ke^{11} 　　热额纳：ɕiku

永和：suke 　　　　　小姓：ʂaka

龙溪：ʂua^{31}ka^{55} 　　杨柳：suku

羌语"尾巴"说成单音节时，其首辅音可以是舌尖音，有 sa、so、su、sua、ʂua，如：

khue qe khue sa du ji（《羌族释比经典·山黄岩黑》P.1321）
狗　头　狗　尾 说 了
做事应该有头尾。

ɕikhu xokho so ʐei ji（《羌族释比经典·木吉珠和斗安珠》P.123）
神狗　金狗　尾 摇 了
神狗对木吉摇着尾。

dʐə pu tsəta su dʐəu gæ（《羌族释比经典·敬木拉神》P.1065）
事 做 之时 尾 想 要
凡事都须想头尾。

ke le pei ɕe le de sua le tʂei（《羌族释比经典·三把剑一部》P.706）
头 也 摇 身 也 抖 尾　也 摆
头在摇，身在抖，尾在摆。

dze ʐe xau ȵia ʂua ʐe ɕi wu（《羌族释比经典·劝慰》P.1046）
牙 来 脱 和 尾 来 缩 要
夹着尾巴，牙也脱落了。

羌语发舌尖音的"尾巴"和藏缅语"尾巴"之间关系不紧密，而与以下这些语言"尾巴"应该有关系。如：侗南 sət^7、毛南 sət^7、莫语 ʐwət^7、比佬 tshe^{13}、居佬 tsei^{35}、普标 sɑt^{33}、加茂 tshuət^9、通黎 tshut^7、保黎 tshut^7、泰语 sut^7、西泰 sut^7、德泰 sut^7、邕宁 tsho：t^9。但是羌语这个

系列的"尾巴"到底与汉语哪个字比较，有待日后进行探讨。

羌语还有一些表示"尾巴"的词语，比如 kæ、la、lə、ə¹、po、tsue，这些词语用来指"尾"通常不是指动物的"尾巴"，而是指"底部""后部"，如：

qe go qe   kæ go kæ kue pu səi（《羌族释比经典·治疗中神邪者》P.1266）
头 就 头 尾 就 尾 的 做 了
做得头是头尾是尾。

qhəu qe qhəu la sə la ji bu le wu（《羌族释比经典·蜜蜂颂》P.2113）
沟 头 沟   尾 来 飞 了 蜂 个 是
飞遍大沟与小山。

dʑio qe dʑio lə mi ʐgəuʐgəu səi（《羌族释比经典·说母亲》P.978）
门   头 门 尾 没 颠倒   了
不会将开门方向弄颠倒。

ko ta ə¹ tu mezə ə¹ tu（《羌族释比经典·说母亲》P.973）
枕 上 来 钉 尾 来 钉
钉好了顶桩又钉尾桩。

pæ tɕhike po ɕə¹ pemu tɕito mi（《羌族释比经典·送瘟神》P.1348）
猪 立耳 尾 鬃 槽道 吉祥 不
猪耳朵立起，槽道不顺不吉祥。

tsueqe tsue sua ʂete pie ȵi tsue te phie səi（《羌族释比经典·召唤乌鸦》P.1264）
水头 尾 谁 来 挖 呢 水 来 挖 了
到水头水尾来挖水道。

羌语表动物的"尾巴"，也可以用双音节词来表示，常在单音节词后面加一个词缀，有 sutsə、sutʂu、sua⁵⁵kie³³、suka、suku、sɛkuɛ、sikue、ʂaka、suke、ʂua³¹ka⁵⁵等形式，如：

sutsə ʂei   nasu phʐijy tɕi ziləpa（《羌族释比经典·结拜兄弟》P.742）
尾巴 拖着 尾巴 白色 的 变成了
尾巴拖在地上变白了。

ŋu tiȵi sutʂu phʐila（《羌族释比经典·勒布斯色》P.1394）

你 黑熊 尾巴 白的
你这只白尾巴的黑熊。
khue³¹-i³¹-ki³¹ sua³¹ ke³¹（《语言接触视野下的南部羌语比较研究》P. 182）
狗　　　　　尾巴
狗尾巴。
suʁu suku te：jesqəpi ʑɛ（《羌语研究》P. 305）
牛　尾巴　一个　岩缝　插
尾巴插入岩石缝隙。

第七节　躯干构件核心词

《现代汉语词典》："躯干，人体除去头部、四肢所余下的部分。"在《百词表》中躯干部位的核心词有：belly（腹）、neck（颈）、breasts（胸）、heart（心）、liver（肝）。

一　belly（腹）

《牛津高阶英汉双解词典》："belly，(a) part of the body below the chest, containing the stomach, bowels and digestive organs; abdomen." "belly"对应汉语"腹"，其在《百词表》中占第49位，在郑张尚芳《华澳语言比较三百核心词表》中居第103位，在黄布凡《藏缅语300核心词词表》中为一级核心词。根据牛津词典的释义，在该语义场我们只讨论羌语"肚子"的具体情况。

"肚子"在羌语14个方言点发音如下：

桃坪：pu³³　　　　　　麻窝：sikua
蒲溪：siqu　　　　　　曲谷：ʂusqha；sifiue
木卡：tə phu　　　　　峨口：pu
萝卜寨：ʂta³¹qhua⁵⁵　　荣红：pə；xsutsqna
绵虒：pe¹¹ təu¹¹　　　热额纳：stuə χa
永和：phu：　　　　　小姓：pobu
龙溪：tɕhɛ³¹tə³¹qhua⁵⁵　杨柳：phu

羌语"肚子"可以说成单音节词，单音节词的首辅音可以是唇音，有 bu、pu、phu、pə，如：

ʐdʑie bu te khəi səi ʐdʑie bu te zæ səi （《羌族释比经典·擦试》P.1326）

病　肚　来　剖　了　病　肚　来　分　了

将病人的病根分开了。

du pu te phæ səi （《羌族释比经典·惩治毒药猫》P.1244）

鬼　肚　来　剖　了

将毒药猫的肚腹剖开了。

羌语该系列的"肚"应该与以下语言"肚"有关系。如：缅语 bɯk、卓克基 pok、道孚格西 vo、格什扎 vɑp、彝语 vu³³、傈僳 wu⁵⁵、基诺 vu⁴⁴、纳西 bv³³、枫香 poŋ⁵³、油迈 pu¹³。羌语该系列"肚"可以和汉语"腹"相比较。《说文·肉部》："腹，厚也。"《玉篇·肉部》："腹，腹肚也。"《易·说卦》："干为首，坤为腹。"唐韩愈《孟东野失子》诗："鱼子满母腹，一一欲谁怜。"清袁枚《秋夜杂诗》之十："书堆至万卷，岂无三千斤。如何藏之腹，重与凡人均。"《广韵·屋韵》："腹，方六切。"其上古音，郑张尚芳构拟成 *pug，李方桂构拟成 *pjəkw，王力构拟成 *piuk。其中古音，郑张尚芳构拟成 *pɨuk，邵荣芬构拟成 *piuk，王力构拟成 *pɨuk。白保罗将藏缅语"肚"构拟成 *puk = *puk～buk。

单音节的首辅音也可以是舌面音，有 çi，如：

çi　ʁua miwu ʂutʂha çi　we （《羌族释比经典·驱邪魔》P.1165）

肚子　像　不是　黄桶　肚子　了

肚子就像那大桶。

羌语"肚子" çi 可能与藏语"肚子"有关。如：夏河 ho、阿力克 ho、麻玛 cɛː⁵⁵、文浪 ke⁵⁵。金理新认为，藏语型的"肚子"跟汉语的"胃"有明确的语音对应关系。《说文·肉部》："胃，谷府也。"《灵枢经·五味》："胃者，五藏六府之海也，水谷皆入于胃，五藏六府皆禀气于胃。"《韩非子·五蠹》："民食果蓏蚌蛤，腥臊恶臭而伤害腹胃，民多疾病。"唐韩愈《贞曜先生墓志铭》："钩章棘句，掐擢胃肾。"《广韵·未韵》："胃，于贵切。"其上古音，郑张尚芳构拟成 *ɢuds，李方桂构拟成 *gwjədh，王力构拟成 *ɣiuət。其中古音，郑张尚芳构拟成 *ɣiuɨi，邵荣芬构拟成 *ɣieuɨ，王力构拟成 *ɣɨwəi。

羌语"肚子"也可以说成双音节，通常在单音节基础上增加一个词缀，有 pulə、pastə、phatsuə、puko、taqua，如：

pulə qeti ʐguxɬə bie ji te ʐgəuʐgəu ji （《羌族释比经典·说母亲》P. 968）

肚子 里面 九月 背 了 来 出生 了

九月怀胎便生下了孩子。

ʐədə tsha pastə xe ʂədai （《羌族释比经典·羌戈大战》P. 9）

经书 羊 肚子 里 进到

经书吃进羊肚里。

phatsuə se le mitsha letɕi peʂa ja （《羌族释比经典·结拜兄弟》P. 735）

肚子 里 有 不要 停留 结拜 吧

肚子里有话就相互交流。

puko go tɕe le ŋue （《羌族释比经典·根治流产》P. 1310）

肚子 里 想 流 出

肚子里面快流血了。

atua tʂə nə taqua tʂə nə ʐietʂ hu pu （《羌族释比经典·颂神禹》P. 199）

一时 之 的 肚子 是 的 疼痛 做

忽感肚里实疼痛。

二 neck（颈）

《牛津高阶英汉双解词典》："neck,（a）part of the body that connects the head to the shoulders.""neck"对应汉语"颈"，其在《百词表》中占第 50 位，在郑张尚芳《华澳语言比较三百核心词表》中居第 93 位。

"脖子"在羌语 14 个方言点发音如下：

桃坪：ʂʅ^{31} kie^{33}　　　　麻窝：tʃəka

蒲溪：χqum；xɬebəu　　曲谷：mutʂ uku；muku；tʂ uki

松坪沟：mukhua　　　　峨口：mu ku

萝卜寨：mo^{31} ko^{55}　　　　荣红：tʂ uəki

绵虒：ke^{11} mo^{11}　　　　热额纳：tʂ uki

永和：məke　　　　　　小姓：χlikə，makə

龙溪：$mo^{31}ka^{31}$　　　　　　杨柳：moka

羌语"脖子"说成单音节主要有两种情况，一种是单音节首辅音为唇音，有 mo、mu，如：

ʑi tɕi tɕie tse dʐəˀ mo tæ kue（《羌族释比经典·送公羊》P. 1507）
鬼 的 儿 小 羊 颈 的 拿

鬼王的二儿子拿了羊颈。

羌语发唇音的"脖子"应该与藏语有关。白保罗认为："藏文 mgur'咽喉，颈，嗓子'（敬语）（藏文还有 mgul-pa'颈，咽喉'）；上古/中古汉语 gʱu/ɣəu'喉'<原始汉藏语 *（m）gu·[r]。""藏语 dźiŋ-pa~mdźiŋ-pa'颈'与这组有关，因为它源自 *a-lyiŋ~*m-lyiŋ"①。我们认为羌语该系列"脖子"可以和汉语"领"相比较。《说文·页部》："领，项也。从页，令声。"《诗经·卫风·硕人》："领如蝤蛴，齿如瓠犀。"毛传："领，颈也。"《孟子·梁惠王上》："如有不嗜杀人者，则天下之民皆引领而望之矣。"后蜀阎选《虞美人》词："楚腰蛴领团香玉，鬓叠深深绿。"《广韵·静韵》："领，良郢切。"其上古音，郑张尚芳构拟成 *reŋʔ，李方桂构拟成 *ljiŋ，王力构拟成 *lieŋ。其中古音，郑张尚芳构拟 *lieŋ，邵荣芬构拟成 *liæŋ，王力构拟成 *liɛŋ。

一种是单音节首辅音为小舌音，有 qo，如：

khe so qo bʐa bʐa miɲa nə（《羌族释比经典·克一部》P. 1222）
克 比 颈 大 大 没 有 的

没有比克的颈更粗的。

羌语发小舌音的"脖子"应该与下列语言有关系。养蒿 $qoŋ^{35}$、先进 $qaŋ^{33}$、高坡 qa^{13}、摆金 $qaŋ^{35}$、瑶麓 ku^{53}、西关 $qaŋ^{55}$、油迈 $kɔŋ^{21}$。金理新认为："这一形式的'脖子'我们构拟为 *qɯːŋʔ~*m-qɯːŋʔ。苗瑶语这一形式的'脖子'对应汉语的'亢'。"② 《说文·亢部》："亢，人颈也。从大省，像颈脉形。"《史记·刘敬叔孙通列传》："夫与人斗，不搤其亢，拊其背，未能全其胜也。"裴骃集解引张晏曰："亢，喉咙也。"《汉书·张耳陈馀传》："高曰：'所以不死，白张王不反耳。今王已出，吾责塞矣。且人臣有篡弑之名，岂有面目复事上哉！'乃仰绝亢而死。"

---

① Benedict, P. K（白保罗）: *Sino-Tibetan: a Conspectus*, Cambridge University Printing House. 1976: 449.
② 金理新：《汉藏语系核心词》，民族出版社 2012 年版，第 154 页。

颜师古注："苏林曰：'亢，颈大脉也，俗所谓胡脉也。'亢者，总谓颈耳。《尔雅》云：'亢，鸟咙。'即喉咙也。"《广韵·唐韵》："亢，古郎切。"其上古音，郑张尚芳构拟成*kaaŋ，李方桂构拟成*kaŋ，王力构拟成*kaŋ。其中古音，郑张尚芳构拟成*kaŋ，邵荣芬构拟成*kaŋ，王力构拟成*kaŋ。

羌语"脖子"单音节首辅音还可以是复辅音，有 xɫe、xɫei、xqu，如：

ʂe xɫe tʂ həu ȵi ɕiebo xɫe tʂ həu ji （《羌族释比经典·送亮神》P.731）
谁 颈 割   呢 野牛 颈 割 了
割下了野牛的颈。

kuæ xɫəi mæçy fiə tʂ hotɕhy ȵi fiə xula səi （《羌族释比经典·还愿》P.720）
愿 颈 不净 来 解秽 和 来 洗净 了
给还愿的公羊的颈来解秽和来洗净了。

xqu na æzəi   bu   na   æzəi （《羌族释比经典·治疗中神邪者》P.1265）
脖 好 一只 肚 好 一只
脖子长得好的一只，肚子长得好的一只。

羌语"脖子"还可以说成双音节，主要在单音节基础上增加一个词缀，有 mukə、zəkə、məke、tʂuki 等形式。词缀"kə、ke"是"ki"的变体，"ki"是词的标记，常用来表根状物。周发成认为："ki，表示根状物。"羌语"脖子"还可以是汉语借词形式的复音词，有 futu。[①] 如：

qə su mi sa du miaqhua mukə təɕi tɕajo du （《羌族释比经典·送邪毒了》P.1175）
头 散 发 分 鬼 醒醒 颈项 红红的 挨刀 鬼
披头散发醒醒鬼，红着颈项挨刀鬼。

zəkə makə məkəsə ətinei （《羌族释比经典·子报父仇》P.1954）
颈子 脑袋 连同 宰下
从颈子处把脑袋割下来。

---

① 周发成：《热额纳羌语参考语法》，博士学位论文，上海师范大学，2019年，第187页。

səʑiphumo futu wæi khokh ma （《羌族释比经典·打醋坛》P. 533）
法珠　　　颈　挂　蘸水 了
给颈上挂的法珠蘸水了。

三　breasts（胸）

《牛津高阶英汉双解词典》："breasts, either of the two parts of a woman's body that produce milk；(a)（rhet）upper front part of the human body; chest.""breasts"对应汉语"胸"，其在《百词表》中占第 51 位，在郑张尚芳《华澳语言比较三百核心词表》中居第 102 位。

"胸脯"在羌语 14 个方言点发音如下：

桃坪：ʐu^{55} dʐɿ^{33} qə^{33}　　　　麻窝：ʀuqhua

蒲溪：ʐupie　　　　　　　曲谷：juxua

松坪沟：ɕtie kə stie　　　　峨口：jə qhua

萝卜寨：ɕin^{55}khu^{55}tsə^{55}　　荣红：jiqhua

绵虒：ʐəu^{33} piA^{11}　　　　热额纳：jpiəe

永和：jypæ　　　　　　　小姓：jepe

龙溪：ʁo^{55}qhua^{31}　　　　　杨柳：ɕtie kə tə

羌语"胸脯"可以用单音节表示，单音节首辅音可以是双唇塞音，有 phu、pu、phe，如：

hŋuzə phomo phu tu wa （《羌族释比经典·赶瘟神》P. 1642）
驱邪　佛珠　胸 上 挂
驱邪佛珠颈上挂。

pu wæ mi ŋue ɕtɕy pu wæ so （《羌族释比经典·惩治毒药猫》P. 1242）
胸 长 不 会 猩猩 胸 长 了
胸脯长得不像胸脯，却长着猩猩的胸脯。

phe qə phe dzə xluxlu de le （《羌族释比经典·吹散天晕》P. 1067）
胸膛 上 胸膛 天晕 灾难 沾 有
胸膛被天晕罩住，必定是有灾难缠住。

羌语双唇塞音的"胸"应该与汉语"颈"有关系，"颈"的来源前文已经阐明，在此不赘述。

单音节首辅音可以是双唇半元音，有 wo，如：

sə hæn wo¹ qu tɕiopitʂ o（《羌族释比经典·九敬经》P. 789）
牛　黄　胸　宽　宽大
野牛的胸真宽大。

羌语该词可能与汉语"乳"有关系。语言中"胸"和"乳"关系密切，汉语"胸"可指"女性乳房"，粤语"胸前"，特指"女人的胸脯"。黄树先对此作了翔实研究。"胸"和"乳"这种关系不仅仅汉语存在，在其他语言同样存在，如：

英语 bosom "胸；[复数] 女人的乳房"。

德语 Brust "胸腔；乳房"。

法语 poitrine "胸脯；乳房"；sein "胸部；[古]（女人的）胸脯，[今] 乳房"，seno "胸前；乳房"。

意大利语 pètto "胸；乳房"；póppa "乳房；胸部"。

西班牙语 pechera "（女人的）胸脯，乳房"，pecho "胸；（女人的）胸膛，乳房"。

葡萄牙语 peito "胸；女人的胸脯，乳房"，seio "胸，胸脯（尤指妇女）；乳房"。

罗马尼亚语 piept "胸；乳房"。

俄语 грудь/grud "胸；（女人的）乳房"；пéрси/persj "胸；女人的乳房"。

捷克语 poprsí "胸，胸部；（女人的）乳房"；prs "胸；乳房"，prsa "胸；乳房"。

塞尔维亚克罗地亚语 pȑsa "胸；乳房"。

《说文·乙部》："乳，人及鸟生子曰乳，兽曰产。"引申可以用指"乳房"。《山海经·海外西经》："形天与帝至此争神，帝断其首，葬之常羊之山，乃以乳为目，以脐为口，操干戚以舞。"《庄子·徐无鬼》："奎蹏曲隈，乳间股脚，自以为安室利处。"《南齐书·王敬则传》："敬则年长，两腋下生乳，各长数寸。"明魏学洢《核舟记》："袒胸露乳。"《广韵·麌韵》："乳，而主切。"其上古音，郑张尚芳构拟成 *njoʔ，李方桂构拟成 *njugx，王力构拟成 *ȵio，高本汉构拟成 *ȵiu。其中古音，郑张尚芳构拟成 *ȵźio，邵荣芬构拟成 *ȵzio，王力构拟成 *ȵźiu。白保罗将藏缅语"乳"构拟成 *nuw。

单音节首辅音可以是舌尖后音，有 zˏəu，如：

tshe ȥe dʐi se ȥəu ȥe dʐi se （《羌族释比经典·功绩》P. 956）
肉　都　痛　了　胸　都　痛　了

悲痛至极，痛切心扉。

单音节首辅音可以是舌面音，有 çi、çie、ji，如：

çi ʁue ma ʁua tçhoχua　çi ʁue moəˈ lə　　pe sə （《羌族释比经典·凶魔》P. 1740）
胸　绊　不　绊　菊花　　心　绊　凶魔　一　个　是　了

胸口摔烂开了花。

ɤəi　çie　 jytshæ　ʂesa mi səi qhua sa səi ji qhua mi ʁu so （《羌族释比经典·治妖》P. 1290）
黄　胸脯　鸟儿　谁的　不叫　妖　的叫　了　妖不肯了

一只黄鸟叽叽喳喳对着妖叫，让妖不宁。

hæji aʂ ə hætçhy teti melesei （《羌族释比经典·结拜兄弟》P. 741）
胸部　割下　肋骨　都　没有

胸部割下肋骨都没有。

羌语该系列"胸"词语可能与汉语的"胸"有关系。《字汇·肉部》："匈，同'胸'。"《周礼·考工记·梓人》："以胸鸣者。"唐温庭筠《南歌子》词："手里金鹦鹉，胸前绣凤凰。"元王实甫《西厢记》第四本第一折："灯下偷睛觑，胸前着肉揣。"其上古音，郑张尚芳构拟成 *qhoŋ，李方桂构拟成 *hjuŋ，王力构拟成 *xioŋ。其中古音，郑张尚芳构拟成 *xɨoŋ，邵荣芬构拟成 *xioŋ，王力构拟成 *xɨwoŋ。

单音节首辅音也可以是小舌音，有 χa、χaəˈ、hək，如

dzə χa lato ʂə datso we （《羌族释比经典·病和毒》P. 1170）
凡人　胸　地方　毒　遇　了

受毒凡人肋骨痛。

hək budʐə χɫu χɫu əˈkəˈ lai　（《羌族释比经典·擦死煞》P. 1629）
胸膛　胸痛　灾难　擦了　走

胸膛疼痛是因为有灾难，释比我用钱纸擦净了。

羌语以上发小舌音的"胸"可以和汉语"腔"相比较。《说文新附·肉部》："腔，内空也。从肉，从空，空亦声。"黄树先认为："'胸'指

外部，'腔'指内部。一如'腹'指外部，而'胃'指内部。"① 北魏贾思勰《齐民要术·养牛马驴骡》："〔相马〕腹欲充，腔欲小。"宋韩维《答贺中道灯夕见诒》诗："独持高篇恣哦咏，顿觉精锐还躯腔。"《广韵·江韵》："腔，苦江切。"其上古音，郑张尚芳构拟成 *khrooŋ，李方桂构拟成 *khruŋ，王力构拟成 *kheoŋ。其中古音，郑张尚芳构拟成 *khɤAŋ，邵荣芬构拟成 *khɔŋ，王力构拟成 *khɔŋ。

羌语"胸脯"也可以在单音节基础上增加词缀，组成双音节或者多音节词，有 ʁogu、ʐu⁵⁵ dʑɿ³³ qə³³、ɹuqhua、juxua、jə qhua、ʐupie、ɕtie kə stie、ɕin⁵⁵khu⁵⁵tsə⁵⁵、jiqhua、ʐəu³³ piA¹¹、jypæ、jpiəe、jepe，如：

gugu məte phaXŋi ʁogu da kə ki （《羌族释比经典·说狐狸》P. 1616)
衣穿 没有 赤着 胸脯 过 去 了
衣服脱下放在枕边。

四　heart（心）

《牛津高阶英汉双解词典》："heart, (a) hollow muscular organ that pumps blood through the body." "heart"对应汉语"心"，其在《百词表》中占第 52 位，在郑张尚芳《华澳语言比较三百核心词表》中居第 107 位，在黄布凡《藏缅语300核心词词表》中为二级核心词。

"心"在羌语 14 个方言点发音如下：

桃坪：xtie⁵⁵　mə⁵⁵　　　麻窝：sti：mi
蒲溪：ɕtɕe　　　　　　　曲谷：xtɕijmi
松坪沟：ɕti-næ　　　　　峨口：ɕtɕɿj mIɛ
萝卜寨：ɕi³¹mi⁵⁵　　　　荣红：ɕtɕi：mi
绵虒：ke³³me¹¹；tie⁵⁵mu³¹　热额纳：ɕtimi
永和：timi　　　　　　　小姓：xtiŋi
龙溪：ɕi³¹mi³¹　　　　　杨柳：ɕiŋi

羌语"心"单音节首辅音可以是舌尖塞音、舌尖塞擦音，有 de、də、thə、ti、tie、tshe、zə，如：

ʁo ku bæ na ɣe de tɕhy （《羌族释比经典·白耶来历》P. 1964)
想 后 怕 和 更 心 虚

---

① 黄树先：《汉语身体词探索》，华中科技大学出版社 2012 年版，第 251 页。

他愁苦伤心一筹莫展。

mɑX dəX zəwe tshə mə ba də ba zəwe tshə （《羌族释比经典·驱死煞》P. 1591）
凶煞 恶煞 撵了要 人 大 心 大 撵了 要
释比将凶煞恶煞撵了。

sə thə Xŋu thə wu¹ thə sua （《羌族释比经典·绷鼓》P. 1126）
豹 心 虎 心 鼓 心 算
虎心豹心当做它的心。

qe ʂe tɕhia ȵia ɕie te kue wu ti te qhu wu （《羌族释比经典·劝慰》P. 1045）
头下 埋 和 身 使 弯 要 心 使 空 要
被压弯了枝头，树心也空了。

mi səkei tie zei zəkhei （《羌族释比经典·插旗》P. 1229）
不 知道 心 处 帮助
想不到时需提醒。

jinə ʁuadʐəi ʐuʐe tejye tshe koko jiu ʐete （《羌族释比经典·夫妻缘由》P. 878）
手指 五根 胸口 放 心 里面 想 闷慌
五根手指放在胸口上，心里闷得慌。

ʂəȵəu tɕeqə mə zə XeiXei anə pe （《羌族释比经典·驱死煞》P. 200）
石纽 之地 人 心 欢快 成 了
石纽群山有生机。

羌语该系列的"心"可能与以下语言"心"有关系。如：泰语 tsai²、老挝语 tsai¹、傣语 tsaɯ⁶、傣拉 tsaɯ¹、西傣 tsai、德傣 tsaɯ⁶、文马 tsəɣ¹。黄树先认为："侗台语此类词可能跟汉语'思'比较。"《说文·思部》："思，容也。"《论语·为政》："学而不思则罔，思而不学则殆。"宋 苏辙《六国论》："常为之深思远虑，以为必有可以自安之计。"《广韵·之韵》："思，息兹切。"其上古音，郑张尚芳构拟成 *sn，李方桂构拟成 *sjəɡ，王力构拟成 *sie。其中古音，郑张尚芳构拟成 *sɨɨ，邵荣芬构拟成 *sie，王力构拟成 *sɨə。

单音节首辅音可以是舌尖边音，有 lə，如：

mə zopə dʐəpʐə lə （《羌族释比经典·鼓的来历》P. 1133）

人 全寨 一条 心
全寨村民一条心。

羌语发边音的"心"可能与以下语言的"心"有关。如：养蒿 lu⁵⁵、比佬 ɫau⁵⁵、居佬 ɫei³¹、大佬 lɯm⁵⁵、三冲 ɫu⁵³、拉基 le³³、仫佬 ly³³、保黎 ɫa：u³、通黎 ɫa：u³。潘悟云认为，汉语"心"在藏缅语中的同源词有，景颇语的 sa³¹lum³³ "心脏"，载瓦语 nik⁵⁵lum²¹，格曼僜语 lɯm³⁵。① 《说文·心部》："心，人心。土藏，在身之中。象形。"《素问·痿论》："心主身之血脉。"《列子·汤问》："内则肝、胆、心、肺、脾、肾、肠、胃。"《广韵·侵韵》："心，息林切。"其上古音，郑张尚芳构拟成*slɯm，李方桂构拟成*sjəm，王力构拟成*siəm。其中古音，郑张尚芳构拟成*siIm，邵荣芬构拟成*siem，王力构拟成*siem。

羌语"心"单音节首辅音也可以是舌面音，有 tɕho、tɕie、ɕiə、ɕi，如

mupitha le aɕiɕi   tɕj tɕho te bʐe（《羌族释比经典·木吉珠和斗安珠》P. 83）
木比塔 个 一天天 的 心   中 想
木比天天自唠叨。

xomæxsi læ tɕie te dʑyi（《羌族释比经典·造天地》P. 231）
红满西 个 心 中 着急
女神心中甚着急。

ɕiə¹ khe ȵia zuə¹   ȵia mi ʁueli ȵio（《羌族释比经典·铁》P. 2105）
心 坏 和 坏主意 出 者 五里 驱赶
要驱除起坏心打坏主意的。

ȵio pei ge¹ tɕi ɕi qhua ge¹ we（《羌族释比经典·祛病驱邪》P. 1708）
绵羊 打 股 是 心 烂 股 是
绵羊受邪有瘟疫。

羌语这个系列的"心"也应该与汉语"心"有关。

羌语"心"可以说成单音节，单音节首辅音可以是双唇音，有 me，如：

ɣdʑie me ʂtɕie dzə ʂtɕie mi ʂəi（《羌族释比经典·木吉剪纸救百兽》

---

① 潘悟云：《汉语历史音韵学》，上海教育出版社 2000 年版，第 248 页。

P. 2246)
　　凡民 心 重　心　不　好 了
　　寨民残忍又贪婪。
　羌语 "心" 单音节首辅音也可以说成小舌音，有 ʁe，如：
　　pu ʁe tɕi ȵia dʑiχeŋa mi ʁueli ȵio （《羌族释比经典·铁》P. 2105）
　　坏 心 者 和 惹是生非 者 五里 驱赶
　　要驱除存心不良、惹是生非的。
　羌语 "心" 单音节首辅音还可以是复辅音，有 ɕtɕhi、ɕtɕie、ɤtɕhə、ʂtɕæ、ʂtɕei、ʂtɕi、ʂtɕie、stie、ʂtie、ʐtɕie，如：
　　mə ɕtɕhi mi na ȵi məsə na （《羌族释比经典·颂天神》P. 470）
　　人 心　眼 好 后 天神 知
　　人存好心天神知。
　　phu mi tsa mu ɕy mi tsa mu ɕtɕie ji mi tsa （《羌族释比经典·驱死煞》P. 1591）
　　衣　不 得 者 饭 不 得 者 心 的 不 得
　　所有孤魂野鬼都是心中不甘。
　　pən ʂə na ɤtɕhə mə χulu wa （《羌族释比经典·颂观音神》P. 486）
　　身体 和 心　人 出 来 啊
　　修身养性处处去。
　　pimi səu ʂtɕæ ʂtɕæ mi ɕiæ （《羌族释比经典·迟基格布》P. 2261）
　　父母 命　丧　心　不　甘
　　父母惨死心不甘。
　　me læ ʂtɕei ko ȵi ʐəusa （《羌族释比经典·敬木拉神》P. 460）
　　人 个 心　中 何 奢求
　　凡人何苦太奢求。
　　ʂtɕi qe dʑə læ tɕhy ʂe tsu ji （《羌族释比经典·造天地》P. 229）
　　心　上 事 个 就 来 装 了
　　就把此事放心上。
　　kue ʂtɕie ta kue mi ləu ji （《羌族释比经典·说父母》P. 973）
　　你　心　上 的 没 来 的
　　也没有流到你心里。
　　stie heti no tɕi lə tama （《羌族释比经典·斗安木吉结婚》P. 882）

心 里面 就 这 个 喜欢

一心一意喜欢他。

tɕimie mə ʂəi ɕie na ʂtie khue（《羌族释比经典·释比生肖论命》P. 2036）

妻子 人 好 身 闲 心 苦

妻子贤良，身闲心苦。

du no ʐtɕie mi səi ɲi me səu ʂtuæ（《羌族释比经典·送鬼》P. 2233）

鬼 你 心 不 好 且 人 命 拉

你动黑心要人命。

羌语"心"还可以用复音节表示，主要在单音节基础上增加一个词缀，有 xtie⁵⁵、mə⁵⁵、sti: mi、xtɕijmi、ɕti – næ、ɕtɕɪj mɪɛ、ɕi³¹ mi⁵⁵、ɕtɕi: mi、ke³³ me¹¹、tie⁵⁵ mu³¹、ɕtimi、xtiɲi、timi、ɕi³¹ mi³¹等形式，如：

khəbu ɕtimi na-m fiu（《热额纳羌语参考语法》P. 155）

他   心 好   是

他是好心人。

五 liver（肝）

《牛津高阶英汉双解词典》："liver, large organ in the abdomen that produces bile and purifies the blood." "liver"对应汉语"肝"，其在《百词表》中占第53位，在郑张尚芳《华澳语言比较三百核心词表》中居第106位，在黄布凡《藏缅语300核心词词表》中为二级核心词。

"肝"在羌语14个方言点发音如下：

桃坪：sie⁵⁵　　　　　　麻窝：si

蒲溪：si；tshu　　　　　曲谷：sæhæˀ

木卡：se　　　　　　　峨口：ʂə χɑ

萝卜寨：ɕi³¹ fiɑ⁵⁵　　　　荣红：sɑxɑ

绵虒：se³¹　　　　　　热额纳：ɕiɑ fiæ

永和：sɑfu　　　　　　小姓：sə

龙溪：ɕi⁵⁵ ʐa⁵⁵　　　　　杨柳：gantsi

羌语"肝"单音节词有两类，一类是单音节首辅音为舌尖音，有 se、səi、sei、tshu，如：

χɬaŋa ato khe se zu je khe ʐi na je（《羌族释比经典·克一部》P. 1220）

扇形 一扇 克肝 抓了 克住 好了
克的肝像扇子，被抓住了。

tshu mi læ nə səi mi læ nə （《羌族释比经典·惩治毒药猫》P. 1250）
肺 没 有 的 肝 没 有 了
既无肺也无肝。

ʂtie mi læ ɲi tshu mi læ ji （《羌族释比经典·木吉剪纸救百兽》P. 2249）
心 没 有 且 肝 没 有 的
没有心肝不是人。

sei ẓa ʂətɕhe da mu kə a mi qə pa （《羌族释比经典·给早饭》P. 1992）
肝子 取出 给 吃 去 要 没 好 的
张孝取出自身的肝子，给妈食用无好转。

羌语该系列"肝"词语与以下语言"肝"有关。藏语 mtɕhin、拉萨 tɕhi^{55}、巴塘 tɕhɨ^{55}、夏河 tɕhə、阿力克 ntɕhən、麻玛 tsi^{55}、文浪 tin^{55}、普米 tsue^{35}、吕苏 tsha^{35}、木雅 zə^{53}、纳木兹 si^{55}、扎坝 sei^{13}、史兴 suɛ^{53}、日戎 mtshi、格西 shi、格什扎 she、却隅 ze^{13}。白保罗将藏缅语族的"肝脏"构拟成"*m-sin"。羌语该系列词语显然与汉语"肝"没有关系。金理新认为："尽管藏缅语的'肝'跟汉语的'肾'语音相似，但是两者之间建立起声母对应关系却比较困难。因而，两者没有关系可能比较客观。"① 黄树先认为，"辛"与藏缅语之间有关系。② 白保罗也认为，汉语"辛"跟藏缅语的*sin相同：sien"辛"，藏缅语 m-sin"肝" < *sin"苦、酸"。③ 金理新认为藏缅语的*m-sin"肝"对应汉语的*syin"辛"，两者意义相差极大，是否确有关系需要进一步考证。我们赞同金理新的观点。

另一类是舌面音，有 ɕi，如：
qa ji tɕie ɕi təuŋæntʂ u le （《羌族释比经典·木吉珠和斗安珠》P. 88）
我 的 儿子 心肝 斗安珠 个
我的心肝宝贝儿。

羌语该词应该与"心"有关。语言中"心"与"肝"经常共

---

① 金理新：《汉藏语系核心词》，民族出版社2012年版，第223页。
② 黄树先：《汉语身体词探索》，华中科技大学出版社2012年版，第266页。
③ Benedict, P. K（白保罗）：*Sino-Tibetan: a Conspectus*, Cambridge University Printing House. 1972：174.

词。如：

印尼语 hati "肝，肝脏；心，心脏"。德语 Herz "心；心肝，宝贝"。塞尔维亚克罗地亚语 sr̆ce "心；心肝宝贝"。

羌语 "肝" 也可以在单音节基础上增加一个词缀，组成双音节词，有 sæhæ¹、ɕi³¹ɦa⁵⁵、ʂə Xɑ、sɑxɑ、ɕia ɦæ、sɑfu、ɕi⁵⁵ʐa⁵⁵，如：

wu tɕi seiʐa ʂətɕhe da mu kə a qə pa ma（《羌族释比经典·给早饭》P. 1991）

你 的 肝子 取出 给 吃 去 要 好 做 的

卦师又说道，要治阿妈的病痛，需食儿的肝子。

第八节 人工物核心词

"人工物" 指通常情况下需要经过人类的加工才可能产生的东西。《百词表》中人工物核心名词有三个：smoke（烟）、fire（火）、ash（灰）。

一 smoke（烟）

《牛津高阶英汉双解词典》："smoke, visible（usu white, grey or black）vapour coming from sth that is burning." "smoke" 对应汉语 "烟"，其在《百词表》中占第 81 位，在郑张尚芳《华澳语言比较三百核心词表》中居第 9 位，在黄布凡《藏缅语 300 核心词词表》中为一级核心词。

"烟" 在羌语 14 个方言点发音如下：

桃坪：ia³¹；mə³¹khuə⁵⁵　　　麻窝：jan；mu xu

蒲溪：je；ŋ khue　　　　　　曲谷：jen；muxu

松坪沟：ɕpiæ　　　　　　　　峨口：jɪn；mu Xu

萝卜寨：je⁵⁵；mu⁵⁵khu⁵⁵　　　荣红：jan；mə

绵虒：jian¹¹tsʅ¹³；mu¹¹khue³³；le³¹　热额纳：jæn；mux（muxu）

永和：mukhɨ　　　　　　　　小姓：mux

龙溪：mu³¹khu⁵⁵；mu⁵⁵qhu⁵⁵　　杨柳：mu Xu

羌语 "烟" 用单音节词语表示，可使用两种表达方式，第一种是汉语借词，有 ia³¹、jan、je、jen、jæn 等形式，如：

gæma dutʂ e mə je wei（《羌族释比经典·兄妹治人烟》P. 242）

远古 时候 人 烟 有
远古世间就有人烟。

ʂtʂ a³¹-ge³¹ wəl³¹-mi³¹-sə³¹ qa³¹-to⁵⁵ je³⁵ a³¹-pɑu³¹ zə³¹-ʐdɑ⁵⁵（《萝卜寨羌语语法研究》P. 81）
小　　　魏　　　我　　烟　一包　　向心　给
小魏送递给我一包烟。

第二种，单音节首辅音是双唇音，有 mə、mux、mex 等形式，如：

mə zəphu na qo zəqhu we（《羌族释比经典·兄妹治人烟》P. 609）
烟火 吹 了 围 成团 了
有了炊烟人团聚。

çosen mex tʂ he-s me-je（《热额纳羌语参考语法》P. 86）
学生 烟　抽　不 许可
学生不准抽烟。

羌语该系列"烟"词语可能跟汉语的"火"有关系。后文要专门分析"火"，在此就不赘述。

单音节首辅音也可以是舌尖音，有 da，如：

ɣesəi　mi　da the mikhesei（《羌族释比经典·熏烟》P. 1577）
神　　没　烟 熏 没有出
天神呀，没吉祥树熏烟，我看不出秽气。

羌语该用指"烟"的词应该与藏语"烟"有关。如：藏语 du、拉萨 thuo¹³、巴塘 ta¹³、夏河 to¹³、阿力克 to。金理新认为："依藏语的语词构成来看，藏语 du（-ba）可能是一个动词。"① 我们认为羌语该用指"烟"的词可能与汉语的"堗"有关系。《广雅·释宫》："窭谓之竈。其窗谓之堗。"汉刘向《说苑·权谋》："客谓主人曰：'曲其堗，远其积薪，不者将有火患。'"王念孙疏证："堗，通作突。"《汉书·霍光传》："臣闻客有过主人者，见其竈直突，傍有积薪，客谓主人，更为曲突，远徙其薪，不者且有火患。"晋葛洪《抱朴子·辨问》："突无凝烟，席不暇煖。"宋陆游《雨夜》诗："麦熟家家喜堕涎，龟堂依旧突无烟。"《广韵·没韵》："堗，陀骨切。"其上古音，郑张尚芳构拟成 *duud，李方桂构拟成 *dət，王力构拟成 *duət。其中古音，郑张尚芳构拟成 *duət，邵荣芬构

---

① 金理新：《汉藏语系核心词》，民族出版社2012年版，第261页。

拟成*duət，王力构拟成*dhuət。

羌语"烟"还可以用双音节词表示，有 mukhu、nəkhuə、məphu、muphu、məχa、məkə 等形式，如：

ni^{55} mia^{55} to^{31}-te^{31} mu^{31} khu^{55} la^{31}-mi^{55} zu^{31}-pa^{31}-sa^{31}（《语言接触视野下的南部羌语比较研究》P. 200）

眼睛　　　　烟子　　熏
眼睛被烟子熏得受不了。

bubu qətimuchu çi ma（《羌族释比经典·凶魔》P. 1742）

蚊虫 上面 烟 放 了
用烟去熏蚊子群。

dzua ȵi zu nətshə nəkhuə χua xpə^1（《羌族释比经典·迟基格布》P. 159）

兵 和 马 过后　烟　灰　兴起
兵马后面灰烟滚。

aqo muphu tʂ heiqo pa tçi wu tçi da çi（《羌族释比经典·送你到家》P. 853）

一家 烟火 百家 有 的 你 的 给了
能让一家烟火发百家的给了你。

tʂ heiqo məphu touqo pa tçi tsətçe datʂha（《羌族释比经典·送你到家》P. 856）

百家 烟火　千家 有 的 这样 发展
百家之上发千家。

məχa ʂətu miχa la ʂə（《羌族释比经典·葬礼词》P. 1039）

烟火 有时 人烟 也 有
有烟火就有人烟。

mə^{1}ə^1 lakə khua na du ma dathe（《羌族释比经典·熏烟》P. 1578）

炊烟 飞翔 凤凰 和 孔雀 没有 熏烟
凤凰孔雀没吉祥树熏烟不能飞翔。

məkə sei ȵy na la dathe thubu na qəsə wei（《羌族释比经典·熏烟》P. 1578）

烟子 出 狼 和 豺狼 烟熏 山包 就 头绪
灰狼豺狗被吉祥树熏烟才能奔跑。

根据羌语复音词的"烟",我们可以发现羌语用指"烟"还有一个词根,就是 khu 或者 khuə。这个词根应该与藏缅语的以下语言有关系。普米 skhiɯ[13]、吕苏 mkhɯ[53]、木雅 khə[55]、纳木兹 mkhu[31]、扎坝 khə、史兴 khuɛ[53]、卓戎 khə、格西 mkhə、格什扎 mkhə、观戎 mkhə[55]、贵琼 khi[31]、景颇 khut[31]、缅语 khɯ、纳西 khɯ[21]、傈僳 khu[31]、撒尼 khɯ[11]、彝语 khɯ[33]。白保罗将藏缅语该形式的"烟"构拟成 *kuw。金理新构拟成 *ku ~ *ku-d。羌语该形式的"烟"可以和汉语"气"相比较。《说文·气部》:"气,云气也。象形。"段玉裁注:"像云起之貌。"《墨子·号令》:"巫祝史与望气者,必以善言告民,以请上报守。"南朝宋谢惠连《泛湖归出楼中翫月》诗:"斐斐气幕岫,泫泫露盈条。"唐杜甫《秋兴》诗之五:"西望瑶池降王母,东来紫气满函关。"《广韵·未韵》:"气,去既切。"其上古音,郑张尚芳构拟成 *khɯds,李方桂构拟成 *khjədh,王力构拟成 *khiət。其中古音,郑张尚芳构拟成 *khiɨi,邵荣芬构拟成 *khiəi,王力构拟成 *khɨəi。

二 fire(火)

《牛津高阶英汉双解词典》:"fire, burning that produces light and heat." "fire"对应汉语"火",其在《百词表》中占第 82 位,在郑张尚芳《华澳语言比较三百核心词表》中居第 10 位,在黄布凡《藏缅语 300 核心词词表》中为一级核心词。羌语该语义场成员如下:

"火"在羌语 14 个方言点发音如下:

桃坪:mi[33]　　　麻窝:mə

蒲溪:mə　　　　曲谷:mə

松坪沟:mu　　　峨口:mə

萝卜寨:mu[55]　　荣红:mə

绵虒:mu11;mu[55]pia[31]　热额纳:mu

永和:mu　　　　小姓:mu

龙溪:mu[55]　　　杨柳:mu

羌语"火"可以用汉语借词,有 fæ、fu,如:

kuɳi qa ji te fæ pu ɳi te tʂ hu pu ji(《羌族释比经典·治妖》P. 1289)
母舅 家 的 来 火 做 见 来 踢 做 了
母舅对男方发火且责咒。

tsuqoɕi ȵia fu jiɕi nə tɕio mi qa kə dʐu mi qa （《羌族释比经典·颂神禹》P. 191）

水神 和 火 神 的 见 不 得 的 一起 不 行

火神水神是冤家。

侗台语的火与之关系密切。如泰语 fai²、西傣 fai²、德傣 fai²、龙州 fai²、武鸣 fai²、柳江 fi²、布依 fi²、临高 vəi²、侗南 pui¹、侗北 wi¹、水语 vi¹、毛南 vi¹、莫语 vəi¹。金理新认为："语词'火'是区别侗台、苗瑶、藏缅三个语族的一条明确标准。"根据羌语文献材料，我们认为羌语该双唇擦音的"火"与侗台语关系更密切。

羌语"火"也可以用单音节表示，单音节首辅音可以是双唇鼻音和双唇塞音，有 ma、mə、mo、mu、phei，如：

ʁomu atshu phu ma tʂu （《羌族释比经典·安顿三界》P. 1624）

三岔口 一堆 篝 火 来

三岔口烧一堆篝火。

ɕili ʐguqhəu mə əˈ ʂpe ji （《羌族释比经典·木吉珠和斗安珠》P. 104）

火地 九槽 火 来灭 了

大雨倾盆把火灭。

dʑe tsətsə mo anə pha （《羌族释比经典·结拜兄弟》P. 742）

野兽 肉烤 火 一堆 烧

烧了一堆火，准备烤野兽肉吃。

mu aka təphu be ʂəkhu （《羌族释比经典·送花盆》P. 1833）

火 一点 吹 花盆 送走

烧起一堆火送花盆。

ɕa phei kəukəu ŋajitshei （《羌族释比经典·铁三足》P. 2069）

烧 火 这方 阿衣神

烧火这方阿衣神。

羌语该类用指"火"的词，与藏缅语"火"来源相同。如：藏语 me、拉萨 me¹³、巴塘 ŋe⁵³、夏河 ŋe、阿力克 mŋe、麻玛 me³⁵、文浪 me³⁵、普米 pe³⁵、吕苏 me³⁵、木雅 mə³⁵、纳木兹 mi⁵⁵、史兴 ŋɜ³⁵、贵琼 mi³¹、博嘎尔 mə、义都 mɑ⁵⁵、缅语 mi、阿昌 ni³¹、仙岛 n³¹、彝语 mu³³、撒尼 m¹¹、哈尼 mi³¹、纳西 mi³³、扎坝 ŋA¹³。羌语该系列词可以和汉语"火"相比较。《说文·火部》："火，燬也。南方之行，炎而上。

象形。凡火之属皆从火。"《尚书·盘庚上》:"若火之燎于原,不可向迩。"孔传:"火炎不可向近。"《史记·项羽本纪》:"烧秦宫室,火三月不灭。"《广韵·果韵》:"火,呼果切。"其上古音,郑张尚芳构拟成 *qhwaalʔ,李方桂构拟成 *hwərx,王力构拟成 *xuai。其中古音,郑张尚芳构拟成 *xua,邵荣芬构拟成 *xua,王力构拟成 *xua。白保罗将藏缅语的"火"构拟成 *mey。

以上形式的"火",羌语还可以发成舌尖前鼻音,有 nə,如:

setiko nə adəi nəti dzu adəi (《羌族释比经典·家里发咒》P. 1092)
柴来 火 生下 火来 土 生下
木能生火火能生土。

单音节首辅音可以是舌尖音,有 tie、rə,如:

lə rə ȵisəti guam eçe (《羌族释比经典·敬神》P. 340)
水 火 三元三品 三官 大地
水火三元三官大地。

dzədʐo tie ʐa ji wuo çi ma na wuo çi (《羌族释比经典·还天晴愿》P. 690)
四周 火 塘 左 转 是 吗 右 转 是
凡民火塘的四周,从左起或从右起。

羌语该类词应该与苗瑶语"火"有关系。如:养蒿 tu[11]、先进 teu[21]、石门 dey[33]、高坡 tə[31]、摆托 tau[44]、枫香 tɛ[12]、瑶里 tiu[44]、腊乙坪 tə[33]、文界 tfiɣ[42]、长垌 tau[31]、多祝 thɔ[42]、梅珠 tu[231]、三只羊 to[31]、陶化 to[33]、黄洛 tou[31]、小寨 to[22]、江底 tou[231]、湘江 təu[232]、罗香 tou[213]。金理新认为,苗瑶语的"火"对应汉语的"燥"。《说文·火部》:"燥,干也。"《易·干》:"同声相应,同气相求。水流湿,火就燥。"孔颖达疏:"火焚其薪,先就燥处。"北周庾信《和裴仪同秋日》:"霜天林木燥,秋气风云高。"明宋应星《天工开物·治丝》:"凡供治丝薪,取极燥无烟湿者,则宝色不损。"《广韵·晧韵》:"燥,苏老切。"其上古音,郑张尚芳构拟成 *saawʔ,李方桂构拟成 *sagwx,王力构拟成 *so。其中古音,郑张尚芳构拟成 *sau,邵荣芬构拟成 *sau,王力构拟成 *sau。

羌语"火"单音节首辅音还可以是舌面音,有 dʑui,如:

gusagu dʑui da qho kə na qho miqa (《羌族释比经典·给早饭》P. 1992)

九十九 火 去 打 去 的 打 不行
打了九十九枪，只见凤凰打不着。
该词应该与发舌尖音的"火"有关系。
单音节首辅音还可以是舌根音、小舌音，有 ŋə、qho、qu、ꭓo，如：
ŋə ŋa pə adə pa（《羌族释比经典·释比生肖论命》P.2030）
火 牛 年 出生 时
火牛年生者命运论。
adʑy qho sə pieȵi tshə ba adze qua sə（《羌族释比经典·赤》P.2001）
一炮 火 的 野猪 肥 的 一头 打 了
野猪倒于炮火声。
ɕiphʐəi qu ʂtei mu ɤdʑio te ɤzə so（《羌族释比经典·说母亲》P.967）
白铁 火钳 火洞 来 开 了
用白铁火钳刨开了火。
ŋodʐo tɕezа ŋo mu ɕya ȵia ɕyo ꭓo ʂkhe（《羌族释比经典·颂神禹》P.192）
银打 刀子 银 光 闪 和 亮 火 闪
银刀舞动冒银光。
羌语该类"火"应该与现代汉语方言的"火"有关系。济南 xuə[55]、苏州 həu[51]、杭州 hɔ[53]、扬州 xo[51]、成都 xo[53]、柳州 ho[54]、西安 xuo[53]。
羌语"火"还可以用双音节来表示，有 muqe、muʁo、muʑi，如：
muqe ꭓsəi læ ɤdʑie me ʐəi ʐda ji（《羌族释比经典·敬火神》P.435）
火 神 呢 凡 民 福 赐 了
火神赐福人生存。
patʂa se muʁo se tiphu se miæʁue se（《羌族释比经典·敬神》P.323）
巴扎 神 火 神 迪普 神 绵卫 神
牛王神，火神，斗安神，木吉神。
muʑi mi ŋu tʂha dʑy qua sə（《羌族释比经典·赤》P.2001）
火 是 的 火钳 拿 闹 了
拿着火钳胡乱戳。

三 ash（灰）

《牛津高阶英汉双解词典》："ash, powder that remains after sth

（esp tobacco, coal, etc）has burnt." "ash"对应汉语"灰"，其在《百词表》中占第83位，在郑张尚芳《华澳语言比较三百核心词表》中居第11位。本语义场主要考察经过燃烧后形成的"灰"。

"灰"在羌语14个方言点发音如下：

桃坪：mə³³ bʐi²⁴¹　　　　麻窝：tɕiɕibuʐ
蒲溪：m bʐəi　　　　　　曲谷：muʁu¹
松坪沟：　　　　　　　　峨口：tɕu xu bu ʐu
萝卜寨：be³¹zu³¹　　　　荣红：tɕu xu bu ʐu
绵虒：tɕie³³ pe¹¹ zɭ¹¹　　热额纳：bəʐ
永和：kyʐy　　　　　　　小姓：kitɕhiwuʐ
龙溪：χə³¹pu³¹　　　　　杨柳：wuʐi

羌语"灰"可以用单音节词表示，单音节首辅音可以是双唇音，有phu、bə¹、bəʐ 及龙溪方言中的 pu，如：

phu phu ȵia te təta da so （《羌族释比经典·劝慰》P. 1052）
撒 灰 样 的 消失 去 了
像撒灰一样被风吹走了。

dʑiexutsuə tɕietshə bə¹ təpa （《羌族释比经典·解除邪魔》P. 1898）
病鬼　　　全部　灰尘 变成
病鬼一炬化灰烬。

羌语发唇音的"灰"可能与以下语言的"灰"有关系。如：侗南 phuk⁹、侗北 pu³、仫佬 pu³、水语 vuk⁷、毛南 vuk⁷、佯僙 vuk¹⁰、锦语 vok⁹、莫语 vuk⁷、标语 phɑu³。

单音节首辅音可以是舌尖音，有 ʐu，如：

Xulə ʐito bu ʐu Xa tɕhya tshu nə bʐa （《羌族释比经典·绵虫》P. 1696）
法堂　之上　灶灰　成 堆 山 样 大
法堂上绵怪已烧成灰。

羌语用指"灰"的该词可能与以下语言中的"灰"关系密切。如：高坡 sho¹³、摆托 su¹³、多祝 si³³、梅珠 sa⁵⁴、览金 sa：i⁵³、东山 swai³⁵、枫香 ɕou⁵³。

单音节首辅音还可以是小舌音，有 Xua，如：

dʐua ȵi ʐu nətshə nəkhuə Xua xpə¹ （《羌族释比经典·迟基格布》

P. 159）

兵 和 马 过后 烟 灰 兴起
兵马后面灰烟滚。

羌语该词可能与汉语"灰"有关系。《说文·火部》："灰，死火余尽也。"《周礼·地官·掌炭》："掌灰物炭物之征令，以时入之，以权量受之，以共邦之用。"《礼记·月令》："〔仲夏之月〕毋烧灰。"郑玄注："火之灭者为灰。"《史记·龟策列传》："不信不诚，则烧玉灵，扬其灰，以征后龟。"唐韩愈《咏雪》："鲸鲵陆死骨，玉石火炎灰。"《广韵·灰韵》："灰，呼恢切。"其上古音，郑张尚芳构拟成 *hmɯɯ，李方桂构拟成 *həg，王力构拟成 *xə。其中古音，郑张尚芳构拟成 *xuAi，邵荣芬构拟成 *xuɒi，王力构拟成 *xuɒi。

羌语"灰"也可以用双音节词表示，有 buẓu、məwu、muɤu¹、kyẓy、Χə³¹pu³¹、be³¹zu³¹、mə³³bẓi²⁴¹ 等形式，如：

mu gəu buẓu bu ɦa sua （《羌族释比经典·蜜蜂颂》P. 2116）
灶 塘 灰 蜂 来 封
调好灶灰封坛口。

jetsə tɕipa məwu pai （《羌族释比经典·面人将军》P. 1366）
住的 房子 灰 变成
住人的房子变成了灰。

第九节 星际自然物核心词

本节所讲"自然物"指大自然中不经人力故意所为而形成的事物，包括星际自然物和地球自然物。在《百词表》中，星际自然物包括：sun（日）、moon（月）、star（星）、rain（雨）、cloud（云）、night（夜）。地球自然物包括：water（水）、stone（石）、sand（沙）、earth（地）、path（路）、mountain（山）。两者凡 12 个词语，下面按类别分别探讨。

《说文解字·叙》："古者庖犧氏之王天下也，仰则观象于天，俯则观法于地，视鸟兽之文与地之宜，近取诸身，远取诸物，于是始作易八卦，以垂宪象。"[①] 观察天际是人类在生活中经常发生的活动之一，对天际中

---

① （汉）许慎：《说文解字》，中华书局 2013 年版，第 20 页。

的可视现象进行记录、描写也就成为人类自然的事情。在《百词表》中包含 6 个星际核心词。

一 sun（日）

《牛津高阶英汉双解词典》："sun,（also the sun）[sing] the star around which the earth orbits and from which it receives light and warmth." "sun" 对应汉语 "日/天阳"。其在《百词表》中占第 72 位，在郑张尚芳《华澳语言比较三百核心词表》中居第 2 位，在黄布凡《藏缅语 300 核心词词表》中为二级核心词。

"日/太阳"在羌语 14 个方言点发音如下：

桃坪：$ma^{33} sɿ^{55}$　　　　　麻窝：mun

蒲溪：mesə　　　　　　　曲谷：mujaq

松坪沟：məȵi　　　　　　峨口：mu juχ

萝卜寨：$mu^{31} ȵi^{55}$　　　　　荣红：mə si

绵虒：$me^{11} dzɿ^{33}$；$me^{31} si^{55}$　热额纳：muj jiq muȵi

永和：məɕi　　　　　　　小姓：məɣȵ

龙溪：$mu^{31} ȵi^{31}$；$mu^{31} ɕi^{31}$　杨柳：muɕia

羌语 "太阳" 可以用单音节表示，单音节首辅音可以是舌面音，有 jam、jim、jym，如：

kəte　hatʂ ə jam dzə nətɕi（《羌族释比经典·青稞根源》P. 2179）
往下 照射 太阳 青稞 敬
给天上的太阳敬青稞。

ʁamu lə ʂ jim xɬe ʂuæ ȵu nə ɕiæ（《羌族释比经典·天宫龙潭》P. 372）
眼睛 的 太阳 月亮 喻 的 有
喻的眼睛像太阳和月亮。

jym ɕytʂ u wæ tɕi wəi（《羌族释比经典·唱是非》P. 1421）
太阳 魂魄 光辉 的 是
太阳的魂魄在于光辉。

羌语这个系列的 "日/太阳" 应该与汉语 "阳" 有关系。《说文·阜部》："阳，高明也。"《尚书·禹贡》："岷山之阳，至于衡山。"《公羊传·僖公二十二年》："宋公与楚人期战于泓之阳。"何休注："泓，水名。水北曰阳。"晋陆机《赠从兄车骑》诗："髣髴谷水阳，婉娈崑山阴。"唐韩愈《送李愿归盘谷序》："太行之阳有盘谷。盘谷之间，泉甘而土肥，草木藂茂。"旧注："太行，山名，在怀州。阳，南也。"后来引申可以指"太阳"。《诗经·小雅·湛露》："湛湛露斯，匪阳不晞。"毛传："阳，日也。"《楚辞·远游》："阳杲杲其未光兮，凌天地以径度。"王逸注："日耀旭曙，旦欲明也。"洪兴祖补注："《诗》云：杲杲日出。"南朝宋谢灵运《石壁精舍还湖中作》诗："出谷日尚早，入舟阳已微。"《广韵·阳韵》："阳，与章切。"其上古音，郑张尚芳构拟成 *laŋ，李方桂构拟成 *raŋ，王力构拟成 *ʎiaŋ。其中古音，郑张尚芳构拟成 *jɤŋ，邵荣芬构拟成 *iaŋ，王力构拟成 *jiaŋ。

单音节首辅音还可以是舌尖鼻音，有 nə，如：

muta ʁueko nə dʐe tə χle dʐe χe jie dʐe ko tɕio jie（《羌族释比经典·顺》P. 2214）

天宫 庭内 太阳 顺利 之 月亮 顺利 好 了 顺利 的 看见 了

天空中太阳顺利，月亮顺利，一切顺利。

羌语这个表示"日/太阳"的词与以下语言的"火"有关系。如：藏语 ȵi-ma、拉萨 ȵi¹³、巴塘 ni¹³、夏河 ȵə、阿力克 ȵə、日戎 ŋi、扎坝 ŋA⁵⁵、木雅 nə²⁴、史兴 ȵe⁵³、吕苏 ȵi³³、缅语 ne²、阿昌 ni³¹、仙岛 n³¹、怒苏 ȵi³³、彝语 ȵi¹¹、哈尼 nɔ⁵⁵、拉祜 ni³³、基诺 nyɯ⁴²。羌语该词应该与汉语"日"有关系。《说文·日部》："日，实也，太阳之精不亏。"《易·系辞下》："日往则月来，月往则日来。"南朝齐谢朓《郡内高斋闲坐答吕法曹》诗："日出众鸟散，山暝孤猿吟。"唐李白《古风》之二八："草绿霜已白，日西月复东。"宋王得臣《麈史·真伪》："猎者尝取麝粪，日干之。"清姚鼐《登泰山记》："日上，正赤如丹，下有红光。"《广韵·质韵》："日，人质切。"其上古音，郑张尚芳构拟成 *njig，李方桂构拟成 *njit，王力构拟成 *ȵiet。其中古音，郑张尚芳构拟成 *ȵziɪt，邵荣芬构拟成 *ȵziet，王力构拟成 *ȵziet。白保罗将藏缅语的"太阳"构拟成 *niy ~ *nəy，金理新将藏缅语的"太阳"构拟成 *ni ~ *g-ni。

单音节首辅音也可以是双唇鼻音，有 mæn、me、mu、mə，如：

məta ʁueko mæn te¹ χɬə χe ə¹ je（《羌族释比经典·尔一部》P. 1919）

天空 之中 太阳 起 月亮 中 尔 的

尔让天空中的太阳和月亮照亮世间万物。

羌语复音词中的词根主要采用该形式，这个形式与上面舌尖鼻音的来源应该是一致的。详见上文。

羌语双音节词有 jeme、jemə、jemu、jimə、jimu、jymə、li əˈ、mænə、mæni、məɕi、mehə、məmi、menə、meȵi、məȵi、məŋy、mese、mesə、məsi、mətɕi、məʑi、miɕi、muɕi、muni、muȵi、zəpəɪk、zəpu 等形式，如：

kəte etʂ ə jeme ŋuŋ（《羌族释比经典·敬神》P.335）
白天 照射 太阳 是
像白天照射的太阳。

qəte etʂ ə jemə（《羌族释比经典·开坛》P.359）
白天 照射 太阳
白天照射的太阳。

jemu ləs tʂ hu te ɕæ（《羌族释比经典·解秽》P.1331）
太阳 有了 送 过去
送去有太阳的地方。

mutu jimə jiwu kədʐə miluwei（《羌族释比经典·唱是非》P.1959）
天上 太阳 去了 求雨 没有下
天上太阳神没有给雨水。

jimu mənə ʁua mənə ji ɕy detshu（《羌族释比经典·魂起来》P.998）
太阳 威力 照射 威力 就 魂 起来
太阳没有光热，释比就魂招回来了。

jye mələ sə jymə ɬe ʂua jyenə tɕæ（《羌族释比经典·唱狐狸》P.1341）
狐狸 眼睛 神 太阳 月亮 狐狸 送
狐狸眼睛就像太阳和月亮一样。

li əˈ tsho we ʁua əˈ so tɕhi əˈ so（《羌族释比经典·还愿》P.598）
太阳 落山 了 转 回 家 也 会 迟
太阳落山转回家。

mænə miŋue ȵiɴa dʐəkəi（《羌族释比经典·招财》P.2207）
太阳 不是 很强 照射的
不是太阳照射却光芒万丈。

mæni mi ŋu ȵioȵa dʐo zə khei（《羌族释比经典·解秽》P.518）
太阳 不 是 太阳 一样 过 要
太阳亮光照耀。

məçi khakha bo dʐi ça（《羌族释比经典·鼓的来历》P. 1133）
　　太阳 暖和 鼓 晒 要
　　暖和的太阳要晒鼓。
mehə tsuzəi sephʐei sə je（《羌族释比经典·罪一部》P. 1928）
　　太阳 底下 羊骨 看 了
　　阳光下看了占羊骨卜的人。
məmi ada stə kutseȵi pimia wo stie（《羌族释比经典·迟基格布》P. 171）
　　太阳 落山 地方 看去后 父母 给 敬
　　面朝西方祭父母。
menə tsuzəi səphʐei sə ki（《羌族释比经典·劝慰》P. 1048）
　　太阳 底下 羊骨卜 看 去
　　在太阳底下看过羊骨卜。
meȵi tshota ʂtə ʂtə gəu（《羌族释比经典·取火种》P. 270）
　　太阳 方向 直 直 走
　　径直朝着太阳行。
məȵi tədʐye tsha ʂə tʂ he（《羌族释比经典·敬天地谢神恩》P. 836）
　　太阳 升起 羊 去 放
　　太阳升起羊出圈。
məȵy fiətu dʐi hətui（《羌族释比经典·甩镰刀》P. 1451）
　　太阳 下面 凡民 下面
　　太阳下面居凡民。
mese əçy ȵimə na lu（《羌族释比经典·颂天神》P. 471）
　　太阳 照 后人 好 来
　　祥辉照耀民乐业。
suqxɬə hanʐgu mesə xsəd（《羌族释比经典·说节日》P. 2224）
　　冬月 十九 太阳 敬
　　冬月十九敬太阳。
məsi misi nəta de atshua（《羌族释比经典·释比击鼓作法》P. 1790）
　　太阳 不晒 天上 雾 笼罩
　　太阳不明天下雾。
mətçi tçitçə ȵia ləzə we（《羌族释比经典·还愿》P. 597）

太阳 这里 啥 杉杆 有
阳光下的杉杆很迷人。
məʑi pa tsəpatɕi ʐahɲi （《羌族释比经典·祝酒词》P.899）
太阳 样 就这样 通红。
就像太阳红彤彤。
miɕi kətədʐye stə du （《羌族释比经典·家里作法符》P.1080）
太阳 刚升起 地方 说
向太阳刚升起地方。
tʂ huɫə muɕi dʐəqu le （《羌族释比经典·敬天地谢神恩》P.1362）
六月 太阳 强劲 照
六月太阳强照射。
muni dʐə tɕi ɕya tsho ge¹ （《羌族释比经典·祛病驱邪》P.1706）
太阳 邪 受 亮 落 一股
太阳受邪无光明。
muɲi losə tsuɲi lo ɕa （《羌族释比经典·通灵》P.1784）
太阳 升处 祖师 来 要
太阳升处师祖来相助。
tshæ pæ ze se χa tsep ætsuætɕil zəpə¹k （《羌族释比经典·送公羊》P.1506）
羊 猪 兔 三 同 今天 触犯 太阳
今年未卯亥犯太阳。
zəpu akə zəpu miʑə （《羌族释比经典·送瘟神》P.1349）
太阳 星 太阴 星
八卦推算太阳星和太阴星。

二 moon（月）

《牛津高阶英汉双解词典》："moon, the natural body that moves round the earth once every 28 days and shines at night by light reflected from the sun." "moon"对应汉语"月/月亮"。其在《百词表》中占第73位，在郑张尚芳《华澳语言比较三百核心词表》中居第3位，在黄布凡《藏缅语300核心词词表》中为一级核心词。

"月/月亮"在羌语14个方言点发音如下：

桃坪：çy³³ çya⁵⁵　　麻窝：tʃhə ʂa
蒲溪：xluçya　　　　曲谷：xɬuçy
松坪沟：Xɬuço　　　峨口：çu ʂaX
萝卜寨：Xe³¹ çua⁵⁵　　荣红：çisue
绵虒：ɬə¹¹　　　　　热额纳：ləçye
永和：ɬəçuæ　　　　　小姓：Xɬuçua
龙溪：sʅ³¹ çya³¹　　　杨柳：Xeçua

羌语"月/月亮"主要使用复音词表示。根据查询"羌语文献语料库"及语言调查的数据，羌语"月亮"的词根主要有 ɬə、lə 或者在这些词根前增加一个前缀音构成复辅音，有 xɬe、xɬə、Xlə、Xɬə、Xɬəu、tçhəu，如：

muta ke nə xɬe ȵia menə ŋu səçi （《羌族释比经典·劝慰》P. 1044）
天上 走 的 月亮 和 太阳 你 知道
都知道天上运行的太阳和月亮。

xɬə çyæ tsuzəi ʂmole təu ki （《羌族释比经典·劝慰》P. 1048）
月亮 底下 羊毛卜 丢 去
又在月亮底下看了羊毛卦。

jimu duaȵa Xlə phʐi due （《羌族释比经典·我说喜事》P. 866）
喜 留下 月亮 白馍 下面
白色的月亮馍留下喜。

məta ʁueko mæn teˈ Xɬə Xe əˈ je （《羌族释比经典·尔一部》P. 1919）
天空 之中 太阳 起 月亮 中 尔 的
尔让天空中的太阳和月亮照亮世间万物。

mesə Xɬəuçyæ ɣdʐepæ Xsəi （《羌族释比经典·敬日月星辰》P. 452）
太阳 月亮 星辰 神
日月星辰皆神灵。

羌语这些用指"月亮"的词与以下语言的"月亮"有关。如：普米 ɬi⁵⁵、吕苏 ɬæ³³、木雅 ɬe³³、纳木兹 ɬi⁵⁵、扎坝 ɬe³³、史兴 ɬa³³、卓戎 la、格西 ɬə⁵⁵、贵琼 le⁵⁵、缅语 la、阿昌 lɔ³¹、仙岛 lɔ³¹、载瓦 lo⁵⁵、浪速 lɔ⁵⁵、彝语 ɬo²¹、撒尼 ɬa⁴⁴、哈尼 la³³、墨脱 la、独龙 la⁵⁵、阿侬 la⁵⁵、达让僜 lo⁵⁵。

黄树先认为："汉语的'夕'对应缅文的 la¹ 月亮、月份。"① 羌语这个系列的词也应当与汉语的"夕"有关。《说文·夕部》："夕，莫也。"《诗经·小雅·北山》："偕偕士子，朝夕从事。"《左传·昭公元年》："君子有四时：朝以听政，昼以访问，夕以脩令，夜以安身。"晋陶潜《咏贫士》诗之一："迟迟出林翮，未夕复来归。"唐韩愈《感春》诗之五："朝明夕暗已足叹，况乃满地成摧颓。"《广韵·昔韵》："夕，祥易切。"其上古音，郑张尚芳构拟成 *ljaag，李方桂构拟成 *rjiak，王力构拟成 *zyak。其中古音，郑张尚芳构拟成 *ziɛk，邵荣芬构拟成 *ziæk，王力构拟成 *ziɛk。

羌语"月亮"单音词首辅音还可以用舌面音，有 tɕhəu、ɕi，如：

tɕhəu phei mutshu di təʁua sa（《羌族释比经典·吉祥语》P. 846）
月亮 馍 后面　吉祥 说 了
又说月亮馍吉祥语。

这类词的来源我们认为也和上面一类相同。与之相似的还有，纳西 xe³³、嘎卓 xa³³、拉祜 xa³³。

羌语"月/月亮"还可以用双音节词语表示，有 lə ʂua、ȵiphu、səɕya、səphi、ʂ ue ʂ ua、ʂ uə ʂ ua、ʂ u ʂ ua、tʂ hətsə、xləɕya、xɫəɕyæ、xɫeɕye、xləphi、xɫephi、xɫəphi、xɫesua、xɫe ʂ uæ、Xephe、Xephzִe、Xɫeɕya、Xɫesua、Xɫəuɕyæ、Xephzִe、sȵ³¹ɕya³¹ 等形式，如：

lə ʂua təlo bo lo pu kə qhəu kə ʁua（《羌族释比经典·还愿》P. 804）
月亮 上来 鼓 来 做 的 猫头鹰 的 帮
如鼓样圆的月亮升起，猫头鹰帮着释比记忆。

hæto fieʈʂ ə ɫe ʂua xsə jyenə tɕæ（《羌族释比经典·唱狐狸》P. 1339）
晚上 出来 月亮 神 狐狸 送
把狐狸送到月亮神出来的地方。

lo ʂua ka mia bo ka mia（《羌族释比经典·软虫》P. 1072）
月亮 根 软虫 鼓 根 软虫
月亮软虫鼓样圆。

ȵiphu lə tɕi ɕya ləzə we（《羌族释比经典·还愿》P. 597）
月亮 杉 的 亮 杉杆 有

---

① 黄树先：《汉语身体词探索》，华中科技大学出版社 2012 年版，第 220 页。

月下杉杆染银光。

mutu səçya （《羌族释比经典·敬奉诸神》P. 399）

天上 月亮

天界上面有月亮神。

səphi xawo tʂ ha tsəwa （《羌族释比经典·送瘟神》P. 1346）

月亮 转回 送 回来

月亮转回接回来。

ʂue ʂua de ti kuəʐu dʑietsə mustia （《羌族释比经典·释比击鼓作法》P. 1790）

月亮 云 被 遮住 夜间 黑暗

月亮遮住夜不明。

tshiçi mən̠i ʂuə ʂua lekə ʂua （《羌族释比经典·结婚打煞》P. 909）

三次 太阳 月亮 光芒 照

三拜日月华光照。

tʂ hətsə pesə ʁue pe ʂə sə çetʂ e çie （《羌族释比经典·向神通明》P. 410）

月亮 出处 围 白石 来 三排 砌

月亮升处围白石来砌基脚。

xɫeçya Xæwuˈ jalə ʁadesa （《羌族释比经典·撵妖魔》P. 1568）

月亮 协助 痛恨 戳穿

月亮神协助我释比施法将妖魔戳穿了。

xɫeçye ʁaçya bada çy zəwei （《羌族释比经典·喊回魂魄》P. 1511）

月亮 透亮 地方 魂 喊回

月亮升起地方魂喊回来了。

xɫephi mi dathai ʂue mi lyæ （《羌族释比经典·打醋坛》P. 527）

月亮 不 唱诵 亮 不 来

没诵唱经月亮无光辉。

menə fiəda xɫəçyæ xæləu （《羌族释比经典·取火种》P. 269）

太阳 下落 月亮 出来

太阳落了月亮出。

xɫəphi təti me ʂuejy （《羌族释比经典·结拜兄弟》P. 736）

月亮 升起 没 亮了

月亮升起也没光了。

xɫəphi tɕie jy ʂue tɕie jy（《羌族释比经典·天宫龙潭》P. 369）
月亮 照 了 皎洁 照 了
月亮出来洁白明亮。

xɫəsuæ ʁa sua bado ɕy zəwa（《羌族释比经典·喊魂魄》P. 1513）
月亮 升 亮 山坡 魂 喊了
月亮升起的山头，释比我将魂喊回了。

ethiethi xɫe ʂua pai（《羌族释比经典·绷鼓》P. 1125）
弯弯 月亮 像了
弯弯的就像月亮。

ʁamu ləs jim xɫe ʂuæ ȵu nə ɕiæ（《羌族释比经典·天宫龙潭》P. 372）
眼睛 的 太阳 月亮 喻 的 有
喻的眼睛像太阳和月亮。

hato etʂ ə xlu ʂua（《羌族释比经典·开坛》P. 359）
晚上 出来 月亮
晚上出来的月亮。

Xephe ge¹ da que dʐə we（《羌族释比经典·祛病驱邪》P. 1706）
月亮 一股 去 遮邪 了
月亮受到邪不发光。

Xephʐe miwu zə tsə di ȵia dʐətɕi di（《羌族释比经典·颂神禹》P. 216）
月亮 不是 又 圆 和 凡间 圆
您像圆月照凡民。

Xleɕya mənə ɕya məna te dəpe（《羌族释比经典·唱德》P. 757）
月亮 威力 亮 威力 德 迎接
月亮神明亮显神威，迎接德呀。

muta Xɫəuɕyæ menə ɕyædʐə pu（《羌族释比经典·还愿》P. 820）
天上 月亮 太阳 光芒 做
天有日月放光芒。

三 star（星）

《牛津高阶英汉双解词典》："star, any one of the distant bodies appearing as a point of light in the sky at night." "star" 对应汉语 "星"。其

在《百词表》中占第 74 位，在郑张尚芳《华澳语言比较三百核心词表》中居第 4 位，在黄布凡《藏缅语 300 核心词词表》中为一级核心词。

"星"在羌语 14 个方言点发音如下：

桃坪：χdʑe³³ pe⁵⁵　　　　麻窝：ʁdʑə

蒲溪：ʁdʑəpa；χdʑepæ　　曲谷：ɤdʑə

松坪沟：ɤdʑə　　　　　　峨口：ʁdʑə/ʁrə

萝卜寨：dʑu³¹pe³¹　　　　荣红：ʁdʑə

绵虒：ze³³；dʑə³¹　　　　热额纳：ʁdʑə

永和：dʑə　　　　　　　　小姓：ʁdʑə

龙溪：dʑə³¹pa³¹　　　　　杨柳：ʁdʑə

羌语"星"可以用单音节表示，单音节首辅音可以是单辅音，单辅音的首辅音可以是舌尖音，有 dʑe、dʑə、dʑo、ze³³、dʑə³¹、dʑəɹp、dʑəm，如：

hephʑe koko dʑe ʂəpie jye（《羌族释比经典·我说喜事》P. 867）
相会 里面 星星 孵出 了
相会那天星星孵出来了。

dʑo tʂ hi qə mapia wu nə（《羌族释比经典·还愿》P. 592）
星 出 的 天帝 是 啊
星宿出没因天神。

dʑə le χakei ɕya zdi kei（《羌族释比经典·根治流产》P. 1308）
星星 岚气 驱散 光亮 雾 散
天亮时岚气驱散，雾也散。

dʑə¹p ɕytsu waˈ tɕi wəi（《羌族释比经典·招回魂魄》P. 1422）
星星 魂魄 天宇 的 是
星星的魂魄在于天宇。

dʑəm kuatɕi tʂ hu te ɕæ（《羌族释比经典·敬日月星辰》P. 1422）
星星 衙门 送 才 要
送到星星衙门里。

羌语"星星"单音节也可以在以上词根基础上增加一个前缀音，前缀音可以是 ʁ、ɤ，组成复辅音，有 ɤdʑe、ʁdʑə，如：

muta ʁdʑe χɬəuɕyæ ʑəi thæ（《羌族释比经典·敬日月星辰》P. 1422）
天上 星 月亮 福 赐

日月生辉添福寿。

羌语以上用来指"星星"的系列词语，与以下语言有关系。如：普米 dzə¹³、木雅 ndzi²⁴、纳木兹 tʂʅ³¹、扎坝 ʂtʂə⁵⁵、二嘎里 zgrə、格西 zgre、格什扎 zgre、观戎 zgrə⁵³、业戎 zgrə。

羌语"星星"单音节首辅音还可以是舌面音，有 ɕyæ，如：

muta ɤdʐe ɕyæ me te ʁui（《羌族释比经典·敬日月星辰》P. 451）
天上 吉 星 人 的 昌

吉星高照家吉昌。

羌语该词与以下语言的"星星"可能有一些关系。如：史兴 tɕɜ⁵³、贵琼 ɤi³⁵、缅语 krɑy、阿昌 khzə⁵⁵、载瓦 kyi⁵¹、浪速 kyi³¹、波拉 kyi⁵⁵、勒期 kyi³³、怒苏 krɯ³¹、彝语 tɕʅ³³、傈僳 ku³³、哈尼 kɯ⁵⁵、基诺 ki⁴⁴、纳西 kɯ²¹、嘎卓 kɣ²⁴。

羌语以上形式的"星星"来源应该是一致的。白保罗将藏缅语的"星星"构拟成 *s-kar，金理新认为，白保罗构拟的藏缅语共同形式是藏语型"星星"而不是缅语型"星星"，其提出藏缅语共同形式为 *g-rid。① 同时，提出藏缅语的"星星"可能对应汉语的"羲"。我们认为"羲"与"星星"词义相差太远，纵然语音上可以对应，但是说两者有关系，还有待进一步探究。

羌语"星星"还可以用双音节表示，有 geha、mizə、zəme、dzeja、dzəji、dzekhi、dzəle、dzəmi、dzenpa、dzeni、dzeɳu、dzəpa、dzəpæ、dzepe、dzəphə、dzəpu、dzɿrpa、dzəsa、dzeze、dzoɳa、dzuba、dzupa、dzupe、dzutshei、ɤdzepæ、zupe 等形式，如：

ȵiasə thəto geha tɕhy（《羌族释比经典·木吉珠和斗安珠》P. 84）
啥的 她的 星 触犯

还是犯了啥煞星。

zəme khuwo tətɕi pai tse wopa（《羌族释比经典·送瘟神》P. 1349）
星 狗爪 这些 好 送 走吧

把这些狗爪星送走。

zəpu akə zəpu mizə（《羌族释比经典·送瘟神》P. 1349）
太阳 星 太阴 星

---

① 金理新：《汉藏语系核心词》，民族出版社 2012 年版，第 240 页。

八卦推算太阳星和太阴星。
 dʐeja aɢəu susu piapia thəuthəu səsə（《羌族释比经典·我说喜事》P. 867）
星星　一对　又饿　又渴　又冷 打抖
一对星星孵出来了，又渴又饿在打抖。
qa boqaji dʐekhi wa（《羌族释比经典·我说喜事》P. 868）
我　主人家　星星　要
我的主家星星要走。
dʐələ tə gugu（《羌族释比经典·根治流产》P. 1308）
星星　开始　行走
星星开始运行。
dʐə sa mi dʐu dʐəmi ʁui（《羌族释比经典·根治流产》P. 1308）
星　星　不响　星星　肯
不声不响，星星默默。
kəte muta dʐenpa ajo mikə tɕie pu（《羌族释比经典·羌戈大战》P. 12）
上方 天空 星星 一样 眼睛 眨 在
就像星星在眨眼。
nəta dʐenpa pa təka za（《羌族释比经典·祝酒词》P. 899）
天上 星星 一样 发展 要
就像天上星璀璨。
dʐeȵi miɕu qa boqa ke（《羌族释比经典·我说喜事》P. 869）
星星 不敢 我 主人 的
星星不敢进屋来。
təˈ boje dʐeȵu mi kæ（《羌族释比经典·我说喜事》P. 868）
很多 堆有 星星 不 敢来
雪堆得很高，星星不能下来。
nəta ʁueko dʐəpa kətse（《羌族释比经典·敬神》P. 494）
天上 整个 星星 那样
像天上的星星那样。
dʐepæ mi wu pæȵia dʐo zo khei（《羌族释比经典·根治流产》P. 518）
星星　不　是　闪亮　一样　过 要

犹如星星撒满天。
muʐo dzepe ze tɕhiəu tə wa　（《羌族释比经典·给祖师换衣》P. 1120）
空中　星星　祖师　馈　供　要
空中的星星馈供奉给你。

dzəphə ɕytʂ u wəᵗ tɕi ŋui　（《羌族释比经典·招魂》P. 1372）
星星　魂魄　鼓　一样　是
星星的魂魄像鼓一样。

dzəpu kelu wo ke tɕhua　（《羌族释比经典·打醋坛》P. 550）
星星　出来　亮　出　要
星星闪烁黑夜照亮。

dzoɳa ʁazəi dzeɳu mi na　（《羌族释比经典·我说喜事》P. 869）
星星　油渣刺　星星路　不　好
星星走到油渣刺林里，路又不好走。

dzupa ka mia tshei ka mia　（《羌族释比经典·软虫》P. 1072）
星星　根　软虫　流星　根　软虫
星宿软虫如流星。

dzupe təlo tɕhitʂ e wonə woɕi tɕha　（《羌族释比经典·分万物》P. 256）
星星　上来　闪亮　分的　分的　要
星星分来夜间出。

muta ɤdzepæ zəilo thu ji　（《羌族释比经典·敬日月星辰》P. 450）
天上　星星　福禄　添　了
群星保佑添福寿。

zupe agu tɕhi ʂu mi lio tue　（《羌族释比经典·羊皮鼓经》P. 777）
星星　一个　眨　眼　不　够　是
星星不再发光亮。

四　rain（雨）

《牛津高阶英汉双解词典》："rain, condensed moisture of the atmosphere falling as separate drops; fall of these drops." "rain" 对应汉语 "雨"。其在《百词表》中占第 76 位，在郑张尚芳《华澳语言比较三百核心词表》中居第 6 位，在黄布凡《藏缅语 300 核心词词表》中为二级核心词。

"雨"在羌语14个方言点发音如下：

桃坪：ma^{31} z_i^{55}　　麻窝：məʁeˑ

蒲溪：məˑu　　曲谷：mujy

松坪沟：məʑy　　峨口：məeˑ

萝卜寨：meˑ³¹　　荣红：meˑː

绵虒：mə¹¹　　热额纳：muj

永和：məzi　　小姓：məʐʑy

龙溪：$mi^{55}$$mçi^{31}$　　杨柳：muj

羌语"雨"可以用单音节词表示，单音节可以用汉语借词 ji、jy，如：

daȵi mi dathe ji na ji mi lui（《羌族释比经典·熏烟》P.1577）
黑云 没 熏烟 雨 就 雨 没 下来
黑云没吉祥树熏烟就滴雨不降。

单音节也可以用羌语本族词，有 me、mə、muɿ、məj 等形式，如：

meˑ³¹ lo³¹ ɑ³¹ tçe⁵⁵ nə³¹ qe³¹-ji³¹（《萝卜寨羌语语法研究》P.92）
雨　来　开始　　已经
已经开始下雨了。

dzətçi mutçi məˑ tu kə ba mawe（《羌族释比经典·颂神禹》P.203）
凡间 人们 雨 躲 的 地方 没有
羌民无房来栖身。

mu wu ȵa məi lu ke qedzə wa（《羌族释比经典·祭神林》P.2228）
风 吹 和 雨 来 要 请求 了
只求风调雨顺来。

ʂkhelə muəˑ du muəˑ le sələ çia（《羌族释比经典·颂神禹》P.209）
八月雨 怪雨　个 下 要
秋雨连绵是雨季。

羌语用指"雨"的该系列词，与下列语言关系密切。如：缅语 mɯ、阿昌 mau^{31}、仙岛 mau^{31}、载瓦 mau^{21}、浪速 muk^{55}、波拉 mau^{31}、勒期 mou^{33}、怒苏 $mɯ^{55}$、彝语 $mɑ^{33}$、傈僳 $mɯ^{31}$、木雅 $mə^{35}$、扎坝 mo^{33}、卓戎 mu、二嘎里 mə、格西 mə、格什扎 mɑ、观戎 $mə^{53}$、业戎 mu^{53}。这些用指"雨"的词语都来源相同，都与"天"有关系。前文已经做了阐述，在此不赘述。

羌语"雨"也可以用复音词来表示，有 mewu、məʐə、meʐəi、məʐei、məɣʐy、mi⁵⁵mɕi³¹、mujy、ma³¹ʐi⁵⁵、məʁe¹、məʐy 等形式，如：

mewu ləu sə no   ji sə   nə（《羌族释比经典·敬雷神》P. 437）
雨   来 的 你 的   知 的
行雨施泽神有灵。

tsetsə ly məʐə ly næ dʐu ma səi（《羌族释比经典·伯伢打猎》P. 1404）
春天 来 雨 来 呢 淋 要 说 了
预示说伯伢出去放狗春天就要淋大雨。

ʐabʐa kəta meʐəi tu ȵiəu（《羌族释比经典·劝慰》P. 1052）
岩大 旁边 雨 躲 来
会让他们淋雨时躲进岩洞。

ʁopəle te məʐei pa khəli adʐi（《羌族释比经典·羌戈大战》P. 13）
石块 像 雨点 一样 往下 掷了
石块如雨往下投。

xtsu ə¹ xtsæ ȵi məwu pu ji（《羌族释比经典·造天地》P. 233）
汗 来 揩 便 雨水 成 了
揩下汗水成雨水。

ɕitɕe zəʁue mubia kheili miʐei ɕi（《羌族释比经典·颂神禹》P. 200）
天神 来聚 天   底下 雨水 放
天神动容降雨水。

mutu gutsu melu pən ʁo qhuqhua（《羌族释比经典·熏木香》P. 543）
天上 雨水 不降 办法 都 熏完
天上雨水不肯降落，用吉祥树来熏了。

mutu kutsu malumai（《羌族释比经典·唱是非》P. 1958）
天上 雨水 不来了
天上不降半点雨水。

以上复音词构词形式都是采用"天+雨"的形式来表达"雨"的范畴。它们之间的差别主要在后面一个音节。后面一个音节有使用汉语借词的，有使用羌语本族词的，最后一个音节表示"雨"的有 ʐə、ʐəi、ʐei、ɣʐy、ʐi、ʁe、ʐy。这些表示"雨"的音可能和以下语言"雨"有关系。如：吕苏 ɣuæ³⁵、木雅 qhe³⁵、独龙 ɹɑʔ⁵⁵、义都 ɹɑ⁵⁵、阿昌 ʐo⁵⁵、仙岛 ʐo⁵⁵、怒苏 ɣɿua³³、纳西 xɯ²¹。这些用指"雨"的词可以和汉语"雨"相比较。《说文·雨部》："雨，水从云下也。"《易·说卦》："雷以动之，风以散之，雨以润之，日以烜之。"唐韩愈《独钓》诗之二："雨多添柳耳，水长减蒲芽。"宋苏轼《戏赠万州太守高公宿约游岑公洞而夜雨连明戏赠二小诗》之二："蓬窗高枕雨如绳，恰似糟床压酒声。"《广韵·麌韵》："雨，王矩切。"其上古音，郑张尚芳构拟成 *Gʷaʔ，李方桂构拟成 *gwjagx，王力构拟成 *ɣiua。其中古音，郑张尚芳构拟成 *ɣio，邵荣芬构拟成 *ɣio，王力构拟成 *ɣiu。白保罗把原始藏缅语"雨"构拟为 *r-wa，并拿这个原始形式和汉语的"雨"进行比较。金理新认为："语词'雨'藏缅语族共同形式我们构拟为 *R a ~ *g-R a。"① 潘悟云、郑张尚芳等都拿汉语"雨"和藏缅语进行了比较。

五 cloud（云）

《牛津高阶英汉双解词典》："cloud,（separate mass of）visible water vapour floating in the sky." "cloud"对应汉语"云"。其在《百词表》中占第 80 位，在郑张尚芳《华澳语言比较三百核心词表》中居第 7 位，在黄布凡《藏缅语 300 核心词词表》中为三级核心词。

"云"在羌语 14 个方言点发音如下：

桃坪：χde³³　　　　　　麻窝：zdɣm；zdəm

蒲溪：zdim；zˌdəim　　　曲谷：zdɑm

松坪沟：zdɑm　　　　　　峨口：zdɑm

萝卜寨：zˌdɑ⁵⁵　　　　　　荣红：zdɑm

绵虒：dA³³ mo¹¹；da⁵⁵　　热额纳：zda tɕhaq

永和：dɑ　　　　　　　　小姓：ɣdɑ

龙溪：zdɣm；da⁵⁵；mu³¹　　杨柳：zdɑm

羌语"云"可以用单音节词表示，单音节首辅音主要是舌尖音，有 da、dam、de、tat，如：

tshu bo lətɕi da zeχo sa （《羌族释比经典·驱邪》P. 1196）

山 高 地方 云 祛除 了

高山乌云都驱散。

əŋ mə ʁu na dam tʂ ən （《羌族释比经典·颂三母神》P. 467）

---

① 金理新：《汉藏语系核心词》，民族出版社 2012 年版，第 246 页。

你 风 气 和 云 不行
你不兴起风和云。

ʂue ʂua de ti kuəʐu dʑietsə mustia（《羌族释比经典·释比击鼓作法》P.1790）
月亮 云 被 遮住 夜间 黑暗
月亮遮蔽夜不明。

mə tɕy tat tɕie （《羌族释比经典·唱草把》P.1426）
天 亮 云 散
天亮了云散开了。

羌语该系列"云"的词语，与以下语言的"云"关系密切。如：木雅 ndə³³、扎坝 ʂtei¹³、史兴 ti⁵⁵、卓戎 zdɛm、日戎 zdim、二嘎里 zdəm、格西 zdo、格什扎 zdo、观戎 zdəm⁵³、业戎 zdem⁵³、却隅 ɕtie⁵⁵、彝语 tɔ³³、撒尼 tæ⁴⁴、傈僳 ti⁴⁴、基诺 tɛ³³、嘎卓 tɣ²¹。H. Luce 拿汉语的"云"和缅文、藏文相比较。黄树先认为："汉语的'云'和藏文、缅文读音相去甚远。"① 缅文的这个字可以对应汉语的'昙'。"《说文新附·日部》："昙，云布也。"明杨慎《雨后见月》诗："雨气敛青霭，月华扬彩昙。"《广韵·覃韵》："昙，徒含切。"其上古音，郑张尚芳构拟成*duum，李方桂构拟成*dəm，王力构拟成*dəm。其中古音，郑张尚芳构拟成*dAm，邵荣芬构拟成*dɒm，王力构拟成*dhAm。金理新认为："缅语型的*s-dim'云'对应汉语的'霻'。"② 我们认为黄树先的说法更可靠。"霻"不能单独使用，一般是以"霻霮"形式出现，用指"云貌"。

羌语单音节首辅音也可以是复辅音，有 ʐdei、ʐdəi、zdi、ʐdɑ、zdɑm，如：

ɕiepei læ te ʐdei ləi tɕio jiz（《羌族释比经典·造天地》P.229）
身体 个 呢 云 气 像 了
身体缥缈如浮云。

xsu tsu xsu bʐəi ʐdəi fiəleu so（《羌族释比经典·招祥云》P.2215）
山 小 山 大 云 下来 了
高山矮坡上，祥云请下来了。

ɕya zdi kupaso mu zdi kupaso（《羌族释比经典·根治流产》P.1308）

---

① 黄树先：《汉语身体词探索》，华中科技大学出版社2012年版，第186页。
② 金理新：《汉藏语系核心词》，民族出版社2012年版，第254页。

亮 雾 变成 天上 云 变成

天亮后，雾变成了天上的云。

me¹³¹ thi³¹ ʐ̩da⁵⁵ je⁵⁵ sə³¹ lo³¹ ʑiu³⁵（《萝卜寨羌语语法研究》P. 63）

雨　　云　　来

雨是从云中来的。

mutu ta zdam gen jye（《热额纳羌语参考语法》P. 147）

天　　云　　很多 有

天上有很多云。

以上复音词的来源与单音节词的来源相同。

"雾"是一种特殊的气，"云"与"雾"常常交错在一起。"雾"在郑张尚芳《华澳语言比较三百核心词表》中居第8位，属于加"＊"符号的最核心词。所以我们把有关"雾"的词语也放入该部分来分析。

"雾"在羌语14个方言点发音如下：

桃坪：χde³³ le³³　　　　麻窝：zdʁu；zdʁpu

蒲溪：ʐ̩dəi　　　　　　曲谷：zdam；zdɑj

松坪沟：zdɑm　　　　　峨口：zdɑm

萝卜寨：ʐ̩dɑ55dʐu55　　　荣红：zdəqhu

绵虒：dA³³ mo¹¹；da⁵⁵　热额纳：zdam

永和：ʐue　　　　　　小姓：ʁdam

龙溪：da⁵⁵mu³¹　　　　杨柳：zdəqu

羌语"雾"也可以用单音节词语表示，单音节首辅音也可以是舌尖音，有 da、daˀ、de、ʐ̩u，如：

χueləʑito mu miɕya ȵia da migei kə（《羌族释比经典·鬼》P. 1685）

法堂之上 天 不亮 和 雾 不散 时

那时，天还没亮雾气未散，在法堂之上做法事。

təpeiɕi mə miɕya ȵia daˀ migʐei tʂə（《羌族释比经典·木吉珠和斗安珠》P. 116）

明天 天 不亮 和　雾 不散　时

明日一早天未亮。

məsi misi nəta de atshua（《羌族释比经典·释比击鼓作法》P. 1790）

太阳 不晒 天上 雾 笼罩

太阳不明天下雾。

çitçi z̩u næ dz̩u （《羌族释比经典·驱邪》P. 1498）
天空 雾气 和 彩虹
天空中的雾气和彩虹。

羌语发成舌尖音的"雾"其来源与"云"有关。前文专门阐述了"云"，在此不再赘述。

羌语"雾"单音节首辅音还可以是双唇音，有 mo，如：
damo miŋue mo ȵia ȵieu （《羌族释比经典·尔一部》P. 2147）
云雾 不是 雾 样 来
不是云雾却像云雾一样飘着来。

羌语发唇音的"雾"是汉藏语的典型读音，藏缅语、苗瑶语、侗台语中不少语言"雾"的发音与之关系密切。如：藏语 smugs、拉萨 muk[55]、巴塘 mu[55]、夏河 hməX、阿力克 rmuk、江底 mou[13]、湘江 məu[11]、罗香 muŋ[213]、长坪 mau[22]、东山 mɔŋ[42]、大坪 mu[22]、十里香 məu[21]、泰语 mə：k[9]、西傣 mɔk[9]、德傣 mok[9]、龙州 mo：k[9]、武鸣 mo：k[9]、柳江 mo：k[9]、布依 mo[5]、侗南 mun[2]、侗北 mun[2]、水语 mon[1]、毛南 mu：n[1]。这系列的"雾"应该与汉语"雾"有关系。《尔雅·释天》："地气发，天不应曰雾；雾谓之晦。"郭璞注："言晦冥。"《管子·度地》："风、雾、雹、霜，一害也。"南朝梁丘迟《旦发渔浦潭》诗："渔潭雾未开，赤亭风已扬。"宋秦观《踏莎行》词："雾失楼台，月迷津渡，桃源望断无寻处。"《广韵·遇韵》："雾，亡遇切。"其上古音，郑张尚芳构拟成 *mogs，李方桂构拟成 *mjugh，王力构拟成 *miok。其中古音，郑张尚芳构拟成 *mɨo，邵荣芬构拟成 *mio，王力构拟成 *miu。黄树先认为，汉语"雾"对应缅语"雾"。①

单音节首辅音也可以是复辅音，有 z̩da、z̩dəi、zdi，如：
khue mi tui ȵia z̩da mi gz̩ieʂ ə （《羌族释比经典·劝慰》P. 1047）
狗 不 叫 和 雾 不 散 时
在狗不叫雾不散之时。

mesə mi ləu z̩dəi mi phz̩əi （《羌族释比经典·敬日月星辰》P. 451）
太阳 不 出 雾 不 散
太阳不出雾不散。

---

① 黄树先：《汉缅语比较研究》，华中科技大学出版社 2003 年版，第 213 页。

çya zdi kupaso mu zdi kupaso（《羌族释比经典·根治流产》P. 1038）
亮 雾 变成   天上 云 变成
天亮后，雾变成了天上的云。
羌语复辅音系列的词，与发舌尖音的"雾"有关系。详见前文。

六 night（夜）

《牛津高阶英汉双解词典》："night，time of darkness between sunset and sunrise.""night"对应汉语"夜"。其在《百词表》中占第 92 位，在郑张尚芳《华澳语言比较三百核心词表》中居第 35 位。

"夜/晚上/夜晚"在羌语 14 个方言点发音如下：

桃坪：mu³³ dzo²⁴¹　　　　麻窝：a ʂa
蒲溪：dʑetsə　　　　　　曲谷：mæ：xa；miæ：xa
木卡：mu tçio　　　　　　峨口：miæ χɑ
萝卜寨：me¹³¹ ʐə¹⁵⁵　　　荣红：jəs
绵虒：ʐa³¹；ke¹¹ tsʅ¹¹　　热额纳：miaχua da；mia χa
永和：muxwa　　　　　　小姓：mazu ɣgitç
龙溪：ɹa³¹　　　　　　　杨柳：mazi

羌语"夜/晚上/夜晚"可以用单音节词表示，单音节词首辅音可以是舌尖前音，有 la、su，如：

la tshə dzə ȵia la hɣin tçhi mi ʁueli ȵio ma（《羌族释比经典·向神通明》P. 413）
夜 肉 吃 和 夜 酒 喝 者 很远 驱赶 要
深夜吃喝久不回家的要驱赶到很远之外。

su mi ŋa ȵi xɬa mi ŋa ji（《羌族释比经典·取火种》P. 282）
夜 没 有 和 昼 没 有 了
不分白天和黑夜。

羌语"夜"la 应该与侗台语"夜"关系密切。如：侗南 ŋam⁵、侗北 ŋəm⁵、仫佬 ŋam⁵、水语 ŋam⁵、毛南 ŋam⁵、佯僙 ŋam⁵、锦语 ŋam⁵、莫语 ŋam⁵、拉珈 nam³。汉语"夜"汉代会写成"滥"，刘向《说苑·善说》中"夜"就是用汉字"滥"记录。

单音节首辅音也可以是舌尖后音，有 ʐa、ʐəɹ、ʂu，如：

tu tsu tʂ ælin ʐa çi thua tube tʂ æçao jy qho kə we（《羌族释比经典·给

早饭》P.1992)

  弟 小 张林 夜 柴 砍 兄长 张孝 鸡 打 去 了
  张林去砍过夜柴，张孝提枪去打鸡。
  sei ʐaʰ tə pa ze ɧa tʂ he （《羌族释比经典·话说圣洁木吉珠》P.1946)
  三 夜 的 到 财 的 招
  三天三夜后，要念找财经。
  sei ʐəʰ tə pa ze ɧa tʂ he （《羌族释比经典·话说圣洁木吉珠》P.1946)
  三 夜 的 到 财 的 招
  三天三夜后，要念找财经。
  羌语该系列的"夜"与以下语言的"夜"关系密切。藏语 ʐag、巴塘 xaʔ²³¹、夏河 ɕaχ、普米 ɕyɛ⁵⁵、史兴 hæ⁵⁵、道孚 rya、卓戎 ryek、日戎 rɟyak、观戎 ryɑu⁵³、业戎 ryak⁵³、贵琼 ʐəʰ。羌语该系列词应该与汉语"夜"有关系。《说文·夕部》："夜，舍也。天下休舍也。从夕，亦省声。"《诗经·唐风·葛生》："夏之日，冬之夜，百岁之后，归于其居。"南朝梁简文帝《陇西行三首》诗之三："沙飞朝似幕，云起夜疑城。"宋吴自牧《梦粱录·除夜》："是夜，禁中爆竹嵩呼，闻于街巷。"《广韵·禡韵》："夜，羊谢切。"其上古音，郑张尚芳构拟成*laags，李方桂构拟成*riagh，王力构拟成*ʎyak。其中古音，郑张尚芳构拟成*jia，邵荣芬构拟成*ia，王力构拟成*jia。白保罗将藏缅语的"夜"构拟成*ryak。
  单音节首辅音也可以是舌面音，有 dʑie、ja，如：
  dʑie su mi ŋa ʂou ʂe ləu （《羌族释比经典·迟基格布》P.2262)
  夜 深 没 有 南 下 来
  一路星夜赶不停。
  di ja zupu di ja aja （《羌族释比经典·吉祥语》P.847)
  吉祥 夜 之时 吉祥 夜 一夜
  吉祥时光这一夜。
  羌语 dʑie、ja 以及龙溪的 ʟa、荣红 jə 与以下语言"夜"有关系。如：木雅 yi⁵³、景颇 yaʔ⁵⁵、独龙 yɑʔ⁵⁵、阿侬 iɑŋ⁵⁵、达让僜 ya⁵⁵、博嘎尔 ayo：。羌语这个系列"夜"与上面探讨发舌尖音的"夜"有关系。详见上文。
  单音节首辅音还可以用双唇音，有 mu、muɛu，如：
  mu sua mi ŋu tɕi tɕhi tʂ ha （《羌族释比经典·祝酒词》P.894)
  夜 白 不 分 家 新 立

兴家立业日夜忙。

羌语该系列的"夜"可能与苗瑶语的"夜"有关系。如：养蒿 mhaŋ⁴⁴、先进 mau⁴⁴、石门 mo³³、高坡 mhoŋ⁴³、摆托 mɑŋ⁴³、枫香 mhaŋ⁵⁵、瑶里 mya³²、腊乙坪 mu⁴⁴、文界 mfia³¹、多祝 muŋ⁴²、三只羊 ma：ŋ¹³、陶化 muŋ³³、江底 nwaŋ²⁴、湘江 mwəŋ³⁵、十里香 mwaŋ²⁴、东山 mɔŋ¹³、三江 maŋ⁴⁴、大坪 mɔŋ⁴²。金理新认为："苗瑶语的'夜'整齐地对应汉语的'晦'。"① 《说文·日部》："晦，月尽也。从日每声。"《春秋·僖公十五年》："己卯晦，震夷伯之庙。"杨伯峻注："己卯，九月三十日。"《史记·孝文本纪》："十一月晦，日有食之。十二月望，日又食。"宋苏轼《和子由寒食》："寒食今年二月晦，树林深翠已生烟。"引申可以指"夜"。《易·随》："君子以向晦入宴息。"高亨注："翟玄曰：'晦者，冥也。'冥谓暮夜也。向晦犹今言向晚也。"《楚辞·天问》："自明及晦，所行几里？"王逸注："言日平旦而出，至暮而止，所行凡几何里乎？"太平天国洪秀全《御制千字诏》："癸卯斯载，如晦才曙。"《广韵·队韵》："晦，荒内切。"其上古音，郑张尚芳构拟成＊hmɯɯs，李方桂构拟成＊hməgh，王力构拟成＊xə。其中古音，郑张尚芳构拟成＊xuAi，邵荣芬构拟成＊xuɒi，王力构拟成＊xuɒi。

羌语"夜/晚上/夜晚"也可以用复音词表示，有 dʑietsə、gitsə、hanto、jali、mæhæn、məʐeʮ、miʐe、mouʐə、ʂutsha、thaʐa、zaɹli、ʂutʂhæ等形式，如：

dʑietsə muɳi ʑi ʂə tʂ həɻi lapa mity（《羌族释比经典·羌戈大战》P. 12）

夜晚 黑得 手伸 出后 手掌 不见

黑夜伸手不见掌。

gitsə dæ tɕiæ na ko ʂə gui（《羌族释比经典·毒药放咒》P. 1810）

夜晚 去 看 就 恐怖 有

晚上看去吓死人。

hanto etʂ ə łe ʂua səje tʂ hu ʂujy（《羌族释比经典·送瘟神》P. 1344）

夜晚 照射 月亮 那里 送 知道

叫夜晚的月亮知道。

---

① 金理新：《汉藏语系核心词》，民族出版社 2012 年版，第 270 页。

ɕatsu pi ji pu jijali dzə je boʁu tələla sa （《羌族释比经典·毒和病》P. 1171）

师祖 释比 的 黑 的 夜晚 凡人 病 全部 解开 了

释比师祖来作法，疾病一夜全消除。

jyxə na mæhæn sə doʁu le （《羌族释比经典·开坛请神》P. 394）

白日 和 夜晚 神 敬请 到

白日游神要敬请到，黑夜游神要敬请到。

nədʑia məʐəu mətɕie tɕiədʑu kuebʐa wo ɕi nə mi ʑi nə （《羌族释比经典·木吉珠和斗安珠》P. 99）

昨晚 夜晚 凡人 家园 大愿 还 出 你 没 在 呢

昨晚祭祀你未走。

ɕikhua butʂ ue nəxa miʐe mi nə wo （《羌族释比经典·木吉珠和斗安珠》P. 127）

蚂蚁 巢筑 白天 夜晚 都 不 分

蚂蚁打洞日夜忙。

mouzə dzə ɲia ɕyala pekə da nə ti （《羌族释比经典·颂神禹》P. 193）

夜晚 接 和 天亮 时候 且 的 到

从夜晚打到天亮。

pejy ʂujy pejy ʂutsha （《羌族释比经典·送瘟神》P. 1351）

忙碌 白天 安静 夜晚

忙碌的白天，安静的夜晚。

thaʐa tɕiphu batɕiphu （《羌族释比经典·祝愿》P. 610）

夜晚 亮神 帕基普

夜晚之中月亮神。

pəji ʐaʔli kuli tsəli bo ʂe tshua na wu ɕi ma ji （《羌族释比经典·伴大夜》P. 915）

今天 夜晚 舅家 侄儿 波舍 唱 了 你 送 的 要

今天夜晚舅家及亲人，唱着波舍丧歌送你行。

peji ʂujy peji ʂutshæ （《羌族释比经典·绷鼓》P. 1127）

今天 白天 今天 夜晚

今天白天，今天夜晚。

第十节　地球自然物核心词

本节主要谈论地球上自然形成的物体词语，在《百词表》中凡 5 个：water（水）、stone（石）、sand（沙）、earth（地）、mountain（山）。《百词表》中"path（路）"比较特殊，它不完全属于自然形成，但考虑到它和以上 5 个词语还是有一些共同之处，故我们也放入本节。

一　water（水）

《牛津英汉高阶双解词典》："water, liquid without colour, smell or taste that falls as rain, is in lakes, rivers and seas, and is used for drinking, washing, etc.""water"对应汉语"水"。人类生活离不开"水"，其在《百词表》中占第 75 位，在郑张尚芳《华澳语言比较三百核心词表》中居第 20 位，在黄布凡《藏缅语 300 核心词词表》中为三级核心词。

"水"在羌语 14 个方言点发音如下：

桃坪：tsuə³³　　　　麻窝：tsə
蒲溪：tsue　　　　　曲谷：tsə
松坪沟：tsuə　　　　峨口：tsuə
萝卜寨：tʂu³¹　　　 荣红：tsə
绵虒：tsue³¹　　　 热额纳：tsuə
永和：tsu　　　　　小姓：tsu
龙溪：tsu³³　　　　 杨柳：tsu

羌语"水"有的用单音节词表示，单音节首辅音可以是舌尖前塞擦音，有 tsə、tsəu、tshe、tshuə、tso、tsu、tsua、tsue、tsuə 等形式，如：

tsə ŋa　luŋi　pəs　tsas　ŋu（《羌族释比经典·颂铁神》P.472）
水　样　来后　今天　这天　是
万古流传到而今。

tsəu xsə ŋu so tsəu ku gu（《羌族释比经典·根治流产》P.1311）
水　神　是　呢　水　边　转去
你是水神就去水边。

seme tsue ji　thie mi tɕhi ke ze　tshe tə wa（《羌族释比经典·给祖师换衣》P.1120）

神灵 水 的 喝 不 完 的 祖师 水 供 要
像仙界的神水一样，喝也喝不完，给你供奉。
petamə tshetsuə kuhe tshuə biesə （《羌族释比经典·祝酒词》P. 890）
泊达莫 神水 井里 水 背去
泊达莫到神池背水。
tso pho naqe se əˈ dzo ȵieu （《羌族释比经典·开天门》P. 698）
水 树 之地 神 下 坐 来
树神水神请来坐了。
ʐgu qhu tsu aqhu pe （《羌族释比经典·羊皮鼓经》P. 777）
九 沟 水 一 沟 成
九沟溪水合为川。
tsua kuku tsua theithie tsua sa le （《羌族释比经典·插旗》P. 1230）
水 井 水 喝 水 流 有
牲畜喝水处水源好。
tsue bie wu ta tsue ʐgəu pu so （《羌族释比经典·说母亲》P. 967）
水 背 路 上 水 回 做 了
去水井将水背了回来。
tsuə tshiku xkahe ti ʂəpha （《羌族释比经典·家里作法符》P. 1080）
水 三口 嘴里 边 吐出
口吐三昧之水。
tsuelə tsued zui læ səi （《羌族释比经典·治疗中神邪者》P. 1263）
水中 水 罪 有 了
得罪了水中的水神。

金理新认为："仅就语音形式而言，戎语支的'水'跟藏语支的'水'是非常接近的。但是，戎语支的'水'跟藏语支的'水'还是有所不同。这种不同首先体现在主元音上面。藏语支的'水'元音是 u，而戎语支的'水'元音是 i。"① 据此，我们可以判断羌语该系列元音为后元音的"水"与藏语"水"关系密切。如：藏语 tɕhu、拉萨 tɕhu⁵⁵、巴塘 tɕhu⁵³、吕苏 dzu³⁵。该系列羌语元音为前元音的"水"来源与以下语言的"水"关系密切。普米 tɕi⁵³、木雅 tɕə⁵³、史兴 dzɿ⁵³、卓戎 tʃi、日

---

① 金理新：《汉藏语系核心词》，民族出版社 2012 年版，第 275 页。

戎 tʃi、却隅 ʒi¹³、贵琼 tʃə⁵⁵、独龙 tɕi⁵⁵、达让僜 tɕi⁵³、博嘎尔 ɕi、义都 tɕi⁵⁵。羌语的"水"应该与汉语的"水"可以相比较。《说文·水部》："水，準也。北方之行。象众水并流，中有微阳之气也。"《易·比》："地上有水。"《荀子·劝学》："冰，水为之，而寒于水。"汉王充《论衡·寒温》："近水则寒，近火则温。"《老残游记》第十九回："你想，乡下挑水的几时见过两只大元宝呢，自然欢欢喜喜的打了手印。"《广韵·旨韵》："水，式轨切。"其上古音，郑张尚芳构拟成 *qhʷljilʔ，李方桂构拟成 *hrjidx，王力构拟成 *ɕiei。其中古音，郑张尚芳构拟成 *ɕiuɪ，邵荣芬构拟成 *ɕiuɪ，王力构拟成 *ɕwi。

单音节首辅音可以是舌尖前塞音，有 da，如：
tsue zə aʑia tiote da ça（《羌族释比经典·解秽》P. 510）
水 看 一些 什么 水 是
此水看来是啥水。

羌语该词与第一类"水"词语有共同来源。白保罗把原始藏缅语的"水"构拟为 *ti（y），这个形式佐证了两类词语之间的关系。

单音节首辅音可以是舌尖前边音，有 lə，如：
lə rə n̠isəti guam eçe（《羌族释比经典·敬神》P. 340）
水 火 三元三品 三官 大地
水火三元三官大地。

羌语该词与前面羌语的"水"有点不同，其可能与苗语先进的"水"tlei 有关系。苗语先进的"水"既可以指"水"，又可以指"河"。我们怀疑羌语该词可能与其"河"有关，有可能直接来源于羌语的"河"。具体情况，有待后面核实。

单音节首辅音可以是舌尖后塞擦音，有 tʂu，如：
mu tʂu tɕhi sə dzə tʂu tɕhi ma（《羌族释比经典·茅人》P. 1763）
茅人 水 喝 处 凡人 水 喝 要
茅人喝水处把水喝。

单音节首辅音可以是舌尖后擦音，有 ʐaˀ、ʐei，如：
dzə tsue qe n̠i dzə ʐaˀ ma n̠ia qa zə ma ça（《羌族释比经典·解秽》P. 510）
大河 水 看 了 大河 水 真爱 和 我 的 爱 是
大河之水我喜爱。

tshə ʐei mala mia pe sa （《羌族释比经典·软虫》P. 1072）
盐 水 没有 软虫 成 了
盐味没有出了软虫。

以上两类和第一类来源相同，不再赘述。

羌语"水"还可以用零声母或者舌根音单音节表示，如：

tshə əˈ hui tshə ʑi ʁui （《羌族释比经典·敬神》P. 340）
泉 水 煮 肉 好 吃
泉水煮肉肉好吃。

çihæŋ tsuʁu moəˈ tsuʁu kə gei jio tɕhi sə （《羌族释比经典·凶魔》P. 1740）
黄铜 水凼 凶魔 水凼 中 水 的 喝 了
凶魔喝水黄水塘，凡民饮水青苔塘。

羌语该类词应该与下列语言的"水"有关系。如：养蒿 ə³³、石门 au⁵⁵、高坡 oŋ³⁴、摆托 ʔeŋ⁵⁵、枫香 oŋ³³、瑶里 ɔŋ⁴²、文界 ɔ³⁵、长垌 ʔuaŋ⁴⁴、江底 wam³³、湘江 wəŋ³³、罗香 wəm³³、长坪 wəm³³、览金 wɔm³⁵、东山 ən³³、三江 vən³³、克木 ʔom、德昂 ʔum、莽语 gɔm⁵¹。金理新认为："苗语的*ʔum对应的是汉语'饮'。"《玉篇零卷·食部》："饮，饮啜也。咽水也。"① 《诗经·郑风·女曰鸡鸣》："宜言饮酒，与子偕老。"《庄子·逍遥游》："偃鼠饮河，不过满腹。"也可以指"水"。《左传·成公二年》："丑父使公下，如华泉取饮。"《周礼·天官·酒正》："辨四饮之物。一曰清二曰医，三曰浆，四曰酏。"《礼记·玉藻》："君未覆手，不敢飧。"唐孔颖达疏："飧谓用饮浇饭于器中也。"《广韵·寝韵》："饮，于锦切。"其上古音，郑张尚芳构拟成*qrumʔ，李方桂构拟成*ʔjiəmx，王力构拟成*iəm。其中古音，郑张尚芳构拟成*ʔʁim，邵荣芬构拟成*ʔiem，王力构拟成*iem。

羌语"水"还可以用双音节表示，有dzuʈʂə、tsuko、tsueji、tsuezə等形式，如：

doʐu dzuʈʂə ʂujyʈʂu ʂujybʐa （《羌族释比经典·青稞来源》P. 2179）
多若 水   小龙潭 大龙潭
多若大龙潭小龙潭之水。

---

① 金理新：《汉藏语系核心词》，民族出版社2012年版，第278页。

tsuezə aʑia diəu teda je （《羌族释比经典·解秽法鼓》P. 504）
水　一潭　看见　了
看见一潭圣洁的水。

çyçy tsuko əfu¹ mi ŋu jyfu¹ ba¹ti teth kəi （《羌族释比经典·送魂魄》P. 1433）
干净　水　一口　不　是　九口　大口　来喝　可以
你不仅能喝一口而且可以喝九口。

se me tsueji datʂhoço wa （《羌族释比经典·解秽》P. 516）
所用　水　解秽　了
用的水秽气来解除。

二　stone（石）

《牛津英汉高阶双解词典》："stone, (often used attributively or in compounds) hard solid mineral substance that is not metallic; (type of) rock." "stone" 对应汉语 "石"，其在《百词表》中占第 77 位，在《华澳语言比较三百核心词表》中居第 22 位，在黄布凡《藏缅语 300 核心词词表》中为三级核心词。《牛津英汉高阶双解词典》："sand, (mass of) very fine fragments of rock that has been worn down, found on beaches, in river-beds, deserts, etc." "沙" 是小石头的一种，在《百词表》中占第 78 位，故我们把两者放在一起，但仅谈论 "石"。

"石头" 在羌语 14 个方言点发音如下：

桃坪：ʁo²⁴¹　　　　　　　麻窝：ʁlu，ʁlupi

蒲溪：ʁlotu；χlo　　　　　曲谷：ʑawa

木卡：ʁo　　　　　　　　峨口：ɹa ʁuɑ

萝卜寨：ʁu³¹pia⁵⁵　　　　　荣红：ʑawa

绵虒：ʁo³³bzɑ³³；ʁo³³；go³¹bzɑ³¹　热额纳：fiæ¹wu

永和：nəpə¹　　　　　　　小姓：ʁləpe

龙溪：ʁo³¹pia⁵⁵　　　　　杨柳：ʑawa

羌语 "石头" 可以用单音节词语表示，单音节首辅音有单辅音和复辅音两种。单辅音可以是舌根音，有 ge、get、go、gi，如：

ge letçi ge ŋu ȵiæ （《羌族释比经典·打醋坛》P. 530）
石　的　石　是　啊

石头说了一切平安了。
get met dʐə¹x telætelæ ge tə pai（《羌族释比经典·打醋坛》P. 530）
石　带子　没拴　麦草带　石　带　做了
石没有拴腰带用麦草带子做它的腰带。
go mi ʐuto nə hezui（《羌族释比经典·打醋坛》P. 531）
石　不　说　啥　来说
石头说了又说啥。
gi te getʂ ə demika（《羌族释比经典·送眼瞳》P. 996）
石头　处　走到　抵不住
大石包抵不住死者眼魂。

羌语该系列"石"的词语可能与以下语言的"石"有关系。如：普米 zgø¹³、嘉戎 rgə、观戎 rgə³³、业戎 rge³³、格西 rgə、格什扎 rga、缅语 kyɔk、阿昌 kɔʔ⁵⁵、仙岛 luʔ⁵⁵、载瓦 luʔ²¹、浪速 lauk³¹、波拉 lauʔ³¹、勒期 luk³¹、怒苏 lu⁵³、彝语 lu³³、撒尼 lu⁴⁴、傈僳 lo³³、哈尼 lu³³、基诺 lo⁴²、纳西 lv³³、嘎卓 no⁵³、景颇 luŋ³¹、墨脱 luŋ、独龙 luŋ⁵⁵。羌语该系列"石"词语可以和汉语"石"相比较。《说文·石部》："石，山石也。"《诗经·小雅·渐渐之石》："渐渐之石，维其高矣。"《左传·成公二年》："齐高固入晋师，桀石以投人。"晋陆机《文赋》："石韫玉而山辉，水怀珠而川媚。"唐柳宗元《至小丘西小石潭记》："全石以为底，近岸，卷石底以出，为坻，为屿，为嵁，为岩。"《广韵·昔韵》："石，常只切"其上古音，郑张尚芳构拟成*djag，李方桂构拟成*djiak，王力构拟成*ʐyak。其中古音，郑张尚芳构拟成*dʑiɛk，邵荣芬构拟成*dʑɪæk，王力构拟成*zjɛk。吴安其将原始藏缅语"石"构拟为*b-la-g①，上古汉语"石"构拟成*g-lak。白保罗认为："巴兴语 luŋ，列普查语 lăŋ（在复合词中是 luŋ-），米里语 ü-liŋ（阿博尔语 ö-lüŋ），克钦语 luŋ~nluŋ，缅语 kyauk<*klauk，加罗语 roŋ，迪马萨语 loŋ，卢舍依语 luŋ，米基尔语 arloŋ'石'，藏缅语*r-luŋ。"②

单辅音可以是舌尖前边音或鼻音，有 lo、nə、nə¹，如：
sei ʐəi lo ʐəi tə ʐəi wu（《羌族释比经典·劝慰》P. 1046）

---

① 吴安其：《汉藏语同源研究》，中央民族大学出版社 2002 年版，第 308 页。
② Benedict, P. K（白保罗）：*Sino – Tibetan*：*a Conspectus*, Cambridge University Printing House. 1972：88.

柴 枯 石 枯 来 枯 要
水流干枯，树根石头都露出来了。

nə mu mopu moluo le（《羌族释比经典·说狐狸》P. 1618）
石头 处 洞下 洞口 有
星宿神听后告诉说，狐狸精就躲在洞内。

单辅音可以是舌尖后音，有 tʂə，如：

çi Xæ ʁo tʂə¹ do ʁo tʂə çe su kə ji（《羌族释比经典·鬼》P. 1681）
铜 青 磨刀 石 怪 刀 石 铁 磨 去 了
青铜磨石之上磨铁器。

以上两类的来源应该与第一类相同，详见前文。

单辅音可以是舌尖前塞音，有 tu、die，如：

tu ʂu ma go po ʂu go（《羌族释比经典·蒸石气》P. 1800）
石 数 不 量 斗 数 量
一石不够斗来量。

tçhazei çi die haçi tçopu（《羌族释比经典·勒布斯色》P. 1387）
算卦 圆 石头 站在 上面
站在圆石上面算了一卦。

羌语该类用指"石"的词语，可能与以下语言的"石"有关系。如：藏语 rdo、拉萨 to¹³、巴塘 du⁵³、夏河 rdo、阿力克 rdo。金理新认为："石头，藏语的古体形式是 rtun。因而，藏语的 rdo '石头' 应该来自 *r-tu。"①

单辅音可以是小舌音，有 qa、qə、ʁa、ʁə、ʁo、ʁu、ʁoə¹、ʁuo，如：

tsho qa pi tçy ma（《羌族释比经典·打整房子》P. 1889）
倒 石 堆 成 要
人间即刻成乱石堆。

qə pæ dzuXu tsu ta pæ（《羌族释比经典·蒸石气》P. 1800）
石 背 背篼 这里 的 背
背起背篼背完石块。

qhua qə qhua lə ʁa nei gu tʂə ʁu çe ʂa（《羌族释比经典·解秽》P. 559）

---

① 金理新：《汉藏语系核心词》，民族出版社 2012 年版，第 287 页。

高　山　顶　上　石　头　有　的　石　三　块
三块石头出高山。
　　ʁə khokho Xtʂo khokho（《羌族释比经典·蒸石气》P. 1800）
　　石　烟熏　吉祥树　烟熏
用吉祥树熏石头。
　　ʁo khokho ʁa dathe（《羌族释比经典·蒸石气》P. 1800）
　　石　蒸气　那里　蒸
用吉祥树熏所有石头。
　　ɕie tshə ʁu phe ɕie to pha wa（《羌族释比经典·驱邪》P. 1872）
　　铁　屎　石　白　煞　的　打了
铁渣白石打煞气。
　　nəˈxu phetɕi nəˈŋu ɲiæ（《羌族释比经典·打醋坛》P. 532）
　　石头　顺遂　石头　是　了
有了圣石一切顺遂了。
　　ʁuo phzˌiphzˌi ta atɕi maɕu zə（《羌族释比经典·祝酒词》P. 893）
　　石头　白色　给　一定　弄脏　不
洁白石头得崇敬。
羌语这类用来指"石头"词的来源应该与第一类相同。
羌语"石头"单音节首辅音为复辅音有ɣlo、zˌda，如：
　　zˌepiʁua læ xsəi ɣlo tɕhy ze tʂəi（《羌族释比经典·取火种》P. 280）
　　热比娃　个　神　石　就　来　拿
热比娃接过神白石。
　　su mi ŋue go ɣlo dzui læ ji（《羌族释比经典·说母亲》P. 969）
　　磨　不　会　就　石　罪　有　了
不会磨刀就对磨刀石有罪。
羌语"石头"也可以用复音节词语表示，有 lozu、pezə、ʁutha、ʁutʂei、zˌapha、gepə、guphe、lomæ、nəba、nəbæ、nəla、nələ、nəpa、nəpæ、nəˈmi、nəɹxu、poli、ʁojy、ʁolo、ʁoɲi、ʁoqə、ʁoti、ʁuba、ʁudi、ʁupia、ʁutha、tiku、zˌawa 等形式，如：
　　tɕie pamo lozu ŋue je（《羌族释比经典·把一部》P. 1922）
　　房屋　很好　石　是　了
房屋好看要看石墙是否修得严整。

ge phu me jye lemæ pezə gejy pai （《羌族释比经典·打醋坛》P. 530）
石 衣 没 穿 苔藓 石 衣 做了
石没有衣服就用苔藓做它的衣服。

ɕetha qəti ʁutha mi nə su （《羌族释比经典·鬼》P. 1670）
铁器 上面 石 没 有 磨
铁器不是磨刀石。

dzəpi ʁutʂei ʂeiʁutʂei kə dzu su kə tɕhe （《羌族释比经典·鬼》P. 1674）
凡人 石 磨刀石 的 凿子 磨 去 要
凿子在凡人磨刀石上磨。

gepə seji de me de （《羌族释比经典·打醋坛》P. 551）
石头 三个 靠 又 靠
三个石头要靠得紧。

nəɕi tseɕi zie tɕi tɕi guphe tokə （《羌族释比经典·蒸石气》P. 1714）
昨天 这天 病魔 的 这 石头 之处
昨天就此见病魔。

lomæ ɕoji da χua la wa （《羌族释比经典·蒸石气》P. 511）
石头 干净 来 洗 干净 啊
要把石头洗干净。

qusa zəmə nəba khəkhei （《羌族释比经典·招仓房》P. 2090）
劳力 请来 石头 碎烂
请来劳力打碎石头。

nəbæ wode tshəqa je （《羌族释比经典·唱根源》P. 1648）
石头 放滚 诅咒 要
滚放石头打死之人，释比我施法诅咒了。

ŋu thitho nəla səsə ɕe tɕa jinʐuwan （《羌族释比经典·勒布斯色》P. 1388）
你 墙体 石头 谁砌 的 怎么样
你家石头墙是谁砌的。

nəpa χɬe je nəpa tsha je （《羌族释比经典·兄妹治人烟》P. 242）
石头 砌 有 石头 凿 有
有砌凿石块的石匠。

mutuda nəpæ dəduo duo qhu lu ʙei （《羌族释比经典・兄妹治人烟》P. 246）
天界上　石头　悬掉　掉落　来　有
天石好像要掉落。

dalə dalə poli gue bʐa （《羌族释比经典・我说喜事》P. 869）
撬来　撬去　石头　的　大
撬来撬去大石头搬不动。

dəχo dedʐə qəte sə （《羌族释比经典・蒸石气》P. 1800）
高地　低处　石头　有
高山平地有了石头。

ʁojy xse ʂeisaʂe （《羌族释比经典・送花盘》P. 1832）
石头　神　三十天
在堂屋内将白石神供三十天。

pæhma aze ʁolo tɕhi khælə （《羌族释比经典・根治流产》P. 1312）
青蛙　一只　石头　躲　下面
一只青蛙躲在石头下面。

ʁoȵi tʂ huaba tɕetʂ hə tə pantha （《羌族释比经典・新房竣工还愿》P. 2137）
石头　泥巴　全部　是　准备
石头稀泥准备足。

ʁoqə boqə jy daʐi we （《羌族释比经典・唤鸡》P. 931）
石头　高上　鸡　有　了
石包之上有了鸡。

ʁoti ʁotɕipu təpu gao （《羌族释比经典・羌戈大战》P. 18）
石头　石墙砌　修建　要
搬回石块砌墙垣。

əˈdʐya ʁuba əˈdʐya tɕo we （《羌族释比经典・采料》P. 2129）
放上　石头　放上　好　了
上放石板放平整。

zupu lə ma ʁudi nəsə tɕe nə dʐəu （《羌族释比经典・颂神禹》P. 190）
地上　是　的　石头　是的　还　要　多
犹如凡间之沙石。

ʁupia le qha dzeitə jy ŋu la ʑi sə kə ɲ̩i （《羌族释比经典·安身神》P. 308）

石头 的 这 墙上 用 你 的 在 处 去 吧

白石之中你现身。

ɕietha qəti ʁutha su ma qa ba （《羌族释比经典·鬼》P. 1670）

铁器 上面 石头 磨 不 行 啊

铁器上面不能磨石头。

z̡awa ɦake xuatha metʂ ə wa （《羌族释比经典·葬礼词》P. 1041）

石头 这样 使用 不完 了

有用不完的石头（金银）。

三 earth（地）

《牛津英汉高阶双解词典》："earth, land; the surface of the world as opposed to the sky or sea." "earth" 对应汉语"地"。其在《百词表》中占第 79 位，在郑张尚芳《华澳语言比较三百核心词表》中居第 14 位。"地"在羌语中既可以指"地面"，也可以指"旱地"。

"地（天地）"在羌语 14 个方言点发音如下：

桃坪：$zuə^{31} pə^{33}$	麻窝：zəp
蒲溪：zuepe；zue；xputɑ	曲谷：zə
松坪沟：biɲi	峨口：zəp
萝卜寨：$zu^{31} pu^{31}$	荣红：zəp
绵虒：$z̡ue^{11} pe^{11}$	热额纳：zəp；zə
永和：zətu	小姓：z̡ə
龙溪：$zu^{31} bu^{31}$	杨柳：z̡ə

羌语"地"可以用单音节表示，单音节首辅音可以是舌尖前塞音，有 da、die、ta、tə、ti、to、tu 等，如：

mutu da əˈkəˈ na phazə ʁai sə phakən （《羌族释比经典·兄妹治人烟》P. 246）

山顶 地 上去 和 床面 一架 铺 架 了

山顶上做了一架床。

tsha ȵi ŋu ʂətshe apha ta ʑi （《羌族释比经典·羌戈大战》P. 19）

羊 和 牛 放出 满山 地 有

牛羊出圈满山垭。

tə lio lio tʂ ə seitsu tsuqu tɕho tə lio（《羌族释比经典·颂神禹》P. 209）

上 来 来 的 岷江 水源 且 地 来

终于来到岷江源。

thiaŋ ti tɕʏŋ wei （《羌族释比经典·敬神》P. 337）

天 地 君亲 位

天地君亲师位。

dẓu Xuei ẓie to pho ȵia da pe ẓi miɕo （《羌族释比经典·送神禹》P. 193）

草 青 坪 地 跑 的 过 去 歇 不敢

逃到草地不敢歇。

mala dẓo tu kua ȵio tɕha （《羌族释比经典·还愿》P. 622）

愿堂 之 地 还愿 赶 要

走上愿坛把愿还

羌语该系列"地"的词语与以下语言的"地"可能有关系。如：养蒿 ta[33]、先进 te[43]、石门 ti[55]、高坡 tɑ[24]、摆托 ta[55]、枫香 ti[33]、瑶里 tei[42]、腊乙坪 tɯ[34]、文界 to[35]、长垌 ta[22]、多祝 ta[22]、梅珠 te[33]、三只羊 te[44]、陶化 te[53]、黄洛 tou[33]、小寨 tou[33]。羌语该系列的"地"词语应该可以和汉语"土"相比较。《说文·土部》："土，地之吐生物者也。二像地之下，地之中物出形也。"《尚书·禹贡》："厥贡惟土五色。"孔传："王者封五色土为社。建诸侯，则各割其方色土与之，使立社。"《文选·东方朔〈非有先生论〉》："遂居深山之间，积土为室，编蓬为户。"李善注："作壤室，编蓬户。"宋李纲《与叔易奕不胜赋着色山水诗一篇》："将军思训久为土，龙眠道人亦已亡。"后引申可以指"土地"。《易·离》："百谷草木丽乎土。"汉扬雄《羽猎赋》："不夺百姓膏腴谷土桑柘之地。"《南齐书·州郡志上·南兖州》："土甚平旷……江之壮阔处也。"《广韵·姥韵》："土，他鲁切。"其上古音，郑张尚芳构拟成 *lhaaʔ，李方桂构拟成 *thagx，王力构拟成 *tha。其中古音，郑张尚芳构拟成 *thuo，邵荣芬构拟成 *tho，王力构拟成 *thu。

单音节首辅音可以是舌尖前边音，有 la、le、lə、li、lie、lio 等，如：khuatsa e¹ la qouzətɕi tɕi muȵi pa wa（《羌族释比经典·还羊神愿》

P. 680）

　　威州 之 地 苦兹基 的 太阳 照 了
　　威州寨主苦兹基，太阳照亮管辖地。
　　nə tʂha le le zə qo əˤ je （《羌族释比经典·话说圣洁木吉珠》P. 1946)
　　来 射 地 的 人 有 说 了
　　你勿射地上，凡间有人。
　　ɕie kə lətɕi lə kə pu （《羌族释比经典·驱邪》P. 1875）
　　煞 去 地方 地 去 做
　　煞去你该去处。
　　tsə qo əˤ li tsə tʂha əˤ li （《羌族释比经典·祛病》P. 1717）
　　这 家 之 地 这 地方 之 中
　　这家之中这地方。
　　zu sei mu no miŋue so lie mu læ no mi ŋue so （《羌族释比经典·说母亲》P. 970）
　　撒 种 者 你 不 是 耕 地 者 呢 你 不 是 了
　　树木既不是你栽也不是你种。
　　ʁitʂə əˤ lio qapaəˤɕi ʂueiʁaɕi qa zə zi （《羌族释比经典·阶波刹格》P. 424）
　　小寨子 之 地 神台 许哈神 我 的 敬
　　小寨子的许哈神我来敬。

　　羌语该系列词可能与汉语的"地""底"有联系。《说文·土部》："地，元气初分，轻、清、阳为天；重、浊、阴为地。万物所陈列也。从土，也声。"《易·系辞下》："仰则观象于天，俯则观法于地。"唐柳宗元《天说》："彼上而玄者，世谓之天；下而黄者，世谓之地。"《广韵·至韵》："地，徒四切。"其上古音，郑张尚芳构拟成*ljəəls，李方桂构拟成*djarh，王力构拟成*diai。其中古音，郑张尚芳构拟成*diɪ，邵荣芬构拟成*diɪ，王力构拟成*dhi。

　　《说文·广部》："底，一曰下也。"段玉裁注："下为底，上为盖。今俗语如是。"战国楚宋玉《高唐赋》："俯视崝嵘，窐寥窈冥；不见其底，虚闻松声。"《诗经·大雅·公刘》："于橐于囊。"陆德明《经典释文》引《说文》："无底曰囊，有底曰橐。"北周庾信《游山》诗："涧底百重花，山根一片雨。"《广韵·荠韵》："底，都礼切。"其上古音，郑张尚芳构拟

成 *tiiʔ，李方桂构拟成 *tidx，王力构拟成 *tyei。其中古音，郑张尚芳构拟成 *tei，邵荣芬构拟成 *tɛi，王力构拟成 *tiɛi。

单音节首辅音可以是舌尖前鼻音，有 na、ne、no 等，如：

pia jie ne wu ha sə ke ne（《羌族释比经典·好人》P. 1944）
干 的 地 你 去 死 去 吧
干渴地方你死去。

kuə ə¹ ʁaʐu ʑistə no kukə（《羌族释比经典·送精怪》P. 1914）
你 自己 山上 住处 地 回去
仍就回到高山去。

羌语该系列词可能与以下语言的"地"有关系。如：泰语 na²、西僳 na²、龙州 na²、武鸣 na²、柳江 na²、布依 na²、临高 nia²、朗央 na³¹²、雅朗 nau³¹、普标 ne³³、拉基 nu³⁵、仫佬 no³¹。

单音节首辅音可以是舌尖塞擦音，有 dzə、dʐei、dzo、tʂa、tʂha、tshua、tʂu 等，如：

dzə li ke la tutu pu sə tɕi qa pu we（《羌族释比经典·波舍》P. 920）
地 耕 去 了 全部 做 的 儿子 功 做 了
为了养育儿女，不分冬夏多劳累。

tsekəu dʐei to tɕhio fia kə（《羌族释比经典·蜜蜂颂》P. 2115）
菜园 地 里 就　下 去
急忙走向菜园角。

dzo mu ma tʂhə dzo mu tʂe thə lio sa（《羌族释比经典·阶波刹格》P. 424）
地 日 没有 看 地 日 之时 的 来 了
现在也是敬地神的吉祥日。

tshua ʐa bie tɕi qhua wu tsa na bia wu tsa sə bie ʂəɕi wa（《羌族释比经典·别》P. 1851）
桥　处别 的 沟　有 之地 山梁 有 之 地 别 放出 要
赶过桥来赶过沟，赶到深山老林里。

tsaqo ə¹ li tsa tsha mia wo（《羌族释比经典·绵虫》P. 1694）
这家 之 中 这 地　绵　有
这家出怪生绵虫。

tsa tʂha ʐa¹ li mia tə wo ɕi（《羌族释比经典·绵虫》P. 1694）

这 地 之中 绵 的 有 了
在这地方有绵虫。
zue tshua ʐba ɲi mulie ʐba（《羌族释比经典·还愿得福》P. 830）
挖 地 苦 和 耕作 苦
挖田犁地在上坡。
tɕetʂu thotʂu khua tʂu sə lasa tʂhu ʂujy（《羌族释比经典·送瘟神》P. 1344）
基珠 脱珠 青苗 地 神 纳萨 送 知道
青苗土地神要知道。

羌语该系列词可能与藏语有关。如：藏语 sa、拉萨 sa⁵⁵、巴塘 sha⁵³、夏河 sha、阿力克 shæ、麻玛 sa⁵³、文浪 sa⁵⁵。

单音节首辅音可以是舌尖擦音，有 sə、za、zə、ʐə、ʐu、zəp、zu、zue、ʐuə 等，如：

pa sə ləzə ʐaˡ nə qo na di nə ja wə（《羌族释比经典·还愿》P. 597）
这 地 杉杆 长 得 硬 和 够 的 用 了
此地杉杆长得好，已在坛前能用上。
apamuzə ɕito pi kə die ʐə gue je（《羌族释比经典·鬼》P. 1669）
阿巴木兹 玺多 父 前 地 去 说 了
阿巴木兹对玺多说了话。
tse qo ʐa li tse tʂa ʐaˡ li（《羌族释比经典·绵虫》P. 1696）
这 家 之 中 这 地 之 处
在这家之中这地方。
zə dəbu za esei（《羌族释比经典·招仓房》P. 2092）
青稞 这块 地 丢撒
青稞种子撒满田地。
tse qo ʐaˡ li tse tʂa ʐaˡ li（《羌族释比经典·绵虫》P. 1696）
这 家 之 中 这 处 地 方
在这家之中这地方。
mu na zə sə tʂu tshu tʂei（《羌族释比经典·许愿》P. 766）
天 和 地 神 旗 出来 了
天地诸神领旗了。
qaʐa quaqə ʐə da lia we（《羌族释比经典·人真心》P. 673）

地方 之中 地 来 耕 了
土地凡人来耕种。
əŋ tɕi ʐmu guelə zəp ta （《羌族释比经典·葬礼词》P. 1041）
您的 尸　安身　地处
在您的安身之地。
ɕi　wo ji ma　zu wo ji （《羌族释比经典·解秽》P. 557）
神 分 了 啊 地 分 了
神把天地分开了。
mubia kheili tsuɲi lapu ʐu tɕe qhue （《羌族释比经典·颂神禹》P. 207）
天空 下面　洪水 满 地 房 盖
天下洪水成灾害。
ʐuə　he dzə ŋa tətɕye kai （《羌族释比经典·青稞和麦子的来历》P. 2163）
地　上 青稞 些 冒出来 了
地里的青稞冒出了芽。
单音节首辅音还可以是舌面音，有 tɕi、ʑi，如：
fiadʐei nə tɕi ka ɕi zə tsə tsa ɕi tsa we （《羌族释比经典·还愿》P. 591）
凡人 之 地 亲朋 请 来 算 这 天 是 了
敬请亲朋是吉日。
dʐokə ʑi to （《羌族释比经典·启亮神》P. 420）
还愿 地 方
还愿祭祀坛。
单音节首辅音还可以是舌根音，有 go、ke、ɲi，如：
tɕhi sə jio dʐya tɕhi sə go （《羌族释比经典·还愿》P. 642）
神 的 位 放 神 放 地
安神要有神的位。
ʂe ke təʁue əˑʐya khei （《羌族释比经典·插旗》P. 1231）
门槛 地 围了 管住 了
门槛将邪拦住了。
ɲi ŋa nəpi dzei zə loma （《羌族释比经典·打整房子》P. 1889）

地 土 一片 草 的 荒芜
土地荒芜人烟灭。

单音节首辅音也可以是双唇音，有 ba、bei、fəˁz、ma、pəˁ、pəz、phe、pia、pu 等，如：

seitsu qu ɕi ʐaˁ bo tshu bo ba tɕi wu（《羌族释比经典·颂神禹》P. 209）
岷江 源 处 崖 高 山 高 地 的 是
岷江源地陡山险。

dʑi bei ləʐə ʐeˁ lə qo ȵi dʑilə ja we（《羌族释比经典·还愿》P. 579）
坡 地 杉杆 岩 杉 硬 则 生 得 好 了
坡地杉杆端且直，岩上杉杆木质硬。

fəˁz məˁz dʑys zəi（《羌族释比经典·说莫居》P. 1467）
地 天 多 有的
天地之间众神多。

pəˁtu ma pi gema pi do wu le（《羌族释比经典·送邪气》P. 769）
地上 地 释比 革玛 比 请 叫 了
地界的革玛释比敬请了。

pəˁ ʂuaʁa ɕytə sui（《羌族释比经典·绷鼓》P. 1125）
地 动荡 海子 来涨
地动山摇，龙潭涨潮。

pəˁz məˁz dʑyz zəi（《羌族释比经典·伯伢》P. 1458）
地 天 多 有的
天地之间众神多。

səz məz pəz zəi（《羌族释比经典·甩镰刀》P. 1451）
神 天 地 有
天地之间皆有神。

ʁuala ʁa phe pie mie mi le dʑeˁ dəˁ we（《羌族释比经典·置》P. 1878）
外面 坪 地 猪 粪 不 是 置 生 了
在外坪地有猪屎，猪屎堆中生了置。

təuŋæ mə we pia mu we（《羌族释比经典·木吉珠和斗安珠》P. 88）
斗安 人 是 地 人 是
斗安凡间是凡人。

xpuẓəu qe kue tsə kue tɕi xɫæ mu ʂəi ji （《羌族释比经典·阶波刹格》P. 424）

凡间　地 你 子 你 女 送 者 好 的
子女们给你办丧事办得很好。

ɣiædẓəi ʂe pu ɣiezue pe （《羌族释比经典·取火种》P. 268）
魔法　来 做 凡间 地
施展魔法降人间。

单音节首辅音还可以是小舌音，有 qe、qə、qei、qhu、ʁa 等，如：

xpuẓəu qe kue tsə kue tɕi xɫæ mu ʂəi ji （《羌族释比经典·说母亲》P. 982）

凡间 地 你 子 你 女 送　者 好 的
子女们给你办丧事办得很好。

tɕhytɕhy tɕia qə khuatsa tɕia qə tɕiatsatɕhi （《羌族释比经典·还愿》P. 656）

人间　 之　 地 威州　 之 地 甲杂神
威州之地甲杂神。

tshuitshui tɕa qei khuatsa tɕa qei tɕasatɕhi （《羌族释比经典·还羊神愿》P. 680）

本地　 房 地 威州　 房 地 甲杂气
威州之地甲杂神。

tshu zə χueχue tsuqu jia kə a qhu wu （《羌族释比经典·颂神禹》P. 198）

山　 的 青青　 水源 好 的 一 地 是
山清水秀好景致。

kha¹pæ ʁa sueʈʂ u dẓə ze otojy （《羌族释比经典·开坛》P. 358）

卡尔坡 地 母子 公羊 像 一对
卡尔坡公羊母羊有一对。

单音节首辅音也可以是复辅音，有 xpu、ʂʈʂa、xpa、χpə、χpu 等形式，如：

ʂtɕie te ʂkəu ȵi mu ʂe ʈʂ hu ȵi xpu ʂe ʈʂ u sə （《羌族释比经典·早天地》P. 230）

心 来 坚 且 天 来 造 和 地 来 造 的

第一章 名词核心词

齐心来将天地造。
tsa qa ʐali tsa ʂtʂa ʐali （《羌族释比经典·茅人》P. 1765）
这 家 之中 这 地 之中
这家之中这地方。

mu χpu ʁua ɤəi ʐmu mi qəi （《羌族释比经典·敬土地神》P. 440）
天 地 五 行 却 不 能
天地五行不可忘。

羌语"地"也可以用双音节表示，有 baaˈ、baəˈ、bezə、eçe、liphei、mezue、ŋoko、puli、ʁali、thuqhua、xpuda、xpuʂu、xpuzue、zubu、ʐuəpə、zuɲi、zupæ、zupu、jipu、ʐuəpə、zupu、zutʂu 等形式，如：

dala jipu patʂoutʂhen （《羌族释比经典·收茅人》P. 1894）
东门口 地 霸州城
东门口的霸州城。

mə ɲi ʐuəpə əˈma zuo ku dze （《羌族释比经典·祝酒词》P. 889）
天 和 地 羌人 寨 更 近
天地和羌寨更紧密。

thu ʂæ tshuqə mubia zupu die la dʐə （《羌族释比经典·颂神禹》P. 208）
涂山 山上 天 地 的 来 拜
拜天拜地拜涂山。

jye dʐu lesə zutʂu mutʂu jyenə tɕæ （《羌族释比经典·唱狐狸》P. 1341）
狐狸 脚 有 地 天 狐狸 送
狐狸的脚就像天地一样大。

ŋula tiku tiuda əˈjye （《羌族释比经典·八月播种》P. 2157）
庄稼 地面 背上 背了
从庄稼地里背起了。

zemi gæhɬa sə ji ʁo qhuqhua （《羌族释比经典·熏香木》P. 542）
地面 嘎拉 神 是 都 熏完
地面三官神用吉祥树熏了。

zəpu təsta lə te le （《羌族释比经典·说节日》P. 2224）
地面 生长处 气 给 有

万物生长显灵气。

qa ȵy na zətu da phazətəi ʁeʑi lai (《羌族释比经典·兄妹治人烟》P. 246)
我 自己 就 地面 上 木床架 睡觉 了
妹我平地床上睡觉。

zubu qəʑaˀ ʁudi ʑgu nə ma nə we (《羌族释比经典·颂神禹》P. 193)
地面 上面 石头 块 的 没 的 有
地上石块打尽了。

zuepe mi tɕhyæ xqa ji khəu (《羌族释比经典·取火种》P. 266)
地面 不 踩 嘴 的 张
还未落地就说话。

tɕadʑo ȵi xaŋa ʑuəpə no laila zə (《羌族释比经典·迟基格布》P. 170)
刀 和 剑 地面 都 震动 在
刀光剑影惊天地。

moto zupu mutɕi qa tsuso mu da ʁue sa (《羌族释比经典·安家神》P. 309)
天宫 地面 皇君 我 祖师 者 的 请 了
天地君亲师归位。

mubia we ȵia ʑupu we nə tɕio mi qa (《羌族释比经典·颂神禹》P. 211)
天空 有 和 地面 有 的 看见 不 行
霎时天地难分清。

四 path (路)

有些"路"是人为产生，有些"路"是自然形成，故我们把"路"放入本章节中考察。《牛津英汉高阶双解词典》："path, way or track made for or by people walking." "path"对应汉语"路"。其在《百词表》中占第85位，在黄布凡《藏缅语300核心词词表》中为三级核心词。

"路"在羌语14个方言点发音如下：

桃坪：ʁo³³ dzë³³　　　　　　麻窝：guˀβa

蒲溪：uˀ　　　　　　　　　　曲谷：juwəˀ

第一章　名词核心词

木 卡：i dʐe　　　　　　峨口：gu:¹
萝卜寨：ʐəi³¹　　　　　　荣红：gue¹:
绵虒：ʐʅ³³ mA¹¹　　　　　热额纳：ju wə¹
永和：ʐɥɛ：tu　　　　　　小姓：ʁgye
龙溪：y³¹to³¹；kong⁵⁵lu³³　杨柳：ʁye

羌语"路"可以用单音节词语表示，单音节首辅音可以是双唇音，有 mu、pa、we、wu，如：

　　dzə　do pi　do mutɕi　do so　do jo mu we（《羌族释比经典·连接》P. 1185）
　　凡人 说 释比 说 妇女们说 呀 说 的 路 了
　　凡人和释比撵鬼怪，妇女们撵鬼怪。

　　ɕietɕie ge¹ tɕi tɕe lo pa　tə dzə we（《羌族释比经典·祛病驱邪》P. 1708）
　　妇女　股 受 家 回 路 上 邪 有
　　妇女背水邪沾身。

　　piato　kuledzua　ʂatatɕhi tɕhi we ji we（《羌族释比经典·请神》P. 300）
　　巴夺村 古呢爪　沙达期 神 路 过 了
　　巴夺地方神路过，寨主古呢爪敬请了，寨主萨达期敬请了。

　　Xsəi ʂtɕie ʂə go wu ta gəu（《羌族释比经典·敬行路神》P. 463）
　　神 敬 去 就 路 上 走
　　敬神走在大路走。

单音节首辅音可以是舌尖音，有 lə、ʐe、ʐə、ʐei、ʐəi、ʐok、ʐu、ʐuə、ʐui、da，如：

　　ʐei lə keizei tui Xe tse jie phʐe ko tɕio jie（《羌族释比经典·吉祥》P. 2210）
　　道 路 之 中 宽 好 是 了 白 的 看见 了
　　道路宽敞多吉祥。

　　ʐe ɕi go ʁue moə¹ lə pe sə（《羌族释比经典·凶魔》P. 1740）
　　路 平 脚 绊 凶魔 一 个 是 了
　　平路处凶魔已摔伤。

　　ɕi ʐə qo ɕi pu bʐa¹ kheili moə¹ die ɕi ma（《羌族释比经典·凶魔》

P. 1744）

神 路 过 处 树 大 底下 凶魔 的 消除 了

神路之处，大树底下，凶魔消除。

ʐei qə jitə¹ ʐei so popo tue ʐei misə tʂə ʐei ago（《羌族释比经典·羊皮鼓经》P. 779）

路 上 放 路 道 吉利 是 路 不看 则 路 上来

扫清道路好吉祥，神鼓现在上路来。

phʐəiʐeu metshə zeXe ʐei qe tho le je（《羌族释比经典·姆一部》P. 1125）

雪隆包 脚下 凡魂 路 中 那 有 的

藏在雪隆包脚下凡民送魂的地方。

thoxu ʐok laku nə kə kəi（《羌族释比经典·伯伢打猎》P. 1405）

那里 路 地方 的 走 去了

朝着狗叫的地方走去了。

ʐu gu mi ɲue tɕhæ mi tɕo（《羌族释比经典·根治流产》P. 1310）

路 走 不 好 踏 不 对

不好好走路，踏步不对。

thək ʐuə rlæ sək ʐuə səla ʐuə（《羌族释比经典·送魂魄》P. 1436）

上面 路 呢 神 路 神灵 路

最上面一条是神灵走的路。

da ji da ta ta ɕi ʐo ji（《羌族释比经典·九敬经》P. 787）

路 的 路 好 好 的 修 了

修好神路神灵行。

羌语发舌尖边音的"路"应该与以下列举语言的"路"有一定关系。如：藏语 lam、拉萨 lam¹³、巴塘 lɑ¹³、夏河 lam、阿力克 lam、麻玛 lem、文浪 lem³⁵、景颇 lam³³、墨脱 lam、达让僜 lim⁵⁵、格曼僜 lam⁵⁵、博嘎尔 lioŋ、义都 lam。羌语该系列"路"可以和汉语"路"相比较。《说文·足部》："路，道也。从足，从各。"《易·说卦》："《艮》为山，为径路。"孔颖达疏："为径路，取其山虽高，有涧道也。"唐韩愈《雨中寄张籍》诗："放朝还不报，半路蹋泥归。"《官场现形记》第四十八回："在路早行夜泊，非止一日。"《广韵·暮韵》："路，洛故切。"其上古音，郑张尚芳构拟成 *g.raags，李方桂构拟成 *lagh，王力构拟成 *lak。其中古音，郑张尚芳构拟成 *luo，邵荣芬构拟成 *lo，王力构拟成 *lu。

单音节首辅音也可以是舌面音，有 dʐy、gəu、ji、jio、jəu、jue、jy、jyo、ʑie，如：

dʐy le mæ ɣdʐy gue mæ dʐy na ɣɬa wu ma（《羌族释比经典·凡间驱毒》P. 1806）

路 有 妖根 有妖 根 就 割 是 啊

路面四处有妖气根，我施法割掉了。

gəu gəu qeti lə pu so me（《羌族释比经典·说母亲》P. 972）

走 路 之时 纺 做 了 吗

不是在边走边纺线吗？

dʐe ɲu na je ji dʐe na je（《羌族释比经典·我说喜事》P. 869）

星星 来 好 了 路 星星 好 了

星星下来时路好走了。

ɲo mə jioto dzo jio sə（《羌族释比经典·走神路》P. 577）

锥 过 道路 凿子 路 来

锥子不进凿子凿。

tɕi jəu jəu sə ɣe jəu sə（《羌族释比经典·走神路》P. 577）

神 路 线 穿 针 线 穿

神路若有不通处，穿针引线穿过来。

jue tse jue ba se tsə wei（《羌族释比经典·送眼瞳》P. 996）

路 小 路 大 三 条 有

大路小路共有三条。

kua jy tʂo jy tə la kha ɲa tə la kə we（《羌族释比经典·还天晴愿》P. 690）

愿 路 祭祀 路 来 排 路障 和 上 来 的 了

愿路将把路障排，修通道路把愿还。

dzumu jyoto ta jyo sə（《羌族释比经典·铁三足》P. 2067）

凡人 道路 好走 路 是

凡人走来走好路。

pipo nə miaʑi lə ɣuelə ʑie to tɕhe dʐy ta ɕi jia tɕhe dʐy nə ma jia hai die tɕe lio ɲə ba ha ho（《羌族释比经典·不吉》P. 1009）

叔伯及婶娘 一个 黄泉 路上 山羊份 带处呀 山羊份 的 是呀嘿来

接 来 是 的 啊 嗬

哎嗬噢噢呜，叔伯婶娘我至亲，儿女将绵羊捎过来，黄泉路上请接收。

maʐu səle dʐa ko ʐui （《羌族释比经典·鼓的来历》P. 1133）
一座 高山 挡 去 路
一座高山挡去路。

羌语该系列的"路"可能与以下语言的"路"有关系。如：彝语 gɒ²¹、撒尼 kɒ³³、傈僳 dʐa³³、哈尼 ga⁵⁵、嘎卓 tɕa²⁴、怒苏 khɹa³³、勒期 khyo、波拉 khya⁵⁵、浪速 khyo³¹、载瓦 khyo⁵¹、仙岛 khyɔ⁵⁵。金理新认为藏缅语 *g-ʁa "道路"对应汉语的是动词 *g-ʁa "于"（意义为"往"）。这个说法还有待进一步验证。

单音节首辅音还可以是小舌音，有 qhua、ʁu，如：

koɕy bʐa lə əˈtɕi tɕekəu ʁu phe qhua ʐei （《羌族释比经典·鬼》P. 1679）
盘羊 大 一个 阎王 家中 岩 堑 路 口
盘羊在阴曹有执事。

tsa ʁu ʑi ɕie ʂəɕi na ɕie tə ɕy ȵi əˈɕyɕy ȵi （《羌族释比经典·驱邪》P. 1875）
这条 路 有沙 放出 的 煞 的 收 和 来 整治 啊
这条路上送来煞，诸神收去来惩治。

羌语"路"也可以用复音词语表示，有 jidʐe、jidʐei、jyto、jito、jyoto、jyphe、jyphʐe、jyto、jytshe、koʐui、qəjo、tatshe、ʐeipei、ʐita、ʐuətʂhe，如：

khəli atɕhi jidʐe ʁeakə ȵi khuasa ati （《羌族释比经典·迟基格布》P. 156）
朝下 一方 路 上走 后 夸萨 到
一路南下抵夸萨。

keiʐə soȵi tshəʁue ʐaʁue jidʐei miwe （《羌族释比经典·羌戈大战》P. 6）
前后 遇到 棘丛 悬崖 路 没有
前面经济行路难。

qhumu jyto tɕe tsetshu we （《羌族释比经典·魂归来》P. 1149）

第一章　名词核心词

山沟　路　房子　修　了
山沟路边修了房。
qhu ma jito tsha da lia la dzə zətɕou we　（《羌族释比经典·人安乐》
P. 1191）
沟 上 道路 桥 上 搭 了 凡人 过来 了
沟上无路，凡人搭桥走过来。
χe mu jyoto dzujyo sə　（《羌族释比经典·铁三足》P. 2067）
好 地方 道路 畅通 是
好的地方路畅通。
jyphẓe lato baphẓe lato　（《羌族释比经典·接母舅》P. 945）
道路 地方 歇气坪 地方
大路之上寨坪之上。
dzəmo jyto ku zədʐy we　（《羌族释比经典·唱根源》P. 848）
凡人 道路 母舅 相聚 了
凡人家中母舅来。
tshua za mi ʑi jytshe qə ti baə' ʂəɕi wa　（《羌族释比经典·驱邪》
P. 1836）
寨 的 不 在 道路 之 上 歇气坪 放出 要
送到寨外大道上。
tsuə ẓu se ẓuke koẓui　（《羌族释比经典·鼓的来历》P. 1133）
水 里 神 开通 道路
水里诸神忙开路。
dzə kə pi kə phewoqə sə qəjo mu we　（《羌族释比经典·连接》P. 1185)
凡人 去　释比 去 雪隆包 上 道路 有 了
凡人和释比沿路去，要到雪隆包处去。
pupu kes ẓuətʂhe jye ji　（《羌族释比经典·伯伢莫居打地府》P. 1477）
父亲 走的 道路 有 了
你的父亲将去世。
ẓeipei tʂəkə qa ma ɕi ba　（《羌族释比经典·祛病》P. 1716）
道路 之外 我 不 放 啊
行人路上我不放。
tshuəʑi ʑita dʑitshə kole　（《羌族释比经典·羌戈大战》P. 17）

深山　道路　脚下　踩过
崇山深处踩出路。
dzemi ke tɕi tatshe jye ji（《羌族释比经典·伯伢莫居打地府》P. 1477）
母亲 走 的 道路 有 了
你的母亲将去世。

五　mountain（山）

《牛津英汉高阶双解词典》："mountain, mass of very high rock going up to a peak." "mountain" 对应汉语 "山"。其在《百词表》中占第 86 位，在郑张尚芳《华澳语言比较三百核心词表》中居第 17 位，在黄布凡《藏缅语 300 核心词词表》中为三级核心词。

"山"在羌语 14 个方言点发音如下：

桃坪：tʃhuə^{55}；qhsuə　　麻窝：qhsəp
蒲溪：xsu；ẓa　　曲谷：ẓʁu pu；ʁu^1
木　卡：pha　　峨口：ʁuə^1 pu
萝卜寨：su^{31}　　荣红：ʁopu
绵虒：su^{11}　　热额纳：ẓʁupu，ẓʁu
永和：ɣwu^{1}pu；βu^{1}pu　　小姓：Χtsəp
龙溪：wo^{31}qei^{31}　　杨柳：ʁɑ

羌语"山"可以用单音节词语表示，单音节首辅音有的是单辅音，单辅音可以是双唇音，有 bia、bie、bio、ma、phia、wo、wu 等，如：

ləɲi miwu a bia pe（《羌族释比经典·唤鸡》P. 933）
杉树 不是 一 山 有
杉树遍山成了林。

bie ɕiy di da Χei dida wa（《羌族释比经典·还愿》P. 612）
山 这片 好 的 好 丰收 了
保我这方很平安。

ẓdu kə da kə ʂkhe bio akə ẓgudʑio ada（《羌族释比经典·霉灾》P. 1775）
霉灾 去 的 去 八 山 过去 九梁 去
霉灾快去，走过八山九梁去。

qa kua lio ma su qəə^{1}ji ɕya dẓotʂ he we（《羌族释比经典·走神路》P. 576）

我 还愿 来 山 上 岩上 亮 下来 了
正值还愿山岩处，天已撒白亮下来。

ʂa phia zə bəu zə bəu da（《羌族释比经典·铁三足》P. 2070）
大 山 过 堆 过 堆 成
大山一样堆起来。

wo la pəjmu bulos phiphe（《羌族释比经典·说节日》P. 2224）
山 里 贝 母 虫草 挖 了
贝母虫草上山挖。

jypu lǝna wəʼ təkei wu ʐu kei （《羌族释比经典·勒布斯色》P. 1387）
九 岁 有了 牛 去 放 山 上 去
费伢鲁长到九岁能去山上放牛。

羌语该系列"山"可能与以下语言中的"山"有关系。如：阿昌 pum[55]、仙岛 pum[55]、载瓦 pum[51]、浪速 pam[31]、波拉 pam[55]、勒期 pɔm[31]、喜德 bo[33]、巍山 by[55]、南华 vo[21]、武定 bɣ[11]、撒尼 pɣ[33]、纳西 bu[21]、嘎卓 pɛ[24]。

单辅音可以是舌尖前塞音，有 die、du、ta、tə、tha，如：

əˈtɕi tɕekəu ʐa die gu kə ke ʁue bue ji（《羌族释比经典·鬼》P. 1678）
阎王 家中 岩 山 事 的 我 在 做 是
阎王殿中管山崖。

tʂhei du khuje kui ma kui nə su so la so（《羌族释比经典·邪怪》P. 1722）
撵 山 猎狗 哇 的 哇 的 左 跳 右 跳
烫得猎狗直叫唤，左跳右跳出家门。

khe tə zətʂei dʐə sə lio ȵia ʁose lə sə die tʂ hoɕo（《羌族释比经典·解秽》P. 559）
高 山 拿来 还 用 邪 和 羊角枝杈 的 来 解秽
高山之处羊角树枝把秽解。

tha lie qhueqo se dʐe te jie χo dʐe la jie phʐe ko tɕio jie（《羌族释比经典·吉祥》P. 2211）
山 和 沟槽 豹子 丰富 有 的 打猎 丰富 好 的 白 的 看见 了
深山老林好打猎多吉祥。

羌语该类用表"山"的词可能与以下语言的"山"有关系。如：缅语 tɔŋ、景颇 toŋ³³、独龙 daŋ⁵⁵、达让僜 thɯ⁵⁵、格曼僜 toŋ³⁵、博嘎尔 tuŋ、义都 tio⁵⁵。金理新认为，缅语型的共同形式*toŋ，此形式对应汉语的"冢"。《说文·勹部》："冡，高坟也。"《周礼·春官·序官》："冢人，下大夫二人，中士四人。"郑玄注："冢，封土为丘垄，象冢而为之。"贾公彦疏："案《尔雅》，山顶曰冢，故云象冢而为之也。"南朝宋谢惠连《祭古冢文》："东府掘城北壍，入丈余，得古冢。"引申可以指"山顶"。《诗经·小雅·十月之交》："百川沸腾，山冢崒崩。"郑玄注："山顶曰冢。"《文选·潘岳〈射雉赋〉》："鸣雄振羽，依于其冢。"李善注："冢，山巅也。"唐元稹《蛮子朝》诗："夜防钞盗保深山，朝望烟尘上高冢。"《广韵·肿韵》："冢，知陇切。"其上古音，郑张尚芳构拟成*toŋʔ，李方桂构拟成*trjuŋx，王力构拟成*tioŋ。其中古音，郑张尚芳构拟成*tioŋ，邵荣芬构拟成*ȶioŋ，王力构拟成*ȶiwoŋ。

单辅音可以是舌尖塞擦音，有 dzə、tshu、tshua、tshue、tshuə、tsu 等，如：

qhu dzə əˈ dzə ɦiaçi tsha çi zəʁue sa （《羌族释比经典·还愿》P. 600）
　一 沟 一 山 十七 寨 粮食 招来 了
　一沟一山十七寨好粮食招来了。

tshua pu da qhua dzʅei da qhua （《羌族释比经典·赤》P. 2004）
　山 的 走过 界 的 过
　又将大山分了界。

tshue he dzʅeiŋa stə miʁe ti təzadzʅei （《羌族释比经典·青稞和麦子的来历》P. 2161）
　山 这里 界线 有 眼泪 流 分别
　在山界线这里流泪分别。

tsuəɲi tʂ huotçhu zʅaɲi tshuə （《羌族释比经典·驱邪除恶》P. 1797）
　黑水 解秽 岩石 山
　黑水解除山岩秽。

tsu na zʅaəˈ çia tçi miaçia pu mi （《羌族释比经典·驱邪》P. 1834）
　山 和 岩 死 的 淹死 做 的
　凶死鬼淹死鬼。

tshu dazʅa na da tsə qo （《羌族释比经典·坐红锅》P. 1866）
　山 远 的 不要 怕

山路远你不用怕。

单辅音可以是舌尖边音或鼻音，有 le、li、lu、nə，如：

tsəˡleke　　jeji　tɕi　tʂæ　le lə　mə kə we（《羌族释比经典·还愿》P. 652）
自古以来　一个 儿　还小 山 林 的 去 了
很小翻山又越岭，走去打猎转山巅。

tha li qhua ko sei pa　xo pa ŋu ɕitsə（《羌族释比经典·劝慰》P. 1045）
万 山 老 林 豺 狼 虎 豹 你 知道
你知道万山老林中的豺狼和虎豹。

zə tʂhə na zə　lu zə　tshə na tsu（《羌族释比经典·安顿三界》P. 1822）
官 请 后 这 山 官 请 后 商议
官员三兄弟共同商议了。

bie the ʁa the su　nə ȵio jie（《羌族释比经典·评理》P. 1976）
别 评 鬼 评 出 山 赶 了
把是非之人赶出山处。

单辅音可以是舌尖擦音，有 sə、su、ʐa、ʐæ、ʐə、ʐəp、zu、ʐu、ʐuə 等，如：

dzei we we sə mədʐotɕhi（《羌族释比经典·请神》P. 298）
最 高 高 山 牟卓期
高山之中山神也。

mu dzæ su dʐə dʐa əˡ tɕeu（《羌族释比经典·唱根源》P. 850）
人 笑　山 笑 笑 的 好
山笑人笑人欢乐。

ʐa xsə ŋu so　ʐa　ku gu（《羌族释比经典·根治流产》P. 1311）
山 神 是 呢 山 边 转去
你是山神就转回山边去。

ʐæ gæ Xula tsue nə jo（《羌族释比经典·解秽》P. 565）
山 岩 洗净 水 黑 用
黑水解秽山和岩。

ʐə　kə təkei ʐə di desa（《羌族释比经典·牛》P. 813）
山 向上 去 山 会 转来

向山上面去，顺路会转来。

zəq zəm ʁa tshua qha mewe （《羌族释比经典·颂谷神》P. 489）
山　歌　起唱　苦　没有

唱起山歌舒心怀。

zu qə ʐaˈlo　mi dida（《羌族释比经典·还愿》P. 627）
山 高 过来 人 顺利

高山之处人顺利。

səphie nə ʁa ʐu kə（《羌族释比经典·敬天地谢神恩》P. 834）
药 挖　者　高　山　去

挖药入深山。

khuaʂ hu ʐuə pzu tsha ŋu stu（《羌族释比经典·祝酒词》P. 894）
深沟　　山 高　羊　牛 放

高山深处放牛羊。

羌语该系列用表"山"的词可能与以下语言的"山"有关系。如：藏语 ri、拉萨 ri[13]、巴塘 ʐi[231]、夏河 rə、阿力克 rə、麻玛 ri[35]、文浪 ri[35]、卓戎 ʁuəˈ、日戎 ri、普米 rə、却隅 ri[13]、吕苏 ʐə[35]、扎坝 ʐɻ[13]、道孚 ri。

单辅音也可以是舌面音，有 dʑie、dʑo、jy、kei、khuæ、ȵi、ʂæ、ʂu、ʂue、tɕi、tɕie、tʂu 等形式，如：

dʑie wa wa sə ŋotɕotɕhi（《羌族释比经典·还养神愿》P. 679）
山 高 高　的　厄角期

高山之处是山神厄角期。

ʂkhe pia ȵio sa ʐgu dʑo da ji（《羌族释比经典·凶魔》P. 1742）
八　山梁 驱赶 了 九匹 山 走了

赶出八山九梁去。

phʐiʐu tsoȵi jy nə tso（《羌族释比经典·敬神》P. 493）
雪隆包 连接 山 与 连

雪隆包上山连山。

mupi kei zei ɕi tʂho dʑa jie phʐe ko tɕio jie（《羌族释比经典·吉祥》P. 2210）
铁矿 山 上 铁 出 丰富 了 白 的 看见 了

铁矿丰富多吉祥。

khuæ læ kezə tsue ji tshu je（《羌族释比经典·话说圣洁木吉珠》

P. 1947)

山　沟　之后　水　的　有　了
有了山沟水才流。
toumu ȵæȵæ tshueisən ȵæȵæ sæphoŋ ȵæȵæ ʂæ wæ tshei（《羌族释比经典·凶魔》P. 1858)

斗母　娘娘　催生　娘娘　桑朋　娘娘 山王　爷
斗母娘娘、催生娘娘、桑朋娘娘、山王爷。
mu dʐa ʂu dʐa dʐa əˑ tɕəu （《羌族释比经典·唤鸡》P. 933)

人 笑 山 笑 笑 得 好
山笑水笑人欢乐。
khapa sesə　khapa ʂue ȵi　（《羌族释比经典·敬神》P. 337)

尕帕 山神号 尕帕 山 中
尕帕山中有尕帕神。
ʁuezə tɕi qə səˑ ʑi　（《羌族释比经典·凶魔》P. 1859)

牛场 山 上 杨柳 有
放牧牛场有杨柳。
tɕie mo təwo tɕieɕi wonə woɕi tɕha　（《羌族释比经典·分万物》P. 257)

山 坪 来分 大小 分的 分的 要
高山坪子分大小。
ʑie tɕi jia tɕi tʂu lə puɕi tsaɕi ʐeidʐo ʐaˑbo （《羌族释比经典·祛病》P. 1714)

病 儿 找 到 山 上 今天 这天 路边 岩洞
今天前去找病魔，顺着大陆进山洞。
单辅音还可以是小舌音，有 qə、ʁo、ʁu，如：
qhua qə qhua lə ʁa nei gu tʂ ə ʁu ɕe ʂa（《羌族释比经典·解秽》P. 559)

高　山顶　上 石头 有的 石 三　块
三块石头出高山。
ʁo mu atshu phuma tʂu （《羌族释比经典·唱毒药猫》P. 1564)

山 岔口 一堆 篝火 了
山岔口篝火燃放一堆。
tɕhi dʐa ʁu dʐa dʐa ʐa tɕyo we （《羌族释比经典·还愿》P. 595)

神 笑 山 笑 笑　的 好 啊

神剑欢喜笑开颜。

羌语"山"单音节首辅音也可以是复辅音，有 Xsu、xsu、xsud，如：

Xsu ʐəuqəi ta Xpəu dʐa wæ （《羌族释比经典·敬桥神》P.438）

山 峻岭 山 竹　丛 生

荒山峻岭竹丛生。

ʐgusaʐgu xsu te pi ɤlə （《羌族释比经典·取火种》P.270）

九十九 山 的 再 翻

再翻九十九座山。

ȵi dzui læ ȵi xsulə xsud zui læ səi （《羌族释比经典·治疗中神邪者》P.1283）

啥 罪 有 呢 山上 山 罪 有 了

如此得罪了山上的山神。

羌语"山"也可以用复音词来表示，有 ʁaʐu、titshə、titshuə、biaqə、patu、puto、putu、qutho、quthu、ʁoqə、ʁoqei、thuba、thubu、thupu 等形式，如：

papə ɕutiu ʁaʐu tsuə ŋa （《羌族释比经典·羌戈大战》P.39）

洁净 清凉 山 溪水 有

清泉小溪处处有。

tʂha titshə xnata no ʂətʂ hətʂ he （《羌族释比经典·赶精怪》P.1902）

八座　山 背后　外　赶出去

赶出八匹梁子外。

guə titshuə nətshuə no ʂ ətʂ hətʂ he （《羌族释比经典·赶精怪》P.1902）

九座　山 后面　外　赶出去

把米雅感到九匹山外去。

mamumaɕya moɕio biaqə （《羌族释比经典·还愿》P.590）

天蒙蒙亮　庙前　山包

在天蒙蒙亮时，在那庙前山包处。

ʁuaba putu əŋ patu ʐu putu （《羌族释比经典·敬奉诸神》P.402）

渭门关 山包 恶 山包 如 山包

渭门关敬奉恶如山神。

ʁatʂ ə puto əˡ puto sepetʂ aŋ （《羌族释比经典·根源》P. 380）
下看 山包 汉人 山包 来领受
向下看石汉人的山神，前来领受。

qutho biaqə qa ʁue sue wa （《羌族释比经典·魂归来》P. 1151）
山包 山梁 我 招 转回 啊
山包山梁处招魂来。

quthu biaqə qu khu tʂhə we （《羌族释比经典·还愿》P. 596）
山包 山梁 山包 狗 撵 了
几座山包都撵过。

ʁoqə boqə ʂə datso we （《羌族释比经典·遇邪毒》P. 1163）
山包 高处 邪毒 遇上 了
山包高处遇到邪。

ʁoqei boqei ku daʑi we （《羌族释比经典·接母舅》P. 944）
山包 高上 舅 已有 了
山包高山有舅家。

dathe thuba na qəsə wei （《羌族释比经典·熏烟》P. 1578）
熏烟 山包 就 头绪 有
吉祥树熏烟后我有头绪了。

dathe thubu na palu wa （《羌族释比经典·熏烟》P. 1577）
熏烟 山包 就 顺来 是
吉祥树熏烟后家运通达。

thupu tumə （《羌族释比经典·敬奉诸神》P. 399）
山包 议论
诸神们在神山之巅议事了。

第二章 动词核心词研究

我们根据北京大学中国语言学研究中心研制出来的语义分类树，把《百词表》中的19个动词分为四个类别。

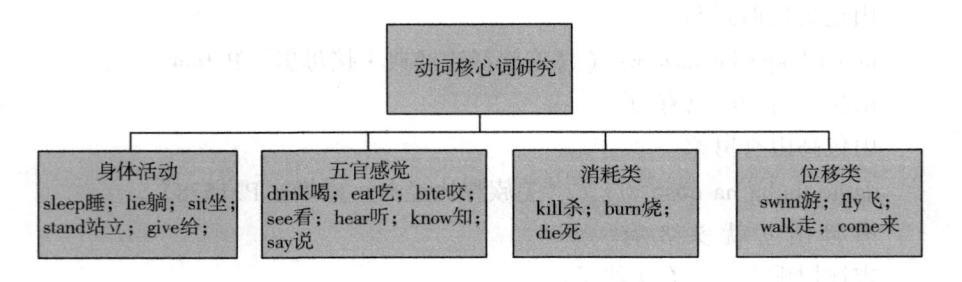

```
                    动词核心词研究
        ┌──────────┬──────────┬──────────┐
      身体活动      五官感觉      消耗类       位移类
    sleep睡；lie躺；sit坐；  drink喝；eat吃；bite咬；  kill杀；burn烧；  swim游；fly飞；
    stand站立；give给；   see看；hear听；know知；  die死        walk走；come来
                        say说
```

第一节 身体活动核心动词研究

身体活动动词主要指由身体部位发出的动作，《百词表》中用来指身体活动动词凡5个：sleep（睡）、lie（躺）、sit（坐）、stand（站立）、give（给）。

一 sleep（睡）

《牛津英汉高阶双解词典》："sleep, condition that occurs regularly in humans and animals, esp at night, in which the eyes are closed and the muscles, nervous system, etc are relaxed.""sleep"对应汉语"睡"。其在《百词表》中占第60位，在郑张尚芳《华澳语言比较三百核心词表》中居第115位，在黄布凡《藏缅语300核心词词表》中为二级核心词。"睡"语义场的研究，成果颇丰，主要有王凤阳、王政白、汪维辉；硕博论文

有：刘新春、白利利、谭代龙。这些研究主要从语义场角度对"睡觉"类词语做历史演变阐述。

"睡觉"在羌语14个方言点发音如下：

桃坪：ne⁵⁵　　　　　　麻窝：nɤ
蒲溪：ne；nəi　　　　曲谷：nə
松坪沟：nə　　　　　　峨口：nə
萝卜寨：fiɑ³¹-ʐe³¹　　荣红：nə
绵虒：le¹¹；me¹¹ je¹¹ je³³　热额纳：nə
永和：ʑi　　　　　　　小姓：nə
龙溪：ȵi⁵⁵　　　　　　杨柳：ȵi

羌语"睡"可以用单音节词表示，单音节首辅音可以是双唇音，有ma、mu等形式，如：

dzə ma zesə tʂo sə maze（《羌族释比经典·鼓》P.1188）
人　睡　地方　旗　就　不睡
人睡之地旗不睡。

zəbʐei labʐei mu mi qa ȵia dzəu mi qa（《羌族释比经典·颂神禹》P.204）
左想　右想　睡　不行　和　坐　不行
坐卧不安难入眠。

羌语该系列"睡"的词语与以下语言中"睡"的词语有一定关系。如：吕苏 mu⁵³、木雅 mə⁵⁵、扎坝 mi³³、史兴 fiuɑ⁵⁵、却隅 rmu⁵⁵、缅语 hme、阿昌 mui³⁵、仙岛 mui³¹、载瓦 myi⁵⁵、浪速 myi⁵⁵、勒期 mye：i⁵⁵、彝语 ma¹¹、傈僳 mɯ³³、基诺 mrɛ³⁵。羌语该类词可以和汉语"寐"相比较。白保罗用汉语"寐"对应藏缅语＊(r-) mwəy ~＊(s-) mwəy，用"眠"对应藏缅语＊myel，并认为汉藏语的韵尾＊-l似乎和汉语的韵尾-r一起脱落，一般情况下变为-n，偶然也保留了-r。《玉篇·目部》："眠，同瞑。"《字汇·目部》："眠，翕目也。"《列子·周穆王》："〔古莽之国〕其民不食不衣而多眠，五旬一觉。"《后汉书·第五伦传》："吾子有疾，虽不省视而竟夕不眠。"元仇远《怀古》诗："吹杀青灯炯不眠，满襟怀古恨绵绵。"《广韵·先韵》："眠，莫贤切。"其上古音，郑张尚芳构拟成＊miin，李方桂构拟成＊min，王力构拟成＊myen。其中古音，郑张尚芳构拟成＊men，邵荣芬构拟成＊mɛn，王力构拟成＊mien。

《说文·癗部》:"寐,寐而有觉也。"《诗经·卫风·氓》:"三岁为妇,靡室劳矣。夙兴夜寐,靡有朝矣。"郑玄笺:"常早起夜卧,非一朝然。"唐蒋防《霍小玉传》:"其夕,生澣衣沐浴,修饰容仪,喜跃交并,通夕不寐。"《广韵·至韵》:"寐,弥二切。"其上古音,郑张尚芳构拟成 *mids,李方桂构拟成 *mjidh,王力构拟成 *miet。其中古音,郑张尚芳构拟成 *miɪ,邵荣芬构拟成 *mji,王力构拟成 *mi。羌语该类型的词及其与之相关语言中的"睡"都是开音节,故我们认为羌语的该类型的"睡"与汉语"寐"相比较可能更好。

单音节首辅音也可以是舌尖擦音,有 ʐa、ʐe,如:

kho ʐa ke dʐəu puje (《羌族释比经典·丧事唱诵》P. 962)
猫头鹰 睡 还 活 做
猫头鹰睡觉时你父母仍然还在地里干活。

zə ma ze na tʂotsə ma ze (《羌族释比经典·坐红锅》P. 1865)
人 的 睡 和 仓神 不 睡
人睡觉仓神不睡觉。

atua mə ʑi jy tua des kəi (《羌族释比经典·说莫居》P. 1469)
一睡 没 睡 九 睡 醒来 了
睡了一觉才醒来。

羌语这个系列的"睡"应该与以下语言"睡"有关。普米 zi^{35}、史兴 $zɔ^{53}$、却隅 $zɛ^{13}$、嘎卓 $zŋ^{53}$、拉祜 zi^{21}。

单音节首辅音也可以是舌尖鼻音,有 ne、nəi,如:

jiko dapie ʐuəpə ta ne (《羌族释比经典·禁忌》P. 1098)
神龛 前面 地铺 上 睡
神龛前面睡地铺。

fiəmu ji go nəi pu so ʑie kue xqapu (《羌族释比经典·治妖》P. 1280)
天黑 的 就 睡 做 了 睡 去 装作
夜晚你睡觉时装作假睡。

单音节首辅音还可以是舌面音,有 ɲi、ʑiæ、ʑi、ʑie 等形式,如:

dzo mi go ɲia ɲi mi go wo (《羌族释比经典·磨房》P. 2122)
坐 不 够 和 睡 不 够 啊
座位和床位都不够。

qa bude tɕyk ʑiæ (《羌族释比经典·麻吉的故事》P. 1415)

我 梯子 旁 睡
睡在梯子旁边。
atua mə ʐi jy tua des kəi（《羌族释比经典·说莫居》P. 1469）
一睡 没 睡 九 睡 醒来 了
睡了一觉才醒来。
fiəmu ji go nəi pu so ʐie kue xqapu（《羌族释比经典·治妖》P. 1285）
天黑 的 就 睡 做 了 睡 去 装作
夜晚你睡觉时装作假睡。

羌语这两个系列的"睡"应该与以下语言的"睡"有关系。如：藏语ɳal、拉萨 ɳɛ[13]、巴塘 ɳe[13]、夏河 na、阿力克 ɳa、麻玛 ɳɛ[35]、文浪 ɳeu[35]。

单音节首辅音还可以是小舌音，有 qə，如：
mu qə pho nə pho mi qe nə（《羌族释比经典·鬼》P. 1779）
梦 睡 跑 的 跑 不 行 了
梦幻之中跑不掉。
羌语该词的来源应该与上面一组有关系。

羌语"睡"也可以用双音节词来表示，有 ane、eʑi、maʑie、meʑie、ʑitɕi、ʁeʑi、lukə、matsə、mətɕe 等形式，如：
dzəka pəŋa adzuo ane mi nazə（《羌族释比经典·赶精怪》P. 1903）
凡间 民众 坐 睡 不 安宁
害得凡间民不安。
pumo tɕiba¹ bude tɕyk eʑi kəi（《羌族释比经典·麻吉的故事》P. 1416）
补摩 长女 梯子 旁 睡 了
补摩女儿回去就睡在梯子旁。
misə mixue maʑie kuʑie（《羌族释比经典·羌戈大战》P. 9）
不知 不觉 睡 着了
疲劳缠身睡着了。
aʐa meʑie miʑie nə bopu qakəi（《羌族释比经典·释比择吉日》P. 703）
一晚 瞌睡 没有 睡 这家 我为
为我家一夜都没睡。
ŋu ta ʑitɕi ŋu nə（《羌族释比经典·麻吉的故事》P. 1415）

你 那 睡 是 的
你睡在啥地方。
əŋ ȵy na mutuqə phazətəi ʁeʑi kən（《羌族释比经典·兄妹治人烟》P. 246）

你 自己 就 山顶处 木床架 睡觉 去
哥你山顶床上睡觉。
tyke jytsa mætɕi lukə tule ji （《羌族释比经典·开坛》P. 1060）

土猪 两只 贴身 睡觉 暖和 了
两只土猪贴身睡觉很暖和。
æʑa mæʑie gu due apu （《羌族释比经典·夫妻缘由》P. 877）

一晚 睡觉 九 次 醒来
睡觉总是醒来九次。
dzə mətsə sə tʂho tsə matsə （《羌族释比经典·魂归来》P. 1150）

人 睡觉 时 旗 不 睡觉
人睡觉时旗勿睡。

二 lie（躺）

《牛津英汉高阶双解词典》："lie,（of a person or an animal）to be or put yourself in a flat or horizontal position so that you are not standing or sitting." "lie" 对应汉语 "躺"。其在《百词表》中占第 67 位，在黄布凡《藏缅语 300 核心词词表》中为二级核心词。"躺" 和 "睡" 经常互用，前文已经对 "睡" 做了探讨。我们这里主要对与 "躺" 有关的 "靠" 进行研究。

"靠" 在羌语 14 个方言点发音如下：

桃坪：ʙa^{33}　　　　　　　　　麻窝：ʁləʁla
蒲溪：kho-tha；phen-tha；pie-pa　曲谷：ʂke（he ʂke）
松坪沟：　　　　　　　　　　峨口：khɑu tha
萝卜寨：die^{31}-phəŋ^{55}-tha^{55}　荣红：əqhua
绵虒：kho^{55}　　　　　　　　热额纳：ʔe ʂkie，ʂkie
永和：ɛ：xjɛ　　　　　　　　　小姓：haço
龙溪：a^{31}za^{31}　　　　　　　杨柳：khau

羌语 "靠" 可以用汉语借词表示，有借自汉语方言的 die^{31}-phəŋ^{55}，如广东梅县客家话、四川客家话将"靠"说成"pən⁵³"。汉藏语其他语言中也有与之有关的语言。如苗语先进 phin⁴³、养蒿 paŋ¹³、优诺语黄洛 pən³¹、柳田 pən³¹、布努语大化 paŋ²²¹、勉语苗竹 pwɛi¹¹。也有借自普通话的 kho、khau、qhəu，如：

tʂumi tɕisa ta kho mi ke tɕixe ʐəipə kutɕi（《羌族释比经典·释比生肖论命》P. 2038）
女人 姊妹 上 靠 不 能 家中 富贵 命运
女人姊妹少靠，家道兴旺之命。

tsə ʂtu ŋa ta qhəu mi qəi tsə dzʐə tsha wa（《羌族释比经典·释比生肖论命》P. 2028）
兄弟 们 上 靠 不 能 小 事 罚 要
兄弟骨肉少靠，小事多罚。

羌语"靠"也可以用本族词表示，本族词由单音节表示，单音节首辅音可以是舌面音，有 ɕie、tɕhi，如：

tsə tɕi zi qadzʐəi mi ɕie tʂuəmi adzə pu（《羌族释比经典·释比生肖论命》P. 2028）
儿 女 有 亲戚 不 靠 妻 能干 做
儿女不孤，六亲少靠，妻子贤良。

tɕiqo wuqə dʐysə tɕhi pie（《羌族释比经典·禁忌》P. 1099）
家里 进去 右边 靠 转
进入堂屋靠右转。

羌语这类词可以与汉语"倚"有关系。《说文·人部》："倚，依也。"《论语·卫灵公》："立则见其参于前也，在舆则见其倚于衡也。"唐杜甫《佳人》诗："天寒翠袖薄，日暮倚修竹。"《广韵·纸韵》："倚，于绮切。"其上古音，郑张尚芳构拟成*qralʔ，李方桂构拟成*ʔjiarx，王力构拟成*iai。其中古音，郑张尚芳构拟成*ʔɣiɛ，邵荣芬构拟成*ʔiɛ，王力构拟成*ie。羌语该系列词语也可以和壮语相比较，如柳江 ʔIŋ⁴²、武鸣 ʔiŋ²⁴、邕宁 ʔai³³。

单音节首辅音可以是舌尖音，有 de、dzəi、thu、zo、ʐe 形式，如：
gepə seji de me de（《羌族释比经典·打醋坛》P. 551）
石头 三个 靠 又 靠
三个石头要靠得紧。

dʐu te ʁua ɲi dʐu te dzəi （《羌族释比经典·送鬼》P. 2235）
相的帮 和 相的靠
团结互助为根本。

tʂ hətʂ to teχui mesə thu （《羌族释比经典·敬日月星辰》P. 452）
万物 复苏 太阳 靠
万物复苏靠日光。

pimie adzə mi pə tsə tɕi zo mi ke （《羌族释比经典·魂归来》P. 1150）
父母 本事 没 有 子 女 靠 不 能
父母难为，骨肉少靠。

ʐe tɕi khua zə tə ma jy （《羌族释比经典·开坛》P. 1061）
靠近 房 沟 地 冲 要 了
房屋和田地要注意防洪。

羌语以上"靠"的词，可以和汉语"簇"相比较。《玉篇·竹部》："簇，小竹也。"后可以用来指"靠、贴近"。宋柳永《抛毬乐》："是处丽质盈盈，巧笑嬉嬉，手簇秋千架。"《〈史记〉正义》："簇，千豆反。"《广韵·屋韵》："簇，千木切。"其上古音，郑张尚芳构拟成 *khugs，李方桂构拟成 *khəgwh，王力构拟成 *kʼəuk。其中古音，郑张尚芳构拟成 *khuok，邵荣芬构拟成 *khok，王力构拟成 *khuok。

本族单音词的首辅音也可以是复辅音，有 ʁdʐəu、sty，如：
ʁdʐieme zəzə kue ta ʁdʐəu （《羌族释比经典·还愿》P. 821）
凡民 所有 您 上 靠
凡民尽皆沾您恩。

gadʐəi kuɲi ta sty mi qəi jyti dʐə pu sa （《羌族释比经典·释比生肖论命》P. 2034）
亲戚 亲上靠不能 自己 事 做 的
骨肉之亲难靠。

也可以用双音节词表示，有 dzodzo、taqhəu、ɛːxjɛ、ʁlaʁla、a^{31}za^{31}、haço 等形式，如：
ləi qə ta læ ʁbæ dzodzo （《羌族释比经典·造天地》P. 229）
气 顶 上 个 尘埃 停靠
气流之上多尘埃。

ʁdʐieme kuezə dʐu taqhəu （《羌族释比经典·送鬼》P. 2235）

凡人　活着　相依靠
人人在世命相依。

三　sit（坐）

《牛津英汉高阶双解词典》："sit, be in a position in which the body is upright and resting on the buttocks, either on a seat or on the ground." "sit" 对应汉语"坐"。其在《百词表》中占第 68 位，在郑张尚芳《华澳语言比较三百核心词表》中居第 193 位。古人常席地而坐，其姿态相对于现在的"跪"。凳、椅出现以后，古人改变坐姿，将臀部置于凳、椅上，故我们把"跪"以及"跽"也放入该语义场来考察。"坐"的研究成果，除了古人的注释外，主要有王凤阳、池昌海、谭代龙等对坐类词语进行了较为系统的研究。

"坐"在羌语 14 个方言点发音如下：

桃坪：dʑo^{33}　　　　　麻窝：dzu

蒲溪：dzo　　　　　　曲谷：dʑuə（ɦazu）

木　卡：e¹dzo　　　　　峨口：dzuə

萝卜寨：ɦɑ^{31}-to^{31}dzə^{55}　　荣红：dzuə

绵虒：zo^{11}　　　　　热额纳：dzuə

永和：fiɔtuzɨ　　　　　小姓：dzu

龙溪：a^{31}za^{31}　　　　杨柳：ɦazu

羌语"坐"可以用单音节词表示，单音节词首辅音可以是舌尖塞音，有 dəu、di、die、do，如：

dəu sə la kə dakə nə（《羌族释比经典·鬼》P. 1779）

坐　的　好　的　过去　啊

疾病消除人安稳。

mi do mi da gu di pa sə（《羌族释比经典·铁三足》P. 2069）

不　动　不　移　稳　坐　的　是

稳坐此处不动摇。

mutsei tɕitɕi jyli die（《羌族释比经典·还愿》P. 643）

妇女　们　下方　坐

妇女座位在下方。

qaχa butəu le ʐe do khi（《羌族释比经典·给祖师换衣》P. 1120）

金黄 升斗 你 来 坐 要
请你就坐在金黄的升斗前。

金理新认为："藏语 ɦdug-pa'居住、坐下'对应汉语的'逗'。"① 我们认为羌语的以上形式可与汉语的"逗"相比较。《说文·辵部》："逗，止也。从辵，豆声。"汉张衡《思玄赋》："乱弱水之潺湲兮，逗华阴之湍渚。"南朝梁江淹《杂体诗·效谢庄〈郊游〉》："肃舲出郊际，徙乐逗江阴。"唐皎然《奉酬李中丞洪湖西亭即事见寄兼呈冯处士时中丞量移湖州长史》诗："樵子逗烟墅，渔翁宿沙汀。"宋贺铸《雁后归·想娉婷》词："青松巢白鸟，深竹逗流萤。"《广韵·候韵》："逗，田候切。"其上古音，郑张尚芳构拟成 *doos，李方桂构拟成 *dugh，王力构拟成 *do。其中古音，郑张尚芳构拟成 *ɖɨo，邵荣芬构拟成 *ɖio，王力构拟成 *ɖhiu。

单音节词首辅音可以是舌尖塞擦音 dzə、dzeu、dzo、dzou、dzu、dzuə、dzuo、tshue、tʂo，如：

ɕietsu pi　　lie　puji ʐatɕi tʂo　dzə wa（《羌族释比经典·坐红锅》P. 1864）

弟子 释比 一个 现金 晚上 红锅 坐 要
弟子释比在今宵，来把坐锅法事做。

tɕhima atəu zuma atʂ hei tʂ hei əʳ dzəu sa（《羌族释比经典·请神》P. 300）

天神 一千 地神 一百 位上　坐 了
天神成千坐上位，地神成百坐上位。

fia dzo dzos le ʐe dzo khi（《羌族释比经典·给祖师换衣》P. 1120）

下 坐 坐的 你 来 坐 要
请你就坐在你尊贵的位子上。

bie da ʐa na　mo zə dzou we（《羌族释比经典·凶魔》P. 1855）

别 的 离 和 凶魔 过 坐 了
说完别再诵驱除凶魔经。

tɕiphe tete tɕhi dzu we（《羌族释比经典·魂归来》P. 1149）

神灵 台上 神 坐 了

---

① 金理新：《汉藏语系核心词》，民族出版社 2012 年版，第 435 页。

神灵安坐已入位。

ʂtʂ ən̪i　pati ma dzuə lo（《羌族释比经典·鬼》P. 1778）
漆黑　板凳　不　坐　来

漆黑板凳不能坐。

qəzə mitsa dzuo dʐi tsə dʐuə le（《羌族释比经典·禁忌》P. 1099）
模糊　不得　坐　脚　禁止　翘　脚

不能乱坐翘腿脚。

ŋo χo lio tʂo χo lio we（《羌族释比经典·坐红锅》P. 1864）
啥　事　做　坐锅　来　了

因甚选择坐红锅。

tshue mə kaha zʐə nə（《羌族释比经典·送花盘》P. 1833）
坐　人　全部　起来　都

在座诸位全部都起来。

羌语该系列的词可能与下列语言的"坐"有关系。巴塘 nduʔ[231]、麻玛 zuk[35]、文浪 zu[35]ga[35]、却隅 tso[55]、道孚 ndzu、载瓦 tsuŋ[51]、浪速 tsauŋ[31]、波拉 tsauŋ[55]、勒期 tsɔŋ[35]。金理新将上述语言的"坐"构拟成 *tsuk ~ *tsuŋ，还认为其与汉语的"宿"可对应。《说文·宀部》："宿，止也。"《玉篇·宀部》："宿，夜止也。"《诗经·邶风·泉水》："出宿于泲，饮饯于祢。"唐柳宗元《渔翁》诗："渔翁夜傍西岩宿，晓汲清湘燃楚竹。"清纪昀《阅微草堂笔记·滦阳消夏录一》："平定王孝廉执信，尝随父宦榆林，夜宿野寺经阁下。"《广韵·屋韵》："宿，息逐切。"其上古音，郑张尚芳构拟成 *sug，李方桂构拟成 *sjəkw，王力构拟成 *siuk。其中古音，郑张尚芳构拟成 *siuk，邵荣芬构拟成 *siuk，王力构拟成 *siuk。

单音节词首辅音可以是舌尖擦音或边音 zʐei、zo、zu、zua、lə 等，如：

mamu ləqhua mæɡəu dʐoto apha lə ɕi（《羌族释比经典·邪怪》P. 17249）
黄昏　时分　火塘　四周　围　坐　了

到了黄昏人相聚，围坐火塘来摆谈。

羌语以上词语与发舌尖塞擦音的"坐"来源应该有关系。

单音节词首辅音也可以是舌面音，有 ɕia、dʑy、je、tɕha、tɕo、tɕya、ʑi、ʑio，如：

tɕytsu kədə phatsə ɕia（《羌族释比经典·唱魂根》P. 1544）

大海 上面 木船 坐
找来木船向大海划去。
sa dʑy tepə ʁa ŋa tʂhetɕhy tə satʂhui （《羌族释比经典·量茅人》P. 1067）
茅人　坐　里面　层层　密封　放　住
释比我把邪魔放进茅人座位，茅人座位里面将邪魔层层密封。
zəpe¹ pudo peje je su je mu ʁua （《羌族释比经典·白耶来历》P. 1964）
纳萨　胸腹　白耶　坐　的　坐　不　完
白耶封位为纳萨神，此命高贵又有福气。
səqəzə tɕha gutɕhagumu （《羌族释比经典·还愿》P. 626）
上把位　坐　古恰古姆
上把位坐通灵神古恰古姆。
zupə tɕiɕi nato tɕo ə¹ dzo sə （《羌族释比经典·还愿》P. 662）
屋内　中间　之地　坐　过　来　了
敬请火塘内三尊神坐入位。
tie ə¹ kə ko bəjitɕhi （《羌族释比经典·还愿》P. 662）
火　塘　围　坐　布依期
火塘围坐是火神布依期。
mamumaɕya tɕya ɕi we （《羌族释比经典·还天晴愿》P. 689）
天蒙蒙亮　坐　愿　了
天蒙亮时坐了愿。
tshu ȵia biakə ȵia nə ʑio ȵia ȵia ʐei pu （《羌族释比经典·颂神禹》P. 208）
山　和　山梁　啥　的　长相　和　啥　坐　相
察看山势和山形。
tɕhi tsu zupu tɕhi jo ʑi we （《羌族释比经典·还愿》P. 598）
神　的　位子　神　来　坐　了
神的位上神来坐。
dzətɕi ʑio ȵia dzəmu le kə qo nə dʑy （《羌族释比经典·颂神禹》P. 216）
凡间　坐　和　百姓　个　的　功　的　留
投生凡间为百姓。
mud zo su dzo dzoʐe ȵiukhəi （《羌族释比经典·天未亮云已散》P. 711）

天上 坐 山上 坐 座位 排列

不管天上坐、山上坐，都按顺序排列。

tshe du mele də zu kei （《羌族释比经典·唱魂根》P.1533）

羊 放 伙伴 向上 坐 去

放羊伙伴坐上去。

etçhi thukue səba¹ xaŋxonə zua （《羌族释比经典·天宫龙潭》P.689）

一百 敬请 大神灵 上把位 坐

请的一百个大神灵坐在上把位。

羌语这类词可能与下列语言"坐"有关系。阿昌 ni⁵⁵、仙岛 nai⁵⁵、怒苏 ȵi³³、喜德 ȵi³³、武定 ȵi¹¹、撒尼 n³³、傈僳 ni³³、普米 nɨ⁵⁵、嘉戎 nə、却隅 rnə³³、道孚 nə、木雅 ȵi³³、史兴 ȵi⁵⁵、吕苏 nɨ⁵³。羌语"坐"可对应汉语动词"次"。《说文·欠部》："次，不前不精也。从欠，二声。"《尚书·洪范》："初一曰五行，次二曰敬用五事，次三曰农用八政……次九曰向用五福。"《孙子·谋攻》："故上兵伐谋，其次伐交，其次伐兵，其下攻城。"后引申指"驻留、止歇"。《楚辞·离骚》："夕归次于穷石兮，朝濯发乎洧盘。"唐李白《永王东巡歌》之七："王出三江按五湖，楼船跨海次扬都。"清和邦额《夜谭随录·冯勰》："一日，舟次淮安，值仲秋之望，汪市酒邀冯赏月。"《广韵·梵韵》："次，七四切。"其上古音，郑张尚芳构拟成 *snhis，李方桂构拟成 *tshjidh，王力构拟成 *tshie。其中古音，郑张尚芳构拟成 *tshiɪ，邵荣芬构拟成 *tshiɪ，王力构拟成 *tshi。

单音节首辅音还可以是双唇音，有 mi，如：

ʑi mi qə pa dzʐə əˑ wa ʑi mi qəpa dza əˑ wu （《羌族释比经典·造天地》P.229）

在 坐 神位 请的 了 在 坐 神位 敬的 是

所有神灵都请到，所有神灵都敬到。

羌语"坐"mi，可以和以下语言"坐"相比较。糯福 mɯ³³、六巴 mbi⁵³、西夏 wa。

单音节首辅音还可以是小舌音，有 ʁa，如：

stʂ udə hozgu ta ʁa zu （《羌族释比经典·颂观音神》P.487）

六月 十九 上 坐 立

六月十九登记日。

羌语"坐"也可以用双音节表示，有 tedzo、zədzu、zədzuo、dzudzu、əˈdzu、ɦadzuə、adzu，如：

tedzo ȵia lophʐəi loȵi te ʐua （《羌族释比经典·劝慰》P. 1044）
坐　且　白石　黑石 的 拿
坐在哪里拿着白石和黑石。

tʂhei da ʐa na bie zədzu sə （《羌族释比经典·别》P. 1849）
扯　的 离 去 别 坐　了
唱过了扯唱别经。

mo da ʐa na dzʐə zədzuo su we （《羌族释比经典·置》P. 1878）
魔 的　离 去 置 坐　来 了
驱魔一段才唱完，又该诵经来驱置。

dzudzu mu ʐiʐi mu tɕi mu sə kato ɕie kə mi qa （《羌族释比经典·驱邪》P. 1873）
坐　人 在 人 这 人　的　后面 煞 去 不行
在座的人，在堂的人，煞气不得来沾染。

tsaba dzu sə tsatɕhi adzu （《羌族释比经典·魂归来》P. 1153）
旧的　坐 了 新的　坐下
旧旗坐处坐新旗。

ɦadzuə qəti ɦa jia sa （《羌族释比经典·鬼》P. 1778）
坐下　上面　要 好 了
有座位则能办事了。

tɕhytɕhy tɕaqə tɕhi ji da ba tɕatsatɕhi tʂhei əˈdzu sa （《羌族释比经典·还愿》P. 622）
祭祀　之地　神的　大　的　甲杂期　位　坐下 了
这村寨子的寨神甲杂期坐上未了。

四　stand（站立）

《牛津英汉高阶双解词典》："stand, have, take or keep an upright position." "stand" 对应汉语"站立"。其在《百词表》中占第 69 位，在郑张尚芳《华澳语言比较三百核心词表》中居第 192 位。从《牛津英汉高阶双解词典》的定义，我们可以看出，"站立"语义场应该具有两个要素：第一，成员必须表示一种持续状态；第二，成员站立时为一种垂直形状。

"站立"在羌语 14 个方言点发音如下：

桃坪：z̩i⁵⁵ 　　　　　　麻窝：təs tshɤ
蒲溪：z̩ə　　　　　　　曲谷：hatshu
松坪沟：z̩ɑ　　　　　　峨口：kɛ tɕɛ
萝卜寨：ɦɑ³¹-to³¹ z̩ə³¹　荣红：tuju
绵虒：z̩ɿ³³　　　　　　热额纳：ʔej tɕya
永和：tijy　　　　　　　小姓：hɑ tshu
龙溪：ji³¹　　　　　　　杨柳：hatshu

羌语"站"可以用单音节表示，单音节首辅音可以是舌尖塞擦音，有 dz̩、tha、tshəu、dz̩o、tʂhu、z̩ə、z̩ei、z̩əi、z̩o、z̩u 等，如：

tsa z̩əˈ　dzə dzu tɕaqə （《羌族释比经典·还愿》P. 629）
这　凡人　站　过　这里
凡人站立在此处。

le　ji　tsə dz̩o　ɕi tsə dz̩o （《羌族释比经典·得哇》P. 1839）
你 的 来 站 处 不 来
不能来处你勿来。

mu tshəu z̩a kədzopia pa tshihin tɕhi sa （《羌族释比经典·茅人》P. 1764）
人　站 住宿 癞蛤蟆 给 花椒　吃了
人生病像癞蛤蟆贴上花椒，四处乱跳。

ɦinsekhəˈ sə ɦinphæ tʂhu （《羌族释比经典·颂天神》P. 470）
二十八　神 两边　站
二十八宿两边排。

jy qu mu tɕhiæ tɕhy ji z̩ə ji （《羌族释比经典·还愿得福》P. 824）
鸡 呀 牛 羊 就 前 站 了
雄鸡牛羊吉祥物。

khuphz̩iapa tshuəkə xe z̩ei （《羌族释比经典·羌戈大战》P. 15）
白构阿巴　山顶　上 站
阿巴白构站山顶。

bz̩utə khonə ʁualə lestie z̩ei （《羌族释比经典·结婚打煞》P. 908）
高上 考者　五个　中间　站

五子登科站中央。

jytɕi le seitsu qhuo kə tɕhi mi the kə tɕho tə ʐo（《羌族释比经典·颂神禹》P. 210）

大禹 个 岷江 边 的气 不 出 的 且 的 站

大禹静静站江边。

tshu zə ʐu tsu zə ʐu（《羌族释比经典·木吉珠和斗安珠》P. 79）

山 的 站 水 的 站

依山傍水无定所。

羌语"站"可以和以下语言"站"相比较。如：缅语 rap、怒苏 ta³¹、普米 tʂʰə⁵⁵、木雅 rə⁵⁵、史兴 dzʐ³⁵、吕苏 ndzæ⁵³、景颇 tsap⁵⁵、独龙 ɹɐr、阿侬 ɹom³¹、博嘎尔 rop。白保罗将藏缅语的"站"构拟成 *g-ryap，金理新构拟成 *ryap~ *g-ryap。羌语"站"可以同汉语的"立"对应。《说文·立部》："立，住也。从大，立一之上。"《尚书·顾命》："一人冕执刘立于东堂。"《左传·成公二年》："綦毋张丧车，从韩厥曰：'请寓乘！'从左右，皆肘之，使立于后。"《史记·项羽本纪》："哙遂入，披帷西向立。"《广韵·缉韵》："立，力入切。"其上古音，郑张尚芳构拟成 *rɯb，李方桂构拟成 *ljəp，王力构拟成 *ljəp。其中古音，郑张尚芳构拟成 *liɪp，邵荣芬构拟成 *liep，王力构拟成 *liep。

单音节首辅音可以是舌尖塞音，有 tha，如：

dzəpi ʁuetɕe bia tha ʂe zəˈ lə wa tɕo we（《羌族释比经典·还家愿》P. 675）

羌人 憨厚 出梁 站 了 有 杉 长 看见 了

憨厚羌人走出者，看见杉树长成林。

羌语该词可能与汉语的"定"有关系。《说文·宀部》："定，安也。从宀，从正。"《易·家人》："正家而天下定矣。"《史记·白起王翦列传》："四十八年十月，秦复定上党郡。"南朝梁陆倕《石阙铭》："指麾而四海隆平，下车而天下大定。"唐韩愈《许国公神道碑铭》："比六七岁，汴军连乱不定。"引申可以指"停止"。《诗经·小雅·采薇》："我戍未定，靡使归聘。"郑玄笺："定，止也。我方守于北狄，未得止息。"唐韩愈《王公神道碑铭》："时疫旱甚，人死亡且尽，公至，多方救活，天遂雨，疫定。"宋辛弃疾《满江红·赣州席上呈陈季陵太守》词："满目苍茫，风才定、片帆无力。"《广韵·径韵》："定，徒径切。"其上古音，郑张尚芳构拟成*teeŋs，李方桂构拟成*tiŋh，王力构拟成*tyeŋ。其中古音，郑张尚芳构拟成*deŋ，邵荣芬构拟成*dɛŋ，王力构拟成*dhieŋ。白保罗认为，原始藏缅语*di［·］ŋ"使竖立，竖立的，站（着）"：列普查语 diŋ"竖立的，站，休息着"，米里语 diŋ"建立（任何高的东西）；建立或竖立"；克钦语 diŋ"直的，直线的"，puŋdiŋ"极点，顶"；缅文 tań（<*［d］iŋ）"安置，建造"；卢舍依语 diŋ"站，直立着，停止"；加罗语 tśadeŋ"站"。汉语"定""亭""停"同源。①

单音节首辅音也可以是舌面音，有 dʑio、ʑi、ʑio 等，如：

cili dʐədʐən thə ji dʑio ji（《羌族释比经典·木吉珠和斗安珠》P. 103）

火地 四角 他 来 站 了
来到火地四角处。

apa mupi tsupaqhəu qə tɕhio tə ʑi（《羌族释比经典·木吉珠和斗安珠》P. 118）

阿巴 木比 凌冰槽 上 且 的 站
木比先去到槽顶。

bu tɕi bata tɕhio die ʑio（《羌族释比经典·蜜蜂颂》P. 2115）

蜂 的 台子 就 来 站
弟兄同到蜂台前。

羌语该类词与第一类来源有关系，可以和以下语言的"站"相比较。如：阿昌 ʐap[55]、彝语 he[55]、傈僳 he[31]、哈尼 ço[31]、基诺 xɛ[35]、纳西 xy[55]、嘎卓 xɯ[53]、却隅 ʂkhe[55]。

羌语"站"也可以用双音节表示，有 əʐu、dətshu、peiʑəi、təʑei、təʑəi、ʐəʐə 等形式，如：

kəwujapa əʐu lyn（《羌族释比经典·天宫龙潭》P. 369）

敬神台 站 来
请神灵站到敬神台跟前。

qa qhu tsə dətshu tshən（《羌族释比经典·唱魂根》P. 1538）

我 狗 这 站立 要
我的狗你要让它站起来。

---

① Benedict, P.K（白保罗）：*Sino-Tibetan：a Conspectus*, Cambridge University Printing House. 1976：435.

dzˌəpi kotɕi nətɕhi peizˌəi（《羌族释比经典·羌戈大战》P. 26）
羌人 戈基 两边 站立
羌戈分别站两边。

tshuadzə tsaχe təzˌei n̠izi（《羌族释比经典·迟基格布》P. 159）
寨首　城墙 站立 在
寨首站在城墙上。

zˌaxe ʂuapə mə təzˌei zəi（《羌族释比经典·羌戈大战》P. 33）
岩边 草把 人 站立 在
岩上置放草把人。

epu le zˌəzˌə qa tʂ atʂ a qa（《羌族释比经典·送魂魄》P. 1429）
一岁 有 站立 能 慢走 能
一岁时能站立了，能行走了。

五　give（给）

《牛津英汉高阶双解词典》："give, causing sb or sth to have or receive." "give" 在《百词表》中占第 70 位，在郑张尚芳《华澳语言比较三百核心词表》中居第 218 位，在黄布凡《藏缅语 300 核心词词表》中为一级核心词。汉语可以用"给""拿""交""递"等词语对应英语的"give"，羌语通常在一个动词后面加上方向标记，就会含有"给"之意。故在此我们主要探讨羌语"拿"语义场的词语。

"拿"在羌语 14 个方言点发音如下：

桃坪：tʂ e^{55}　　　　　　麻窝：zˌəkə；kuətsi

蒲溪：tʂ ua　　　　　　　曲谷：tɕyi（hetɕyi）

木卡：də　tɕhi　　　　　峨口：thɑ　ʂkuə

萝卜寨：tʂ uɑ^{55}　　　　荣红：zˌək

绵虒：de^{33} zuA^{11}，zo^{11} ke^{33}　热额纳：kye

永和：tsɨ ɕitɛ；ɛ tɕi　　小姓：dzutʂ u

龙溪：tse^{35}　　　　　　杨柳：hatsi

羌语"拿"可以用单音节表示，单音节首辅音可以是舌尖前塞擦音，有 dzə、dzu、tse、tsə、tse、tsi、tshu、tsuai，如：

qa wu na χə˞ dzu le（《羌族释比经典·兄妹治人烟》P. 245）
我 呢 就 针 拿 有

我来握住绣花针。
qə pu wesa tsəte ʂoma dzɿ tɕy ʂei （《羌族释比经典·开坛》P. 1062）
头 蹄 毛 皮 分开　拿一半 去
头蹄毛皮对半分。
tuə¹phæ tsæmæ phætsæ dʑɿt dzuen （《羌族释比经典·召唤乌鸦》P. 1065）
皮口袋　这里　怀中　糍粑　拿
拿出皮口袋里装着的糍粑。
pi le　tʂ ho　jie bu ɣe tse jie （《羌族释比经典·解秽》P. 525）
释比　解秽　了　鼓　好 拿 了
释比解秽后鼓拿在手。
jepe midze tʂ uale tsei ɕia （《羌族释比经典·罪一部》P. 1930）
手中 没 有　鼓槌 拿 了
手中只拿着鼓槌。
ɕyphʑi ɕide　ʑitə　tsəi （《羌族释比经典·八月播种》P. 2157）
白色 铁镰刀 手里 拿
白铁镰刀手上拿。
gu　tʂ ua mi tʂə　a gu　tɕi n̩ia dzɿ　tshu nə kə （《羌族释比经典·鬼》P. 1684）
背篼 拿 是 的 一 背篼 有 和 青稞 拿 的 去
装入背篼来关住，青稞籽儿来搛煞。
khuphʑiapa ɕilə　ʂtʂa　ʑixe tsi （《羌族释比经典·羌戈大战》P. 19）
白构阿巴 神箭　取出　手里　拿
阿巴白构取神箭。
ʑ̩epi me læ ɣlophʑəi tsua ji （《羌族释比经典·取火种》P. 283）
热比 人 个 白石　拿 了
热比双手拿白石。

羌语该类词可以和汉语的"捉"相比较。《说文·手部》："捉，搤也。从手，足声。"《三国志·蜀志·宗预传》："孙权捉预手，涕泣而别。"唐韩愈《和李相公摄事南郊览物兴怀呈一二知旧》："勿惮吐捉勤，可歌风雨调。"引申可以用指"抓"。唐杜甫《石壕吏》："暮投石壕村，有吏夜捉人。"《广韵·觉韵》："捉，侧角切。"其上古音，郑张尚芳构拟

成 *ʔsoog，李方桂构拟成 *tsruk，王力构拟成 *tʃeok。其中古音，郑张尚芳构拟成 *tʃɤAk，邵荣芬构拟成 *tʃɔk，王力构拟成 *tʃɔk。

单音节首辅音可以是舌尖前鼻音及边音，有 la、lo、na、nə，如：

phewolə tɕi dʑo tsho pha jiɕi ȵa ji la ʁa lo（《羌族释比经典·打扫房子》P. 1160）

雪隆包 上 高峰 开 分明 城隍 的 来 拿 去 啊

雪隆包上最高处，敬你城隍你拿去。

mia pi lo ȵia zə lo ȵia dilo sa（《羌族释比经典·软虫》P. 1071）

软虫 释比 来 和 来 拿 和 接 了

释比来作法，驱除软虫怪。

tʂhəhi ato ʑi na ʂai（《羌族释比经典·面人将军》P. 1366）

箭 一对 手 拿 在

一对弓箭手中拿。

ji tə tsə na na ʂə ɕe wa（《羌族释比经典·还愿》P. 609）

手 上 拿 了 啥 的 响 了

手拿鼓锤敲击鼓。

lə zɻɕiXa atʂ æ phiXa atʂ æ səXa atʂ æ nə thi tshei（《羌族释比经典·兄妹治人烟》P. 249）

纸 红色 一张 白色 一张 绿色 一张 拿 上 了

红白绿纸各取一张来了。

羌语该系列词可以和汉语的"拿"相比较。《正字通·手部》："拿，俗挐字。"《说文·手部》："挐，牵引也。从手，奴声。"汉扬雄《百官箴·豫州牧箴》："田田相挐，庐庐相距。"宋范成大《嘉陵江过合州汉初县下》诗："木根挐断岸，急雨沸中流。"引申可以指"持拿"。汉扬雄《解嘲》："攫挐者亡，默默者存。"《警世通言·万秀娘仇报山亭儿》："挐起一条拄杖，看着尹宗落夹背便打。"《广韵·麻韵》："挐，女加切。"其上古音，郑张尚芳构拟成 *rnaa，李方桂构拟成 *nrag，王力构拟成 *nea。其中古音，郑张尚芳构拟成 *ɳɤɛ，邵荣芬构拟成 *ɳa，王力构拟成 *na。

单音节首辅音可以是舌尖擦音，有 ʂa、ʂai、ʂe、ʂɔ、zə，如：

kæxɫæ xil teth ʂa ji（《羌族释比经典·塔山》P. 1481）

将军 红箭 来 拿 了

三个将军拿起红箭。
tihi tsuəpa ʐina ʂai（《羌族释比经典·结拜兄弟》P. 738）
桦树 水瓢 手上 拿
桦木水瓢手上拿。
ŋuxænta ji ʐina ʂe（《羌族释比经典·甩镰刀》P. 1453）
砧凳　的 手里 拿
用手提来了砧凳。
ɕikewutsu ʐina ʂə（《羌族释比经典·伯伢》P. 1463）
神杖　　手里 拿
将神杖拿在手中。
bu qə zə tʂə pu ɕiqə ʂə die tʂhoɕo（《羌族释比经典·兄妹治人烟》P. 249）
细 的 拿 来 细 枝条 的 来 解秽
拿着细枝条就用细枝条来解秽。
单音节首辅音可以是舌尖前塞音，有 ta、tə、təu、thi、tia，如：
tɕy ta mi tʂə tɕy jizo n̩i（《羌族释比经典·邪怪》P. 1732）
旗 拿 是 的 旗 接住 了
驱怪之旗握在手。
　ʂpi ʐikəi ʐ̩un̩u tə tɕi（《羌族释比经典·说妖怪》P. 1897）
释比 手里 磨石 拿 有
释比手里有磨石。
tueqa aɕie zə təu kə（《羌族释比经典·羊皮鼓经》P. 781）
神弓 一把 过 拿 去
神弓一把来搭上。
tɕhiəu qe tia je tɕha qe tia je（《羌族释比经典·尔一部》P. 2148）
饭　头 拿 了 酒 头 拿 了
领受了敬饭，领受了敬酒。
羌语该类用指"拿"的词和以下语言的"拿"有关系。如：六巴 tə[33]、兰坪 də[13]、鲁甸 də[13]、菁花 də[13]、拖七 tə[55]、新营盘 tə[13]、左所 tə[55]、尤拉西 tə[55]。
单音节首辅音可以是舌尖后塞擦音，有 tʂe、tʂə、tʂei、tʂəi、tʂha、tʂho、tʂhua、tʂua、dʐə，如：

tuelə a ə¹ zə tʂe kə （《羌族释比经典·羊皮鼓经》P. 781）
神箭 一支 过 拿 去
神箭一支拿过来。

mu dʐə ʂu dʐə tʂ hua dʐəda （《羌族释比经典·驱邪》P. 1194）
弟子 拿 出 拿 神杖 拿上
弟子手中拿神杖。

jytɕi le dʑiʑe tɕhaʑa tɕho zə tʂ ei （《羌族释比经典·颂神禹》P. 207）
大禹 个   画 羊皮 且 过 拿
大禹接后深感激。

piɣdzə ji go ɣzu ə¹ tʂ ie n̥i ʑda ə¹ tʂ ei so （《羌族释比经典·说母亲》P. 977）
木匠 的 就 左 来 拿 和 右 来 拿 了
木匠双手接过酬金。

mia wa dʑya tʂ ha sa （《羌族释比经典·走神路》P. 576）
不 是 凿子 拿 了
此时来还这坛愿，锯子凿子手中拿。

mu tʂho die tʂho jy se tɕha （《羌族释比经典·解秽》P. 558）
秽解 上 手 拿 鸡 叫鸣 要
解秽要有叫鸣鸡。

xomæxsi læ ɣzu tʂ hua n̥i ʑda tʂ ei ji （《羌族释比经典·兄妹治人烟》P. 249）
红满西 个 左 拿   且 右 取 了
女神急急神出手。

gu tʂ ua mi tʂ ə a gu tɕi n̥ia dzə tshu nə kə （《羌族释比经典·鬼》P. 1684）
背篼 拿 是 的 一 背篼 有 和 青稞 拿 的 去
装入背篼来关住，青稞籽儿来擤煞。

totsu mequa tʂ heɕie kuamie tiəu te tʂ ua je （《羌族释比经典·尔一部》P. 2148）
大个 包子 龙须 挂面 就 的 拿 了
拿上大包子和龙须挂面。

羌语该类词可能与汉语"抓"有关系。《玉篇·手部》："抓，抓痒也。"《广雅·释诂二》:"抓,搔也。"唐杜牧《读韩杜集》诗:"杜诗韩集愁来读,似倩麻姑痒处抓。"元关汉卿《玉镜台》第三折:"兀那老子,若近前来我抓了你那脸。"清蒲松龄《聊斋志异·花姑子》:"安经宿,觉腰下尽死,爬抓无所痛痒。"后来用指"拿"。汉枚乘《上书谏吴王》:"夫十围之木,始生而蘖,足可搔而绝,手可擢而抓。"《广韵·肴韵》:"抓,侧交切。"其上古音,郑张尚芳构拟成*ʔsruu,李方桂构拟成*tsrəgw,王力构拟成*tʃeu。其中古音,郑张尚芳构拟成*tʃuʒu,邵荣芬构拟成*tʃau,王力构拟成*tʃau。

单音节首辅音可以是舌面前塞擦音,有 tɕa、tɕæ、tɕe、tɕə、tɕi、tɕiy、tɕy、tɕya、dʑua、dʑy,如:

bo ma dʑua tʂ ə pi mi pe（《羌族释比经典·解秽》P. 801）
鼓 不 拿 则 比 没 成
释比要拿羊皮鼓,没有鼓则不是释比。

japa səmi dʑy eɕi lu ŋu（《羌族释比经典·颂三母神》P. 468）
手上 果子 拿 一辈 来 是
手执仙桃名千古。

dzətɕi dʑya（《羌族释比经典·还天晴愿》P. 688）
青稞籽 拿
拿上了青稞籽。

ji sə tɕa ɳa la ʂə tshua we（《羌族释比经典·还家愿》P. 675）
手 的 拿 了 顺 出 砍 了
手握斧头顺手砍。

ʑisu kutʂ u maku tɕæ（《羌族释比经典·青稞根源》P. 2178）
手里 抓住 不好 拿
手里抓住不好拿。

fuɕiɕi lə Xobəˈtʂ ho lə tɕho tə tɕe（《羌族释比经典·颂神禹》P. 192）
火神 个 金龙枪 个 且 上 拿
火神拿上金龙枪。

phu so liphʐe li tə tɕə ji（《羌族释比经典·邪怪》P. 1721）
射 的 箭 手 上 拿 了
手上提着打猎箭儿。

dʑuaŋa dzətɕhi pieko zeimi tɕi（《羌族释比经典·迟基格布》P. 169）

兵将　四周　围着　弓箭　拿
四周兵马弓箭拉。

pi tɕi bophe li tə tɕy（《羌族释比经典·羊皮鼓经》P. 780）
比　的　白鼓　手上　拿
手上提着还愿神鼓。

ɕie phʐe doʁo li to tɕya ba（《羌族释比经典·祛病驱邪》P. 1710）
铁　白　弯刀　手　上　拿了
白铁弯刀手上拿。

单音节首辅音可以是舌面前擦音，有ɕe、ɕi、ʑua、ʑya、ʑyæ，如：

tɕy we ɕeqa ɕe tɕy kə（《羌族释比经典·铁》P. 2103）
拿　的　能行　拿　铁　去
有手劲的去拿铁。

ʂpi ʑihe bo ȵi ʁualo ɕi（《羌族释比经典·驱邪除恶》P. 1796）
释比　手里　鼓　和　木槌　拿
释比手提鼓和槌。

ɕi te ʑua ȵia gu dzua ʑe the qe ʑa ə¹（《羌族释比经典·兄妹治人烟》P. 249）
铁　来　拿　呢　九　节　变　做　能行　说
说自己能将钢鞭拧成九节的人。

tɕi bu saqei tə tsei ɕi ma te ʑya ɕi（《羌族释比经典·解秽》P. 511）
房上　高处　来　提起　呢　来　拿起
房上高处，来提起，来拿上。

单音节首辅音可以是舌面后塞音，有kua、kue，如：

aqu qopi khala kua ȵa mila kua ȵi（《羌族释比经典·波舍》P. 927）
一家　人口　供的　拿　和　敬献的　拿走
家中之物供于你，敬献您的请拿走。

ʑi tɕi tɕie Xɬo dzə¹ ʑi tæ kue（《羌族释比经典·送公羊》P. 1507）
鬼　的　儿　三　羊　手的　拿
鬼王的三儿子拿了羊前腿。

羌语以上三类用指"拿"的词语可以和以下语言的"拿"相比较。如：日部 kɑ、观音桥 dʑe⁵⁵、业隆 dʑe⁵⁵、三岩龙 khə、兰满 ʑe⁵³、糯福 tɕɑ³³、里吾底 ʑu³³、棉谷 ʑu³³、赫章 tɕA³³、禄劝 ʑu²¹、喜德 ʑu³³。

单音节首辅音可以是双唇音，有 pu、wei、wo，如：

qa kua lio ma le pu ka ji ʐgu ça sə su wa （《羌族释比经典·走神路》P.576）

我 还愿 来 要 手 拿 锯 的 九 齿 就 磨 了

手拿九齿锯一把。

zəɳi mapu adʐa wei （《羌族释比经典·勒布斯色》P.1389）

凿子 偷偷 一把 拿

临走时偷走了一把凿子。

qazu qapi təmi tɕitʂ u bo li wo dzu təti wa （《羌族释比经典·人真心》P.672）

师祖 师爷 真心 尊重 鼓 手 拿 弟子 真心 了

师祖和师叔啊，真心弟子拿鼓锤。

羌语该类用指"拿"的词可以和汉语"握"相比较。《说文·手部》："握，搤持也。从手，屋声。"南朝梁刘勰《文心雕龙·谐隐》："张华之形，比乎握舂杵。"《水浒传》第二十六回："武松抒起双袖，握着尖刀。"《广韵·觉韵》："握，于角切。"其上古音，郑张尚芳构拟成 *qroog，李方桂构拟成 *ʔruk，王力构拟成 *eok。其中古音，郑张尚芳构拟成 *ʔɣAk，邵荣芬构拟成 *ʔɔk，王力构拟成 *ɔk。

单音节首辅音可以是喉音，有 fie，如：

sətɕi məqta ləʁʐ fie tse （《羌族释比经典·颂天神》P.471）

神龛 上面 书 拿 看

灵霄宝殿领了旨。

羌语"拿"还可以用双音节表示，有 deçe、dʐya、eʐe、tədʐya、tetse、tətse、tsəiɳa、tʂ uaʐya、zədʐei、zətʂ ei、zətʂ hei、zətʂ ua 等，如：

pusi tsəko deçe po phzi ɳiu （《羌族释比经典·招财》P.2207）

新年 时候 拿 树枝 白旗 来

新年到来的时候，要插树枝和白旗。

kuewu japa eʐe lyn （《羌族释比经典·天宫龙潭》P.370）

供品 来 拿 来

请神灵下来享用供品。

pho ʂolipi thə tədʐya ji （《羌族释比经典·木吉珠和斗安珠》P.115）

天之神箭 他 拿 了
神箭抽出搭上弦。

xɬepe ze tiəu tetse wu （《羌族释比经典·劝慰》P. 1051）
长矛 就 来 拿 要
拿上长矛和大刀。

çiedə tətse daji tətse duabe tətse （《羌族释比经典·打整房子》P. 1888）
镰刀 拿 斧头 拿 大锤 拿
拿上镰刀和斧头，再拿一把大铁锤。

lə' bzʅe pu zitə tseiɳa bzʅe kə tʂ hai （《羌族释比经典·八月播种》P. 2157）
麻 绳子 做 手里 拿 绳子 铺 地上
手里拿的麻绳子铺地上。

həutele tʂuazʅya mikhi senadzʅotʂu bia mikhi （《羌族释比经典·夫妻缘由》P. 876）
香蜡 拿 不要 竹背篼 背 不要
香蜡不要拿，竹背篼也不要背。

qa so tçi phzʅe ma phzʅe zədzʅei çi zədzʅei ɳia tədi tçeu （《羌族释比经典·向神通明》P. 411）
我 的 接 白 这 白 拿 神 拿 和 上接 好
在这吉祥日子里，借助神力敬上了。

matsa tsazʅəu tha zətʂei dzio wu gzʅe （《羌族释比经典·还愿》P. 806）
不锋利 刀子 他 拿 打 得 好
打出锋利的刀子。

tʂhətsə metou jiou zətʂua ɳia na jizie kə （《羌族释比经典·鬼》P. 1671）
尺子 墨斗 左手 拿 和 顺着 比 去
没有反着拿尺子和比尺子。

第二节 五官动作核心动词研究

"五官"指耳、目、口、鼻、舌，在《百词表》中，与"口"有关的核心词有：drink（喝）、eat（吃）、bite（咬）、say（说），与"目"有关的核心词有 see（看），与耳有关的核心词 hear（听），know（知道）是一个与脑有关的动作，故我们把它放入该节考虑。

一 drink（喝）

《牛津英汉高阶双解词典》："drink, take (liquid) into the mouth and swallow." "drink" 对应汉语"喝"。其在《百词表》中占第 54 位，在郑张尚芳《华澳语言比较三百核心词表》中居第 167 位，在黄布凡《藏缅语 300 核心词词表》中为二级核心词。"喝"本用来指"声音"。《玉篇·口部》："喝，嘶声也。"后来"喝"用来表示吸入液体饮料或者流质食物。至于"喝"用于表示"吸入液体饮料或者流质食物"义，始于何时，学界存有争议。①

"喝"在羌语 14 个方言点发音如下：

桃坪：thie³³　　　　麻窝：thi
蒲溪：tɕhe　　　　　曲谷：thə（səthə）；suqu
松坪沟：thi　　　　 峨口：tɕhə
萝卜寨：tɕhi⁵⁵　　　荣红：tɕhə
绵虒：thie³³　　　　热额纳：thə
永和：thə　　　　　小姓：thə
龙溪：tɕhi⁵⁵　　　　杨柳：tɕhie

羌语"喝"可以用单音节表示，单音节首辅音可以是舌尖音，有 thæ、the、thə、thie、tie、tshe、tʂhe、tshəu、tsho、zu 等，如：

qa ɕyɕy tsu　ŋu me thæ （《羌族释比经典·送魂魄》P. 1432）
我 干净 水　你 不 喝
我不会给你干净的水喝。

ŋa tshe dze letɕiu ŋa tɕha the letɕiu （《羌族释比经典·夫妻缘由》P. 875）
什么 饭 吃 知道 什么 酒 喝 知道

---

① 主要有三说：第一，王力《汉语史稿》："用'喝'来表示'饮'的概念，那是明代以后的事。" 第二，吕传峰（2005：19）《常用词"喝、饮"历时替换考》认为："用'喝'字表示'把液体或流食咽下去'这一动作较早见于元初。" 第三，谢晓明《相关动词带宾语的多角度考察——"吃"、"喝"带宾语个案研究》认为："另一个重要的'吃喝'类动词'喝'在宋代已经出现，而且语义上与'饮'基本相同，意为'把液体或流食咽下去'。"我们更赞同王力的观点，具体理由见梁冬青（2007：17）《"喝"表示"饮用"义的始见年代及其书证》一文。

吃什么饭也知道，喝什么酒也知道。
the le saji sə thə səi （《羌族释比经典·麻吉的故事》P. 1414）
他 呢 血液 来 喝 了
将他的血液喝干了。
se mithie tsə thie miça （《羌族释比经典·敬神》P. 323）
神 没有喝 时 喝 不敢
神没有喝时，释比不敢喝。
no sə sotsə se me tsue la ȵia pu sə ŋa da tie wa （《羌族释比经典·好人》P. 1944）
你 死 之后 神 的 水 有 的 流 下 我 来 喝 了
你死以后，从神中来的净水我去喝了。
ʐdu sa tʂhe mi qəə be ȵia （《羌族释比经典·邪怪》P. 1724）
邪怪 血 喝 者 前面 抢 者
大家抢着喝怪血。
ʐdu pipu ȵia ʐdu çia tshəu ma （《羌族释比经典·凶魔》P. 1743）
邪怪 作法 和 邪怪 血 喝 了
驱邪怪来除邪怪。
mi tsho mi ʁo tsho tçhi pə sa （《羌族释比经典·还愿》P. 623）
不 喝 不 准许 喝 则 做 了
神不允许我不敢喝。
tʂ ha zu tsum tse məjye （《羌族释比经典·说鬼》P. 1358）
茶 喝 争吵 这里 没有
两人喝一碗茶的有没有。

羌语该类用指"喝"的词语与以下语言的"喝"有关系。如：藏语 fithuŋ、拉萨 thuŋ[55]、巴塘 thu[55]、夏河 thoŋ、阿力克 thoŋ、麻玛 toŋ[55]、文浪 toŋ[55]、普米 thiɛ[35]、纳木兹 dzʐ[55]、扎坝 thi[55]、格西 thi、格什扎 sthi、业戎 the[55]、却隅 tho[55]、格曼僜 tauŋ[55]、博嘎尔 tɯŋ、义都 tioŋ[55]、彝语 ntho、傈僳 do[33]、哈尼 do[55]、基诺 do[31]、纳西 thɯ[21]、嘎卓 to[323]。羌语该类词可以和汉语的"歠"相比较。《说文·欪部》："歠，饮也。从欪省，叕聲。"《国语·越语上》："勾践载稻与脂于舟以行，国之孺子之游者，无不餔也，无不歠也。"《楚辞·渔父》："何不餔其糟而歠其醨？"汉枚乘《七发》："小飰大歠，如汤沃雪。"唐封演《封氏闻见记·饮茶》："茶熟，李公为歠两杯而止。"宋陆游《立秋后四日雨》诗："杯泛鹅儿供小歠，碓舂云子喜新尝。"《广韵·薛韵》："歠，昌悦切。"其上古音，郑张尚芳构拟成*thjod，李方桂构拟成*thjuat，王力构拟成*tɕhiu。其中古音，郑张尚芳构拟成*tɕhiuɛt，邵荣芬构拟成*tɕhiuæt，王力构拟成*tɕhiwɛt。

单音节首辅音可以是舌面音，有 ko、tɕhe、tɕhi、tɕhie、tɕho、ʑi 等，如：

qa ɕyɕy tsu ko ethæ ji（《羌族释比经典·送魂魄》P.1432）
我 干净 水 喝 一口 的
请你给我一口干净的水。

du setɕhe se ha tɕhe（《羌族释比经典·勒布斯色》P.1393）
毒药猫 在 喝 在 它 喝
毒药猫在的地方它在用。

pumu tsuqu ŋo tsuqu dʐə tsu tɕhi wa（《羌族释比经典·还愿》P.590）
本地 水井 银 水井 凡人 水 喝 要
本地水井银水井，凡人之水让它喝。

qui dʐe te pu qui tɕhie te pu（《羌族释比经典·说母亲》P.983）
一起 吃 来 做 一起 喝 来 做
同吃同喝。

ji tɕhi mi tsho tɕho mi tɕho we（《羌族释比经典·还愿》P.623）
您 神 不 高兴 喝 不 敢 啊
神不高兴凡人不敢喝。

tsu ʑi mawu pən ʁo qhuqhua（《羌族释比经典·熏木香》P.545）
水 喝 不好 办法 都 熏完
水浑浊污秽不好喝，用吉祥树来熏了。

羌语该类词与以下语言的"喝"有关系。如：木雅 tɕhə[53]、吕苏 tɕhi[53]、史兴 tɕhi[35]。羌语这类词与上类词有共同来源，详见上文。

单音节首辅音可以是双唇音，有 phe、pia 等，如：

tɕhi tsə tɕy na tɕhi phe jia（《羌族释比经典·下还愿》P.686）
神 吃 好 和 神 喝 好
神已享用吃好了。

ʂu χe pia χe tsu ɲia lo kə tsu zə tɕhi（《羌族释比经典·颂神禹》P.199）
饿 了 喝 了 山 和 来 的 水 的 喝

没有羹喝喝泉水。

羌语该系列词来源还有待研究。我们初步推测应该与四川方言中的"吃"有关系。

单音节首辅音可以是喉音，有 hə，如：

du hə mə dema tsu（《羌族释比经典·开坛请神》P. 395）

毒 喝 人 撵去 做

乱吃毒药凶死之人，释比我施法撵除了。

羌语该词应该与现代汉语的"喝"相关。如：南昌 hot[55]、雷州 hak[55]、厦门 huaʔ、广州 hɔt[33]、福州 haʔ[14]、海口 hua[55]、梅县 hot[11] 崇明 həʔ[55]、柳州 ho[44]。

单音节首辅音还可以是复辅音，有 stie，如：

gutɕhie pupaji stie mi ʂtʂ i（《羌族释比经典·青稞和麦子的来历》P. 2172）

咂酒 做的 喝 不完

做的咂酒喝不完。

羌语"喝"还可以用双音节表示，有 ʂətɕhi、theithie、thithi 等，如：

ʂətɕhi mi tɕiu ʑie datso sə we（《羌族释比经典·病》P. 1846）

喝 不好 病 得 的 了

喝得不好得了病。

tsua kuku tsua theithie tsua sa le（《羌族释比经典·插旗》P. 1230）

水 井 水 喝 水 流 有

牲畜喝水处水源好。

tsue kəuko tsue thithi tsue sa la zə khei（《羌族释比经典·解秽》P. 518）

水 里面 水 喝 水 中 安全 做 要

水中来去保平安。

二 eat（吃）

《牛津英汉高阶双解词典》："eat, take（solid food or soup）into the mouth and swallow it for nourishment.""eat"对应汉语"吃"。其在《百词表》中占 55 位，在郑张尚芳《华澳语言比较三百核心词表》中居第 166 位，在黄布凡《藏缅语 300 核心词词表》中为一级核心词。

"吃"在羌语 14 个方言点发音如下：

桃坪：dʑ1³³　　　　　　　麻窝：dzə
蒲溪：dze；Xtʂi　　　　　曲谷：dzə（sidzdzi）
松坪沟：ɬæ　　　　　　　峨口：dzə
萝卜寨：die³¹　　　　　　荣红：dzə
绵虒：dze¹¹　　　　　　　热额纳：dzə
永和：dzə　　　　　　　　小姓：ɬa
龙溪：tɕhi⁵⁵；dzə³¹；die³¹　杨柳：dze

羌语"吃"可以用单音节表示，单音节首辅音可以是舌尖前塞音，有 dæ、die、thə、thəs、thie、ti、tie 等形式，如：

　　dæ mi zo ȵia　ȵia thie mi zo nə（《羌族释比经典·功绩》P. 957）
　　吃 不 愁 的　和 喝 不 愁 的
　　你将不会愁吃喝。

　　dzə die pi die die ma we（《羌族释比经典·阶波刹格》P. 425）
　　凡人 吃 释比 吃 吃 不 有
　　凡人释比不得吃。

　　səpe sə thə ȵi du su（《羌族释比经典·颂药王神》P. 483）
　　药草 喝 吃 后 生 还
　　药到病除救生命。

　　gus na thəs Xtsha ŋus ma wa（《羌族释比经典·颂谷神》P. 490）
　　穿 和 吃 少　样 不 啊
　　衣食之物不可少。

　　sə thie du ʂu ȵiti le miʁu（《羌族释比经典·离别》P. 1036）
　　药 吃 法事 什么 都 不 应
　　作法吃药皆无效。

　　zətʂ e ŋutsha khe ti zəmele（《羌族释比经典·神来领受》P. 388）
　　官府 管辖 食物 吃 没有
　　官府管辖地方，民众吃饭了吗？

　　li　tshə ʂə tie a mi qəba pu we（《羌族释比经典·给早饭》P. 1991）
　　手臂 肌肉 出 吃 还 没有 达到 做 是
　　张孝割下手臂肉，给妈食用无好转。

羌语该系列"吃"的词语与以下语言的"吃"有关系。如：达让僜 tha⁵³、博嘎尔 do˞、波拉 ta³¹。羌语该词可以与汉语"啖"相比较。

《说文·口部》："啖，噍啖也。从口炎声。一曰嗷。"《墨子·鲁问》："楚之南有啖人之国者。"宋苏轼《惠州一绝》："日啖荔枝三百颗，不妨长作岭南人。"清沈复《浮生六记·闺房记乐》："然君喜食蒜，妾亦强啖之。"《广韵·敢韵》："啖，徒敢切。"其上古音，郑张尚芳构拟成*laamʔ，李方桂构拟成*damx，王力构拟成*dam。其中古音，郑张尚芳构拟成*dam，邵荣芬构拟成*dam，王力构拟成*dhAm。

羌语"吃"可以用单音节表示，单音节首辅音可以是舌尖塞擦音，有 dza、dze、dzə、dzei、tsə、tshə、dẓə、tʂhe 等形式，如：

səilə¹ mə¹s qa mi dza（《羌族释比经典·天宫龙潭》P.373）
死牛 尸体 我 不 吃
死牛烂肉我没吃。

dze ɕuwe mu atu ʑi je（《羌族释比经典·我说喜事》P.869）
吃 样子 人 一个 在 有
有一个像吃人样的怪物。

mi dzə pəipəi dzə ȵia lə je（《羌族释比经典·解秽法鼓》P.504）
人 吃 所有 吃 的 有 了
大地凡民有了吃穿。

baba tsu dẓo sele dẓo dẓə dze zə khei（《羌族释比经典·解秽》P.518）
地方 中 草 丰富 草 吃 好 做　要
水草丰盛中吃草去。

tshaẓa te boatsha tshə te ʂə dzei（《羌族释比经典·羌戈大战》P.9）
羊皮 用 鼓绷 肉　当餐 吃
羊皮作鼓肉作餐。

mu tsə tɕy na ʂu phe jia（《羌族释比经典·下愿》P.686）
人 吃 好 和 山 喝 好
人来受用吃好了。

bẓa¹ tshə pu ȵia bẓa¹ hiŋ tɕhi mi ʁueli ȵio（《羌族释比经典·向神通明》P.414）
大肉 吃 做 和 大酒 喝　者 很远 驱赶
大吃大喝生活奢靡者驱赶出很远之外。

ti　sa tʂhe ȵia du ə¹ ʁa mi ʁue li ȵio（《羌族释比经典·解秽》

P. 561)
饭 不干净 吃 和 毒药 有 的 五 里 驱赶
吃人害人的毒鬼赶出五里之外。

羌语中塞擦音的"吃"与以下语言的"吃"有一定关系。如：普米 dzə⁵⁵、木雅 ndzə⁵³、吕苏 dzɿ⁵³、纳木兹 dzi⁵³、扎坝 tsɿ³³、史兴 dzʒ³⁵、日戎 ndzɛ、观戎 dzi⁵³、业戎 dziʔ⁵⁵、景颇 ʃa⁵⁵、缅语 tsa、载瓦 tso²¹、浪速 tsɔ³⁵、勒期 tsɔː³³、怒苏 dza⁵⁵、彝语 dzɯ³³、撒尼 dzɒ¹¹、傈僳 dzɑ³¹、哈尼 dzɑ³¹、基诺 tsɔ⁴⁴、纳西 dzɿ³³、嘎卓 tsa³¹。金理新认为："跟藏语不同的是，语词'吃'的词首辅音在藏缅语其他语言里面往往是塞擦音。"并认为"此语词在汉语里面的对应形式是咀"。① 《说文·口部》："咀，含味也。从口，且声。"《管子·水地》："三月如咀，咀者何？曰五味。"郭沫若等集校引陶鸿庆云："《说文》：'咀，含味也。'言三月精气成形，则能含受五味之气，而生五藏也。"引申可以指"嚼；嚼食"。晋潘岳《西征赋》："樊抗愤以扈酒，咀蠡肩以激扬。"明张三光《蒋石原先生传》："先生自奉菲薄，咀牟噉菽，晏如也。"《广韵·语韵》："咀，慈吕切。"其上古音，郑张尚芳构拟成 *zaʔ，李方桂构拟成 *dzjagx，王力构拟成 *dzia。其中古音，郑张尚芳构拟成 *dzɨA，邵荣芬构拟成 *dziɔ，王力构拟成 *dzhio。

羌语"吃"可以用单音节表示，单音节首辅音可以是舌尖擦音或边擦音，有 za、zə、松坪沟的 ɬæ、小姓的 ɬa、桃坪的 dʒɿ³³，如：
ʁuatə le ʁu za le （《羌族释比经典·许愿》P. 765）
五谷 有 藏 吃 有
五谷丰登吃的不用愁。
ʁue mi tɕha ŋa ʁue mu zə wa （《羌族释比经典·还天晴愿》P. 692）
您 不 是 和 您 不 吃 了
您不吃时人不吃。

羌语该类词与藏语支以下语言"吃"有关。如：藏语 za、拉萨 sa¹³、巴塘 sa²³¹、夏河 sa、阿力克 sæ、麻玛 za³⁵、文浪 za⁵³。金理新认为："藏语支语言中，'吃'跟藏语共源，而且其词根辅音一律为擦音。"②

单音节首辅音可以是舌面音，有 jia、tɕhi、tɕhie、tɕhya、tɕi、

---

① 金理新：《汉藏语系核心词》，民族出版社 2012 年版，第 381 页。
② 金理新：《汉藏语系核心词》，民族出版社 2012 年版，第 381 页。

tɕia、tɕya 等形式，如：

　　ti Xe jia jia wu ɕi pe　（《羌族释比经典·给早饭》P.1990）
　　饭　好 吃　的 你　给 吃 了
　　好酒好肉款待你。

　　pa pa jy tɕhi na tɕhi na tɕhi Xua sə　（《羌族释比经典·赤》P.2001）
　　吸 着　左 吃　右 吃　啥 吃　闹 了
　　吸了左边吸右边，吸得母亲心烦躁。

　　se tɕhie pu go mi qəi　（《羌族释比经典·还愿秽》P.821）
　　药 吃　做 却 好 不 能
　　万千药物皆无效。

　　biemuji lə pi phəˑ mi ɕəu qha əˑ tɕhya ji　（《羌族释比经典·评理》P.1974）
　　别莫依 一个 父亲　言语 不 吸收 亏 的 吃 了
　　老二不听父言吃了亏。

　　die ʂu ti tɕi ma nə we phuzui tie　（《羌族释比经典·颂神禹》P.199）
　　饿 了 饭 吃 不 的 有 树果 吃
　　没有饭吃吃野果。

　　liɕi mi tɕia dʐə mi dza　（《羌族释比经典·阶波刹格》P.426）
　　庄稼 没 吃　凡人 没 吃
　　收回庄稼它先吃。

　　dʐətɕi dʐəʁue qha nə tɕya ɲia dʐi nə tɕya　（《羌族释比经典·颂神禹》P.207）
　　凡间 百姓　苦 的 吃 和 罪 的 受
　　百姓苦难深重重。

羌语该系列的"吃"和以下语言"吃"有关。如：格曼僜 tɕɑ⁵³、却隅 tɕhi⁵⁵、阿昌 tɕɔ³¹。羌语这个系列的"吃"可以和汉语的"喫"相比较。《说文新附·口部》："喫，食也。从口契声。"《世说新语·任诞》："友闻白羊肉美，一生未曾得喫。"唐顾况《行路难》："君不见担雪塞井徒用力，炊砂作饭岂堪喫。"郑珍《新附考》："《说文》'啮，噬也。'即喫本字。"段玉裁注："《释名》曰'鸟曰啄，兽曰啮。'"《管子·戒》："东郭有狗嘊嘊，旦暮欲啮我，狺而不使也。"唐拾得《诗》之四十一："蚁子啮大树，焉知气力微。"《广韵·锡韵》："喫，苦击切。"其上古音，郑张尚芳构拟成*ŋheeg，李方桂构拟成*khik，王力构拟成*khyek。其中古音，郑张尚芳构拟成*khek，邵荣芬构拟成*khɛk，王力构拟成*khiek。

单音节首辅音可以是双唇音，有 ba、mo、mu、phia、pu，如：
khues dzəle khue bæ thele （《羌族释比经典·打醋坛》P. 534）
新猪膘 吃不完 旧猪膘 吃 不尽
新猪膘吃不完旧猪膘吃不尽。

mi mo zupu tua qə ʁua （《羌族释比经典·还愿》P. 804）
没 吃 地头 帽 上 寻找
忍饥饿已找到帽。

wu tɕi ama wu tɕi li tshə da mu kə aqə pa ma （《羌族释比经典·给早饭》P. 1991）
你 的 阿妈 你 的 手臂 肉 给 吃 去 要 好 做 的
要给阿妈治病痛，得吃儿子膀子肉。

tɕhi phia ja mi （《羌族释比经典·还愿》P. 616）
神们 吃 好 没有
神吃好否？

la tʂ hə pu ȵia la hiŋ tɕhi mi ʁueli ȵio （《羌族释比经典·向神通明》P. 414）
夜 肉 吃 和 夜 酒 喝 者 很远 驱赶
深夜吃喝久不归家的驱赶出很远之外。

羌语该系列用指"饭"的词可以与汉语"饭"相比较。《说文·食部》："饭，食也。从食，反声。"《论语·乡党》："君祭，先饭。"唐马戴《经咸阳北原》诗："夜入咸阳中，悲吞不能饭。"明冯梦龙《挂枝儿·相思》："念着他，恹恹成病，不茶不饭。"《广韵·阮韵》："饭，扶晚切。"其上古音，郑张尚芳构拟成*bonʔ，李方桂构拟成*bjanx，王力构拟成*biuan。其中古音，郑张尚芳构拟成*bien，邵荣芬构拟成*biuen，王力构拟成*bhiwen。

单音节首辅音还可以是小舌音，有 ʁui，如：
tshə əˈ hui tshə ʑi ʁui （《羌族释比经典·敬神》P. 340）
泉 水 煮 肉 好 吃
泉水煮肉肉好吃。

单音节首辅音还可以是复辅音，有 xqa、xtʂəi、χtʂəi 等形式，如：
xqa mi ŋa ɲi gu mi ŋa ji （《羌族释比经典·取火种》P. 270）
吃 没 有 和 穿 没 有 了
饥饿寒冷都受尽。
awupatɕie no ʂe xtʂəi （《羌族释比经典·取火种》P. 265）
阿勿巴吉 你 来 吃
阿勿巴吉你吃下。
photɕhie χtʂəi ɲi la mi sə （《羌族释比经典·还愿得福》P. 826）
树叶 吃 且 贵 不 知
树叶树芽一起吞。
羌语该类词来源与前文塞擦音的"吃"相同。详见前文。
羌语"吃"还可以用双音节表示，有 dzəje、sətɕhi，如：
ŋu pimæte aʁəutɕhiuje siʁəu puɲa dzəje （《羌族释比经典·丧事唱诵》P. 962）
你 父母亲 一碗饭 三碗 分成 吃
你父母把一碗饭分成三碗来吃。
ʐi ti sətɕhi ʐi χei nə （《羌族释比经典·九敬经》P. 793）
猴童 饭 吃 猴童 饱 啊
吃点饭来才不饿。

三　bite（咬）

《牛津英汉高阶双解词典》："bite, cut into or nip (sth/sb) with the teeth." "bite" 对应汉语"咬"。其在《百词表》中占第 56 位，在郑张尚芳《华澳语言比较三百核心词表》中居第 165 位。王毅力、徐曼曼对汉语"咬"语义场中部分重要的词语更替做了一个比较详细的阐述[①]。

"咬"在羌语 14 个方言点发音如下：

桃坪：xbe^{33}　　　　　　　麻窝：dʑidʑi
蒲溪：jy；χtʂi　　　　　　曲谷：ʐdʐe
松坪沟：ɑˈqe　　　　　　　峨口：ɜʁɛ
萝卜寨：fiɑ^{31}-dʐe^{55}；dʐə^{31}　　荣红：ʁzpe

[①] 王毅力、徐曼曼：《汉语"咬啮"义动词的历时演变及原因》，《语言科学》2011 年第 2 期。

绵虒：ʁʁ¹¹；se³¹ʁa²¹³　　热额纳：ʁdʐe
永和：dʐə　　　　　　　小姓：ʁdʐe
龙溪：ʐe⁵⁵　　　　　　　杨柳：ɛ ʁdʐe

羌语的"咬"与"吃"两者关系紧密，常常可以互用。羌语"咬"可以用单音节表示，单音节首辅音可以是舌尖音，有 dʐe、dʐə、tʂ ai、tshu、tshua、tʂ u、ʐe、dzə³¹、dzəu²¹³等形式，如：

muʂhu　zəlo dʐe mi qe ȵia la mi qe（《羌族释比经典·邪怪》P. 1756）
后面 过来 咬 不 行 和 飞 不 行
后面来的被咬了，要跑也来不及。

dʐə jye ʂa nə　dʐə miχua（《羌族释比经典·说鬼》P. 1360）
牙 长 得 好 咬 不会
牙齿长不会咬人。

dʐə ma madʐə mə naʐei oqu　tʂ ai（《羌族释比经典·说鬼》P. 1360）
咬 呢 不咬 人 结果 一口 要
会咬人的不是豹。

muʂu zəlo tshu mi qa ȵia la mi qa（《羌族释比经典·邪怪》P. 1756）
后面 过来 咬 不 行 和 飞 不 行
后面来的被咬伤，要飞跑也来不及。

pia ȵi pia　phʐe qə zəlo tə tshu tshua（《羌族释比经典·邪怪》P. 1756）
猪 黑猪 白 前头 过来 上 嘴 咬
黑猪与白猪，一遇见就厮咬。

me tʂ u miqə khe de tʂ u khi（《羌族释比经典·克一部》P. 1223）
人 咬 不能 克 去 咬 的
别来咬伤凡民而去咬克。

khu³¹ sə⁵⁵ tu³¹ tsu⁵⁵ to⁵⁵ a³¹ dzə³¹ i²¹³．（《语言接触视野下的南部羌语研究》P. 174）
狗　　　弟弟　　　咬
狗咬伤了弟弟。

thə³¹ lo³¹ pa⁵⁵ to⁵⁵ uən³¹ tsə³¹ sə⁵⁵ ie³¹ dzəu²¹³（《语言接触视野下的南部羌语研究》P. 174）

他　　手　　　蚊子　　　　咬
他的手被蚊子叮了。

单音节首辅音可以是小舌音，有 ʁa，如：

Xɬe zo tiəu je Xɬe zo ʁa je khue dzui we je（《羌族释比经典·罪一部》P. 1935）

那 个 见 了 那 个 咬 的 狗 罪 有 的

见了那个咬那个，这是狗的罪过。

单音节首辅音还可以是复辅音，有 xtʂei、xtʂəi、Xbe、Xtʂəi、ʁdzе、zdze 等形式，如：

çykhue xɬe ȵi tçiæɣei kæ xtʂei pu ji（《羌族释比经典·造天地》P. 233）

玉狗 放 且 鳖鱼 耳 咬 做 了

放出玉狗咬鳖鱼。

xsu tʂhəi mi ʁu khue læ me xtʂəi mæ（《羌族释比经典·送鬼》P. 2234）

山 撵 不 肯 狗　呢 人 咬 爱

不撵山的狗只咬人。

khəbu tçiku tæ khuə mi kitæ fii ʁdze le m kæ: ʑi（《热额纳羌语参考语法》P. 155）

他 家　　狗 人　　咬 爱　一个 有

他家有一只爱咬人的狗。

羌语"咬"用单音节表示时，也可以用一个元音表示，有 əˈ，如：

qa ȵo jymi əˈ se tʂu（《羌族释比经典·白耶来历》P. 1965）

我 自己 鸡母 咬 死 吃

我们喜爱的母鸡，被可恨的豺狼吃了。

羌语"咬"还可以用双音节表示，有 aˈqe、fia³¹-dze⁵⁵、se³¹ʁa²¹³、dzidzi、dzedzei、etʂə 等形式，如：

khue tsæ: mi ki tæ fii ʁdze le-j kæ: fiu（《热额纳羌语参考语法》P. 156）

狗 这个 人　　咬　爱 一个 是

这是一只爱咬人的狗。

wo ȵi wo phze qə zəlo tə dzedzei（《羌族释比经典·邪怪》P. 1756）

马 黑 马 白 前头 过来 上 厮咬

黑马与白马，一见就开咬。

bunei seχə¹ əzə nəi ətʂ ə wəi （《羌族释比经典·说狐狸》P. 1616）
裹脚 鞋子 拿吃 了 啃咬 了
裹脚鞋子被怪物啃咬了。

四　say（说）

《牛津英汉高阶双解词典》："say, to spesk or tell sb sth, using words."
"say"对应汉语"说"。其在《百词表》中占第71位，在郑张尚芳《华澳语言比较三百核心词表》中居第172位，在黄布凡《藏缅语300核心词词表》中为一级核心词。

"说"在羌语14个方言点发音如下：

桃坪：dʑi²⁴¹　　　　　麻窝：ɹu
蒲溪：u¹　　　　　　曲谷：wu¹（tuwu¹）；ji；dʑe（fiedʑe）
松坪沟：te:　　　　　峨口：ʒʐp
萝卜寨：tə³¹-ʐda⁵⁵　　荣红：dʑe
绵虒：niu³³　　　　　热额纳：di；ji
永和：ji　　　　　　 小姓：tʂuɑ，ʐə
龙溪：tə³¹ta⁵⁵；ə¹⁵⁵　杨柳：tiʐda

羌语"说"可以用单音节表示，单音节首辅音可以是舌尖前塞音，有 da、dai、de、də、di、diəu、diu、do、du、dua、ta、tai、te、tə、thæ、the、tho、ti、to、tu等形式，如：

çi lə çya apa mupi kə die ʐə da （《羌族释比经典·颂神禹》P. 196）
心的 亮 者 阿巴 木比 前 去 的 说
智多神灵敬拜道。

tsə¹ təxpie pəji seçi zətsə dai （《羌族释比经典·迟基格布》P. 147）
很早 故事 现在 三天 过来 说
有故事才有流传。

dutʂ ə næmə¹ na de ti ʂə （《羌族释比经典·毒药放咒》P. 1810）
毒药儿 啥姓 就 说 清楚
毒药妖子姓什么，给我释比说清楚。

qa də ma qa wu （《羌族释比经典·伴大夜》P. 916）
我 说 的 这些 是
我说就叫你享用。

khua di （《羌族释比经典·说凤凰》P. 1595）
凤凰说
说凤凰。

səpi səmia mokhu diəu ȵia səkhu diəu （《羌族释比经典·梦一部》P. 1198）
男人 女人 坏梦 说 和 恶梦 说
家中男人和女人相互来把恶梦讲。

dʐi khu diu ɕi no bzֽa ŋa bzֽu tətɕi bzֽu ɕi （《羌族释比经典·丧事唱诵》P. 961）
病 苦 说 要 你 高 我 高 不要 高 短
不争长短，只讲述病情。

dzə do mawu pi do tɕha we （《羌族释比经典·连接》P. 1185）
凡 人 说 不是 释比 说 要 了
凡人来说释比来说。

læqe¹ go te du pu ji te ʐdə pu ji （《羌族释比经典·治妖》P. 1281）
首先 就 来 说 做 了 来 骂 做 了
那妇人首先就开始厉声责骂。

adu ko na le lu dzəpunə dʑietɕi dua （《羌族释比经典·还愿插旗杆》P. 842）
说了 后 好 也 来 当官者 掌印 说
说了有好处，说当官掌印。

piphu tsutɕi xoqe ta ʐie tɕhy lo sa （《羌族释比经典·病痛》P. 1760）
父辈 祖师爷 口上 说 病 驱除 来 了
师祖师爷口中喊，助我将病驱出去。

tsəʐə mejy tsəʐə tai （《羌族释比经典·说鬼》P. 1359）
这种 没有 这件 说
这种事情没有就好了。

qa te tɕheku da tshuɕi （《羌族释比经典·送父母》P. 937）
我 说 三句 要 听到
我说的话语请记住。

ɕi fu zəm tə du lyi （《羌族释比经典·送公羊》P. 1505）
嘴 话 来 说 来 的

口传肚教先师。
phzə ʂe thæ ɲi tsho ʂe tʂho ji（《羌族释比经典·取火种》P. 261）
办法 来 说 且 规则 来 制定 了
传下口谕立规矩。
muqexsəi læ ʂezə¹ the miqəi（《羌族释比经典·取火种》P. 277）
蒙格西 个 吩咐 说 未完
火神未将话说完。
aku wu ɲia apa wu ʐe tho ɲia ʐe ta se mo（《羌族释比经典·功绩》P. 957）
舅 们 和 老娘舅 们 来 说 和 来 看 了 后
你的母舅和老娘舅们来查看和来叙说之后。
sajypa   dusupa   to me ti ma luqa（《羌族释比经典·打整房子》P. 1488）
太平保福 驱邪除妖 多 不 说 不 能够
做天平保福驱邪除妖，不能不提到"多"。
di zə zu ɲia to ə¹ ʁe mi ʁue li ɲio（《羌族释比经典·解秽》P. 561）
翻 是 非 和 说 反话 者 五 里 驱赶
搬弄是非者赶出五里之外。
ʐə¹ da ʐə¹da taphie tu（《羌族释比经典·还愿》P. 628）
又 说 再说 帽戴的 说
说到人中的能人。

羌语该系列的词与下列语言中的"说"有关。如：木古甲 thi³¹、六巴 tu³³、墨江 thu⁵⁵、里吾底 the³³、棉谷 tu³¹、孔家寨 ti³⁵、允欠寨 ta⁵⁵、中山乡话 ta：i⁵³、载瓦西山话 tai²¹。羌语该系列的词可与汉语"道"相比较。《说文·辵部》："道，所行道也。从辵，从首。"《诗经·小雅·大东》："周道如砥，其直如矢。"《史记·陈涉世家》："会天大雨，道不通。"唐韩愈《和李司勋过连昌宫》："夹道疏槐出老根，高甍巨桷压山原。"后引申可以指"说"。《诗经·鄘风·墙有茨》："中冓之言，不可道也。"唐刘禹锡《竹枝词》之一："东边日出西边雨，道是无情还有晴。"《红楼梦》第十回："次日午间，人回道：'请的那张先生来了。'"《广韵·晧韵》："道，徒晧切。"其上古音，郑张尚芳构拟成 *luuʔ，李方桂构拟成 *dəgwx，王力构拟成 *du。其中古音，郑张尚芳构拟成 *dau,

邵荣芬构拟成 *dau，王力构拟成 *dhau。

单音节首辅音可以是舌尖塞擦音，有 dʐei、tʂə、tsəi、tsho、tʂhu、tsu 等形式，如：

wu mu asə¹ qa kə dʐei （《羌族释比经典·驱邪》P. 1834）
你 名 一个 我 的 说
现在点出你的名。

piphʐə tʂə nə minə ɕəu （《羌族释比经典·木吉珠和斗安珠》P. 124）
父忠告 说 的 没有 听从
父亲忠告未记心。

qətsu qeilə ʁzəʑio tsəi pu ji （《羌族释比经典·治妖》P. 1285）
小街 一个 汉戏 说 做 了
在街上看汉戏演唱。

mo li tsho ɕie （《羌族释比经典·蒸石气》P. 1801）
总 的 说 来
释比我驱秽圆满结束。

ləzə tʂhu tʂə zu n̡ia ba n̡ia tʂha we （《羌族释比经典·送神禹》P. 191）
故事 说 的 地 和 坪 啥 处 有
故事是从何地起。

ɕa ta awo mə ɣe tsu n̡a tsu mi qa （《羌族释比经典·铁》P. 2066）
铁 的 一块 人 用处 说 和 说 不 完
铁的用处说不完。

羌语该系列用指"说"的词与以下语言的"说"有一定关系。如：铜壁关话 tsun³³、则洛话 dʑi³⁵、锣锅底话 ʂuo⁵³、鲁甸话 tʃə¹³、箐花话 tʃə¹³、西夏语 tshjiij²、剑川话 suɑ³³、丹老话 sho³³、德努话 sho³³、东友话 shɯ³²、若开话 sho²²、土瓦话 sho¹¹、茵达话 sho³³、约话 sho¹¹。羌语该系列用指"说"的词可和汉语"说"相比较。《说文·言部》："说，说释也。从言、兑。"《易·咸》："咸其辅颊舌，滕口说也。"高亨注："滕口说，谓翻腾其口谈，即所谓'口若悬河'。"南朝宋刘义庆《世说新语·德行》："有人向张华说此事，张曰：'王之学华，皆是形骸之外，去之所以更远。'"清洪升《长生殿·补恨》："只我这万种伤心，见他时怎地说。"《广韵·薛韵》："说，失爇切。"其上古音，郑张尚芳构拟成 *hl-jod，李方桂构拟成 *hrjuat，王力构拟成 *ɕiuat。其中古音，郑张尚芳构拟

成 *jiuɛt，邵荣芬构拟成 *iuæt，王力构拟成 *jwɛt。

单音节首辅音可以是舌尖擦音，有 se、so、ʂo、z̞a、ze、ze¹、zə、zə¹、z̞e、z̞ə、zəi、z̞ei、z̞u、zui 等形式，如：

to me se ma luqa （《羌族释比经典·打整房子》P. 1488）
多　不　说　不　能够
不能不诵到"多"。

biemuphz̞e le ajəu tə so （《羌族释比经典·评理》P. 1972）
别莫迫　一个　慢慢　的 说
先说老大别莫迫。

bie ʂo ʁa ʂo ʁa nə n̠io jie （《羌族释比经典·评理》P. 1976）
别　说 鬼 说 鬼 的 赶 了
把是非之人赶走了。

mes　kheti　z̞a zəs kheti z̞a （《羌族释比经典·凡间驱毒》P. 1805）
众人　哀求　说 官人 哀求 说
众人怨声指责道，官人怨声指责道。

pibule ŋa tsæsei te ze wa （《羌族释比经典·尔一部》P. 2139）
释比 我 今天 来 说 要
释比我今天要来说。

pekuafiædz̞u　pi te zə tai （《羌族释比经典·伯佯》P. 1459）
道士　　　男 来 说 道
作法的道士来说道。

ʂe tha tʂ hu n̠ia maə¹tʂ hu kə the sə z̞e je （《羌族释比经典·木吉珠和斗安珠》P. 80）
啥 不 得 和 丢不下 的 她 的 说 了
身居胜景才安然。

z̞u ɕtɕe mi ɕtɕe z̞ə mi ʁui （《羌族释比经典·鼓的来历》P. 1133）
就 高兴 不 高兴 说 不 清
高兴不高兴说不清楚。

jytʂ　zəi sumi yei （《羌族释比经典·伯佯打猎》P. 1404）
第九卦 说 黑豆 预示
第九卦显示的是三个黑豆。

kue ke sə z̞a¹ tʂ ou qou z̞ei ça （《羌族释比经典·解秽》P. 511）

愿物 上 来 说 提 上去 说 了
此时还愿提上去。

Xomæxsei læ æbutɕhyqe te zeˀ ji （《羌族释比经典·造人种》P. 239）
红满西 个 阿布曲格 来 说 了
红满西对阿布曲格说。

æbutɕhyqe zəˀ ŋue （《羌族释比经典·造天地》P. 230）
阿布曲格 说来 是
阿布曲格说得对。

to mi ʐu tsu ne he zui （《羌族释比经典·天宫龙潭》P. 372）
多 不 说 后 啥 事 说
颂了多该说啥。

羌语该系列词来源与第二类有关系。详见前文。

单音节首辅音可以是舌尖边音或鼻音，有 la、le、lə、li、na、nə、nio 等形式，如：

gei mi la ɲa gei ʐoʐo （《羌族释比经典·妖邪》P. 1751）
妖邪 不 说 的 妖邪 不 知
不说妖邪不知道。

dzui le （《羌族释比经典·驱除病》P. 1274）
罪 说
说罪。

sa mi lə ɲia sa ʐo ʐo （《羌族释比经典·鬼》P. 1777）
鬼 不 说 的 鬼 不 知
不说鬼来不知道。

Xo əˀ to ma lə əˀ li （《羌族释比经典·还愿》P. 641）
现在 来 了 什么 说
到了此时说什么。

ɕie tʂ hə əˀ na la pi tsu （《羌族释比经典·别》P. 1852）
铁 的 来 说 飞 释比 祖师
释比祖师是铁祖师。

nətɕi mutɕi qa tɕi pe ji aəˀ nə （《羌族释比经典·木吉珠和斗安珠》P. 842）
你的 木吉 我 的 是 了 这样 说

你把木吉许配我。
qo ʐao mi nio tənio zə khei （《羌族释比经典·解秽》P. 517）
口 内 没 说 叫他 说 要
口内说不出了，要使他说出。

羌语该系列词可以和汉语"唠"相比较。《说文·口部》："唠，唠呶，讙也。从口劳声。"周立波《暴风骤雨》第一部十七："大伙你一句、我一句地唠起来了。"雷铎《从悬崖到坦途》："吃饭间，乡亲们和我唠些家常，讲些朴朴实实的道理。"《东北人民抗日歌谣选·屯中来个俏大姐》："张口讲的抗日话，闭口唠的大团结。"《集韵·豪韵》："唠，郎刀切。"其上古音，郑张尚芳构拟成 *ruuw，李方桂构拟成 *lagw，王力构拟成 *lo。其中古音，郑张尚芳构拟成 *lau^{33}，邵荣芬构拟成 *lɑu，王力构拟成 *lɑu。

单音节首辅音可以是舌面后塞音，有 ge、gə、gua、gue、kə、kəi 等形式，如：

awupakə ama lə kə ge əˈ pu we （《羌族释比经典·给早饭》P. 1993）
立即 阿妈 一个 的 说 过 做 了
出行之前告诉妈。

palə gə lə tsuχu patsu ba jəu pa ȵa bo jəuthu （《羌族释比经典·还愿插旗杆》P. 842）
正月 说 月 水沟 花儿 低 来 开 和 高处 拢
正月之时水沟花儿低处开来向高处。

ɕygupipei də ʂə gua （《羌族释比经典·打整房子》P. 1887）
释比 且 出 说
释比老人出言道。

apamuzə ɕito pi kə die ʐə gue je （《羌族释比经典·鬼》P. 1669）
阿巴木兹 玺多 父 前 地 去 说 了
阿巴木兹对玺多说了话。

pege suʐa ŋu pimæ ʂəkhu kəi （《羌族释比经典·还愿插旗杆》P. 961）
今天 晚上 你 父母 苦情 说
今晚上说你父母的苦情。

羌语该系列的词语与以下语言的"说"有一定的关系。如：巴塘 ke[55]、拉萨 ɕɛ[52]、夏河 ȵɕal、木力王 gɯ[55]、萨穹 kɯ[31]、麦崩 ɕe[55]、日部 kɑ、卓克基 kɑ、九龙 kha⁵⁵/tɕɯ³⁵、兰坪 thə¹³、左所 tɕɨ¹³、户撒 kzai⁵⁵、仙岛寨 kzai⁵⁵。羌语该系列的词可以和汉语"讲"相比较。《说文·言部》:"讲,和解也。从言,冓声。"《战国策·齐策二》:"秦攻赵,赵令楼缓以五城求讲于秦,而与之伐齐。"高诱注:"讲,和。"《史记·苏秦列传》:"已得讲于魏,至公子延,因犀首属行而攻赵。"司马贞索隐:"讲,和也,解也。秦与魏和也。"《资治通鉴·周威烈王二十三年》:"已而知文侯以讲于己也,皆朝于魏。"胡三省注:"讲,和也。"引申可以指"说"。《庄子·德充符》:"孔子曰:'丘则陋矣,夫子胡不入乎?请讲以所闻。'"《汉书·叙传上》:"既通大义,又讲异同于许商。"南朝宋刘义庆《世说新语·排调》:"桓南郡与道曜讲《老子》,王侍中为主簿,在坐。"《广韵·讲韵》:"讲,古项切。"其上古音,郑张尚芳构拟成 *krooŋʔ, 李方桂构拟成 *kruŋx, 王力构拟成 *keoŋ。其中古音,郑张尚芳构拟成 *kɣAŋ, 邵荣芬构拟成 *kɔŋ, 王力构拟成 *kɔŋ。还可以和汉语的"嗑"相比较。

单音节首辅音可以是舌面前塞擦音,有 tɕhe、tɕi、tɕiəu、dʑe、dʑi 等形式,如:

dʑe tsujəs (《羌族释比经典·说节日》P. 2222)
说 节会
说节日。

kaɬa hethe dʑi ə' theŋ (《羌族释比经典·开坛》P. 360)
全部 都说 说 了 到
该说到的全部都说了。

ʂə da kə la na zə tɕiəu we (《羌族释比经典·波舍》P. 925)
死 来 说 了 啥 来 说 了
亡人已故该说啥。

ɕi pi tɕəu kəu mu da tɕhe (《羌族释比经典·解秽》P. 562)
神公 之 首 人 首 说
神公之首说到了。

tə phu ə' tɕi tə ka mi (《羌族释比经典·驱邪》P. 1834)
上 听 的 说 上 根 一样
且把根源来听清。

ʂə da kə la na zə tɕiəu we (《羌族释比经典·波舍》P. 925)

死 来 说 了 啥 来 说 了
亡人已故该说啥。
羌语该类词应该与舌根音一组的来源相同。
单音节首辅音可以是舌面中音，有 ja、jə、ji、jo、jy、jye 等形式，如：

ja te peje mi peje wei（《羌族释比经典·还愿插旗杆》P. 842）
说 德 白耶 时 白耶 有
德是白耶开天地时就有了。

səphu jəs（《羌族释比经典·祭神林》P. 2227）
神林 说
祭神林。

qa ʂpi fia khækæ ji（《羌族释比经典·说节日》P. 2222）
我 释比 呀 慢慢 说
听我释比细细说。

apaɕiela tɕe ma ʑi jo（《羌族释比经典·邪怪》P. 1725）
阿巴锡拉 家 不 在 说
锡拉祖师不在家。

tʂ eχɬu tsətʂ ə apaȵydemu ŋu jy tʂ u（《羌族释比经典·白耶来历》P. 1967）
二儿 赐名 阿巴吕德木 是 说 了
白耶夫人不久怀孕，老二赐名阿巴吕德木。

saxu dzə tɕy xlutɕy jye（《羌族释比经典·送瘟神》P. 1350）
油竹 拿 过来 鬼话 说
少说鬼话，油竹拿过来。

单音节首辅音可以是舌面鼻音，有 ȵi、ȵia、ŋa、ŋu 等形式，如：

ɕye ȵi tʂ utʂ u bia tʂ utʂ u（《羌族释比经典·邪怪》P. 1755）
不 说 捣乱 邪怪 捣乱
不说邪怪它作怪。

biemuji ȵia biemuphʐe ajo tə ȵia（《羌族释比经典·评理》P. 1976）
别莫依 和 别莫迫 一齐 的 说
弟兄二人成对比，众人都把好坏评。

ʐepi ʂtɕie ʂkəu zəˈ mi ŋa（《羌族释比经典·取火种》P. 282）

热比　心　坚　话　不　说

热比毅力无话说。

pu ma ŋu na tshe mə mupu detɕhy tʂu （《羌族释比经典·敬奉诸神》P. 404）

年　旧　说　到　羊　属　份年　过去　了

旧年属羊年份完了。

单音节首辅音可以是舌面擦音，有 ɕia、ʑe 等形式，如：

tʂho mia ȵia mu tʂ hoomia to ɕia nə jy （《羌族释比经典·五谷神》P. 2199）

秽　母　啥　名 绰罗乜　的 说 的 完

秽母名叫绰罗乜。

tsalə thalə ŋa mi ʑe （《羌族释比经典·尔一部》P. 2139）

这个　那个　我　不　说

不再说东又说西。

单音节首辅音可以是双唇音，有 bu、ma、mu、phe、phu、pi、pu、wa、wo、wu 等形式，如：

qa bu lemu （《羌族释比经典·我说喜事》P. 866）

我　说　喜事

我说喜事。

po tʂho ma əˤ tɕi　tʂho ɕa （《羌族释比经典·还愿》P. 602）

坛内　解　说　了　庙内　解　要

神庙之内解秽了。

dʐətʂ hə tshe pæ na mu ʐə seχadʐə （《羌族释比经典·还愿插旗杆》P. 842）

四卦　羊　猪　和　说　兔　三命合

释比我掐四卦，猪羊兔三相合一命。

dʐi qə ləma qa so tɕephe ma phe əˤ tʂei dʐi qə ȵia mi ʁueli ȵio （《羌族释比经典·铁》P. 2105）

倒　听　之话　我　的　传递　和　说　出　去　倒　听　破坏　者　五里　驱赶

要驱除道听途说、搬弄是非的。

sei ji phu le tɕhe mi qə （《羌族释比经典·木吉珠和斗安珠》P. 82）

神 的 说 的 错 不能

天条不可随意犯。
dzapi tsaɕi ləzə pi wa （《羌族释比经典·还愿》P. 597）
圣公 这天 杉杆 说 啊
圣公此时唱杉杆。
tshuadzə wo stienanəȵi theʑi pu （《羌族释比经典·迟基格布》P. 177）
寨首 给 心地善良 道谢 说
拜谢寨首好心意。
pi metɕi je wa ji （《羌族释比经典·伯伢打猎》P. 1404）
释比 不会 的 说 了
伯伢心想释比的预言不灵呀。
hase məta guephʑetsu ji gueχletsu wo （《羌族释比经典·好人》P. 1944）
一天 以后 白人物 的 黑人物 说
过些日子，白的人物向黑的人物说。
phatshu tɕiji mupitha læ ænɕɣæ xsu tsəi tɕio wu ji （《羌族释比经典·木吉剪纸救百兽》P. 2240）
野兽 平安 木比塔 呢 多次 山 看 好 说 了
百兽平安，木比塔多次夸赞我治山有方。

单音节首辅音可以是小舌音，有 fia、qa、qə、que、ʁue、χo 等形式，如：

moto ʁueko fia da əˈ da jymətha ɕy ʂə ɕi we （《羌族释比经典·还羊神愿》P. 681）
上天 天堂 说 了 又说 于母塔 许 出 放 了
天宫中于母塔神，下放羊神出了宫。
qa dzodzo sə de ʑaˈ dzo je （《羌族释比经典·话说圣洁木吉珠》P. 1948）
说 清楚 的 都 已 清楚 了
说的这些都已清楚了。
tɕebo ʑei sa qə bo （《羌族释比经典·阶波刹格》P. 423）
吉波 的 来 说 啊
吉祥经文来唱起。
the que quebe qa zə phu je （《羌族释比经典·话说圣洁木吉珠》

P. 1948）

前面 说 这些 我 会 做 了
前面说的我学会了。

tsha die ʁue tshaçi miçio ʑie lio（《羌族释比经典·羊皮鼓经》P. 778）

今天 的 说 日子 不干净 邪鼓 不 来
今天不是好日子，邪鼓最好走远点。

tʂhapu tʂhatçi ʑie Xo mu tçi dapu wa（《羌族释比经典·病》P. 1847）

八年 八载 病 说 不 有 做到 要
从此叫你得康乐，八年八载不患病。

单音节首辅音还可以是复辅音，有 phʐəi、ʂtəu、ʐda、ʑda、ʑge、ʑgo 等形式，如：

xqaçie tʂhəŋtʂhəi ælə dæ tʂhəi dæ phʐəi səi（《羌族释比经典·惩治毒药猫》P. 1251）

金黄 法铃 一下 去 摇 去 说 了
摇动一下金黄的法铃，我通告了毒药猫。

çi ʂtəu pie ʂtəu ʂtəu ləu ma（《羌族释比经典·木吉珠和斗安珠》P. 84）

亲事 婚事 说 来 要
山神土地求亲缘。

mamulaqhua çietshatçi ȵia bietshatçi die ʐda（《羌族释比经典·蜜蜂颂》P. 2115）

黄昏时分 男当家 和 女当家 来 说
养蜂采蜂冬来临，养蜂之家来商议。

pəçi tsaçi apa mupi qa to ʑda ji（《羌族释比经典·木吉珠和斗安珠》P. 116）

今天 这天 阿巴 木比 我 的 说 了
木比见我出难题。

te ʑge te ʑge læ tshu tsho ʐa lie tsho ʐa（《羌族释比经典·治妖》P. 1281）

来 说 来 说 呢 饭 讨 要 暖 讨要
说来说去只是想讨碗饭找个歇脚处。

apa mupitha tçhio sə ʑgo（《羌族释比经典·鬼》P. 1676）

阿巴 木比塔 出 来 说
阿巴木比严规定。

羌语"说"还可以用元音表示，有 ə、əˀ，如：

tsu lə ə li tsutsho kheili tshoçi ʐdu （《羌族释比经典·邪怪》P. 1730）

水 来 说 了 水缸 下面 蟋蟀 邪怪
水缸下面有蟋蟀，又把水缸邪怪驱。

ʁuesa mə ji tʂhei lio əˀ we （《羌族释比经典·请神》P. 296）

五十岁 人 也 都到 来 说 了
应请神灵都到齐，天地神灵都不少。

羌语"说"还可以用双音节表示，有 dawe、diuçi、diuȵa、diʐda、duda、duȵi、hezui、jalə、nətsu、pəitha、səde、ʂethæ、səʐda、tadu、təʁua、tezə、tidu、xpapu、ʐeda、ʐəda、zətço、ʐəʐda、ʐgəuʐgəu、ʐuto、hezui 等形式，如：

kə ʐeiʐo dawe （《羌族释比经典·羌戈大战》P. 1）

根源 唱 说
序源。

dʑidʐə diuçi khudʐə diu ȵia badʐə diu （《羌族释比经典·丧事唱诵》P. 961）

病情 说 苦情 说 要 累情 说
要说病情、苦情和累情。

jimu diuȵa Xlə phʐi diuçi （《羌族释比经典·我说喜事》P. 867）

喜事 说 月亮 白馍 说事。
说喜事说月亮白馍。

mutçetʂu kə tçhio diʐda ji （《羌族释比经典·木吉珠和斗安珠》P. 91）

木吉珠 前 且 说 了
向着木吉珠把话说。

mopi tshə dasa duda we （《羌族释比经典·我说喜事》P. 866）

木比 声 放开 说 了
木比放声开言道。

tʂhate nalu duȵi tʂhasa kuˀtçi （《羌族释比经典·祝酒词》P. 896）

八来 吉祥 说　八十岁 高寿
八说吉祥八十寿。
tsu mi ʐu to nə hezui（《羌族释比经典·打醋坛》P. 531）
水　不　说　啥　来　说
说了水又说啥。
fejalu jalə thitho nələ heçe kei （《羌族释比经典·勒布斯色》P. 1388）
费伢鲁 说 墙 石头 砌好 去
儿子说石头墙砌好了。
nətsu nətsu bie nə tsu（《羌族释比经典·鬼》P. 1668）
说　　说　　是非 的 说
说是非怪。
ʂnəta ætɕitɕi pəithæ sə（《羌族释比经典·木吉剪纸救百兽》P. 2248）
以后　慢慢　说　　的
我看还是改天慢慢说吧。
mudʑi　lə　səde ʂəgu we（《羌族释比经典·给早饭》P. 1994）
皇帝 一个 说 说出 了
皇帝见了此情景，对着兄弟发话道。
awupatɕie dʐəme ʂe totəi ȵi phʐə ʂethæ ji（《羌族释比经典·取火种》P. 263）
阿勿巴吉 凡人 来 召集 且 办法 说 了
阿勿巴吉商议道。
mutɕetʂu le mutoʁuiko aqu dʐə nə tɕhio ʂəʐda ji（《羌族释比经典·别》P. 1852）
木吉珠 个 天庭 一家 时 的 且 说 了
天庭之家来讲述。
nəta du mi xpə tadu nəta xpəta le atshu adua（《羌族释比经典·还愿插旗杆》P. 842）
天上 说 吗 凡间 说 天上 凡间 都 一段 说
说天或说地，天地各一段。
tɕhəu phei mutshu di təʁua sa（《羌族释比经典·吉祥语》P. 846）
月亮　馍　后面 吉祥 说 了
又说月亮馍吉祥话。

tçiba¹ the næ jyba¹ the tezə tai （《羌族释比经典·伯伢打猎》P. 1407）
长女 她 呢 玉巴 她 说 了
女儿玉巴开口说。

ʂəpi tidu ȵi huatha zədə ɕtɕedze atsuə （《羌族释比经典·家里镇灾符法》P. 1076）
释比 说 和 画的 纸钱 烧掉
释比敬神，将画符纸钱烧掉。

zeme xpapu （《羌族释比经典·说母亲》P. 979）
遗言 说
说遗言。

apaçela çito tçibʐa kə die ʐeda （《羌族释比经典·鬼》P. 1676）
阿巴锡拉 玺多 大儿 前 的 说
阿巴锡拉对玺多大儿把话传。

mumia peiə¹ sə die ʐəda ji （《羌族释比经典·鬼》P. 1676）
妇女 老人 的 且 说 了
母亲此时发言道。

ʂʂ daqə la je zətço we （《羌族释比经典·毒和病》P. 1170）
毒 过去 了 病 说 了
毒说过了又说病。

mutçi xsəi ji te ʐgəuʐgəu ji （《羌族释比经典·送亮神》P. 730）
天女 神 的 来 说 了
女神又把话说道。

çi mi ʐuto ge he zui （《羌族释比经典·打醋坛》P. 529）
铁 不 说 石 来 说
诵罢铁后又诵石。

五 see（看）

《牛津英汉高阶双解词典》："see, to become aware of sb /sth by using your eyes.""see"对应汉语"看"。其在《百词表》中占第 57 位，在郑张尚芳《华澳语言比较三百核心词表》中居第 161 位，在黄布凡《藏缅语 300 核心词词表》中为三级核心词。

"看"在羌语 14 个方言点发音如下：

桃坪：tsia³³　　　　　　　麻窝：tsi
蒲溪：tsi；tsi　　　　　　曲谷：tse（ɦetse）；ʔustu；tsez̩ə
松坪沟：dz̩ufu　　　　　　峨口：tsɛ
萝卜寨：sə³¹　　　　　　　荣红：tse
绵虒：qe¹¹ dʑe³³；ke³¹tʂe³¹　热额纳：tse
永和：tsæmæ　　　　　　小姓：ɤz̩ɤ
龙溪：tsi³¹；tsa³¹　　　　　杨柳：tsez̩ə

羌语"看"可以用单音节表示，单音节首辅音可以是舌尖前塞音，有 de、diəu、ta、tə、tiəu、ty、tio、tiu、tya 等形式，如：

de sə ɕia le ɕio le ɕio so （《羌族释比经典·解秽法鼓》P. 508）
看 上 去 呢 净 呢 净 了
法鼓看来很洁净。

tsuezə az̩ia diəu teda je （《羌族释比经典·解秽法鼓》P. 504）
水　一潭　看　见　了
看见一潭圣洁的水。

aku wu ȵia apa wu z̩e tho ȵia z̩e ta se mo （《羌族释比经典·功绩》P. 957）
舅 们 和 老娘舅 们 来 说 和 来 看 了 后
你的母舅和老娘舅们来查看和来叙说之后。

madəu ɕike tə sə tə ta ale　pu ji （《羌族释比经典·邪怪》P. 1722）
青冈 树根 看 上 看 下 一个 做 了
围着青冈树根看。

mi tiəu kei mu zei zəkhei （《羌族释比经典·插旗》P. 1228）
不 看 了 眼睛 处 帮助
看不见的要分明。

mi ty na wuty sə doʁu le （《羌族释比经典·开坛请神》P. 394）
人 看 和 考虑 神 敬请 到
降察大神要敬请到，三思大神要敬请到。

mi tio kedɑ mo zo tio khei （《羌族释比经典·解秽》P. 517）
没 看见 的 眼 要 看见 要
看不见的叫他看见。

dzətse datse tɕilə tiu （《羌族释比经典·羌戈大战》P. 41）

过去看 过去看 他 看见
看来看去他发现。

səkə dʐuto　zu mukæna zu mi tya （《羌族释比经典·说柏香》P. 2085）
山顶 朝着 柏香 找去　柏香 没 看见
在山顶岩边，没看见柏香树。

羌语该系列的词与下列语言的"看"有关系。如：藏语 lta、拉萨 ta⁵⁵、巴塘 ta⁵³、夏河 hta、阿力克 rtæ、麻玛 te⁵⁵、文浪 teu⁵⁵。羌语该系列"看"的词语可以与汉语"睹"相比较。《说文·目部》："睹，见也。从目，者声。"《礼记·礼运》："以天地为本，故物可举也。以阴阳为端，故情可睹也。"《史记·伯夷列传》："余悲伯夷之意，睹轶诗可异焉。"宋王安石《金山寺》诗："扣栏出鼋鼍，幽姿可时睹。"《广韵·姥韵》："睹，当古切。"其上古音，郑张尚芳构拟成 *taaʔ，李方桂构拟成 *tagx，王力构拟成 *ta。其中古音，郑张尚芳构拟成 *tuo，邵荣芬构拟成 *to，王力构拟成 *to。

单音节首辅音可以是舌尖塞擦音，有 dze、dʐe、dʐei、tsa、tsæ、tse、tsə、tʂe、tʂə、tsei、tsəi、tshə、tʂhe 等形式，如：

tipa tɕitɕi a ə¹ ji dze qəjou dze we （《羌族释比经典·还愿》P. 617）
放牛 老大 一次 去 看 头上 看 到
放牛老大去看牛。

dzələ tɕitɕo da dʐe kə we （《羌族释比经典·还愿》P. 619）
四月 初一 去 看 去 了
四月初一来到了。

gʐei dʐei sə dʐei tɕi nə dʐei （《羌族释比经典·霉灾》P. 1775）
回头 看 左右看 不 要 看
不能回头左右看。

kua pu kua li tʂo pu tʂo li da tsa kə （《羌族释比经典·还愿》P. 649）
愿 上 愿 新 旗 上 旗 新 过 看 去
有无还愿者您去看了。

tuamu lətɕi dʐotsho pha aɕi tsa wa （《羌族释比经典·鬼》P. 1144）
房屋 顶处 四角 分明 一天 看 了
是房屋顶上四角分明的好日子。

qutu sək te tsæ nai （《羌族释比经典·伯呀打猎》P. 1406）

房背 三次 去 看 了
房背上去看了三次。

ku tse ȵi tɕi lə wo du ke nə miʑi （《羌族释比经典·斗安木吉结婚》P. 882）

来看　给她　说服人　没有
看来无人能改劝。

kuə˩ keiə˩ aə˩ tsə sə （《羌族释比经典·诉苦情》P. 948）

住房 好的 一间 看 了
一间好房是你的。

zə tʂ ə pa˩te dema tsu （《羌族释比经典·开坛请神》P. 394）

官员　看　诬陷　撵去　做
看见官员受人诬陷，释比我施法撵除了。

melo ȵilotɕiaqə tho jy tsei （《羌族释比经典·取火种》P. 260）

人们　尼罗甲格　那　去　看
朝那尼罗甲格看。

kuenə fiəke na te tsəi （《羌族释比经典·木吉剪纸救百兽》P. 2248）

你俩　下去　好　的　看
你俩下去仔细查。

na te tʂ əi ȵi ʐəi tephæ （《羌族释比经典·敬日月星辰》P. 452）

好　的　看　且　福　赐予
俯视凡民多赐福。

ɕi wu tshə sə khua　tha wu bu le wu （《羌族释比经典·蜜蜂颂》P. 2113）

身　是　看来　蚂蚁　样　是　蜂　个　是
再看蜂儿的身材，腰儿细细像蚂蚁。

羌语该系列词与以下语言"看"有关系。如：观音桥 ntshri[55]、业隆 rseʔ[55]、贵琼 ndʐə[35]、木古甲 dʑɑu[53]、麦崩 ndʑə[35]、史兴南部土语 ʂəŋ[55]。羌语该系列词语可以和汉语"视"相比较。《说文·示部》："视，瞻也。从见、示。"《易·履》："眇能视，不足以有明也。"《荀子·劝学》："目不能两视而明；耳不能两听而聪。"南朝宋刘义庆《世说新语·言语》："周侯中坐而叹曰：'风景不殊，正自有山河之异！'皆相视流泪。"唐韩愈《上襄阳于相公书》："手披目视，口咏其言，心惟其义。"《广韵·旨韵》："视，常利切。"其上古音，郑张尚芳构拟成*ɢljils，李方桂构拟成*grjidh，王力构拟成*dʑiei。其中古音，郑张尚芳构拟成*dʑɪ，邵荣芬构拟成*dʑɪ，王力构拟成*ʑi。

单音节首辅音可以是舌尖擦音，有 sa、ʂam、sə、sətʂ、zə 等形式，如：

zitsə ʂam na ŋu jæ（《羌族释比经典·伯伢莫居打地府》P. 1474）
鬼　看　　啥　是　的
来看鬼王究竟在做什么。

sei la ma ʁue tʂhənzɿə seikə tha sə sa（《羌族释比经典·招魂》P. 1769）
神　的　不　清　单日　一天　那天　看　了
看了那天是单日子，单日子不要请神。

qa χpi pəzeməpi tshak sətʂ lyæ（《羌族释比经典·送公羊》P. 1507）
我　释比　凡间　云端　看　来
释比我站在云端往下看。

tsue zə aʑia tiote da ça（《羌族释比经典·送公羊》P. 1507）
水　看　一些　什么　水　是
此水看来是啥水。

羌语该类词与上一类应该来源相同。

单音节首辅音可以是舌尖鼻音，有 nə、nətʂ，如：

abia dakə atʂa tɕietshu tɕie nə tɕio（《羌族释比经典·木吉珠和斗安珠》P. 124）
一梁　过去　我们　房檐　还　看　见
一匹山梁回头见房檐。

daȵi wək nətʂ lyi（《羌族释比经典·送公羊》P. 1507）
乌云　透　看　来
透过乌云往下看。

羌语该类词可能与以下语言的"看"有关系。如：桑孔 hu[33]、撒都 na[55]、糯福 ni[33]、大姚 xa[33]、峨山 ni[55]、赫章 bA[33]、禄劝 na[32]、弥勒 ni[33]、撒尼 ne[44]、武定 na[2]、喜德 hɯ[21]。

单音节首辅音可以是舌面后音，有 gæ、gao、kha，如：

eja dakə muʁeçy do sə gæ（《羌族释比经典·兄妹治人烟》P. 246）

一夜 过去 天亮 前 去 看
天亮之后去察看。

məŋa kuʐu tshe tatse gao （《羌族释比经典·释比击鼓作法》P.1791）
人们 保佑 神 只有 看
只因望神多保民。

dzə kha mutçi kha mu çi kə dakha kə we （《羌族释比经典·送父母》P.936）
会 看 日子 掐算 人 的 去 掐算 去 了
会测日子的去测了。

羌语该类词与以下语言的"看"有关系。仫佬 kau⁵、水语 qau⁵、毛南 kau⁵、锦语 kau⁵、莫语 kau⁵、武鸣 kau³、柳江 kau³、布依 kau³、临高 ku⁴。金理新认为："上述形式的'看'，共同形式为 *kuʔ ~ *kuh。侗台语这一形式的'看'也可能是汉语'顾'的借词。"① 《说文·页部》："顾，还视野。从页，雇声。"《诗经·桧风·匪风》："顾瞻周道，中心怛兮。"毛传："回首曰顾。"《论语·乡党》："车中不内顾，不疾言，不亲指。"邢昺疏："顾谓回视也。"明冯梦龙《智囊补·闺智·窦女》："李希烈入汴时，强取参军窦良之女，女顾其父曰：'慎无戚，我能灭贼。'"《广韵·暮韵》："顾，古暮切。"其上古音，郑张尚芳构拟成 *kʷaas，李方桂构拟成 *kagh，王力构拟成 *ka。其中古音，郑张尚芳构拟成 *kuo，邵荣芬构拟成 *kɔ，王力构拟成 *ku。

单音节首辅音可以是舌面前音及舌面中音，有 çia、çiæ、tçi、tçiæ、tçio、tço、tçiəu、jy 等形式，如：

dæ çia mæ na çia ʂə gui （《羌族释比经典·毒药放咒》P.1810）
去 看 呢 就 看 明 有
若要看明白吧，不需多看。

gitsə dæ tçiæ na ko ʂə gui （《羌族释比经典·毒药放咒》P.1810）
夜晚 去 看 就 恐怖 有
晚上看去吓死人。

mutu xsəmu peze desə de tçi kei jinʐuwaŋ （《羌族释比经典·勒布斯色》P.1391）

---

① 金理新：《汉藏语系核心词》，民族出版社2012年版，第398页。

天上 神仙 已经 清楚 去 看 了 怎么样
天上神仙站在天门清楚地看见了。
dæt ɕiæ mæ na tɕiæ ʂə gui （《羌族释比经典·毒药放咒》P. 1810)
去 看 呢 就 看 明 有
若要看明白吧，不需多看。
muto əˀqhu mu ʑi buba tɕio nə ʑi （《羌族释比经典·给早饭》P. 1994)
天的 底下 人 生 争 看 的 有
天下之争见得多，生死之争没见过。
lə wa tɕo mi qa mi ŋu we （《羌族释比经典·砍杉杆》P. 1114)
杉 长 看 者 我 不 是 啊
见杉长者不是我。
lawu ʐgutsha kosətɕhi ʁæ bəu wu tɕiəu we （《羌族释比经典·波舍》P. 926)
纳吾 九寨 各司基 的 牦牛 赶来 看见 了
纳吾九寨各司基寨主看见牦牛引过寨。
单音节首辅音可以是舌面中音，有 jy，如：
məthiwopo netʂ jy （《羌族释比经典·送魂魄》P. 1437)
麦提伍钵 往里 看
向买提伍钵山看去了。
羌语该系列词语应该与发舌面后音的"看"有关系。详见上文。
单音节首辅音可以是双唇音，有 ba、mə、pu、we、wu、mi、mie 等形式，如：
pimia tə ba tɕio sə mo wewe （《羌族释比经典·波舍》P. 924)
父母 想 看 来 没 有 了
思念父母想见面，却是无处觅音容。
di tɕi mə tshu di ɣo da （《羌族释比经典·还天晴愿》P. 692)
粮仓 的 看 来 粮仓 满 有
五谷粮食堆满仓。
nəsei tago æbutɕhyqe dʑio xæʁdzə ɲi əˀ tsei pu ji （《羌族释比经典·造人种》P. 240)
第二天 过去 阿布曲格 洞 打开 并 往下 看 了
第二天阿布曲格打开洞来探看。

jəu we jəu ta mi lə je （《羌族释比经典·尔一部》P. 2143）
羊 看 羊 带 没 回 了
牧羊很久都未回。

suoko peŋa he wu tseɲi （《羌族释比经典·青稞和麦子的来历》P. 2163）
冬天 寒冷 季节 看 过去
看见寒冷的冬天。

mi tu ma la tu mi qa tɕi （《羌族释比经典·驱邪》P. 1835）
看见 躲 不 行 躲 不 行 的
见得着的躲不了。

Xazֽa¹ tʂha phie mie tʂha phie ge （《羌族释比经典·驱邪》P. 1835）
肋骨 八 匹 看见 八 匹 处
肋骨腰间看见你。

羌语该类词的"看"与以下语言的"看"有关系。江底 maŋ[13]、湘江 maŋ[11]、览金 ŋwa：ŋ[43]、东山 mɔ[42]、大坪 mɔŋ[22]、十里香 maŋ[21]。羌语该类词可以和汉语"望"相比较。《说文·亡部》："望，出亡在外，望其还也。从亡，朢省声。"《诗经·卫风·河广》："谁谓宋远，跂予望之。"郑玄笺："跂足则可以望见之。"战国楚宋玉《高唐赋》："登巉岩而下望兮，临大阺之稸水。"汉班固《西都赋》："既惩惧于登望，降周流以磅徨。"唐窦臮《述书赋下》："如春林之绚彩，实一望而写夏。"引申用指"察看、看望"。《周礼·考工记·轮人》："望其幅，欲其掣尔而纤也。"南朝梁刘勰《文心雕龙·通变》："望今制奇，参古定法。"《广韵·漾韵》："望，巫放切。"其上古音，郑张尚芳构拟成 *maŋs，李方桂构拟成 *mjaŋh，王力构拟成 *miaŋ。其中古音，郑张尚芳构拟成 *mieŋ，邵荣芬构拟成 *miuaŋ，王力构拟成 *miwaŋ。

单音节首辅音可以是小舌音，有 qe，如：

dzֽə tsue qe ɲi dzֽəzֽa¹ ma ɲia qa zə ma ça （《羌族释比经典·解秽》P. 510）
大河 水 看了 大河 水 真爱 和 我 的 爱 是
大河之水我喜爱。

羌语"看"还可以用双音节表示，有 dadzֽei、dzətɕa、ədzə、əˀmi、piwæ、sədzֽei、səsa、zəsə 等形式，如：

ʑiesei atʂə dadʑei kə sa （《羌族释比经典·茅人》P. 1763）
桦树 有处 看 去 了
去看了有桦树之处。

etʂu leŋu tɕihæ leto dzətɕa sama naŋuje（《羌族释比经典·费伢由狩猎变农耕》P. 2188）
一起 我们 房背 上后 看 一下 如何
我们一起到房顶看看如何？

mudzə ədzə tsu kə li tə dzutəta lə pu ji （《羌族释比经典·鬼》P. 1672）
人们看 看 上 好 上 看 很漂亮 一个 做 了
显出能工巧匠的手艺，神宇宫廷多漂亮。

əʔtse əʔmi do tɕie mi wu de tɕi pa wu （《羌族释比经典·打整房子》P. 1886）
去 看 岩驴 的 不是 得 的 是 了
走近猎物再细看，不是岩驴是怪物。

fejalu jylə dʐæwæ piwæ kei （《羌族释比经典·勒布斯色》P. 1389）
费伢鲁 出去了 治病 看 去了
费伢鲁外出行医治病去了。

zuʁue kəukəu zu sədʑei kueɕia tɕie （《羌族释比经典·阶波刹格》P. 427）
地上 之中 地神 看 敬愿 要
大地诸神看到还愿祭品已敬上。

θumo tɕibaʔ ziɲi tɕiebaʔ tʂhə səsa （《羌族释比经典·麻吉的故事》P. 1416）
补摩 长女 鬼王 长女 虱 看
补摩趁着给鬼王女儿看虱子。

dʐəmu mutɕi zəsə ɲia nə ɕi tə tʂhu （《羌族释比经典·颂神禹》P. 204）
羌民 人们 看 后 的 心 的 累
羌民看见心意灰。

六　hear（听）

《牛津英汉高阶双解词典》："hear, perceive（sounds）with the ears."

"hear（听）"在《百词表》中占第 58 位，在郑张尚芳《华澳语言比较三百核心词表》中居第 162 位，在黄布凡《藏缅语 300 核心词词表》中为三级核心词。现代汉语中的"听"，在上古时期不是用来指"听"之意。《说文·口部》："听，笑貌。"《史记·司马相如列传上》："无是公听然而笑。"裴骃《集解》引郭璞曰："听，笑貌也。"杨树达《积微居小学金石论丛·释听》对"听"何以言笑，作了详细阐述，其认为，"听"乃张口之状。《正字通·口部》："听，俗借为听字省文。"今为"听"的简化字。"听"与"耳朵"密切相关，前文已经阐述了两者之间的关系，在此不再赘述。

"听"在羌语 14 个方言点发音如下：

桃坪：tɕhy^{55} ȵy^{55}　　　　麻窝：khɕust

蒲溪：ʂȵo ʂən；ɕȵo ʂnə　　　曲谷：xsuxsu（ʔuxsuxsu）；ʔəm

松坪沟：katʂaset　　　　　　峨口：kh ʂu ɕtɕu

萝卜寨：ʂo^{55} ɕi^{55}　　　　　　荣红：x ʂuɕtɕu

绵虒：səu^{33} lo^{11}；səu^{11} no^{33}　热额纳：xɕyt

永和：ʔə-sa　　　　　　　　小姓：xsoxt

龙溪：tsho^{55} ɕi^{31}　　　　　　杨柳：xsoxt

羌语"听"可以用单音节表示，单音节首辅音可以是双唇音，有 bo、mo、phu，如：

ɕieji tɕiji boqe ji bo（《羌族释比经典·得哇》P. 1841）
现在 时间 鼓声 的 听
现在且听鼓点声。

mi mo kei nə zei zəkhei（《羌族释比经典·插旗》P. 1229）
不 听 了 耳朵 处 帮助
未听见的要听见。

tə phu ə' tɕi tə ka mi（《羌族释比经典·驱邪》P. 1834）
上 听 的 说 上 根 一样
且把根源来听清。

羌语双唇鼻音的"听"可能与以下语言的"听"有关。如：高坡 mloŋ^{22}、摆托 mfiin^{21}、文界 ma^{44}、三只羊 mu^{31}、陶化 mɤŋ^{24}、江底 mwaŋ^{24}、湘江 mwəŋ^{35}、罗香 moŋ^{35}、长坪 moŋ^{35}、览金 muŋ^{21}、三江 maŋ^{44}、大坪 maŋ^{42}。

单音节首辅音可以是舌尖塞音，有 da、tə，如：
qhoulo mami ʁə ə¹ da we （《羌族释比经典·米》P. 859）
抓小石头 贪耍 忘 去 听 了
抓子玩耍没去听。

kə sə tə mi ʁamia ə¹tɕhy （《羌族释比经典·祛病》P. 1718）
三 的 听 者 邪魔 关
一齐来把邪魔关住。

羌语这一形式的"听"可能与以下语言的"听"有关。如：龙州 tiŋ⁶、邕宁 thiŋ⁶、武鸣 tiŋ⁵、柳江 tiŋ⁵、侗南 ʈhiŋ⁵、侗北 ʈin⁵、仫佬 the：ŋ⁵、水语 thiŋ⁵、佯僙 ʈha¹、莫语 ʈhiŋ⁵、拉珈 theŋ⁵。羌语该形式可能与汉语的"听"有关系。《说文·口部》："听，聆也。"《尚书·泰誓中》："天视自我民视，天听自我民听。"南朝梁刘勰《文心雕龙·诔碑》："观风似面，听辞如泣。"唐皮日休《霍山赋》："静然而听，凝然而视，其体当中，如君之毅。"元萨都剌《卧病书怀》诗："结茅倚壁知何日，饱听一枕松风眠。"《广韵·青韵》："听，他丁切。"其上古音，郑张尚芳构拟成 *lheeŋ，李方桂构拟成 *thiŋ，王力构拟成 *thyeŋ。其中古音，郑张尚芳构拟成 *theŋ，邵荣芬构拟成 *thɛŋ，王力构拟成 *thieŋ。

单音节首辅音可以是舌尖塞擦音，有 dʐu、dzə、tʂə、tsha、tsho，如：
alə lia na lə mə dzə （《羌族释比经典·唤鸡》P. 932）
一月 有 了 来 人 听
有了一月听人唤。

jypi mety ma dʐu zə （《羌族释比经典·邪怪》P. 1732）
公鸡 看不见 雷 听见 响
漆黑的洞里公鸡听见了雷声。

wetu ha tʂə poma tɕiu （《羌族释比经典·送瘟神》P. 1352）
外面 能 听见 问题 出
外面能听见的出问题。

na mutso ŋa na phuga qe qa mi tsha we （《羌族释比经典·米》P. 860）
什么 会议 什么 什么 商量 进行 我 没 听见 了
究竟商量啥子事，究竟开的啥子会，我都没有去听着。

羌语该形式的"听"可与汉语"聪"相比较。《说文·耳部》："聪，察也。"《管子·宙合》："耳司听，听必须闻，闻审谓之聪。"尹知章注："耳之所闻，既顺且审，故谓之聪。"《史记·屈原贾生列传》："屈平疾王听之不聪也，谗陷之蔽明也。"引申可以用指"听"。《易·夬》："闻言不信，聪不明也。"孔颖达疏："聪，听也。"《诗经·王风·兔爰》："我生之后，逢此百凶，尚寐无聪。"毛传："聪，闻也。"《楚辞·九章·惜往日》："谅聪不明而蔽壅兮，使谗谀而日得。"《汉书·谷永传》："臣前幸得条对灾异之效，祸乱所极，言关于圣聪。"唐皮日休《九讽·见逐》："耳方聪兮忽瞆，目方视兮忽盲。"《集韵·东韵》"聪，麤丛切。"其上古音，郑张尚芳构拟成 *shlooŋ，李方桂构拟成 *tshuŋ，王力构拟成 *tshoŋ。其中古音，郑张尚芳构拟成 *tshuŋ，邵荣芬构拟成 *tshuŋ，王力构拟成 *tshuŋ。

单音节首辅音可以是舌尖擦音，有 sa、səu、sus、zə，如：

gu pu gu tɕe tɕhi mi sa bo mi te ɣo mi dzu tɕi dapu po （《羌族释比经典·凶魔》P. 1860）
九 年 九 载 声 不 听 鼓 不 打 鬼 不 沾 的 做到 了
九年九载无声息，不再听见驱魔鼓。

zuamə naŋa səu　hnəso tsəbʐa mukəi （《羌族释比经典·教诲媳妇》P. 873）
话语 好好 听 清楚 长辈 的说
好好听从长辈们的话。

ba ȵa xtʂa　lasə sus ŋu （《羌族释比经典·祭神林》P. 2229）
大 和 小 所有 听 是
敬请老少要遵从。

tɕetɕa lia la tɕhi mə zə （《羌族释比经典·走神路》P. 580）
三 岁 有 了 神 的 听
三岁能听神的话。

羌语该系列词应该与上一类来源有关。详见上文。

单音节首辅音可以是舌尖鼻音，有 ne、nə、no，如：

mutɕietʂu le piphʐə miaphʐə mi ne ɕəu （《羌族释比经典·木吉珠和斗安珠》P. 122）
木吉珠 个 父忠告 母良言 没 听 呀
父母教诲木吉忘。

mutɕietʂu le piphzʐə miaphzʐə mi nə ɕəu（《羌族释比经典·木吉珠和斗安珠》P. 121）

木吉珠 个 父忠告 母良言 没 听 呀

木吉忘了父母言。

tɕetshə həti dosu no kolu ʐalu kəzʐə ŋai（《羌族释比经典·安土地神法咒》P. 1090）

到处 能够 诵经 听 里面 里外 澄清 需

闻此法咒，内外澄清。

羌语该系列"听"的词语与以下语言的"听"有一定关系。如：藏语 ȵan、拉萨 ȵɛ[13]、巴塘 ȵe[13]、夏河 ȵan、阿力克 ȵan、错那 ȵan[35]、墨脱 ȵan、普米 ȵi[53]、吕苏 ȵi[53]、木雅N a[33]、纳木兹 næ[31]、扎坝 ȵu[55]、卓戎 ŋnɑ、日戎 ŋɑ、格西 lȵi、格什扎 sȵi、观戎 nə[55]、业戎 nə[33]、却隅 lnə[33]、缅语 nɑ、怒苏 na[33]、彝语 nu[33]、撒尼 nɒ[44]、傈僳 nɑ[33]、哈尼 na[55]、基诺 nɔ[42]、嘎卓 na[35]。

单音节首辅音可以是舌面音，有 ɕəu、ɕiəu、ɕio、ɕiou、ɕo、ɕy、ɕyəu、ɕyo、dʑie、kə、ȵio、ŋo、tɕe、xui，如：

mia phəˈ mi ɕəu ʑi nə tɕhya ji（《羌族释比经典·评理》P. 1973）

母亲 言语 不 听 苦 又 吃 了

母亲教诲他不听，吃了苦头也活该。

thu ʂætɕie le ɕi phəˈ ɕiəu ȵia ɕi die ʐəˈ（《羌族释比经典·颂神禹》P. 213）

涂山基 个 神 言 听 和 神 道别

涂山听完谢木比。

pi pheəˈ ɕio ȵia mia pheəˈ nə ɕio ji（《羌族释比经典·鬼》P. 1672）

父亲 言语 听 和 母亲 言语 都 听 了

听从父母的传教。

apəu ama laji moχo tə ɕiou ȵi（《羌族释比经典·木吉珠和斗安珠》P. 129）

阿爸 阿妈 你们 音讯 上 听 了

阿爸阿妈请聆听。

mia phu mi ɕo qhaˈtɕhya（《羌族释比经典·邪怪》P. 1756）

母亲 忠告 没 听 吃亏

不听母亲的教诲，必定受灾吃苦。

tse qu ŋu tʂe pi　phəˈ çy ȵia mia　phəˈ nə çy tçha（《羌族释比经典·鬼》P. 1675）
这 样 是 的 父亲 言语 听 和 母 言语 的 听 要
你要听信父母的叮嘱。

tçiəbʐɿale pi tshu çyəu ji （《羌族释比经典·木吉珠和斗安珠》P. 97）
大女 一个 父 话 听 了
大女听从阿巴旨。

ʂpoχue çyo ȵia ʂkutʂəkumia çyo sə ŋu （《羌族释比经典·颂神禹》P. 207）
羌笛 听 和 偷偷地 听 的 是
偷听笛子正是您。

motçe wo du ȵi zə mə mi dʑie （《羌族释比经典·斗安木吉结婚》P. 882）
木吉 给 说 后来 话 不 听
奈何木吉不听话。

pi phəˈ tʂə nə çy kə tçhe ba （《羌族释比经典·鬼》P. 1670）
父 的 言语 的 要 听 要 啊
你要听从父亲言。

apa xsuxsəi no kue ȵio ʂnə （《羌族释比经典·木吉剪纸救百兽》P. 2242）
阿巴 山神 你 来 听 明
阿巴山神细听明。

bie kou ma tçhe bie ma sa ba （《羌族释比经典·评理》P. 1976）
别 事 不 听 别 不 懂 啊
不听此段是非经，不知谁是谁又非。

puji ʐali çietsu pi li də χe tshe qu ʐa tsho çi （《羌族释比经典·坐红锅》P. 1865）
现今 晚上 弟子 释比 一个 说 好 三 句 来 听着
现在释比来言说，好言三句来听着。

tçiæɣei tsæ zei no kue xui （《羌族释比经典·造天地》P. 232）

鳖鱼 这 只 你 要 听

大鳖鱼呀你听着。

ælə ɦiə ɕyæ go dæ ŋo zə zəi（《羌族释比经典·治疗中神邪者》P. 1265）

一 下 来 扫 就 使 听 让 了

第一下扫去使神灵听见了。

羌语该系列"听"词语与以下语言中的"听"有关系。如：藏语 go、拉萨 kho[13]、巴塘 ku[231]、夏河 ko、阿力克 ko、缅语 krɑ、阿昌 kʐua[31]、仙岛 kʐɔ[31]、载瓦 kyo[21]、浪速 kyɔ[35]、波拉 kya[31]、勒期 kyɔ[33]、彝语 ga[21]、撒尼 gɒ[11]、哈尼 ga[31]、纳西 kho[33]、嘎卓 tɕa[31]。

单音节首辅音可以是小舌音，有 ɦia、qə、ʁu，如：

qa ʂəpi ɦia khækhæ ji （《羌族释比经典·祭神林》P. 2227）

我 释比 听 慢慢 说

听我释比细细说。

dʐi qə ləma qa so tɕephe ma phe ə' tʂei   dʐi qə ȵia mi ʁueli ȵio （《羌族释比经典·铁》P. 2105）

倒 听 之话 我 的 传递 和 说 出 去 倒 听 破坏 者 五里 驱赶

要驱除道听途说、搬弄是非的。

pu ʁu sequ ʐu ʁuma （《羌族释比经典·开坛请神》P. 391）

地界 听 三声 下界 请了

地界听到三声响，天神木比敬请了。

单音节首辅音还可以是复辅音，有 hȵi、ʂnə、ʂȵio、xmu，如：

tshuoxe ʐguətu dʐe le mitshu hȵi （《羌族释比经典·迟基格布》P. 167）

草鞋 九卡 长 也 没有 听

未听草鞋有九卡长。

tɕiowu səu   ʂnə tɕioqe tʂəi ȵiəu （《羌族释比经典·功绩》P. 957）

这里 来 听 这方 看 来

你朝这里仔细来倾听朝这方看来。

xsəi［ʐio］ɤdʐie me xɬəu me na te ʂȵio （《羌族释比经典·送鬼》P. 2234）

神 (唱) 凡 人 阴 人 好 的 听

神（唱）：凡人阴人都听好。
mutʂuo [zə¹] ȵi tɕi xsa sə tɕi ŋa thælæ khinke xmu（《羌族释比经典·木吉剪纸救百兽》P. 2253）
木勺（白）啥的 见识处的 有 那个 金格 听
木勺（白）：有啥见识头哟，他叫金格。

羌语"听"还可以用双音节表示，有 ɕykə、dzəzə、nətɕi、ŋoɕo、təɕəu、tetʂhə、tətshuh、tshoɕi、kutshu、leno、nəɕio、tɕhisə、nozə、noti、tshoɕi，如：

mia pheə¹ ɕykə nə tɕhe ba（《羌族释比经典·鬼》P. 1670）
母亲 言语 听 的 要 啊
你要听信母亲语。

tɕi pupu ʂə tʂhu¹na dzəzə ly（《羌族释比经典·开坛》P. 357）
房 主人 的 纳萨碉 听 来
房主在纳萨碉上来。

Xo kə səpe ȵə ʁa nətɕi sə（《羌族释比经典·邪怪》P. 1732）
口 中 出来 的 邪怪 听 了
释比口中唱经文，邪魔之怪也听清。

qatsə qatsə ŋo kue ŋoɕo（《羌族释比经典·取火种》P. 1732）
我儿 我儿 你 的 听
热比我儿你听明。

piphzə tʂənə nə təɕəu nə（《羌族释比经典·木吉珠和斗安珠》P. 120）
父亲忠告 是的 你 听 啊
阿爸说的要记住。

tetʂhə sənə asu pai（《羌族释比经典·勒布斯色》P. 1396）
听 以后 生气 了
费伢鲁听后生气了。

apapeja tətshuh ȵi nətshuə（《羌族释比经典·勒布斯色》P. 1390）
阿巴伯伢 听 了 以后
阿巴伯伢听了以后。

qa tɕi ʁuemi apa tʂoji da tshoɕi sa（《羌族释比经典·米》P. 860）
我 儿 憨厚 阿巴 卓依 去 听 了

我便今天去听了。

nəŋa nəŋa no kutshu hŋi （《羌族释比经典·羌戈大战》P. 25）
乌鸦 乌鸦 你 听见 着
乌鸦乌鸦你听着。

zotshə botshə muta leno （《羌族释比经典·羌戈大战》P. 58）
歌声 鼓声 天上 听见
歌声鼓声喧云天。

tɕhi nə pepe ɕiʁue ɕi le tə nətɕio （《羌族释比经典·颂神禹》P. 200）
声 的 宏亮 众神 神 的 来 听见
哭声惊动了天神。

qhua tsu qhua ʐa dæ nozə zəi （《羌族释比经典·惩治毒药猫》P. 1238）
沟 里 沟 外 使 听见 了
使沟里沟外的都听见了。

peja te tɕhisə næ ətʂu pai （《羌族释比经典·伯俨打猎》P. 1406）
伯俨 来 听见 呢 伤心 了
伯俨听了很伤心。

ɕieχei tshequ ə¹ mi tshoɕi （《羌族释比经典·驱邪》P. 1835）
美言 三句 若 不 听见
美言三句若不听。

七 know（知）

《牛津英汉高阶双解词典》："know, have（sth）in one's mind or memory as a result of experience or learning or information." "know"对应汉语"知道"。其在《百词表》中占59位，在郑张尚芳《华澳语言比较三百核心词表》中居第164位，在黄布凡《藏缅语300核心词词表》中为一级核心词。

"知道"在羌语14个方言点发音如下：

桃坪：sʅ⁵⁵　　　　　　　　麻窝：sə

蒲溪：sə　　　　　　　　　曲谷：nə/dʐəku le

木卡：tə sʅ se　　　　　　峨口：nə

萝卜寨：nə³¹tɕi⁵⁵　　　　　荣红：dʐukule

绵虒：sɨ³¹ʐa⁵⁵　　　　　　热额纳：dʐeku le

永和：ə-nə 　　　　　　　小姓：tɕhoŋu

龙溪：sə ；sɨ³¹　　　　　　杨柳：sə

羌语"知道"可以用单音节词语表示，单音节首辅音可以是双唇音，有 mən、wai，如：

the mi mən tu wu ȵiæ （《羌族释比经典·咒面人》P. 1447）
吃　不　知　毒药猫　是　的

不知啥时毒药猫已将供品吃尽。

单音节首辅音可以是舌尖擦音和塞擦音，有 sa、sə、səi、se、sei、ʐa、tsa、dzə，如：

qui miwe nə dzə mi sa （《羌族释比经典·还愿》P. 629）
错　没有　和　罪　不　知

人不知晓没有罪。

Xsəi ji sə ȵi ɣlæ ji sə （《羌族释比经典·敬界址神》P. 443）
神　的　知　和　土地　的　知

大小神灵都知晓。

du ［zə¹］　　apa　　pi　　no tɕhy səi nə （《羌族释比经典·送鬼》P. 2233）

鬼【白】阿巴　释比　你　该　　知　的

鬼【白】释比你要听明白。

pu ʂu mi tsa ji go ɣzu ʐo dze mu （《羌族释比经典·惩治毒药猫》P. 1247）

年龄　不　知　的　呢　猴　的　属者

不知晓年龄的属猴者。

tshuixsəi ［zəi］ sælə dzʐa mu lyta ke ji ŋæ sə ʐa （《羌族释比经典·木吉剪纸救百兽》P. 2247）

寨神【白】索子　安者　铜岭山　去　的　我　的　知

寨神（白）我也听说吊路子进了铜岭山。

sa mi lə ȵia sa ʐo ʐo （《羌族释比经典·鬼》P. 1777）
鬼　不　说　的　鬼　不　知

不说鬼来不知道。

tʂo ne misə gu ȵi dzə sə （《羌族释比经典·鼓》P. 1188）
旗　的　不　晓得　绕　的　知道　了

不知旗来绕几转。
jyχu phelə ŋu se ja （《羌族释比经典·结拜弟兄》P. 740）
昌盛 喂养 您 知道 吗
喂养我您家道昌盛您知道吗？
tshu ji aʂə tshuse tshuse teti mele sei （《羌族释比经典·结拜弟兄》P. 741）
肺 来 割下 心肝 心肝 都 没有 知道
肺割下连心脏都没有。

羌语该系列词与以下语言的"知道"有关系。如：纳木义 sɿ^{31}、史兴 se^{53}、扎坝 sɿ^{55}、剑川 se^{33}、基诺 sɯ^{44}、傈僳 sɯ^{55}、纳西 sɿ^{33}、怒苏 su^{53}、大姚 sA^{44}、峨山 sə^{21}、圭山 sA^{55}、禄劝 sə^{55}、弥勒 sɑ^{55}、南华 sæ^{55}、撒尼 sɑ^{55}、巍山 sa^{21}、武定 sɿ^{55}、阿昌 sɑ^{35}、波拉 sɛ^{35}、浪速 sɛ^{55}、勒期 sɛː^{53}、仙岛 sa^{35}、载瓦 se^{55}。羌语该系列词可以与汉语的"悉"相比较。《说文·心部》："悉，详尽也。"《尚书·汤誓》："王曰：'格尔众庶，悉听朕言。'"《东观汉记·光武纪》："六年春二月，吴汉下朐城，天下悉定。"唐陈子昂《答制问事·安宗子科》："敢不悉蝼蚁之诚，真实罄尽。"《醒世恒言·三孝廉让产立高名》："他引古证今，议论悉中窾要。"后引申可以指"知道"。《后汉书·酷吏传·周纡》："乃密问守门人曰：'悉谁载藁入城者？'"李贤注："悉，犹知也。"三国魏曹丕《善哉行》："众宾饱满归，主人苦不悉。"《隋书·郑译传》："久愿出藩，公所悉也。"清魏源《圣武记》卷六："圣祖欲悉其要领，乃使兵部郎中图理琛往报之。"《广韵·质韵》："悉，息七切。"其上古音，郑张尚芳构拟成 *sid，李方桂构拟成 *sjit，王力构拟成 *siet。其中古音，郑张尚芳构拟成 *siɪt，邵荣芬构拟成 *siet，王力构拟成 *siet。

单音节首辅音可以是舌尖鼻音和边音，有 na、nə、la，如：
ʁue lu na χaqua qa ŋutshei tsu （《羌族释比经典·招仓房》P. 2092）
仇人 来 知 撵走 会 是了 啊
仇人来知道撵走。
qa ly ʐuə nə næn ke ʐuə tɕyæ （《羌族释比经典·送魂魄》P. 1434）
我 来 路 知 呢 走 路 去
我知道来的路途，却忘了回去的路。
ma la tʂulə jye jy （《羌族释比经典·结拜兄弟》P. 738）

不 知道 一只 狐狸 有

有一只我没有见过的狐狸。

单音节首辅音可以是舌面音，有 kuŋ、tɕi、xo，如：

zʐənə　ety　kuŋ（《羌族释比经典·敬神》P.339）

地狱　领会　知道

地狱阴间已知晓。

sə la sə kə nə ma tɕi nə（《羌族释比经典·鬼》P.1778）

出 飞 出 去 你 不 知道 啊

飞进飞出人不察。

qa ly xo næn ke mo xo（《羌族释比经典·送魂魄》P.1434）

我 来 知 呢 走 不 知

我知道怎么来的却忘记怎么回去。

羌语该系列"知道"词语与以下语言的"知道"有关系。如：拉萨 ɕe[52]、夏河 ɕhi、藏文 ɕes、博嘎尔 tɕen、达让 ka[31]、义都 ka[31]、嘉戎 ke、木雅 khə[33]、撒都 tɕhə[313]。

单音节首辅音可以是小舌音，有 qə、χo、χue、χui、ʁui，如：

fujiɕi ɲia tsuqoɕi tɕi ge dzʐə pu kə tə qə mi（《羌族释比经典·颂神禹》P.195）

火神 和 水神 的 祸 事 做 的 已 知 晓

知晓两神闯大祸。

ɕe ɕtɕe mi ɕtɕe ɕe mi ʁui（《羌族释比经典·鼓的来历》P.1133）

在 喜欢 不 喜欢 在 不 知道

喜欢不喜欢不知道。

羌语"知道"也可以用双音节表示，有 ɕiga、ɕitsə、dema、detɕhi、dzəsə、jile、jyji、kətə、lesə、letɕiu、liesə、mase、mənəi、metshe、mija、mutɕi、nawu、nətɕi、noʐe、ɲina、ŋale、səɕi、səkei、sənə、səse、səso、sətuo、səʐe、ʂ ujy、tala、tejye、tesa、tesə、tipə[1]、tsesə、zətai、χese、səɕa、səɕi、təsə、dile、laɕy、milio、nətɕi、nosə、ɲona、ɲyna、sasao、tetsə、tyty、zətʂei，如：

xse la maʁue tʂhenzʐen ɕiga（《羌族释比经典·还愿》P.811）

神 了 都 单日　知道

神没有不知道的。

tha li　qhue ko sei pa xo pa ŋu ɕitsə　（《羌族释比经典·劝慰》P. 1045）
万　山　老　林　豺　狼　虎　豹　你　知道
你知道万山老林中的豺狼和虎豹。

nu dema we sə dema　（《羌族释比经典·送杉旗》P. 1612）
犏牛　知道　有　神　知道
犏牛知道了，神知道了。

apa mətɕy detʂhi sənæ etsu pəi　（《羌族释比经典·说莫居》P. 1471）
阿巴　莫居　知道　以后　伤心　了
阿巴莫居知道后很伤心。

tʂuoli misə kumi dzəsə　（《羌族释比经典·魂归来》P. 1151）
招魂旗　不知　功劳　知道
神旗不知功绩，人则知道。

kue jilenə ʐəipu ʐato kue jile　（《羌族释比经典·颂神禹》P. 195）
愿　知道　凡间　地上　愿　知道
凡间还愿的事情让凡人知道。

jyji zəpu tʂhu te ɕæ　（《羌族释比经典·解秽》P. 1331）
知道　地方　送　才　去
熟悉的地方同意去。

sə tsə kətə xlu ʂuama　（《羌族释比经典·竹留子》P. 1336）
神　也　知道　鬼　埋下
神也知道埋下鬼。

xpəta tshipə dʐə lesə　（《羌族释比经典·羌戈大战》P. 9）
凡间　三年　事　知道
人间未来知三年。

ȵabo pu letɕiu ȵaba pu letɕiu　（《羌族释比经典·夫妻缘由》P. 875）
什么　做　看得见　什么　做　知道
做什么也看得见，怎么打扮也知道。

kua sə tʂo sə dʐi liesə　（《羌族释比经典·铁三足》P. 2067）
愿　拿的　旗　拿的　猴　知道
还愿人拿旗人，猴已知道你们来。

theku mase jiɳʐuwaŋ　（《羌族释比经典·费伢由狩猎变农耕》P. 2188）
害怕　知道　怎么样

怎么样，知道害怕了吧。

ʁæ patsə le mi   mənəi（《羌族释比经典·吹散天晕》P. 1068）
医 病症 有 不 知道
病症突来，自己不知道。

muzə thiqə mu pi wuˈ pi metshe（《羌族释比经典·送邪气》P. 769）
天界 上面 天 释比 众 释比 知道
天界上面所有释比们各守其责。

əŋ apapeje Xætse Xæba nə mija（《羌族释比经典·唱魂根》P. 1534）
你 阿巴白耶 小刀 大刀 吗 知道
请问阿巴白耶在家吗？大小宝刀你知道吗？

xse da mutɕi ma da xse（《羌族释比经典·还愿》P. 810）
神 说 知道 不 说 神
神说知道不用说。

matɕie jal tak tajy ma nawu jæ（《羌族释比经典·麻吉的故事》P. 1414）
麻吉 呢 哪去 哪儿 不 知道 了
麻吉去了哪里没算出。

dzə mu tha mi nətɕi ɕa（《羌族释比经典·招魂》P. 1769）
凡人 名 叫 了 知道 要
叫了凡人，凡人回应。

zuəpə ti nozˌe sə tɕetshə ŋa ku tɕinə（《羌族释比经典·安土地神法咒》P. 1090）
土地 都 知道 灵 全部 也 别 介意
土地神灵，不得妄惊。

ŋu pe samu ŋu mæ samu tʂhəma ɲina（《羌族释比经典·子报父仇》P. 1952）
你 父亲 杀死 你 母亲 杀死 算命先生 知道
杀你父母的人算命先生知道。

dzˌəpi tɕibzˌiŋa tɕetshe ŋale sə（《羌族释比经典·羌戈大战》P. 5）
羌人 子女们 全部 知道 了
羌寨儿女都知晓。

phzˌeizˌəametsə ki dzˌo ɲia ʁa wu səɕi tsə（《羌族释比经典·劝慰》

P. 1045)
雪隆包　　的 香木 和 柏木 你 知道 的
你知道雪隆包上的香木和柏木。
mi səkei tie zei zəkhei qoə¹ mi ŋeu zəkhei（《羌族释比经典·插旗》
P. 1228)
不 知道 心 处 帮助 口 不 来 帮助
想不到时需提醒，说不出口时要点化。
səna ma sə fiosənei（《羌族释比经典·说鬼》P. 1360)
知道 不 知道 试一试
是真是假试一试。
ŋa ji xse dzuo ʐupə ku mi səse（《羌族释比经典·根治流产》P. 1310)
我 的 神 坐 地方 去 不 知道
我不知道这里是神坐的地方。
ma ɕy ke ŋu mi səso（《羌族释比经典·根治流产》P. 1310)
脏 洗 去 你 不 知道
有神的地方你来洗脏衣服，你不知道吗？
tɕibo ɕyela ʂəji sətuo（《羌族释比经典·驱米雅》P. 1904)
它们 游荡 哪个 知道
它们行踪谁知道。
qhuaŋa lustə ŋa le səʐe（《羌族释比经典·说妖怪》P. 1896)
妖怪 来头 有 也 知道
须知妖魔有来由。
atshua mə¹ dʐəpo tʂhu ʂujy（《羌族释比经典·送瘟神》P. 1344)
全寨 人 事情 送 知道
要知道全寨的事情。
na tshe mə ja mə tala（《羌族释比经典·颂天神》P. 471)
好 恶 人 呀 人 知道
善人恶人心自知。
aba mətɕy tejye sənæ etsupəi（《羌族释比经典·说莫居》P. 1470)
阿巴 莫居 知道 以后 生气了
阿巴莫居知道了很恼怒。
ɕilemuia apa mupitesa tʂə（《羌族释比经典·木吉珠和斗安珠》P. 82)

神尊敬 阿巴 木比 知道 后

如果木比来怪罪。

ɬu ʂua təsə ɬu ʂua tɕhe sə （《羌族释比经典·唱面馍》P. 353）

塔山 知道 翻盖 知道 神

翻盖塔山要告诉神。

phako tʂhə ŋa tesə səi （《羌族释比经典·木吉剪纸救百兽》P. 2249）

林里 灾 有 知道 了

方知山林也降灾。

第三节　消耗类核心动词

《现代汉语词典》："消耗，（精神、力量、东西等）因使用或受损失而渐渐减少。"我们在本节中谈论的核心词，皆含有减少或者消失之义。故把它们放在一起来讨论。在《百词表》中，这类核心词有 3 个：die（死）、kill（杀）、burn（烧）。

一　die（死）

《牛津英汉高阶双解词典》："die, stop living; come to the end of one's life." "die" 对应汉语"死"，其在《百词表》中占第 61 位，在郑张尚芳《华澳语言比较三百核心词表》中居第 178 位，在黄布凡《藏缅语 300 核心词词表》中为一级核心词。前贤对表"死"的词语研究成果较多[①]。

"死"在羌语 14 个方言点发音如下：

桃坪：ʃe⁵⁵　　　　　　　麻窝：çi

蒲溪：(te-) ɕa；ɕæ　　　曲谷：çi（ʔi çi）

松坪沟：kuɕæ　　　　　峨口：dɛ ʂɛ；ʂe

---

① 有关方面主要体现在两个方面：一是对"死"类词语的辨析。代表作有：管锡华：《〈史记〉单音词研究》，巴蜀书社 2000 年版；池昌海：《〈史记〉同义词研究》，上海古籍出版社 2004 年版；王凤阳：《古辞辨》，吉林文史出版社 1993 年版；池昌海：《〈史记〉中具礼制价值的"死"义词语运用选择的复杂性及其原因》，《修辞学习》2000 年第 1 期；刘洪：《〈左传〉中的"死"族词与周代礼制文化》，《丽水学院学报》2006 年第 6 期；另一方面是对"死"类词语法化研究。主要成果有：李宗江：《几个含"死"义动词的虚化轨迹》，《古汉语研究》2007 年第 1 期；唐贤清、陈丽：《"死"作程度补语的历时发展及跨语言考察》，《语言研究》2011 年第 3 期。

萝卜寨：die^{31}-ɕa^{31}；te^{31}sə^{213} 荣红：die ʂe
绵虒：tɕhi^{31}；sɿ^{214} 热额纳：ʔe ɕie
永和：ɛ-ɕi；ɕe   小姓：ɕa，quɕa
龙溪：ɕa^{31}；i^{31}；ba^{31} 杨柳：ɕie

羌语"死"可以用单音节词语表示，单音节首辅音可以是双唇音，有 fu，如：

qa fu luȵi nawujye （《羌族释比经典·子报父仇》P. 1954）
我 死 该了 对不对
我罪有应得。

羌语用指"死"的"fu"是汉语借词。其可能与汉语的"殂"有关。《说文·歹部》："殂，往死也。"《玉篇·歹部》："殂，死也。今作徂。"王筠《说文句读》："殂之言徂也。徂，往也。此谓不忍死其君者，讳而言殂也。"《魏书·后废帝纪》："后以罪殂于门下外省，时年二十。"元王实甫《西厢记》第一本楔子："夫主姓崔，官拜前朝相国，不幸因病告殂。"清袁枚《新齐谐·梁朝古冢》："闻新任淮徐道孙公署中一友得急疾殂。"《广韵·模韵》："殂，昨胡切。"其上古音，郑张尚芳构拟成 *sga，李方桂构拟成 *dzag，王力构拟成 *dza。其中古音，郑张尚芳构拟成 *dzuo，邵荣芬构拟成 *dzo，王力构拟成 *dzhu。

单音节首辅音可以是舌尖音，有 sa、sæ、se、sə、ʂə、tʂə、zə、ʐə，如：

atʂa pei tɕyle ji ʂə sa pei （《羌族释比经典·根治流产》P. 1312）
被压 了 怀孕 有 在 死 了
怀孕的青蛙被压死了。

sə xpa ʂe sæ ʐgusaʐgu （《羌族释比经典·取火种》P. 270）
虎 豹 打 死 九十九
打死虎豹九十九。

qa ȵo jymi ə^1 se tʂu （《羌族释比经典·白耶来历》P. 1965）
我 自己 鸡母 咬 死 吃
我们喜爱的母鸡，被可恨的豺狼吃了。

ȵo sə sotsə phei jiəu me tsə gue dʐa tso ji gue da lio wa （《羌族释比经典·好人》P. 1944）
你 死 之后 好衣 有 好 的 我 穿 好 了 我 的 是 了

你死之后，好衣服我来穿。
aʈʂə ʂə ȵia ʁueʈʂe goji（《羌族释比经典·茅人》P. 1765）
一个 死 和 五个 生还
一个死五人生还。

qa əŋ timi ʈʂəu etə¹ ɤe ʈʂə wa（《羌族释比经典·白耶来历》P. 1968）
我 你 心脏 好 一个 杀 死 是
实在胆大我要处死你。

jaku mətɕe zə zæ epi zæ tɕikæ ɕa ŋui（《羌族释比经典·面人将军》P. 1367）
崖上 野人 死 哭 一阵 哭 我 接 对
崖上的野人一阵哭叫声。

kə ʑə suʑə ʑə ə¹kə¹ lai（《羌族释比经典·擦死煞》P. 1628）
老人 死 子孙 死 擦了 走
老人不死子孙先死，释比我用纸钱擦净了。

羌语该系列用指"死"的词语与以下语言中的"死"有关系。如普米 sʅ¹¹、木雅 sə⁵³、吕苏 ʂu⁵³、纳木兹 sʅ³¹、扎坝 ʂʅ⁵⁵、日戎 sə、格西 shɛ、格什扎 shɑ、观戎 sə⁵³、业戎 sə⁵⁵、却隅 si⁵⁵、贵琼 sə⁵⁵、景颇 si³³、阿侬 sʅ³¹、格曼僜 si⁵³、缅语 se、阿昌 sʅ⁵⁵、仙岛 sʅ⁵⁵、怒苏 ʂi³³、撒尼 sz³³、哈尼 si⁵⁵、纳西 sʅ³³、嘎卓 sʅ³³。

单音节首辅音可以是舌面音，有 ɕa、ɕia、ɕiæ、ɕie、ȵia、tɕhy、ʒə，如：

dasə pəda kədə sotə bʐu tsətə ɕa（《羌族释比经典·家里法咒》P. 1092）
右边 老头 头龙 比时 高 儿子 死
右方方位安错则主伤子。

tsu na ʑaə¹ ɕia tɕi miaɕia pu mi（《羌族释比经典·驱邪》P. 1834）
山 和 岩 死的 淹死 做 的
凶死鬼淹死鬼。

te ɕiæ pu ȵi ʑgu səi pa ji（《羌族释比经典·治妖》P. 1280）
去 死 做 呢 九 天 有 了
到她死了的第九天。

tuba ɕie sə wu ɕie kə（《羌族释比经典·家里法咒》P. 1993）

兄长 死 则 你 死 去
与其张孝去顶愿，不如亲儿张林去。
ȵia ȵi ʑi te kuətɕi tidzə （《羌族释比经典·离别》P. 1038）
死 和 生 就 命中 注定
生死皆由命中注定。
dzu tetɕhy du de tɕhy （《羌族释比经典·降服毒药猫》P. 1823）
关 门紧 毒药 关 死
大门关闭将毒药夹死。
təʒgu na ʒə zə doʁule （《羌族释比经典·开坛请神》P. 393）
出生 好 死 官 敬请到
官生的判官敬请到，官死的判官要敬请到。

羌语该系列用指"死"的词语与以下语言的"死"有关系。藏语 ɕi，拉萨 ɕi^{55}、巴塘 xhi^{53}、夏河 xhə、阿力克 xhə、麻玛 ɕi^{55}、文浪 ɕiu^{55}、史兴 ɕɛ^{53}、卓戎 ʃi、达让僜 ɕi^{55}、博嘎尔 ɕi：、义都 ɕi^{55}、载瓦 ʃi^{51}、浪速 ʃik^{31}、波拉 ʃ^{55}、勒期 ʃe：i^{33}、彝语 ɕʅ^{33}、傈僳 ʃi^{33}、基诺 ɕi^{42}。

羌语"死"以上两类发音可以和汉语的"死"相比较。《说文·歺部》："死，澌也。人所离也。从歺，从人。"《尚书·康诰》："瞽不畏死，罔弗憝。"《汉书·郊祀志上》："桑穀死。"唐李商隐《无题》诗："春蚕到死丝方尽，蜡炬成灰泪始干。"《广韵·旨韵》："死，息姊切。"其上古音，郑张尚芳构拟成 *hlji?，李方桂构拟成 *sjidx，王力构拟成 *siei。其中古音，郑张尚芳构拟成 *siɪ，邵荣芬构拟成 *siɪ，王力构拟成 *si。白保罗认为，藏语 śi-ba～'tshi-ba，卡瑙里语 śi，马加里语 śi，林布语 si，米里语 śi，怒语 śi，克钦语 si，缅语 se，加罗语 si，迪马萨语 thi，卢舍依语 thi，米基尔语 thi "死"，① 据此白保罗将藏缅语的"死"构拟成 *siy。

单音节首辅音也可以是小舌音，有 qha，如：

tʂuȵi lapu dzətɕi tʂa bzaə' sə nə qha （《羌族释比经典·颂神禹》P. 195）

洪水 泛滥 凡人 小 大 一 些 死
有的活活被淹死。

羌语这个用指"死"的词可能与后文的"杀"有关系，具体来源还

---

① Benedict, P. K（白保罗）: *Sino-Tibetan: a Conspectus*, Cambridge University Printing House. 1972: 55.

有待进一步探讨。

单音节首辅音可以是复辅音，有 zˌməu，如：

ʂapa tsue zˌməu khælə zəzə ʂe ʁua zˌgəu（《羌族释比经典·喊病鬼》P. 1323）

沙坝 水死 底下从 朝下 喊 来

从沙坝死水凼处喊下来。

羌语"死"还可以用元音表示，有 e 及龙溪方言的 i，如：

e çi ɲuɲi əŋ te le wa（《羌族释比经典·颂三母神》P. 467）

死 去 时候 你 给 了 啊

死后还入你怀中。

羌语"死"还可以用双音节词语表示，有 daʂə、ʂəmi、təça、teçia，如：

da ʂə dadzei ʑie dadzei（《羌族释比经典·茅人》P. 1765）

死 拆开 病 拆开

病灾死灾过完了。

pipo lə ʂəmi le ʂəpoqəʑio ma kə puçi jia hai ma nə qa sə bo ɦa ho（《羌族释比经典·不吉》P. 1009）

叔伯 一个 死 一个 阴曹地府 不 去 今天 呀 嘿 不 的 行 是 啊啊嗬哎嗬噢噢呜，死者我的亲叔伯，阴曹地府谁想去，生老病死不由人。

kuəta təça keɲi abestə zˌuəpə no miŋazua（《羌族释比经典·迟基格布》P. 166）

你叫 死 以后 葬身 地方 都 没有要

叫你死后无葬地。

zˌepi me læ mi teçiæ（《羌族释比经典·取火种》P. 279）

热比 人 个 没 死

既然热比身不死。

tʂuemi loko teçia tsueʁu dzˌəi ga（《羌族释比经典·释比掌论吉凶》P. 2025）

妇女 老 死 水饭 送 要

须要给女死鬼送水饭和纸钱等。

二 kill（杀）

《牛津英汉高阶双解词典》："kill, cause death or cause the death of

（sb/sth）.""kill"对应汉语"杀"。其在《百词表》中占第 62 位，在郑张尚芳《华澳语言比较三百核心词表》中居第 198 位，在黄布凡《藏缅语 300 核心词词表》中为一级核心词。前贤对"杀"类词已有一些研究成果①。

"杀"在羌语 14 个方言点发音如下：

桃坪：tʃɿ³³　　　　　　　　麻窝：tʃə

蒲溪：tsə　　　　　　　　曲谷：tʂə；qəte

松坪沟：tɕy　　　　　　　峨口：tʃə

萝卜寨：tɕo⁵⁵　　　　　　荣红：tʂə

绵虒：tsɿ³³ tɕiA¹¹；tsə³¹ tɕa⁵⁵　热额纳：tʂə

永和：tɕi　　　　　　　　小姓：tɕi

龙溪：tso³¹ tso⁵⁵　　　　　杨柳：tɕi

羌语"杀"可以用单音节词语表示，单音节首辅音可以是双唇音，有 mi、pha、phe，如：

khiɲk [ʐio] ŋæ xæde go səu sæ mi mæ səi（《羌族释比经典·木吉剪纸救百兽》P. 2238）

金格（唱）：我 生 来 就 命 杀 不 的

金格（唱）：我本无意要杀生。

pia ko pha ŋa pia sa ɕi gələ pa we （《羌族释比经典·还愿》P. 615）

猪 大 杀 了 猪 血 放 这 月 是 了

杀猪宰羊皆欢喜。

tɕha so phe le ʁua ʂəɕi wa （《羌族释比经典·驱邪》P. 1195）

羊 血 杀 的 朝外 放出 了

用羊血向外洒了。

羌语双唇鼻音的"杀"可能与汉语的"灭"有关。《说文·水部》：

---

① 这些成果主要体现在两个方面：一是对表"杀"词语的辨析。成果有：池昌海：《〈史记〉同义词研究》，上海古籍出版社 2004 年版；王凤阳：《古辞辨》，吉林文史出版社 1993 年版；闫翠娟、马丛棉：《先秦同义词"杀、弑、诛、戮"辨析》，《大众文艺》2003 年第 4 期，第 143—144 页；方文一：《"杀"、"截"及"瓶"的探讨》，《浙江师范大学学报》1987 年第 5 期，第 47—50 页；二是主要集中从语法角度谈论"杀"。成果有：梅祖麟：《从汉代的"动·杀"、"动·死"来看动补结构的发展》，《语言学论丛》1991 年第 16 期，第 112—136 页；吴福祥：《关于动补结构"V 死 O"的来源》，《古汉语研究》2000 年第 4 期，第 44—48 页；帅志嵩：《"杀"的语义演变过程和动因》，《语言科学》2011 年第 4 期，第 365—374 页。

"灭，尽也。"《易·剥》："剥床以足，以灭下也。"《史记·孟尝君列传》："客与俱者下，斫击杀数百人，遂灭一县以去。"后引申用指"死亡"。《南史·范晔传》："晔常谓死为灭，欲着《无鬼论》。"唐白居易《赠王山人》诗："彭生徒自异，生死终无别，不如学无生，无生即无灭。"宋吴曾《能改斋漫录·神仙鬼怪》："师之未灭，与灭之后，屡显功力，以御水灾，涟人尤德之。"《广韵·薛韵》："灭，亡列切。"其上古音，郑张尚芳构拟成 *med，李方桂构拟成 *mjiat，王力构拟成 *miat。其中古音，郑张尚芳构拟成 *miɛt，邵荣芬构拟成 *miæt，王力构拟成 *miɛt。羌语双唇塞音的"杀"可能与汉语的"扑"有关。《说文·手部》："扑，挨也。从手，美声。"《淮南子·说林训》："荫不祥之木，为雷电所扑。"高诱注："扑，击也。"清钱泳《履园丛话·杂记上·茂林》："一夕，有苗千余人来扑官军。""扑"还可以同"攴"，指"搏击、击杀"。《集韵·觉韵》："攴，<博雅>'击也。'或作'扑'。"《集韵·屋韵》："扑，匹角切。"其上古音，郑张尚芳构拟成 *broog，李方桂构拟成 *bruk，王力构拟成 *beok。其中古音，郑张尚芳构拟成 *phuk，邵荣芬构拟成 *phuk，王力构拟成 *phuk。

单音节首辅音可以是舌尖音，有 sa、sæ、san、se、tsə、tʂə、tʂhei、tshu、tso、de，如：

jy satə sə jy sa tɕhei （《羌族释比经典·唱面馍》P. 354）
马 杀了 死 马 杀 祭祀
杀了马祭祀死者。

ʂe te sæ ȵi kue te sæ wa （《羌族释比经典·说母亲》P. 971）
谁 来 杀 呢 你 来 杀 要
要将你来宰杀。

the tɕi kaŋ the tɕi san （《羌族释比经典·子报父仇》P. 1953）
它 不要 逗 它 不要 杀
不要逗它不要杀它。

mə zə kesa mə se bado ke sa （《羌族释比经典·吹散毒药猫》P. 1529）
人 吃 去了 人 杀 场地 去 了
众毒药猫想吃掉放狗猎人。

ɦikupe mə tʂə suawa （《羌族释比经典·唱魂根》P. 1548）
偷盗 人 杀 埋葬了

偷盗钱财者，释比我施法埋葬了。
a mu tə tʂə ɕi dʐə qhue（《羌族释比经典·阶波刹格》P. 427）
一 的 上 杀 神 的 丰富
一杀之时神领受。

pu tʂhei la qə ɕia pe kue ɕia tɕhe（《羌族释比经典·阶波刹格》P. 427）
宰杀 的 头 杀 做 愿 敬 要
宰杀的还愿祭牲要敬上。

nəpha dʐuaŋa tshu ɲi gu xkado（《羌族释比经典·羌戈大战》P. 13）
两支 军队 杀 和 砍 呼喊
两军厮杀狂吼叫。

pia tso tso na tɕha tso tso sə mia ʂəɕi wa（《羌族释比经典·驱邪》P. 1836）
猪 杀 杀 和 山羊 杀 杀 的 鬼 送出 要
杀猪宰羊送走你。

jykua la ɕo wu kua ŋu wu tʂo ŋu（《羌族释比经典·走神路》P. 577）
鸡 愿 来 还 您 还愿 是 您 杀 是
鸡愿此时还上来，这是您的您收佣。

qhutshua jy de bado khəphi ʁotʂa masu pən ʁoqhuaqhua（《羌族释比经典·熏木香》P. 543）
三岔路 鸡 杀 界地 白米 碗 不收 办法 都熏完
三岔路杀鸡敬奉不肯收，用吉祥树来熏了。

羌语该系列的"杀"可能与以下语言的"杀"有关。如：普米 tʂha[53]、吕苏 ntʂhɿ[53]、木雅 se[53]、扎坝 she、史兴 si[55]、卓戎 ntʃha、日戎 ntʃhE、格西 shɛ、观戎 sa[55]、业戎 sat[55]、贵琼 se[55]、景颇 sat[31]、独龙 sat[55]、阿侬 san[55]、达让僜 se[55]、缅语 sat、阿昌 sat[55]、仙岛 sat[55]、载瓦 sat[21]、浪速 sɛʔ[55]、波拉 sɛʔ[55]、勒期 sa：t[55]、怒苏 sə[53]、基诺 sɛ[55]、纳西 sy[55]、嘎卓 si[53]。白保罗把原始藏缅语的"杀"构拟成*g-sat。白保罗、邢公畹都拿汉语"杀"与藏缅语的"杀"相比较。《说文·殳部》："杀，戮也。从殳，杀声。"《尚书·大禹谟》："与其杀不辜，宁失不经。"唐韩愈《元和圣德诗》："战不贪杀，擒不滥数。"《二十年目睹之怪现状》第六十六回："杀尽天下暴官污吏。"《广韵·黠韵》："杀，所八切。"其上古音，郑张尚芳构拟成*sreed，李方桂构拟成*sriat，王力构拟成*ʃeat。其中古音，郑张尚芳构拟成*ʃɪɐt，邵荣芬构拟成*ʃæt，王力构拟成*ʃæt。

单音节首辅音可以是舌面音，有 ɕia、ʁe、khu、tɕa、tɕi、tɕio，如：

pu tʂhei la qə ɕia pe kue ɕia tɕhe （《羌族释比经典·阶波刹格》P. 427）
宰杀 的 头 杀 做 愿 敬 要
宰杀的还愿祭牲要敬上。

qa əŋ timi tʂəu etəˈ ʁe tʂə wa （《羌族释比经典·白耶来历》P. 1968）
我 你 心脏 好 一个 杀 死 是
实在胆大我要处死你。

qa tʂhu mu khu qa khu tʂho khu ȵi （《羌族释比经典·子报父仇》P. 1951）
我 獐子 没 杀 我 狗 要 杀 呢
你不去杀獐子杀我的狗呢？

dzəu ba a əˈ tɕa ba a əˈ （《羌族释比经典·走神路》P. 582）
刀 大 一个 杀 刀 一个
杀羊只需一把刀。

jye tɕi tsejy łekə jye səte wei （《羌族释比经典·结拜兄弟》P. 740）
狐狸 杀 锋利 刀子 狐狸 递过 去
递去杀狐狸用的刀子。

ȵia dagu tɕi tɕio ma jia （《羌族释比经典·九敬经》P. 789）
啥 为什么 的 杀 的 呢
为啥要将野牛杀？

羌语该系列词可以和以下语言的"杀"相比较。如：墨脱 ɕe、彝语 xu[33]、撒尼 xɒ[11]、泰语 kha[3]、西傣 xa[3]、龙州 kha[3]、武鸣 ka[3]、柳江 ka[3]、布依 ka[3]、临高 ka[3]。羌语该类词的来源与上一类有关。

单音节首辅音可以是小舌音，有 qha，如：

ləpəulə ji kue pi kue mi qha ji （《羌族释比经典·惩治毒药猫》P. 1252）
神箭 的 你父 你母 杀了
是神箭射杀了你的父母。

羌语该词可能与以下词语有关系。如：侗北 ha[3]、水语 ha[3]、毛南 ha[3]、佯僙 ɣa[4]、锦语 ha[3]、莫语 ha[3]、拉珈 ʔa[4]。金理新认为，杀，侗台

语共同形式 *qaʔ，侗台语该系列词可以和汉语的"刳"相比较。① 《说文·刀部》："刳，判也。从刀，夸声。"《易·系辞下》："刳木为舟，剡木为楫。"《文选·鲍照〈芜城赋〉》："才力雄富，士马精妍，故能侌秦法，佚周令，划崇墉，刳濬洫，图修世以休命。"李善注："刳，谓除消其土也。"唐李贺《公莫舞歌》："汉王今日须秦印，绝膑刳肠臣不论。"后引申可以用来指"杀、割"。《广雅·释诂三》："刳，屠也。"《史记·苏秦列传》："令天下之将相会于洹水之上，通质，刳白马而盟。"《广韵·模韵》："刳，苦胡切。"其上古音，郑张尚芳构拟成 *kʰʷaa，李方桂构拟成 *khwag，王力构拟成 *khua。其中古音，郑张尚芳构拟成 *khuo，邵荣芬构拟成 *kho，王力构拟成 *khu。

羌语"杀"还可以用双音节词语表示，有 sətʂo、sophe，如：

kua sətʂo sə mi ço   tʂho   li ʏo sa   (《羌族释比经典·还愿》P.602)
羊愿 杀 者 不 干净 解   后   好 了
宰杀者已解秽了。

jy ʂophe lə ʁa ʂəçi sa   (《羌族释比经典·驱散病》P.1181)
鸡 杀 了 外面 放出 了
杀了鸡来抹鸡血，同邪一起撵出去。

三 burn（烧）

《牛津英汉高阶双解词典》："burn, destroy, damage, injure or mark (sb / sth) by fire, heat or acid." "burn"对应汉语"烧"。其在《百词表》中占第 84 位，在郑张尚芳《华澳语言比较三百核心词表》中居第 203 位，在黄布凡《藏缅语 300 核心词词表》中为三级核心词。用来指"烧"的动词，前贤已经做了一些探讨②。

"烧"在羌语 14 个方言点发音如下：

---

① 金理新：《汉藏语系核心词》，民族出版社 2012 年版，第 424 页。
② 成果主要有：池昌海：《〈史记〉同义词研究》，上海古籍出版社 2004 年版；王凤阳：《古辞辨》，吉林文史出版社 1993 年版；史光辉：《常用词"焚、燔、烧"历时替换考》，《古汉语研究》2004 年第 1 期，第 86—90 页；王彤伟：《常用词焚、烧的历时替代》，《重庆师范大学学报》2005 年第 5 期，第 109—113 页；史光辉（2004：86）认为："先秦一般用'焚、燔'，总体上看来，以'焚'字最为常见。秦至东汉末期，'焚、烧、燔'常常在同一位置交替出现，呈现出混用的局面；到了汉末，'烧'有取代'焚、燔'的趋势。东汉三国的汉译佛经中，'烧'对'焚、燔'的替代已完成。魏晋以后的中土文献情况与佛经不同，魏晋以后的中土文献中，'焚'和'烧'有一个长期共存的阶段。"

桃坪：
蒲溪：pzə
松坪沟：
萝卜寨：tə³¹-ʁu³¹；ʐe³¹-tsuɑ⁵⁵
绵虒：tɛ⁵³ti³³
永和：mu-tɛ-ɳɛ
龙溪：mu⁵⁵a³¹tsu⁵⁵

麻窝：tʃəstɑ
曲谷：mə dewe
峨口：dɛ wu
荣红：phu-x-tɕu
热额纳：xu，phu ɕty
小姓：do wə；xty
杨柳：xty

羌语"烧"可以用单音节词语表示，单音节首辅音可以是双唇音，有 bu、pha、phe、phei、phu、pu，如：

ʁualabaphe la kə　mu　bu le　to ŋami　ɕi wa（《羌族释比经典·坐红锅》P. 1865）
院坝　　 之处 火堆 燃 之　处 面人 放 要
这家门前院坪上，火堆燃处放面人。

dʐe　tsətsə mo anə　pha（《羌族释比经典·结拜弟兄》P. 742）
野兽 肉烤 火 一堆 烧
烧了一堆火，准备烤野兽肉吃。

zuʁu phe tʂə ŋu jyɲa（《羌族释比经典·说柏香》P. 2086）
柏香 烧 后 是 这样
燃烧柏香敬神灵。

jən　mo ʐei ʁo mu tə　la phei（《羌族释比经典·启亮神》P. 420）
守愿 火 说 金 火 上 的 烧
愿坛金火燃烧旺。

pie mi ɲi　le mu zə phu we（《羌族释比经典·赤》P. 2004）
猪 喂 的 处 火 的 烧 了
生火喂猪炊烟起。

seŋdze wu kə pu ɕia we（《羌族释比经典·送邪毒了》P. 1175）
钱财　你 的 烧 给 了
我把阴钱烧给你。

羌语该系列词语与以下语言的"烧"有关系。如：藏语 ɦbar、拉萨 par¹³、巴塘 mba¹³、夏河 mbar、麻玛 par³⁵、文浪 ba³⁵ru³⁵、业戎 mbar⁵³、普米 ba⁵⁵、却隅 mbɛr¹³、道孚 mbar、吕苏 bæɹ⁵³、木雅 be⁵³、扎坝 bɛ⁵⁵、纳木兹 nphu³⁵。羌语该系列的词可以和汉语"燔"相比较。《说文·火部》：

"燔，爇也。从火，番声。"《庄子·盗跖》："子推怒而去，抱木而燔死。"《汉书·东方朔传》："推甲乙之帐燔之于四通之衢。"颜师古注："燔，焚烧也。"南朝梁刘勰《文心雕龙·乐府》："秦燔《乐经》，汉初绍复。"宋苏轼《与钱济明书》之十五："济明虽家居，必不废闵雨意，可来燔一炷香否?"梁启超《新民说·论国家思想》："帝者犹虑其未固也，乃更燔百家之言。"《广韵·元韵》："燔，附袁切。"其上古音，郑张尚芳构拟成 *ban，李方桂构拟成 *bjan，王力构拟成 *bjan。其中古音，郑张尚芳构拟成 *biɐn，邵荣芬构拟成 *biuen，王力构拟成 *bhiwen。白保罗认为，怒语 hwar "燃烧，烧"，克钦语 ʔwan，莫尚语 var，加罗语 wa ʔl "火"，但查雷尔语 phal < *phar "烧"，藏语 ʔ'bar-ba "烧，点火，着火"，sbor（完成体 sbar）"点火，烧"，卡瑙里语 bar "烧"（不及物），par（及物），米里语 par "点燃（如火）"。其将藏缅语的 "烧" 构拟成 *bar~*par。①

单音节首辅音可以是舌尖边音，有 lu、ɬie，如：

mokhue miŋue lu　　ȵia ȵiəu　（《羌族释比经典·尔一部》P. 2148）
烟雾　　　　　　不是　　燃　样　来

不是烟雾却像烟雾一样燃着来。

omu　ɬie sə　qa mi　tʂua　（《羌族释比经典·结拜弟兄》P. 743）
用火　烧　的人　我 没有　在场

用火烧山坡的时候我不在场。

羌语该系列的词与以下语言的 "烧" 有一定关系。如：观戎 vlo⁵³、业戎 vlo⁵⁵、嘉戎 lo、贵琼 lə³⁵、哈尼 lɔ⁵⁵、纳木兹 lo³¹、先进 leu⁵⁵、石门 ley⁵⁵、高坡 ʔlhə²⁴、摆托 lau¹³、团坡 ɬau¹³、关口 la²⁴、凯掌 ɬeɣ⁴⁴、摆金 ɬhaɯ³⁵。金理新认为"苗语支语言的'烧'，其共同形式是 *lɔʔ"，并认为苗瑶语的 *lɔʔ 与汉语的 "燎" 有关系。②《说文·火部》："燎，防火也。从火，尞声。"《诗经·小雅·正月》："燎之方扬，宁或灭之。"郑玄笺："火田为燎。"《广韵·小韵》："燎，力小切。"其上古音，郑张尚芳构拟成 *rewʔ，李方桂构拟成 *ljagwx，王力构拟成 *lio。其中古音，郑张尚芳构拟成 *liɛu，邵荣芬构拟成 *liæu，王力构拟成 *liɛu。

---

① Benedict, P.K（白保罗）：*Sino-Tibetan*：*a Conspectus*，Cambridge University Printing House. 1972：50.

② 金理新：《汉藏语系核心词》，民族出版社 2012 年版，第 447 页。

单音节首辅音可以是舌尖塞音，有 da、the，如：

hnə phzˌi hnə sto guji ɕtɕeko da pie ɕtɕe （《羌族释比经典·送花盘》P. 1832）

毛线 白 毛线 牵 灶神 敬 烧 柴 敬

百毛线牵引灶神爷。

fale tə the ka （《羌族释比经典·招魂》P. 1375）

纸钱 也 烧 去

按照秩序都招呼了。

单音节首辅音可以是舌尖塞擦音，有 tsei、tshu、tsu，如：

tɕie dzˌa la kə mia bəu tha ȵia mia bəu tsei lo sa （《羌族释比经典·软虫》P. 1071）

四 周 有 的 软虫 窝 挖 和 软虫 窝 烧 来 了

范围再宽也要把软虫挖出来烧了。

zˌa əˈ xtʂæ ȵi mu qei tshu ji （《羌族释比经典·造天地》P. 233）

皮 来 脱 和 火 中 烧 了

脱下皮来火中烧。

photɕhie ɕiexua te tsu pa ji （《羌族释比经典·取火种》P. 284）

树枝 干草 的 烧 做 了

干草树枝被点燃。

羌语以上两类"烧"与以下语言中的"烧"有关系。如：江底 tsye[12]、湘江 tsye[12]、长坪 tsha[21]、览金 sa[22]、东山 ʈha[42]、大坪 sa[22]、腊乙坪 ta[42]、枫香 tsi[21]、石门 dʐi[31]。金理新认为："依照语音关系，瑶语支的'烧'对应汉语的'炽'。"① 《说文·火部》："炽，盛也。"汉王充《论衡·论死》："火炽而釜沸，沸止而气歇，以火为主也。"晋葛洪《抱朴子·勖学》："火则不钻不生，不扇不炽。"《水浒传》第一百零八回："须臾，平空地上，腾腾火炽，烈烈烟生，望宋军烧将来。"后引申又可以指"燃烧"。《左传·昭公十年》："柳炽炭于位，将至，则去之。"宋张耒《冬日放言》诗之十六："温炉炽薪炭，永夜炎光流。"《初刻拍案惊奇》卷十八："依法动手，炽起炉火，将银子渐渐放将下去。"《广韵·志韵》："炽，昌志切。"其上古音，郑张尚芳构拟成 *thjɯgs，李方桂构拟

---

① 金理新：《汉藏语系核心词》，民族出版社 2012 年版，第 449 页。

成 *thjəgh，王力构拟成 *tɕhiək。其中古音，郑张尚芳构拟成 *tɕhiɨ，邵荣芬构拟成 *tɕhie，王力构拟成 *tɕhiə。

单音节首辅音可以是舌面前音，有 ɕa、ɕie、tɕia、tɕya、tɕye、dʐy、dʐya、dʐyæ、dʐyæ，如：

ɕa phei kəukəu ŋajitshei（《羌族释比经典·铁三足》P. 2069）
烧火 这方 阿衣神
烧火这方阿衣神。

tɕio ɕie na ʁa ɕie tɕi da ɕielo n̠i（《羌族释比经典·坐红锅》P. 1865）
钱 要 和 钱 烧 的 来 收上 是
纸钱烧上来，你快快收上吧。

ɕtɕiesə xud n̠a ledʐu dʐy（《羌族释比经典·祭神林》P. 2227）
祭坛 香 和 蜡 烧
点烧祭坛香和蜡。

ɕili ʐguqhəu dʐya nə jy sa（《羌族释比经典·木吉珠和斗安珠》P. 106）
火地 九槽 烧 的 完 了
九沟火地都烧毕。

ɕili ʐguqhəu dʐyæ nə jy ma nə（《羌族释比经典·木吉珠和斗安珠》P. 103）
火地 九槽 烧 的 完 要 啊
你把火地全烧完。

seqei zə tɕia kua tɕia dzomu（《羌族释比经典·还愿》P. 650）
柏枝 过 烧 愿 坛 面前
柏枝已烧在堂前。

naɕia ʁuphʐe Xo tə tɕya sa（《羌族释比经典·木吉珠和斗安珠》P. 128）
纳萨 白石 香 上 烧 了
白石纳萨把香敬。

sum sətɕi ta Xut tɕye lu（《羌族释比经典·颂三母神》P. 467）
信徒 神塔 上 香 烧 来
弟子朝庙来焚香。

单音节首辅音可以是舌面后音，有 ko，如：

ɕin æse tɕhie ko ji go tɕhie mi χsa wu（《羌族释比经典·释比论干支》P. 2021）
辛 一天 酒 烧 的 就 酒 不 好 要
辛若酿酒酒不好。
单音节首辅音可以是小舌音，有χou，如：
a ʂei ləkə ɕi mu χou ȵia ɕi tə tsu（《羌族释比经典·颂神禹》P. 203）
一 身 之 上 心 火 烧 和 心 上 点燃。
体内热血像沸腾。
羌语以上形式的"烧"与以下语言中的"烧"有关系。如：养蒿 khi³³、绞陀 koŋ³²、高坡 khə²⁴、枫香 khoŋ³⁵、梅珠 khuŋ³³、陶化 khuŋ⁵³、油迈 khɔŋ⁵⁵、三江 tɕa⁴²、先进 tɕi¹³。
单音节首辅音可以是复辅音，有 xɬo、xɬuo、hnə、ptsə、ʂmie、xnə、χɬæ，如：
muqe xoxo tɕhy te xɬo ji（《羌族释比经典·取火种》P. 284）
火焰 熊熊 就 来 燃 了
熊熊烈火点燃了。
xəi mu xsəi ʐəi xæ xɬuo pu（《羌族释比经典·送鬼》P. 2235）
神 火 三 团 上 燃 做
三团神火往上腾。
χpəuse χsaχsa lu ko ptsə wa（《羌族释比经典·敬木拉神》P. 459）
香火 很好 炉 中 烧 要
上等香蜡炉中烧。
ʐepi mu ji ʂe ptsə tehi pu ji（《羌族释比经典·取火种》P. 275）
热比 火 的 来 烧 虽 做 了
热比虽被火烧伤。
tshəsezuə tɕy ȵi se hnə sa ŋao（《羌族释比经典·祝酒词》P. 893）
荆棘种 带 去 后 柴 烧 就 有
带去荆棘有柴烧。
xpəusekhæpu xsəi dʐəi te ʂmie te pu（《羌族释比经典·治妖》P. 1283）
香烛 三 根 的 烧 的 做
并点上三炷香。
nəʁuoxe seqa bʐebʐe agu xnə（《羌族释比经典·过年禁忌》P. 1109）

火塘里 柴疙瘩 大的 一个 烧
火塘里烧柴疙瘩。
beziəu qeti mu te Xɬæ wa （《羌族释比经典·姆一部》P. 1226）
蜜蜂 上面 火 的 烧 要
用火来烧蜜蜂。

羌语"烧"还可以用双音节词语表示，有 texɬo、tsueʂtia、xoȵi、ətsə、haʈʂhu、jitsu、ŋujin、pela、tədʐya、tepha、tsueʂtia、zephu，如：
muxɬəi dzadza texɬo pu ji （《羌族释比经典·取火种》P. 275）
火焰 熊熊 燃 做 了
烈焰熊熊燃起来。
tsue Xe dʐəi mi ke ȵi nə ti tsueʂtia mi ke （《羌族释比经典·释比掌论太岁》P. 2050）
水 中 丢 不 能 和 火 中 燃 不 能
不宜行火葬和水葬。
tshuə ziʑixe le məbʐa xoȵi məpaʈʂu ʑye （《羌族释比经典·羌戈大战》P. 12）
漫山 遍野 都 大火 燃烧 火花 起
遍山熊熊起火花。
mə ətsə ȵi zə asəsə （《羌族释比经典·颂谷神》P. 489）
火 烧 后 地 一片片
火地烧成一片片。
məphʑitiaŋ ʐə sujæ lə haʈʂhu jæ （《羌族释比经典·勒布斯色》P. 1397）
白石 鬼 送 时候 烧 要
送鬼时要烧白色石头。
ʁophʐe çiegu məugəu jikəu tɕhio jitsu （《羌族释比经典·木吉珠和斗安珠》P. 125）
白石 三个 火塘 之中 且 烧
白石火塘来烧红。
sa wudusu zu ŋujin ȵa （《羌族释比经典·说柏香》P. 2086）
打 驱邪除秽 柏香 烧 啊
驱邪除秽要烧柏香。

dzə ȵi pela fupu lato ŋytɕi （《羌族释比经典·唱面馍》P. 352）
青稞 面 烧 要不 成 这样
青稞面馍也要烧成这样。

ɕili məqə qa tədʐya ji （《羌族释比经典·木吉珠和斗安珠》P. 106）
火地 火焰 我的 烧 了
火地烈火把我困。

se jye jye mə tepha （《羌族释比经典·送魂魄》P. 1430）
柴 有 处 火 烧
有柴的地方烧堆火。

tsue ✗e dʐəi ȵi nə ti tsue ʂtia mi ke （《羌族释比经典·释比掌论太岁》P. 2050）
水 中 丢 和 火 里 烧 不 能
不宜水葬和火葬。

mu zephu na tɕe zətʂhu we （《羌族释比经典·人安乐》P. 1191）
火的 烧 了 房 修 了
生了烟火修了房。

第四节　位移类核心动词

"位移类"动词指的是该行为发生后，能让原来物体位置发生变化的动词。该类动词在《百词表》中凡 4 个：swim（游）、fly（飞）、walk（走）、come（来）。

一　swim（游）

《牛津英汉高阶双解词典》："swim, move the body through water by using arms, legs, fins, tail, etc." "swim"对应汉语"游"，其在《百词表》中占第 63 位，在郑张尚芳《华澳语言比较三百核心词表》中居第 182 位。

"游泳"在羌语 14 个方言点发音如下：

桃坪：χuə⁵⁵la⁵⁵　　　　　　　麻窝：ʁlu
蒲溪：tsue-ta ʁlɑ-pɑ　　　　　曲谷：tsə ʁlu（nəʁlu）
松坪沟：təuʁla　　　　　　　峨口：ʁluə

萝卜寨：tʂu³¹ʁu⁵⁵　　　　　　荣红：tsu ʁlu；ʁzə-la
绵虒：tsue¹¹ fu¹¹ thA¹¹；χua³¹la³¹　热额纳：tsuə ʁlu
永和：tsu：ʐ̩itɛ　　　　　　小姓：tsuʁʐ̩
龙溪：ʁə⁵⁵la³¹　　　　　　　杨柳：tsupəla

羌语"游"可以用单音节词语表示，单音节主要有两类：
一类是以舌尖音为首辅音，有 lia、la、ʐə，如：
ba wu lia la ba wu tçha sa（《羌族释比经典·招魂》P. 924）
累　你　游　处　累　你　收回　了
劳累的释比将魂收回了。
pəsəi ŋilotçiaqə sui la səi（《羌族释比经典·取火种》P. 273）
今天　尼罗甲格　　游　了
今天独游尼罗山。

羌语该系列的"游泳"与以下语言的"游泳"有关系。如：阿侬 laŋ³¹、独龙 laŋ⁵³、嘉戎 ldʒak、普米 ly⁵³、毕苏 laŋ⁵⁵、撒尼 la²、阿昌 luai⁵⁵、勒期 li:³¹、载瓦 li²¹。羌语该系列的词可与汉语的"游"相比较。《玉篇·水部》："游，浮也。"《诗经·邶风·谷风》："就其浅兮，泳之游之。"《后汉书·马援传》："男儿溺死何伤而拘游哉！"南朝梁丘迟《与陈伯之书》："而将军鱼游于沸鼎之中，燕巢于飞幕之上，不亦惑乎？"《广韵·尤韵》："游，以周切。"其上古音，郑张尚芳构拟成 *lu，李方桂构拟成 *rəgw，王力构拟成 *ʎiu。其中古音，郑张尚芳构拟成 *jiu，邵荣芬构拟成 *iəu，王力构拟成 *jieu。

一类是单音节首辅音为复辅音，有 ʁlu、ʁa、tsuʁʐ，如绵虒方言"游泳"tsue¹¹ fu¹¹ thA¹¹。羌语该系列词可与汉语的"浮"相比较。《说文·水部》："浮，氾也。从水，孚声。"《诗经·小雅·菁菁者莪》："汎汎杨舟，载沉载浮。"汉班固《典引》："太极之元，两仪始分，烟烟煴煴，有沉而奥，有浮而清。"前蜀韦庄《耒阳县浮山神庙》诗："山曾尧代浮洪水，地有唐臣奠绿醽。"引申又可以用指"游泳"。晋左思《魏都赋》："或明发而嬥歌，或浮泳而卒岁。"宋苏轼《日喻》："南方多没人，日与水居也，七岁而能涉，十岁而能浮，十五而能没矣。"元无名氏《博望烧屯》第三折："水溮下来也，三军跟着我摔手浮，摔手浮，狗跑儿浮，狗跑儿浮。"《广韵·尤韵》："浮，缚谋切。"其上古音，郑张尚芳构拟成 *bu，李方桂构拟成 *bjəgw，王力构拟成 *bu。其中古音，郑张尚芳构拟

成 *phəu，邵荣芬构拟成 *phəu，王力构拟成 *phəu。

ʐeŋ æse tsue ʁa ji go dʑə ŋa wu （《羌族释比经典·释比论干支》P. 2021）

壬 一天 水 游 的 就 事 有 要

壬若游水易遇难。

羌语"游"还可以用双音节表示，主要是在单音节前面加用于表示"水"的词语，构成"水+游/浮"或者"鱼+游"的结构，有 tsueʁa、suila、tsuə ʁlu、ʁə⁵⁵ la³¹、χua³¹ la³¹、tʂu³¹ ʁu⁵⁵、χuə⁵⁵ la⁵⁵ 等形式，如：

sa mu ʁei χo ʂəi tsueʁa mi ʂəi （《羌族释比经典·释比论干支》P. 2022）

危 日 鱼 捕 好 游泳 不 好

危日宜：捕鱼，忌：游泳不利。

二 fly（飞）

《牛津英汉高阶双解词典》："fly，（of a bird or an insect）move through the air, using wings." "fly"对应汉语"飞"。其在《百词表》中占第64位，在郑张尚芳《华澳语言比较三百核心词表》中居第180位，在黄布凡《藏缅语300核心词词表》中为一级核心词。王凤阳对"飞、蜚、翔"三字词义进行了辨析[①]，施珍真、郑春兰、吴宝安分别对南北朝之前的用来指"飞"的词语进行了共时描写。

"飞"在羌语14个方言点发音如下：

桃坪：dʑe²⁴¹　　　　麻窝：gzi

蒲溪：la　　　　　　曲谷：la（dala）

松坪沟：sgə –ie　　　峨口：dɑ lɑ

萝卜寨：la³¹　　　　荣红：dɑlɑ

绵虒：je³³；se³¹　　 热额纳：ʁze

永和：bu ȵi ha¹；latɛ　小姓：ʁze

龙溪：la⁵⁵　　　　　杨柳：ʁze

羌语"飞"可以用单音节词语表示，单音节首辅音可以是双唇音，

[①] 王凤阳：《古辞辩》，吉林文史出版社1993年版，第528页。

第二章 动词核心词研究

有 we、wo，如：

tɕyjye tyl   we tyl（《羌族释比经典·招财进宝》P. 1494）
铁鹞子 钱财 飞 钱财

铁鹞翱翔。

jy lə dzuewe tɕibo tshaqə tə wo kei（《羌族释比经典·阶波刹格》P. 426）
鸡 的 有罪 房高 之上 它 飞 去

飞上房背栏架处。

羌语该系列词可能与以下语言的"飞"有关系。临高 vin¹、水语 vyən³、锦语 vin³、莫语 vin³、仫佬 vai³³、加茂 fin⁴、毛南 fin⁴。

单音节首辅音可以是舌尖音，有 da、la、ra、zə、sə，如：

sə mi ʁopu sə mi da la（《羌族释比经典·颂老君神》P. 480）
生铁 山梁 生 铁 飞 去

铁山沟内铁飞去。

me ɲue ɲue muta te la ȵia puta de tɕie qe zɿa əˈ（《羌族释比经典·劝慰》P. 1044）
人 是 是 天上 的 飞 和 地上 去 钻 能 行 说

说自己能上天入地的人。

ra tʂhei pe nə tsa tue pe（《羌族释比经典·妖邪》P. 1753）
飞 跑 是 的 这 阵 是

像风样快跑也在此时。

khua pi du pi du zɿə pi se（《羌族释比经典·送魂》P. 1003）
凤凰 释比 孔雀 释比 孔雀 飞 释比 了

像凤凰孔雀争先来到灵前。

ama sə la dzɿəmə dzɿoke kə tɕho sədzo ji（《羌族释比经典·鬼》P. 1682）
一飞 飞 出 凡人 门槛 上 且 栖息 了

一飞 飞到门槛上，门槛之上它栖息。

羌语以上"游泳"的词与以下语言中的"游泳"可能有一定关系。如：江底 dai²⁴、湘江 dai³⁵、罗香 dai³⁵、长坪 dai³⁵、览金 dai³¹、东山 dai¹³、十里香 dai²⁴。

单音节首辅音可以是舌面前音，有 dʑia、ʑie、dʑe，如：

nəta ʎkuʎku apha dʑia （《羌族释比经典·敬天地谢神恩》P. 388）
天上 红鸟　一群　飞

群鸟天上飞。

go ʑie ləso　le　ʑie de pu （《羌族释比经典·果一部》P. 1215）
果 飞 如果 呢 飞 的 做

果怎样飞来就怎样飞回。

羌语以上"游泳"的词与以下语言中的"游泳"可能有一定关系。如：养蒿 ʑaŋ⁴⁴、先进 ʑaŋ⁴⁴、石门 ʑaɯ³³、高坡 ʑoŋ⁴³、摆托 ʑoŋ⁴²、枫香 ʑoŋ⁴³、腊乙坪 ʑi⁵⁴、瑶里 yei³²、文界 yi⁵⁵、多祝 ȵi³¹、梅珠 yəŋ⁴²、小寨 ȵi³⁵。羌语这类词可以和汉语"翔"相比较。《说文·羽部》："翔，回飞也。"《论语·乡党》："翔而后集。"何晏集解引周生烈曰："回翔审观而后下止。"《文选·张衡〈西京赋〉》："翔鸥仰而弗逮，况青鸟与黄雀。"薛综注："翔，高飞也。"唐韩愈《此日足可惜赠张籍》诗："平明脱身去，决若惊凫翔。"也可以指"飞"。《文选张衡〈西京赋〉》："翔鸥仰而不逮，况青鸟与黄雀。"李善注引薛综曰："翔，高飞也。"《广韵·阳韵》："翔，似羊切。"其上古音，郑张尚芳构拟成 *ljaŋ，李方桂构拟成 *rjaŋ，王力构拟成 *zjaŋ。其中古音，郑张尚芳构拟成 *zɤeŋ，邵荣芬构拟成 *zjaŋ，王力构拟成 *zjaŋ。

单音节首辅音可以是舌面中音，有 je、jəu，如：

ji　mi lala sə　jəu khi je （《羌族释比经典·尔一部》P. 2147）
鸡 不 飞 的 飞 去 要 了

去了鸡都飞不到的地方。

羌语该类词应该与汉语的"游"有关系。羌语"飞"和"游"常常互用。

单音节首辅音也可以是复辅音，有 xɬe、gzi、ɤʑe，如：

me ȵue ȵue jəu tshəthə te xɬe qe ʑa ə¹ （《羌族释比经典·劝慰》P. 1043）
人 是 是 你 风筝　来 飞 能 行 说

说自己像风筝一样能飞翔的人。

羌语"飞"还可以用双音节词语表示，有 jila、lala、təla、ʑəla、latɛ，如：

ȵila jila nə dʑəmu dʑote tʂa ma tʂa （《羌族释比经典·鬼》P. 1680）
二 飞 飞 的 凡人 门口 喳 嘛 喳

二飞飞到门口闹喳喳。

ji mi lala sə jəu khi je（《羌族释比经典·尔一部》P. 2147）
鸡 不 飞 的 飞 去 要 了
去了鸡都飞不到的地方。

mo qə bo ȵia da qə bo nə təla qa（《羌族释比经典·颂神禹》P. 202）
雾 上 高 和 云 上 高 的 飞 能
腾云驾雾能上天。

me ɲue ɲue ji jəu latshə ɦiaɬe qe ʐa ə¹（《羌族释比经典·劝慰》P. 1043）
人 是 是 的 你 地狱 飞 下 能 行 说
说自己能上天入地的人。

thə ȵia ə¹ dzəu ɕe tʂhə agu moto dietsho zəla pu（《羌族释比经典·铁》P. 2104）
它 的 来 打 铁 屎 一个 天空 掉下来 飞 做
打起铁来铁屑飞溅。

三 walk（走）

《牛津英汉高阶双解词典》："walk,（a）(of a person) move along at a moderate pace by lifting up and putting down each foot in turn, so that one foot is on the ground while the other is being lifted." "walk"对应汉语"走"。其在《百词表》中占第 65 位，在郑张尚芳《华澳语言比较三百核心词表》中居第 161 位。"往""来"等动作中都包含"走"之意义，我们在这里考察的动词主要是强调"走"这个概念，对于强调出发点或者到达点的动词我们不考虑。同时，我们在选择词语的时候，严格要求《牛津英汉高阶双解词典》中"at a moderate pace"。超过正常速度的"走"，我们在这里也不给予分析。

"走，去"在羌语 14 个方言点发音如下：

桃坪：kə³³   麻窝：kə；qe；ʁa

蒲溪：ke   曲谷：kə

松坪沟：kə   峨口：kə；haʁ；ha qa

萝卜寨：kəi³¹；da³¹；ke³¹   荣红：kə

绵虒：ke¹¹；ke³¹   热额纳：kə

永和：ke   小姓：kə

龙溪：kə³¹   杨柳：kə

羌语"走"可以用单音节词语表示，单音节首辅音可以是舌面后音，有 ge、gə、gəu、go、gu、gue、kæ、kai、ke、kə、kei、kəi、keo、khə¹，如：

wu lə wu tsu ge gəu pu sə （《羌族释比经典·治妖》P.1282）
路下 路上 走 路 做 的
你顺路带着我去。

qo gə gəsə tʂuadzə bolo （《羌族释比经典·还愿》P.810）
我 走 地方 跟上 来
我走之地来跟上。

dʑi ji dʑe mi ŋa n̠i wu gəu qa （《羌族释比经典·拜母恩词》P.1986）
脚 手 劲 没 有 呢 路 走 难
四肢无力路难行。

boʁa dago   ʂətə go wa （《羌族释比经典·招魂》P.939）
鼓声 敲响 鬼邪 走 了
鼓声一响邪鬼清楚。

nətshue phatɕhu akhua gu gu （《羌族释比经典·祝酒词》P.893）
后面   禽兽   一群 在 走
后面跟随一大群。

se   tshəna laʁu due ɤe gue （《羌族释比经典·招羊神》P.1662）
黄牛 跟随 老鸹 嘴 带 走
黄牛身上有邪气跟随，释比叫老鸹嘴带走了。

mu   kæ ləso le kæ de pu （《羌族释比经典·姆一部》P.1227）
血光鬼 走 来的 你 走 的 做
血光鬼怎么来就怎么回去。

ʂei miqa na batɕe kai （《羌族释比经典·结拜兄弟》P.739）
拖 不行 呢 背着 走
拖不起后背着走。

dzə ke kə¹tɕhe tɕe thaʁa pai （《羌族释比经典·送瘟神》P.1346）
凡人 走 野人 压住 这样 对了
凡人走了，野人压住就对了。

tʂhə natsa le wo ʂu kə （《羌族释比经典·唱是非》P.1958）

是非 这个 有 转身 走
是非邪转身又走了。

tʂhenə sala datʂhe kei （《羌族释比经典·勒布斯色》P. 1389）
主意 在想 打发 走
在想主意打发他走。

sedzə apa ʐutsa phosta he kəi （《羌族释比经典·上梁祝词》P. 1078）
木匠 阿爸 骑马 林中 里 走
木匠师傅林中来。

lyo mi tɕhy keo tɕhy ji （《羌族释比经典·唱草把》P. 1426）
来 不 敢 走 敢 的
让恶鬼不敢再来，要将它驱赶出去。

lasa wulə khəˈ səto ʐei （《羌族释比经典·唱面馍》P. 352）
纳萨 树枝 走 神林 插
神林纳萨塔上插树枝。

　　羌语该系列的词语可以和汉语"去"相比较。现代汉语中"去"发成舌根音的方言有：扬州 khɪ⁵⁵、贵州 khe²³、银川 khɯ¹²、太原 kəʔ²²、绩溪 khɪ⁴⁵、雷州 khu²¹、福州 kho²¹³、遂宁 khei³³。《说文·去部》："去，人相违也。"《尚书·胤征》："伊尹去亳适夏。"唐韩愈《剥啄行》："剥剥啄啄，有客至门。我不出应，客去而嗔。"旧题宋尤袤《全唐诗话》引李远《失鹤诗》："来时白雪翎犹短，去日丹砂顶渐深。"清黄宗羲《前乡进士泽望黄君圹志》："泽望堕地来，书卷未尝一日去手。"《广韵·御韵》："去，丘倨切。"其上古音，郑张尚芳构拟成 *khas，李方桂构拟成 *khjagh，王力构拟成 *khia。而其中古音，郑张尚芳构拟成 *khɨA，邵荣芬构拟成 *khiɔ，王力构拟成 *khio。

　　单音节首辅音可以是舌面中音，有 ȵəu、ȵi、tɕha、tɕhæ、tɕhie、tɕho，如：

ŋo ʐio ʁa ʐio dʐə pi to ɕialə ȵəu sa （《羌族释比经典·鬼》P. 1667）
银 等 金 等 邪 公 的 驱赶 走 了
等来金等来银，驱走了邪怪公。

bəˈ fio ȵi ʁua əˈlai （《羌族释比经典·吉》P. 569）
所有 撵走 帮着 包括
包括所有的帮着撵走。

ʐgu tə ɕi tɕha tshu po go wo dzə ɕi tɕha we（《羌族释比经典·还愿》P. 810）
九 的 送 要 山 高 高 上 邪 送 走 了
九来驱除山中邪，九座高山邪驱除。

ɕi tɕhækəi ɕi tɕhæ tɕhæ di（《羌族释比经典·找铁》P. 2078）
铁 走上走下 铁 走 再 找
矿山走上走下仔细地找铁。

bi jo kəʴ ji bi jo tɕhie tɕi thəʁæ pəi（《羌族释比经典·咒面人》P. 1446）
魔 们 去 的 魔 们 走 的 那里 是 了
那就是毒药猫要走的地方。

tɕho die kə ȵia zəpi bʐa to（《羌族释比经典·鬼》P. 1678）
走 过 去 和 野牛 大 的
走到大野牛跟前。

羌语这类词可能与第一类有关系。详见上文。
单音节首辅音可以是舌面中音，有 je、ji，如：

pia kəu tsue me mi ʐo je（《羌族释比经典·罪一部》P. 1936）
大 河 水 人 不 冲 走
大河涨水不会将人冲走。

stə dʑie ji dʑie kupu（《羌族释比经典·清洗门道》P. 1830）
直 爬 走 爬 去 做
顺着路爬去。

单音节首辅音可以是双唇音，有 ma、mə、pə、peŋ、pha、pu、wa、wo，如：

a tɕe ŋu tʂə tɕe gu ȵio ma（《羌族释比经典·凶魔》P. 1744）
一 家 是 的 房 外 驱赶 走
若在家中驱到房外。

mə qə kə na tɕio mi pei（《羌族释比经典·还愿》P. 652）
走 去 前头 了 不 显 老
走在人前不显老。

gəʴ pə na jy ʂa dzəm（《羌族释比经典·毒药放咒》P. 1811）
前面 走 就 阻挡 决定
毒药前面紧相随，释比念咒阻挡它。

mutu thaŋsua esə sitho peŋ （《羌族释比经典·敬神》P. 338）
天上 汇报 一天 三趟 走
一天里天上走三趟。

dzue he phəi sə tu pha xɬu tu pha （《羌族释比经典·唱草把》P. 1426）
牛角 来 吹 神 向 走 邪 向 走
吹响了牛角法号，将神鬼都吓跑了。

xsəi təxsəilæ ʂe gəu pu ji （《羌族释比经典·还愿》P. 810）
三 兄弟　 往　 回 走 了
兄弟三人往回走。

ləŋi ɤepe wa ma ɲ̍i （《羌族释比经典·唱血》P. 749）
黑泥 耕耘 走 再 吧
等到上黑泥在耕耘时再走吧。

duɕi tɕiena duɕi wo we （《羌族释比经典·还愿》P. 645）
邪气 明了 邪气 走 了
邪明白了邪气走。

羌语该类"走"的词可能与以下语言的"去、走"有一定关系。如：养蒿 mɦiɔŋ[11]、石门 maɯ[13]、高坡 mə[31]、摆托 mɦiɔŋ[32]、枫香 mu[13]、瑶里 mu[44]、腊乙坪 mu[33]、文界 ȵfii[31]、长垌 ŋŋ、多祝 ŋŋ[42]、梅珠 muŋ[231]、三只羊 mu[31]、陶化 muŋ[33]、江底 mi：ŋ[31]、湘江 miŋ[31]、罗香 miŋ[31]、长坪 miŋ[31]、览金 miŋ[22]、大坪 mi[55]。

单音节首辅音可以是舌尖塞音，有 da、de、də、di、tu、tye、te、tə、thi，如：

je da tso ȵa je da kua pu ȵi （《羌族释比经典·人遇见邪》P. 1179）
病 去 遇 了 病 走 拿 做 要
遇上病则消除病。

de ki kən apa fufu dotʂu kən （《羌族释比经典·还愿》P. 810）
走 过 去 阿巴 佛爷 会见 去
眼魂走去可见到天神。

poli mi pei də ʂə gu we tə ʁuaɕia səmi （《羌族释比经典·打整房子》P. 1888）
织布 母亲 老 走 出 问 了 上 请 了 吗
织布老妇出来问，是否锡拉祖师来。

əŋ ȵy thaʁo di kilai（《羌族释比经典·兄妹治人烟》P. 245）
你 自己 这山 走 上去
你在西山抛细线。

ŋa jiko sædzue le tə χo se tə ɕya se（《羌族释比经典·根治流产》P. 1313）
我 这个 杀罪 有 走 撵 了 走 扫 了
释比把杀罪撵走了，扫走了。

ɕitʂu jypie ʁæ thi pəs ma qa ma səi（《羌族释比经典·伯伢打猎》P. 1409）
打鸣 公鸡 送 走 做 不 能 不 的
打鸣公鸡不能送出去。

tsu ji ʑiʑi la tu khi（《羌族释比经典·劝慰》P. 1043）
水 的 所有 流 走 要
世间流水有来去。

ʐeilə dʐe pu tye χe dʐə jie dʐə ko tɕio jie（《羌族释比经典·顺》P. 2213）
路道 顺利 做 走 好 顺利 了 顺利 的 看见 了
道路顺利，走得顺利，一切顺利。

羌语该类词可能与上类词有关系，具体还有待探讨。

单音节首辅音可以是舌尖塞擦音，有 dzə、tʂhe、tsua，如：

qhu me jyto tsha zəlia na dzə zətɕy we ku zə tʂhu we（《羌族释比经典·还愿》P. 592）
沟 河 路上 桥 搭上 了 走 过来 了 房 来 修 了
河沟坎道架了桥，凡人过来修碉房。

nu kulu qotɕi wo ʂətʂhə tʂhe（《羌族释比经典·羌戈大战》P. 22）
你 请来 戈基 给 驱逐 走
请你来将戈人驱。

piba setsə asə nætsu səkəˈ tsuna xɬuȵy tsua（《羌族释比经典·撵妖魔》P. 1568）
大释比 三个 一天 商议 驱赶 议事 撵魔 走
释比三人施法除妖魔。

单音节首辅音可以是舌尖擦音，有 se、sə、zæ、ze、zə，如：

tɕiaȵtɕy qə dzə ɣete tɕiatɕy qə dzə　　ɣe se（《羌族释比经典·吹散天晕》P. 1068）

将军 上 天晕 盖住 将军 上 天晕 驱 走

罩在将军头上的天晕，释比我用吉祥树驱走了。

tɕhie jyæ miwu thə z̻æ letɕi　（《羌族释比经典·敬青苗土地》P. 2194）

犏牛 像 一样 架 走 过来

像一头头犏牛走过来。

kue tsə kue tɕi nana ze tɕio　（《羌族释比经典·治妖》P. 1289）

你子 你 女 好好 走 好

要好好地善待你的子女。

tɕiko dəŋa mi da zə　（《羌族释比经典·祝酒词》P. 891）

堂屋 楼梯 不 搬 走

堂屋楼梯不搬走。

单音节首辅音可以是舌尖鼻音、边音，有 la、lai、lue、nə，如：

la ʁo z̻əˑ pei khu çi po mə thə latɕha　（《羌族释比经典·还愿》P. 629）

走 山 之 者 狗 放 做 人 它 解除

打猎之人将它赶。

jək　jidz̻ə ɣɬuɣɬu əˑkəˑ lai　（《羌族释比经典·擦死煞》P. 1628）

手杆 手痛 灾难　擦了 走

手杆疼痛是因为有灾难，释比我用钱纸擦净了。

dəuwu maqa esu lue　（《羌族释比经典·送眼瞳》P. 996）

裤子 不肯 来取 走

你生前的裤子鞋子，不肯丢下自己来取走。

ɣlu　ȵu ma nə wu ȵu ma　（《羌族释比经典·赶瘟神》P. 1643）

鬼怪 要 赶 走 打 要 赶

作祟鬼怪要打走。

单音节首辅音可以是小舌音或喉音，有 qei、ɣe、he、fie，如：

qei fie　（《羌族释比经典·还愿》P. 648）

走 了

撵出去了。

sə mæ qhætʂu ɣe çi lai　（《羌族释比经典·送杉旗》P. 1611）

神 威 杉旗 走 送 了

杉旗从天界送出了。

sə he kə fəˈtɕhe tɕe thaʁa pai （《羌族释比经典·送瘟神》P. 1346）
神 走 了 鬼 压住 这样 对了
神走了，鬼被压住就对了。

ʑiȵi pei tse ɦe ʂua （《羌族释比经典·竹留子》P. 1336）
鬼王 把 带 走 下
把鬼王一同带走。

单音节首辅音还可以是复辅音，有 ʁdzə、ʂta、zɡæ、zɡe、zɡəu，如：

awupatɕie pəidʑio ʁdzə ȵi qəˈɻəp ʁdzə ji （《羌族释比经典·取火种》P. 264）
阿勿巴吉 洞口 开 且 前 走 了
阿勿巴吉走在前。

feta ʂtəke ʂta ke kue pu wo （《羌族释比经典·惩治毒药猫》P. 1251）
呸呸 端 走 直 去 做 哦
呸呸，直端端地出去永别回头哦。

wu zɡæ mi ŋue zɡəuzɡæ pu ji （《羌族释比经典·还愿》P. 724）
路 走 不 会 回走 做 了
步履蹒跚地走着下来了。

qhu tsu qhu bʑəi te zɡe so （《羌族释比经典·说母亲》P. 967）
沟 小 沟 大 去 走 了
走到了山中的大小沟里。

zde khæ tsutsu zɡəu mi ŋue ji （《羌族释比经典·治疗中神邪者》P. 1263）
梯阶 台子 走 不 会 的
走梯子时不小心。

羌语"走"还可以用双音节词语表示，有 ɕiwo、gogo、jiʂua、pato、seikə、teda、ɕiwo、gugu，如：

du ɕitɕiena du ɕiwo we （《羌族释比经典·还愿》P. 646）
邪气 明了 邪气 走 了
邪明白了邪气走。

jytɕi ʑeikə ʑei gogo nə tɕe na tɕa （《羌族释比经典·颂神禹》P. 209）

大禹 路上 路 走 的 还 好 要
为使大禹行路快。
sasə pato taluʐəm tsəlutham tʂhu jitʂua （《羌族释比经典·送瘟神》P. 1350）
单独 走 毛骨悚然 龌龊　带 走
夜间单独走遇见龌龊被带走。
jy ɦoŋ la qə jy mu seikə （《羌族释比经典·鬼》P. 1779）
鸡 毛 有 处 鸡 的 走
鸡毛之处病消失。
zʐəiphzʐəi tiəu ȵia bapu tsuta tiəu teda je （《羌族释比经典·解秽法鼓》P. 506）
路白　见　和 歇气坪 上方 见 去走 了
见他，见他走过歇气坪。
thə mi tɕia du ɕi tɕiana du ɕiwo we （《羌族释比经典·还愿》P. 648）
它 不 收 邪 心 悲伤 邪气 走 了
还愿后邪走了。
tɕetshə le tɕi lə nətshuə gugu （《羌族释比经典·祝酒词》P. 893）
全部　都　她 的 后面 走
全部跟在她后面。

四　come（来）

《牛津英汉高阶双解词典》："come, move to, towards, into, etc a place where the speaker or writer is, or a place being referred to by him." "come" 对应汉语"来"。其在《百词表》中占第 66 位，在郑张尚芳《华澳语言比较三百核心词表》中居第 161 位，在黄布凡《藏缅语 300 核心词词表》中为二级核心词。"come" 这个动作不包含往返性，汉语往返意义的"来"类词语，前贤做了一些探讨①，我们在这里不分析具有"往返"意义的词。我们严格按照《牛津英汉高阶双解词典》的定义进行选词，主要分析指单边行为的"来"。

"来"在羌语 14 个方言点发音如下：

---

① 管锡华：《〈史记〉单音词研究》，巴蜀书社，2000 年版。汪维辉：《东汉——隋常用词演变研究》，南京大学出版社，2000 年版。

桃坪：ly³³　　　麻窝：tɕu；ɬə；ly
蒲溪：lu；ləu　　曲谷：lu（zəlu）
松坪沟：ly　　　峨口：liu
萝卜寨：lo³¹　　　荣红：lu
绵虒：u³¹liu³¹　　热额纳：lu
永和：ly　　　　小姓：ly
龙溪：lo³¹　　　杨柳：ly

羌语"来"可以用单音节表示，单音节首辅音可以是双唇音，有 pu、pi、phə¹、pəs、pa、bu、bo、mu、mi、mə、ma、mai、wei、we、wa、wu 形式，如：

Xpəta ʐuəpə ʑina pu （《羌族释比经典·祝酒词》P. 888）
凡间　地方　幸福　来
人间大地多幸福。

puba maso puXsi mai （《羌族释比经典·敬神》P. 494）
旧年　过去　年新　来了
旧年过去新年来到。

baba setə ʂəpi wu dzu （《羌族释比经典·还愿》P. 810）
矮的　位置　释比　来　坐
矮的位置释比来坐。

jypu ɕynə amu wei （《羌族释比经典·勒布斯色》P. 1389）
九年　可能　不回　来
可能九年左右都回不来。

tɕi dʐa ʁu dʐa dʐa ə¹ tɕo we （《羌族释比经典·还愿》P. 621）
神　笑　都　笑　笑　得　好　来
神喜欢来神高兴。

peiji ʐali ɕietsu pi le wu dzə di wa （《羌族释比经典·坐红锅》P. 1866）
现今　晚上　弟子　释比　一个　你　来　接　来
今夜释比来作法，定将你们迎接来。

dzəmu tɕeʁue tsuɲi pu kə qo ma tɕhe （《羌族释比经典·颂神禹》P. 212）
凡间　百姓　洪水　　来　的　怕　不　用
百姓不怕洪水灾。

ʁuesa qəti tʂhei pi we （《羌族释比经典·还愿》P. 624）

五十 之上 百众 来 了
五十之上有百人。

mə¹ba phə¹ mu thi jə¹ dəutɕhan na də la ji（《羌族释比经典·兄妹治人烟》P. 243）

天神 来 兄 妹 俩 竹筐 上 爬 上 了
剩得兄妹水里漂浮，天神抛筐救起兄妹。

nə ʂujato pəma dəkə¹ pəs zui（《羌族释比经典·伯伢莫居打地府》P. 1478）

旧的 过去 新的 来 了
旧的一年过去了，新的一年到来了。

pəse dʑietsə stəsa la pa tʂəi（《羌族释比经典·请飞铁祖师》P. 1911）

今天 夜晚 开坛 掌 来 鼓
今晚开坛来鼓掌。

petɕy　　sepha zə mu ʂa（《羌族释比经典·白耶来历》P. 1966）

藏人喇嘛 三双 请 来 去
你请来六位藏人喇嘛。

tʂho to ma mi tɕya ji də（《羌族释比经典·还愿》P. 641）

要 讲 就 来 锄 头 说
现在我要讲铁锄。

Xe mə joto ȵo jo sə（《羌族释比经典·走神路》P. 577）

针 来 路道 锥子 用 了
针穿不过锥子来。

sə bʐa ȵi ma ʐu　bʐaȵi（《羌族释比经典·开坛》P. 356）

神 大 也 来 神灵 也大
神也大来神灵也大。

bo lə bu ʐu（《羌族释比经典·鼓的来历》P. 1133）

鼓 的 来 历
鼓的来历。

Xueləʑie to jia tɕe nə sə jia ŋo ta bo ȵia jia hai Xo ta lo ma bo ho（《羌族释比经典·解秽》P. 519）

黄泉路上 呀 女儿 的 们 呀 银 带 来 和 呀 嘿 金 带 来 是 的 嗬
黄泉路上你走好，儿女给你捎白银，儿女给你寄黄金。

羌语这个系列的"来"，可能与以下语言中的"来"有一定关系。

如：泰语 ma², 西傣 ma²、德傣 ma²、龙州 ma²、邕宁 ma¹、武鸣 ma¹、柳江 ma¹、布依 ma¹、临高 mia²、侗南 ma¹、侗北 ma¹、水语 ma¹、毛南 ma¹、锦语 ma¹、莫语 ma¹、朗央 ma⁵⁴、巴央 no³¹、三冲 mo³¹、比佬 məɯ³¹、仫佬 mo²⁴、普标 me⁵³、加茂 mɯŋ⁴、通黎 peɯ¹、保黎 peɯ¹。白保罗为原始藏缅语构拟了两个共同形式：*byon、*hwaŋ。

单音节首辅音可以是舌尖前塞音，有 ti、tho、thi、thə、tə、te、ta、dəˑ、du、die、di、də、de、dæ、da 等形式，如：

qhuawu dəˑ sə biawu dəˑ（《羌族释比经典·还愿》P. 641）
人们　来 了 满沟　来
整条沟的人都来了。

qə su jy phẓe　qa ti çi　wa（《羌族释比经典·还愿》P. 612）
我 许 鸡 白 我 来 敬上 了
我来敬上是鸡愿。

əˑlemetshə əˑmetshə əˑadio teqe tho ʂetə je（《羌族释比经典·尔一部》P. 2142）
地府　　鬼王　鬼门　跟前　来　到 了
那根杉木就拉倒了地府阎君的鬼门跟前。

səpə kætsæ jælo zə zə thi（《羌族释比经典·量茅人》P. 1634）
豹处 杉杆 说到 拿 过 来
释比我借助豹子的威力，将杉杆抓住拿过来。

mudu mapia dzuli çi thə datɕha（《羌族释比经典·请神》P. 300）
借助 天神 雷公 放 来 解除
天神雷公来解除。

ẓo pu dʐy kə bu tə ẓo（《羌族释比经典·蜜蜂颂》P. 2112）
招 树 处 上 蜂 来 招
终将蜂儿来招住。

pæxma tçi læ ʂtçie te tə ȵi ʂtçie te qəu ji（《羌族释比经典·造天地》P. 233）
蛤蟆 女子 心 来 急 和 心 来 怕 了
蛤蟆心中急又怕。

gusa guto əˑ ta（《羌族释比经典·送花盘》P. 1832）
九十 九次 唱 来

唱了九十九次经。
ɕi fu zəm tə du lyi （《羌族释比经典·送公羊》P. 1505）
嘴 话 来 说 来 的
口传肚教先师。
pasə tɕitɕi   ɕi mi die （《羌族释比经典·还愿》P. 643）
和尚 念经 心 中 来
和尚念经心中来。
koçypi kə di dzˌədzˌə （《羌族释比经典·木吉珠和斗安珠》P. 113）
黄嘴老鸦 的 来 询问
去问山中黄嘴鸦。
muwu dəˈsə qhuawu dəˈ （《羌族释比经典·还愿》P. 641）
人们   来了 满沟 来
整条沟的人都来了。
de χɬu ki təde di khin （《羌族释比经典·给祖师换衣》P. 1120）
来 挡 的 来 阻 要
如果作法被妖阻挡，请你帮我隔开。
qæ zˌdʑiə dæ xɬæ mi ʁu pi ji （《羌族释比经典·说母亲》P. 980）
我 病   来 放 不 肯 的 了
病魔不肯放过我了。
tsue qə ɕoji da tʂuoɕo （《羌族释比经典·解秽》P. 511）
水 上 干净 来 解秽
干净之水来解秽。

羌语该系列"来"的词语，与以下语言的"来"可能有一定关系。如：养蒿 ta^{55}、先进 tɯa^{31}、石门 dɦa^{35}、高坡 tu^{55}、摆托 to^{54}、枫香 ta^{24}、瑶里 tuɔ^{24}、文界 tɕie^{33}、小寨 tɔ^{13}、江底 ta：i^{31}、湘江 ta^{31}、罗香 ta：i^{31}、长坪 ta：i^{31}、览金 ta：i^{22}、东山 ta^{31}、大坪 tɕi^{52}。金理新认为，该系列词的共同形式是 *di：，可以与汉语的"徙"对应。徙，本作"䢊"。《说文·辵部》："䢊，迻也。从辵止声。"《周礼·地官·比长》："徙于国中及郊则从而授之。"郑玄注："徙，谓不便其居也。或国中之民出徙郊或郊民入徙国中，皆从而付所处之吏，明无罪恶。"《汉书·王商传》："王商，字子威，涿郡蠡吾人也，徙杜陵。"唐韩愈《顺宗实录三》："徙临汉县于古城，曰邓城县。"《广韵·纸韵》："徙，斯氏切。"其上古音，郑张尚芳构拟成*selʔ，李方桂构拟成*sjarx，王力构拟成*siai。其中古音，郑张尚芳构拟成*siɛ，邵荣芬构拟成*siɛ，王力构拟成*sie。

单音节首辅音可以是舌尖塞擦音，有 tʂu、tʂha、tshu、tshə、tsə、tsa、tsu、dzu、dzə、dʐo、dʐə 等形式，如：

baba məji ʁuaŋtɕin tɕhaŋ sumai tʂu （《羌族释比经典·开坛请神》P. 395)
大大 鬼神 黄纸 金钱 领受 来
大神黄纸金钱来领受，大鬼黄纸金钱来领受。

mi tshu na mi ʁue we （《羌族释比经典·驱邪》P. 1870）
不 来 的 不 肯 是
不做此法则不行。

maməmaɕya tshuqei boqei ɕya dzo tshə （《羌族释比经典·蜜蜂颂》P. 2116)
天蒙蒙亮 山上 高处 亮 过 来
蒙蒙天空渐亮开，高山之处见你来。

mutshu əˈ ta zə tʂha sa （《羌族释比经典·还天晴愿》P. 691）
紧接 来 的 牦牛 来 了
紧接来的是牛愿。

ʑitɕie tɕie tsə təzə tai （《羌族释比经典·伯伢莫居打地府》P. 1475）
鬼王 老二 来 说 了
鬼老二来说道。

lolo ʁo dzei qhua wu tsa na bi wu tsa sə wu zəlo （《羌族释比经典·坐红锅》P. 1866)
石包 上 在 沟 上 来 和 山梁 上 来 的 你 过来
你若在山沟脚下，翻山越岭接过来。

bobo setə xse ʂə dzu （《羌族释比经典·还愿》P. 810）
高的 位置 神 来 坐
高的位置神来坐。

tua da ʐalə ʂə dzə dzu we （《羌族释比经典·煞》P. 1844）
得哇 的 离开 煞 的 来 了
得哇走了煞来了。

le ji tsə dʐo ɕi tsə dʐo （《羌族释比经典·得哇》P. 1839)
你的 来 站 处 不 来

不能来处你勿来。

ʐguŋon dʐə sə adʐo puto ŋo dzo dzo ȵia ɣo dzo dzo（《羌族释比经典·九敬经》P. 795）

九位 来 了 四方 斗 银 量 量　和 金 量 量

第九位老人走神路，四方斗里量金又量银。

xɬəmæ tshə na jypu dzə tʂu（《羌族释比经典·驱除邪气》P. 1820）

今年 不错 就 鸡年 来 了

新年属鸡，年份已来到。

ʑiedzo tshei sa dzo　tshei ɣo dzo tshei（《羌族释比经典·得哇》P. 1840）

病疫 来了 邪 坐 来了 鬼 坐 来

病疫相伴鬼邪来。

单音节首辅音可以是舌尖擦音，有 ʂu、su、ʂə、ʂe、sə、se、ʂa、sa、zu、zei 等形式，如：

tɕi mu ʁue su tɕhi ʁue su（《羌族释比经典·蜜蜂颂》P. 2116）

房 人 请 的 神 请 来

人的住处神请了。

ɬesi　zu tshemupu dzəzui（《羌族释比经典·送草把人》P. 1377）

新月 来 羊年　来到

羊年的新年来到。

ɬe ma　jake ɬe　sə zei（《羌族释比经典·送瘟神》P. 1349）

旧 月 过去 月 新 来

旧的一月过去新的一月到来。

tsuə ʐə wəˈkə hasə thuai（《羌族释比经典·子报父仇》P. 1954）

水 来 到沿头 刀子 取出

莫格布来到水沿头取出腰刀。

tsetse məji petʂə jintɕhaŋ sumait ʂu（《羌族释比经典·开坛请神》P. 395）

小小 鬼神 白纸 银钱 领受　来

小神白纸银钱来领受，小鬼白纸银钱来领受。

daphʐe tɕetɕi çy ʁue su（《羌族释比经典·还愿》P. 620）

白云 这些 山海 请 来

云雾来自山海处。

tɕi qe tɕi tɕhio qhua dzo zuepe ʐ̩əu ʂe tsa səi (《羌族释比经典·治妖》P. 1294)

房　头　房　楼　妖　坐　地方　马来　骑　了
房背罩楼妖邪的地方，释比我骑马来驱赶了。

muɲi tsəsə ɕiepe ʂə sə ʁu zəsue (《羌族释比经典·向神通明》P. 410)
太阳　出处　白石　来　基脚　围
太阳升起的白石来定基脚。

tshe pe tʂetʂe phala je se petʂaŋ (《羌族释比经典·神来领受》P. 387)
藏　人　家家　白塔　神　来　领受
藏人家家敬奉白塔，敬请诸神来领受。

mutʂhu　lio mi botsho tʂua mi təu ɲia ʂa ba (《羌族释比经典·凶魔》P. 1741)
后面　来　的　麦秆　拿　者　千　的　来　了
后面之人成千来，人人手中拿麦秆。

dʐ̩əmu atʂhei ʁue zəsu sa (《羌族释比经典·还愿》P. 621)
凡人　一百　请　过来　来
凡人成百都来了。

wu tɕi lo sə na pu lo sə (《羌族释比经典·收茅人》P. 1893)
你　的　来　了　啥　做　来　了
你到此处为何事。

羌语单音节首辅音是舌尖塞擦音、舌尖擦音的"来"可能与第二类词来源相同。

单音节首辅音可以是舌尖鼻音，有 nou、no、niəu、nei、nə、na 等形式，如：

qa nou de nəu ze nəu pi nəu (《羌族释比经典·解秽》P. 519)
金　来　喜事　来　官　来　释比　来
进财进宝喜临门，官运通达释比来。

puse tsə ɤle se tsə de ɕi pophʐ̩e nou wu (《羌族释比经典·解秽》P. 519)
这年　一年月　这　一月　喜事　树桠　来　了
今年这月里，喜事、高兴事都来了。

tsheɳi zati no ʐakue （《羌族释比经典·祝酒词》P. 899）
神灵 但愿 来 保佑
祝愿神灵多保佑。

ʁuaχɬə ji niəu ʐaŋa ato dzuaʐa pe je （《羌族释比经典·额一段》P. 700）
五月 的 来 岩石上 之地 野花 开 了
五月到来，悬崖上的野花开放了。

jæmi ɕiqa sə na χu ʂa ʂa nei （《羌族释比经典·量茅人》P. 1634）
悬崖 上面 豹子 和 虎 快 过 来
豹子和老虎快跑来了。

ɕi ʁue ʑi ɕi ɕito tɕibʐa to a nə ʁua ji （《羌族释比经典·鬼》P. 1669）
神 们 在 处 玺多 大儿 的 下 来 喊 了
神仙府中派我来请玺多的大儿到天宫修宫殿。

pi na tsu tɕi je na da （《羌族释比经典·驱邪》P. 1194）
父 和 孩子 的 病 来 说
驱除父子遇的病。

羌语该类词的来源可能与下面舌尖边音的"来"有关。
单音节首辅音可以是舌尖边音，有 ly、lu、lə、le、læ、la、lu、lo、li、lio、lyo、lyn、lyi、lyæ、ləu、lei、lai 等形式，如：

mu ɳi ɕya χgeχge ly （《羌族释比经典·蜜蜂颂》P. 2116）
晚上 和 白天 逐渐 来
白天过去天色逐渐黑下来。

səq khua pi luwe du pi lu （《羌族释比经典·送魂》P. 1003）
山空 凤凰 释比 来了 孔雀 释比 来
释比我像凤凰样飞来了，释比我像孔雀样飞来了。

dzupu miaqə ʐaˈqəu ŋue lə daχuala ɕa （《羌族释比经典·解秽》P. 514）
经管 产妇 秽气 是 来 洗干净 了
护理产妇有秽气的来洗干净。

luphuo hmiephuo zuə ku le （《羌族释比经典·祝酒词》P. 893）
杉树 桦树 种子 带 来
带来杉木桦树种。

tɕi lio ʁue lio di lio əˈ we （《羌族释比经典·还天晴愿》P. 688）

神 来 请 来 都 来 说 了
神灵都将到来。

qa lyo pi gəulyo tshua ɲia sua lyo tʂho （《羌族释比经典·茅人》P. 1763)

我 来 释比 背篼条 砍 和 锁口 树条 拿
我释比砍树条做编背篼的筋条。

tʂhuwu japa athæ lyn （《羌族释比经典·天宫龙潭》P. 369）

供品 供物 来领 来
请下来领受供品。

məɲi wək nətʂ lyi （《羌族释比经典·送公羊》P. 1507）

黑云 透 看 来
透过黑云往下看。

sal lyæ sasu lyæ （《羌族释比经典·送公羊》P. 1504）

阴里 来 暗中 来
阴里扶持暗中保护。

kua ly Xtʂu dʐio na ly （《羌族释比经典·清洗门道》P. 1829）

愿 来 白旗 门 高兴 来
还愿白旗从门上过来。

e çe futə edʐy ŋu lu （《羌族释比经典·颂观音神》P. 486）

长年香火 点燃 是 来
万年香火到而今。

dzə lio pi lio dʐo ɲa dagaə¹ （《羌族释比经典·铁三足》P. 2067）

官 来 释比 来 门 的 打开
官员释比到来请开门。

su phʐe ə'qa dʐa na li sa （《羌族释比经典·解秽》P. 519）

牙齿 白 满口 笑 我 来 了
满怀喜悦我来了。

tʂu tʂu xəi khuʐba ji api læ na ləu ji （《羌族释比经典·释比生肖论命》P. 2031）

年少 时 劳碌 的 老 呢 好 来 的
年少劳碌，晚年大利。

nəŋa ɲiɲi dʐiæɲi lei （《羌族释比经典·羌戈大战》P. 42）

乌鸦 黑的 飞了 来
飞来一只黑乌鸦。
alə lia na　lə mə dzə（《羌族释比经典·唤鸡》P.932）
一月 有了 来 人 听
有了一月听人唤。
phu　tho　lə ȵia ɕiəu　tho le se（《羌族释比经典·功绩》P.956）
格格馍 验 来 和 圆馍 验 来 了
来查验你准备的格格馍和太阳馍。
pumo tipə¹ ŋunə lai（《羌族释比经典·青稞根源》P.2178）
布莫 知道 哪里 来
布莫知道哪里来。
jym ʂə ʂə tsə wu læ（《羌族释比经典·敬青苗土地》P.2194）
青苗 婆婆 这 边 来
青苗婆婆已归来。
amu qa la thə qa la（《羌族释比经典·吹散毒药猫》P.1529）
一口 我 来 那 我 来
众毒药猫你一口我一口争着吃了。
datu lu na zətu lu（《羌族释比经典·蒸石气》P.1799）
天上 来 和 云处 来
从天界的云端来。

羌语该类词与以下语言的"来"有关。如：缅语 lɑɑ、仙岛 lɔ⁵⁵、载瓦 le⁵⁵、浪速 lɔ³¹、波拉 la⁵⁵、勒期 le:⁵⁵、怒苏 la³⁵、彝语 le³³、撒尼 li³³¹、傈僳 la³³、哈尼 la⁵⁵、拉祜 lɑ³¹、基诺 lɔ⁴²、纳西 lɯ³³、嘎卓 li³³。羌语该类词可以和汉语"来"相比较。《说文·来部》："来，周所受瑞麦来麰，一来二缝。象芒束之形。""来"本指"小麦。"明宋应星《天工开物·乃粒》："今天下育民人者，稻居什七，而来、牟、黍、稷居什三。"钟广言注："来，小麦。"后来用来借指"由彼及此；由远到近。与'去''往'相对"。《易·复》："出入无疾，朋来无咎。"南朝梁刘勰《文心雕龙·丽辞》："乾坤易简，则宛转相承；日月往来，则隔行悬合。"元朝马祖常《送董仁甫之西台幕》诗："秦树浮天去，巴江带雪来。"《广韵·咍韵》："来，落哀切。"其上古音，郑张尚芳构拟成 *m.rɯug，李方桂构拟成 *ləg，王力构拟成 *lə。其中古音，郑张尚芳构拟成 *lAi，邵荣芬构拟成

*lɒi，王力构拟成 *lɒi。

单音节首辅音可以是舌面前塞擦音，有 tɕha、tɕy、tɕio、tɕiəu、tɕi、tɕhio、tɕhæ、tɕəu、tɕe 等，如：

tshu ji mutshu tua lə tshola tɕhi jio tɕha（《羌族释比经典·还愿》P.641）

刨锄 的 后面 这 月 结束 新 又 来

说了刨锄谈日月，旧月结束新月来。

ẓa lə ẓa te dʑi ẓaˀ tɕy we（《羌族释比经典·还愿》P.589）

岩片 岩 台 金丝猴 要 来 了

悬崖台上猴玩耍。

ẓəiphẓəi tiəuta bapu tsuta tiəu əˀ tɕio je（《羌族释比经典·解秽法鼓》P.507）

路白 之上 歇气坪 上方 见 下 来 了

沿着大路经过歇气坪拉下来了。

qomə jyto dzəzə tɕiəu sə（《羌族释比经典·安家神》P.307）

沟沟 之处 凡人 来 了

一沟一扇凡人来。

apa mətɕy tɕi zətai（《羌族释比经典·说莫居》P.1471）

阿巴 莫居 来 说道

阿巴莫居说道。

tɕhotɕho jaja tɕhio zəʁua（《羌族释比经典·茅人》P.1764）

又赶 又叫 来 帮忙

猎人吼叫赶猎物。

ʂtə me mi ʂə xsəi tɕhæ xtʂə（《羌族释比经典·送鬼》P.2233）

公平 吗 不 公平 神 来 断

公不公平神来断。

dzəpi tɕiæχo ku əˀ tɕəu sa（《羌族释比经典·招魂》P.942）

凡人 堂房 舅家 来 了

凡人家中舅家到堂。

ẓə tɕy lakə tɕe tɕytɕia（《羌族释比经典·邪怪》P.1732）

牛头 是 之处 来 接住

牛用头角打邪怪。

单音节首辅音可以是舌面鼻音，有 ɲiu、ɲao、ɲiəu、ɲa、ɲy、ɲu、ɲo、ɲiu、ɲio、ɲiəu、ɲiə、ɲia、ɲi、ɲəu、ɲa，如：
　　tsege ɲiəu jie tsepia ɲiəu jie（《羌族释比经典·额一段》P.700）
　　春季　来　了　春天　来　　了
　　春天悄悄地到来了。
　　taothəu phkhi atʂhə　tɕhaji kedeza ɲa（《羌族释比经典·夫妻缘由》P.876）
　　刀头　做去　一百斤　酒　　　舀出　来
　　刀头准备好，一百斤白酒舀出来。
　　jimə ləphʐi ɲiu tshe jəu khue pæ ɲiu（《羌族释比经典·招财》P.2207）
　　只要　好事　来　山羊　绵羊　牲畜　即　来
　　只要好事来，山羊绵羊都要来。
　　wabə wada miʑi mə anəko ti ɲao（《羌族释比经典·祝酒词》P.897）
　　祖父　祖母　没有　人　哪里　从　来
　　人无祖宗根何来。
　　mu ɲi ʁo pu so ɲi se te ʑə tʂə ɲy we（《羌族释比经典·还愿》P.766）
　　阴　山　山顶　神　黑　三　台　对　看　来　了
　　释比教献三色旗，阴山山顶黑旗三台插了。
　　dʑe ɲu　na je ji dʑe na je（《羌族释比经典·我说喜事》P.869）
　　星星　来　好　了　路　星星　好　了
　　星星下来时路好走了。
　　qəji əʼɲo dʑegu ɲo（《羌族释比经典·还天晴愿》P.691）
　　前面　来的　山羊　来
　　前面上来是山羊。
　　Xqa ɲiu de ɲiu zuebi　zueba ɲiu（《羌族释比经典·招财》P.2207）
　　金子　来　财　来　粮食　五谷　来
　　金子来，钱财来，五谷粮食来。
　　tue ɲio miʁəu ɲiaɲiaɕi（《羌族释比经典·德为一部》P.1202）
　　德为　来　不肯　咋做的
　　德为不来在怎么做。

damo miŋue mo n̪ia n̪iəu je （《羌族释比经典·尔一部》P. 2148）
云雾 不是 雾 样 来 了
不是云雾却像云雾一样飘着来了。

ʂənxɫə ji　n̪iə zəina ato dzuaʁa pe je （《羌族释比经典·额一段》P. 701）
七月 的 来 荞子地 之地 荞子花 开 了
七月到来，荞子地里的荞子花开了。

la zətʂei n̪ia jio jitshua ji （《羌族释比经典·鬼》P. 1681）
顺着 取 来 反着 砍 了
顺手取来反着砍。

pəse dzətʂhuo n̪i mətshi wo dzə （《羌族释比经典·绣花》P. 911）
今天 拿过 来 新郎 给 贺
今天拿来贺新郎。

səu dzəu pa phʐəi n̪əu wu （《羌族释比经典·插旗》P. 1231）
魂 魄 人影 白 来 要
魂魄附身要请来。

dʐe pæ mi ŋue pæ n̪a lə （《羌族释比经典·插旗》P. 1230）
星星 闪 不 是 闪 来 了
牲畜像星星样闪烁来临了。

这类词应该与发舌尖鼻音、边音的"来"来源相同。

羌语单音节首辅音也可以是舌面后音，有 kue、ku、ko、kəi、kə、kæ、go、gəu、ge，如：

kue phia pu je jy dzui we je （《羌族释比经典·罪一部》P. 1935）
来 撒 做 了 鸡 罪 有 了
还乱撒一地，这是鸡的罪过。

ku tse n̪i tɕi lə wo du ke nə miʑi （《羌族释比经典·斗安木吉结婚》P. 882）
来 看 给 她 说服 人 没有
看来无人能改劝。

dio na nə ko ha tsei khei （《羌族释比经典·解秽》P. 519）
门神 你 来 快 阻拦 要
门神将此拦在门外面。

thək tsurlæ dzə thi kəi （《羌族释比经典·打醋坛》P. 531）
那是 流水 取 过 来
将那里的流水取回来。

sə na ʐu bætʂəm de sezə kə （《羌族释比经典·敬奉诸神》P. 404）
神 和 下届 尊重 会 圆满 来
天神和地神都敬重，福和祥都会降临你。

te tʂəi te tʂəi n̠i tɕhielə pəi kæ ʂetʂəi pu ji （《羌族释比经典·治妖》P. 1292）
来 撵 来 撵 呢 獐子 老 来 撵出 做 了
撵出了林中的老獐子。

ʁo phe a gu go əˈ go （《羌族释比经典·羊皮鼓经》P. 780）
石 白 一个 来 了 来
白石一个传下来。

ʐde kæ ʐde lə fiə gəu gəu （《羌族释比经典·招祥云》P. 2216）
梯 根 梯 旁 下 走 来
顺着梯子请下来。

tɕhi ge jy mu tɕhi phia jia we （《羌族释比经典·唤鸡》P. 932）
神 来 鸡 者 神 敬 好 了
来敬神时可享用。

羌语这类词可能与汉语的"过"有关系。《说文·辵部》："过，度也。"《尚书·禹贡》："北过降水，至于大陆。"唐司空图《二十四诗品·自然》："幽人空山，过水采萍。"引申可以指"至、到"。汉张仲景《金匮要略·肺痿肺痈咳嗽上气病》："热之所过，血为之凝滞。"唐韩愈《过襄城》诗："郾城辞罢过襄城，颍水嵩山刮眼明。"明冯梦龙《梦磊记·翁婿叙情》："甥女见势头不好，一时间不知逃过那里去了。"《广韵·过韵》："过，古卧切。"其上古音，郑张尚芳构拟成 *klools，李方桂构拟成 *kuarh，王力构拟成 *kuai。其中古音，郑张尚芳构拟成 *kua，邵荣芬构拟成 *kua，王力构拟成 *kua。

单音节首辅音可以是舌面擦音，有 jye、jy、jo、jie、jia、jəu、je、jæ、ja、ʁəˈ、ɕye、ɕo、ɕia、ɕi、ɕa、ʑy、ʑo、ʑi，如：

ɕi mu the ɕi puba dakə puɕi ʑy （《羌族释比经典·阶波刹格》P. 424）
神 日 这 天 旧年 过去 新年 来

辞去旧年迎新年。

biemuji atɕilə tɕi tɕe ʁue ʐo ɕi （《羌族释比经典·评理》P.1975）
别莫依 十一月 间 房 转 来 了
十月已过十一月，老二无靠回家来。

ama　qa ɕisə ɕiʐa da di ȵi dzə ʁua əˈ mu da ʑi ma （《羌族释比经典·给早饭》P.1993）
阿妈 我 七天 七夜 的 没回 字 写 先生 要 来 啊
阿妈啊，七天七夜若不回，定有先生要路过。

sək tsə jye wuˈ tsə jye （《羌族释比经典·打整房子》P.1488）
牧场 赶 来 牦牛 赶 来
牧场上的牦牛赶回来了。

tsatsa pu ȵi ʐepi qəˈ tɕhy jy ʐə （《羌族释比经典·取火种》P.283）
慢走 做 且 热比 前 就 来 站
蹒跚走到热比前。

khuasa qhuzətɕi ɕa jo ji we （《羌族释比经典·走神路》P.575）
威州 苦兹基 铁 来 存在 了
威州苦兹基铁运来了。

tsu bia ma tɕhie xo kətʂə sə tsu jio bia （《羌族释比经典·蜜蜂颂》P.2113）
水 背 不 需 嘴 之上 处 水 来 背
蜂儿运水不用桶，口含清水运回来。

bolo tʂho jie　na sa tʂho jie （《羌族释比经典·解秽》P.524）
虫 拿 了 不好 的 拿 来
进了虫害和不祥物。

atɕi　lə ma ɕi ȵia　ʂa to jia tsu ɕia （《羌族释比经典·颂神禹》P.204）
一起 的 吗 枝 和 叶 的 来 烧 要
吩咐大家烧枝叶。

bæly du dzo zuepe xtʂəuji du te ʐge səi （《羌族释比经典·惩治毒药猫》P.1237）
蒲溪 鬼 坐 地方 旗 来 鬼 来 诓 了
蒲溪毒药猫聚集的地方，用神旗来诓住毒药猫。

dzələ gə lə atɕa ʎaʎue ba jəu pa ŋa bo jəuthu（《羌族释比经典·唱根源》P. 849）
四月 说 月 一春 青草 低 来 开 和 高处 拢
四爷青草由低到高绿遍坡。

dəu məna tɕy no de je（《羌族释比经典·唱根源》P. 1647）
天空 神威 释比 都 请 来
释比我敬请了天界的神威。

qa tedʐu jæ jinʐuwaŋ（《羌族释比经典·结拜兄弟》P. 736）
我 起抱 来 对不对
你来抱我对不对。

pema jatɕi jejy ja（《羌族释比经典·费伢由狩猎变农耕》P. 2188）
松枝 棚子 搭起 来
搭了一个松枝棚子。

ʎænə lagu ɣəˈ kəˈ ʂa（《羌族释比经典·解秽》P. 519）
十二 秽气 来 熏 了
十二月秽气缠在女人身上，释比我用吉祥树熏了。

tsə əˈ le ɣe bou kua bou wo a za ŋu（《羌族释比经典·还愿》P. 651）
自古以 来 牦牛 愿 牦牛 还 一头 是
自古以来已成俗，奉还的一头牦牛愿。

mu zə ɕye ȵia seitsu qhuo kə tshu zə ȵi（《羌族释比经典·颂神禹》P. 210）
人 的 来 和 岷江 边 上 山 变 黑
顿时江边人山涌。

jy kua la ɕo ŋu kua ŋu ŋu tʂo ŋu（《羌族释比经典·铁三足》P. 2068）
鸡 愿 敬 来 你 愿 是 你 敬 是
鸡愿是来还给你，你就快快来收上。

ʐdu pi pu ȵia ʐdu ɕia sa ʐei（《羌族释比经典·邪怪》P. 1728）
驱怪 法 做 和 驱怪 来 说 了
驱除邪怪诵此经。

ji wu ɕi ma la wu ɕi（《羌族释比经典·下愿》P. 684）
左 起 来 呢 右 起 来

顺心之事此处生。

mila ʂəla dʐe ʂəla ça（《羌族释比经典·我说喜事》P. 867）
不飞 飞出 星星 飞出 来

星星不飞也要飞，一定要飞出来。

单音节首辅音可以是小舌音，有 ʁa、ʁue、qəi、qə、qa，如：

ʑi mi ʑei to ŋo zə ʁa（《羌族释比经典·九敬经》P. 794）
猴童 的 之 后 银 的 来

然后再来唱银经。

bu ʐe¹ keto ʂa zə ʁue supha keto çya zə ʁue（《羌族释比经典·请神》P. 301）
牦牛 在 地方 引 过来 了 田地 地方 亮 过 来

水草丰美牦牛壮，田园好地皆明亮。

ʐmu ʐo læ go te du qəi səi（《羌族释比经典·驱除病》P. 1274）
鬼 给 呢 就 说 能 来 的

能够诅咒凶死鬼。

tsuqoçi lə jibejibe die qə da（《羌族释比经典·颂神禹》P. 191）
水神 个 争先恐后 且 来 说

水神争先抢着说。

qa dzue a dzue dzue tsə wa（《羌族释比经典·走神路》P. 583）
来 砍 去 砍 砍 行 了

任意宰杀没有罪。

单音节首辅音也可以是喉音，有 ɦə、he、ɦan、ɦæ、ɦa、ɦɿ，如：

səi χsə ɦə sui go χætçi pa ji（《羌族释比经典·驱除病》P. 1272）
日 新 来 算 初 十一 是 的

新的初十一迎来了。

pæ wu¹ he ʂu tha ji（《羌族释比经典·解秽》P. 519）
猪 鼓 来 绷 好 了

猪皮鼓绷好了。

epu peja lyn lyn ɦan lyæ（《羌族释比经典·伯伢打猎》P. 1406）
父亲 伯伢 回 回 来 回

父亲伯伢回来了。

qa tçi khue çi dzæmæ ɦæ ba¹ ji（《羌族释比经典·伯伢打猎》

P. 1403）

我 女 狗 放 午饭　来 大 的
我的女儿呀，给我打猎的午饭多做点。
poçia hoŋbẓe tçhio fia çy（《羌族释比经典·蜜蜂颂》P. 2116）
保县 酒　　就　来 放
里面放的保县曲，酿出蜜酒味道美。
fiə dẓu ha kua sa ji kua ji（《羌族释比经典·送公羊》P. 1503）
来 抢 来 挣 公羊 的 挣 了
地府恶鬼争抢还愿的公羊。

羌语"来"也可以用元音单音节表示，有 əu、əˀ，如：
çilə gə lə dzuaba patsu ba əu pa ɳa bo jəuthu（《羌族释比经典·解秽》P. 519）
七月 说 月 荞子 花儿 低 来 开 和 高处 拢
七月荞子花儿从低到高开满坡。
zda əˀ tʂha go xqa əˀ tʂua zə（《羌族释比经典·说母亲》P. 983）
右 来 拿 就 金 来 拿 让
让子女们右手拿金。
Xo əˀ ma lə əˀ li（《羌族释比经典·还愿》P. 641）
现在 来 了 什么 说
到了此时说什么。

羌语"来"单音节首辅音也可以用复辅音，有 zgəu、ʁlio，如：
getæ tsuelə khælə jy ʁua zgəu（《羌族释比经典·喊病鬼》P. 1323）
大岐 水旁 底下 左右 喊 来
从大岐流旁边喊上来。
ʁlio ʁlio mi qəi pu ji（《羌族释比经典·解秽》P. 519）
来 来 不 能 做 了
使别人不能窜进来。

羌语"来"也可以用双音节表示，有 tʂheima、tilu、təʁue、təlo、təja、ʂete、ʂəilu、səlio、sədo、qəlio、lewu、kuetə、jyla、jitçy、jitço、jilæ、japa、əˀtçy、əˀlio、dulə、daje、dede、dakə、bolo 等形式，如：
mudẓei dako pagua tʂheima（《羌族释比经典·米》P. 860）

阳山 一带 兵丁　来
阳山一带出兵丁。

ɕtɕiʐu te tɕio zə tə ʐəipə te dzə tɕhi tilu（《羌族释比经典·释比生肖论命》P. 2040）
立业 的 好 会 来 发财 的 四 方 来
立业有成，财富可由四方来。

baəʔ sodʐo bo təʁue（《羌族释比经典·坐红锅》P. 1866）
低处 魂魄 高 来
低处魂魄高处来。

dzə ɕi təlo paʐa təlo（《羌族释比经典·送父母》P. 936）
凡人 心 想到 样儿 来
人们心想事竟成。

zə pu　təja ji duji tə ʂai（《羌族释比经典·敬神》P. 339）
好 日子 来 了 神道 三日
神道三日，是好日子。

tsueqe tsue sua ʂete pie ȵi tsue te phie səi（《羌族释比经典·治疗中神邪者》P. 1264）
水头 尾 谁　来 挖 呢 水 来 挖 了
到水头水尾来挖水道了。

na kəte ko na lu ʂəi kəte ko ʂəilu（《羌族释比经典·看属相》P. 2056）
好 上面 福 来 好 了 上面 福 来
好上加好，福上加福。

qəsə hoŋbia dʐa səlio ji（《羌族释比经典·木吉珠和斗安珠》P. 84）
头上 脸面 笑颜 来 了
脸上露出一丝笑。

dzə do pi do mutɕi do sədo jo mu we（《羌族释比经典·连接》P. 1185）
凡人 说 释比 说 妇女 说 来 的 是 了
凡人和释比来说了，妇女都来说了。

mi ʁui lətɕi ʁui qəlio we（《羌族释比经典·通灵吉祥》P. 952）
不 叫 的 叫来　了
不唤之时唤来了。

qaŋu gæxlæ hawu lewu naŋujye（《羌族释比经典·面人将军》P. 1367）

我　将军 转回　来　怎么办
面人将军老二转回来了。
qæ tshuipu xa qo ʐo tetsoȵie so ta kuetə mæ （《羌族释比经典·说母亲》P. 980）
我 寨众 们 我 给 受苦　的 上 来　哟
我的父老乡亲们，你们为我所受的苦。
qa sə thieʐei na kue jyla （《羌族释比经典·结拜兄弟》P. 743）
我 神 敬　了 还愿 来
我得罪了神灵来还愿。
dzəpi dʑyχo ku jitɕy sa （《羌族释比经典·接母舅》P. 945）
凡人 门口 舅 来 了
舅家进了凡人门了。
dzəpi dʑyoqhu pi　jitɕo sa （《羌族释比经典·通灵吉祥》P. 952）
凡人 门口　释比 来 了
走进凡人家门口。
bædʑəu　jilæ tho ji ŋu （《羌族释比经典·取火种》P. 267）
想想　来　这 的 是
想来也觉不奇怪。
tʂhuwu japa æthæ lyn （《羌族释比经典·天宫龙潭》P. 370）
供品 来　领　来
请下来领受供品。
baphe lato pi əˈtɕy sa （《羌族释比经典·人安乐》P. 1192）
坪边 之上 释比 来 了
释比来到坪边上。
mto əˈlio qhuamutsu （《羌族释比经典·人遇见邪》P. 1178）
天上 来 夸母祖
天上祖师神夸母祖。
pasə ləzə ʐalə qo na dulə jia　we （《羌族释比经典·解秽》P. 519）
山上 地方 悬崖 怕　啊 来 安全地 了
魂游山岩你莫怕，快朝安全之地来。
ŋu deje ji la daje ji （《羌族释比经典·说莫居》P. 1469）
雕 来 了 鹰 来 了

雕来了鹰来了。
ʂən gu atshe dede ŋu je（《羌族释比经典·额一段》P. 701）
红 衣 一层 来 穿 了
穿上了一层红色的衣裳。
mu ʂpi ȵia mu dakə sa（《羌族释比经典·茅人》P. 1762）
人 释比 啥 人 来 了
今天释比做啥法。
qo gə gəsə tʂuadzə bolo（《羌族释比经典·人遇见邪》P. 1179）
我 走 地方 跟上 来
我走之地来跟上。

第三章 核心形容词

我们根据北京大学中国语言学研究中心研制出来的语义分类树，把《百词表》中的 15 个形容词分为三个类别。

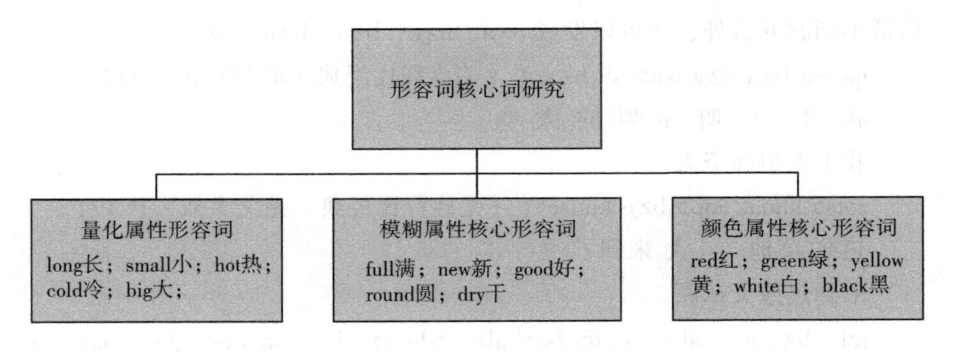

```
                    形容词核心词研究
         ┌─────────────┼─────────────┐
   量化属性形容词      模糊属性核心形容词    颜色属性核心形容词
   long长；small小；hot热；  full满；new新；good好；  red红；green绿；yellow
   cold冷；big大；          round圆；dry干        黄；white白；black黑
```

第一节 量化属性核心形容词

量化属性是形容词中的代表词语，主要用来形容物体或者事情的多少、长短、轻重、冷热等情况。在《百词表》中，量化属性核心形容词包括：big（大）、long（长）、small（小）、hot（热）、cold（冷），下面按类别分别探讨。

一 big（大）

《牛津高阶英汉双解词典》："big, large in size, degree, amount, etc." "big" 对应汉语 "大"。其在《百词表》中占第 13 位，在郑张尚芳《华澳语言比较三百核心词表》中居第 221 位。

"大"在羌语14个方言点发音如下：

桃坪：bʐɑ³³　　　　麻窝：bɑ¹
蒲溪：bʐi　　　　　曲谷：bɑ¹
松坪沟：bə¹　　　　峨口：ʒɹ
萝卜寨：bɑ³¹；bʐɑ³¹　荣红：ba
绵虒：bʐɑ³¹　　　　热额纳：ba
永和：bæ¹　　　　　小姓：ʁʐu
龙溪：ba³¹　　　　　杨柳：bə

羌语用指"大"的词，主要有两类，一类是单音节词，一类是双音节词。单音节词又有以下几种：

第一种，单音节首辅音为双唇浊塞音，有 bʐɑ、ba。bʐɑ 除了发音为后低不圆唇元音外，还可以发成 bʐa、bʐe、bʐo、bʐu、bʐə，如：

qa ma bʐɑ dʐɑ tsuə tɕi bʐɑ（《羌族释比经典·绷鼓》P.1131）
　我　不　大　呀　祖师　的　大
　我不大祖师爷大。

zətsə khuaʐuəpə bʐe kutise（《羌族释比经典·羌戈大战》P.17）
　热兹　草地　　大　来到了
　来到热兹大草原。

tɕi　bʐo nə　alə　jia tɕi baʔ alə　tshuqə　lu　ʂə ʐeito jia　hai　pi qo nə ʐbe ji ba ho（《羌族释比经典·不吉》P.1131）
　儿　大的　一个　呀 儿 大　一个　山上　　杉木 拉 路上呀嘿父 功 是 想 了 呀 嚇
　大儿一个上高山，拉木路上多思念，父亲生前多劳苦。

ʂpi　kue bʐu luɕa　tʂə bʐe luɕa（《羌族释比经典·留财喜》P.2204）
　释比　还愿　大　要去　旗　大　要去
　释比要还大愿，要还愿。

qhua bʐəi ləu sogo qhua bʐə fiə gəu（《羌族释比经典·送亮神》P.730）
　沟　　大 来　如果　沟　大　下　回
　从大沟来就从大沟回。

bʐɑ 的元音也可以发成复元音，有 bʐai、bʐei、bʐəi、bʐəu，如：

khətɕy bʐa mə la bʐai（《羌族释比经典·送草把人》P.1382）
　法器　大 神 帽 大

释比的神帽大法器大。
ʁsəi ʂtɕiæxe tə the læ bʐei（《羌族释比经典·造天地》P. 229）
神　当中 的 他 最大
众神当中他最大。

the tɕi ɕipəi bʐəi læ bʐei miŋa ji（《羌族释比经典·造天地》P. 229）
他 的 身体 大　呢 大　没有 了
身形巨大无法说。

qəi læ te tshə bʐəu ȵi ʁsa（《羌族释比经典·敬川主二郎神》P. 448）
城 呢 来 修 大　又 好
城池修得高又大。

ba 也可以发成 bæ、be、bo、bu，如：
tɕhe tshe tɕa qe tɕhi da ba（《羌族释比经典·还愿》P. 610）
这　村　寨 里 神 最 大
这村这寨的大神。

qhu tse pha phu bæ doʁule（《羌族释比经典·开坛请神》P. 395）
树 小 林 树 大 敬请到
小树林要敬请到，大树林要敬请到。

qa ŋo mi be ɕimi be（《羌族释比经典·凶魔》P. 1856）
我 不 的 大 师母 大
我不大则师母大。

pusei tsasei dʐio bo khəli dʐə tixotoŋami xo pu lo sa（《羌族释比经典·软虫》P. 1073）
今天 这天 门 大 下面 凡民 替死者 面人 来 抵 来 了
今天，做面人抵活人命。

atɕa dʐeiphe dʐətɕi sə na tɕhi qu bu（《羌族释比经典·走神路》P. 579）
一头 白羊　凡人 用 来 神 功 大
一头白羊来敬神灵。

第二种，单音节首辅音为双唇清塞音，有 pa、pe、pei、pia，如：
ʁʐə wu ji ȵi mətu pa（《羌族释比经典·颂三母神》P. 467）
人 人 说 是 天 上 大
人人说是天为大。

qo ʁo mi ȵia tʂo ʁo pe（《羌族释比经典·还天晴愿》P. 690）

我 不 为 和 祭祀 为 大
我不大则愿旗大。
ȵio pei ge¹ tɕi ɕi qhua ge¹ sə（《羌族释比经典·祛病驱邪》P. 1709）

绵羊 大 股是心 烂 股 是
绵羊受邪有瘟疫。
pia kəu tsue me mi ʐo je（《羌族释比经典·罪一部》P. 1936）

大 河水 人 不 冲走
大河涨水不会将人冲走。

羌语以上两类"大"与以下语言中的"大"有关系。如：苏龙 bua⁵⁵、壮语 bɯk⁷、侗语 bak⁷、拉珈 bok⁷、柳江 bɯk⁵⁴、邕宁 muk³。羌语该系列词可以和汉语的"博"相比较。《说文·十部》："博，大，通也。"《左传·昭公三年》："仁人之言，其利博哉，晏子一言而齐侯省刑。"《淮南子·泛论训》："岂必褒衣博带。"宋曾巩《契丹》："自此边境去矢石之忧，天下无事，百姓和乐，至今余四十年，先帝之功德博矣。"《广韵·铎韵》："博，补各切。"其上古音，郑张尚芳构拟成 *paag，李方桂构拟成 *pak，王力构拟成 *pak。其中古音，郑张尚芳构拟成 *pak，邵荣芬构拟成 *pak，王力构拟成 *pak。

第三种，单音节首辅音为双唇鼻音，有 mi、ȵi，如：
qa kua lio ma mamumaçya qa Xo mi ȵa kua Xo ba（《羌族释比经典·还天晴愿》P. 690）

我 愿 还 上 蒙蒙亮　　我 不大 和 愿 为 大
天将亮时我还愿，我不大则愿为大。
mubia ti kə çe dʑio tsu ȵi ke die bʐe（《羌族释比经典·颂神禹》P. 211）

天空 顶 的 铁打　柱 大 根 的 断
就像天柱断了根。

第四种，单音节首辅音为舌尖前塞音，有 da、di、tə、tshe、tsu，如：
tɕhytɕhy tɕaqə tɕhi ji da ba tɕatsatɕhi tʂhei ə¹dzu sa（《羌族释比经典·还愿》P. 622）

祭祀　　之地 神 的 大 的 甲杂期 位　坐下 了
这村寨子的寨神甲杂期坐上位了。

ʂə tsu   ʂə ba ʂə   di da （《羌族释比经典·还愿》P. 612）
儿 小   儿 大 儿 大 发
儿子儿孙也大发。

jy   tə jy tshe jy   tshe   ʑi we （《羌族释比经典·走神路》P. 581）
鸡 大 鸡 小 鸡 三只 有 了
鸡大鸡小有三只。

羌语该类"大"，可能与以下语言的"大"有关系。如：博嘎尔 tə:、达让 dɯ[31]、贵琼 ta[55]、纳木义 da[53]、兰坪 ta[55]、箐花 ta[55]、史兴 due[35]、剑川 to[21]、坡脚 thau[35]、普标 du[213]。白保罗认为，藏语 mthe-bo"大拇指"，怒语 thɛ，米基尔语 the"大，大的，广大"，并将藏缅语的"大的"构拟成 *tay。① 羌语该系列词可以和汉语的"大"相比较。《说文·大部》："大，天大、地大、人亦大，故大象人形。"王筠《释例》："此谓天地之大，无由象之以作字，故象人之形以作大字，非谓大字即是人也。"《诗经·小雅·吉日》："发彼小豝，殪此大兕。"汉司马相如《子虚赋》："然在诸侯之位，不敢言游戏之乐，苑囿之大。"《水浒传》第六十六回："城内有座楼，唤做翠云楼，楼上楼下，大小有百十个阁子。"《广韵·泰韵》："大，徒盖切。"其上古音，郑张尚芳构拟成 *daads，李方桂构拟成 *dadh，王力构拟成 *dat。其中古音，郑张尚芳构拟成 *dai，邵荣芬构拟成 *dai，王力构拟成 *dhai。

第五种，单音节首辅音为舌尖塞擦音、擦音，有 tshe、tsu、dʐa、dʐo、ʂa、tʂha、ʐa，如：

jy tshe qəti   ba tshe qəti   wu ʂəɕi wa （《羌族释比经典·得哇》P. 1841）
路 大 之上 坪 大 之上 你 放出 要
道路歇气坪处驱走。

qhua tsu qhua bʐəi xæ ke ji （《羌族释比经典·还愿》P. 723）
沟   大 沟   小 上去 了
顺着深沟上去了。

zəm dʐa ze   nəmitina saʐədʐai （《羌族释比经典·开坛》P. 1060）
官   大 这个 讲道理   没有好
这个大官人没有讲道理。

---

① Benedict, P. K（白保罗）：*Sino-Tibetan*：*a Conspectus*, Cambridge University Printing House. 1972：69.

ʐei　dzo　ʐei　dzo　ʑie　mu kə sa　（《羌族释比经典·祛病》P. 1714）
路　大　路　边 病魔 找 去 了
顺着大陆找病魔。

ʂa phia　zə bəu zə　bəu da　（《羌族释比经典·铁三足》P. 2070）
大 山　过 堆 过　堆 成
大山一样堆起来。

thuwe tʂha　we ʐəpo tʂha wu　（《羌族释比经典·招魂》P. 1373）
母亲　大　是 父亲　大　是
家中父亲为大，母亲为大。

doji　ʂəhu he　le　ʐa ʁuna　（《羌族释比经典·结婚打煞》P. 908）
外面　出去 时 一切都　大 吉利
常开心大吉大利。

第六种，单音节首辅音为舌尖前边音，有 la、lia，如：

bia tʂu bia la　sə la　jie　（《羌族释比经典·蜜蜂颂》P. 2114）
梁　小 梁 大 来 飞 了
飞到大小山梁去。

qa dzə mi　lia　pipo dzə zə lia　çi　（《羌族释比经典·别》P. 1852）
我 劲 不　大　叔伯 劲的　大 的
我请师叔来助阵。

羌语该系列词语可能与以下语言中的"大"有一定关系。如：孟连 loŋ¹、元江 luŋ¹、莫语 laːu、佯 laːu³³、那斗 loŋ¹¹、布央 luːŋ、大南山 lo³¹、绞陀 lo¹²、小海子 lu²¹、枫香 lɛ¹³、吉卫 ljo³¹、高强 lio²¹、偶里 liəu³³、洞头 lɔ⁵⁴、宗地 lo²²、黄洛 liu³³、柳田 liu³³、弄脚 ɬo³³。邢公畹用汉语"隆"与之比较。① 《说文·生部》："隆，丰大也。从生，降生。"《文选·左思〈蜀都赋〉》："侈侈隆富，卓郑埒名，公擅山川，货殖私庭。"吕延济注："隆，大也。"南朝梁萧统《七契》："招摇隆富，征集豪华。"《广韵·东韵》："隆，力中切。"其上古音，郑张尚芳构拟成 *g.ruuŋ，李方桂构拟成 *ljəŋw，王力构拟成 *liuɯəm。其中古音，郑张尚芳构拟成 *liuŋ，邵荣芬构拟成 *liuŋ，王力构拟成 *liuŋ。

第六种，单音节首辅音为舌根音，有 gu、gue、ke、ko、ku，如：

---

① 邢公畹：《汉台语比较手册》，商务印书馆 1999 年版，第 161 页。

qəə¹   jo ȵio no   gu ȵio （《羌族释比经典·铁三足》P. 2068）
接着 上 吆 绵羊   大 吆
山羊愿后是绵羊愿。

tshoŋməˈ məna gue （《羌族释比经典·敬请祖师》P. 1033）
冲脉   威力   大
冲脉祖师威力大。

z̩ə   so ke pu da ke mia le （《羌族释比经典·绵虫》P. 1694）
牦牛 遇 大 的 云雾 里 绵   一个
家里有了绵虫怪，牦牛出圈遍山跑。

pia ko pha ȵa pia sa ɕi gələ pa we （《羌族释比经典·还愿》P. 615）
猪 大 杀   了 猪 血 放 这月 是 了
杀猪宰羊皆欢喜。

ɦatɕi gələ dzəpi ʁuetɕi pia ku pha piasa ɕi kə gələ pe we （《羌族释比经典·唱根源》P. 850）
释义 这月 羌人们 勤恳 猪 大 宰 猪血 放 的 一月 是 了
十一这月欢聚，杀猪宰羊贺丰年。

羌语该系列词语与以下语言有一定的关系。如：阿力克 tɕhe、拉萨 tɕhe⁵⁵、巴塘 tɕi⁵³、格曼 kɯ³¹、义都 kɑ⁵⁵、道孚 gɛ、则洛 kɯ⁵³、卓克基 kə、木雅 ki³³、九龙 tɕɔ⁵⁵、六巴 ki³³、三岩龙 tɕe⁵⁵、拖七 tɕe⁵⁵、扎坝 tɕi⁵⁵、丹老 tɕi⁵³、中山乡 kji³³、东友 kwi⁵⁵、若开 kri⁴⁴、茵达 ki⁵³、卡卓 ʁɣ³¹、傈僳 vu³¹、怒苏 ʁɿi⁵⁵、撒都 ʁə³³、巍山 ʁɯ²¹、武定 ʁɔ³³、喜德 z̩ɿ³³。羌语该系列词可以和汉语的"洪"相比较。《说文·水部》："洪，洚水。从水，共声。"汉司马相如《难蜀父老》："夏后氏戚之，乃堙洪塞源，决江疏河。"汉枚乘《七发》："衍溢漂疾，波涌而涛起。其始起也，洪淋淋焉，若白鹭之下翔。"元揭傒斯《题桃源图》诗："雪霜翻溅瀑，雷雨泻崩洪。"引申可以用指"大"。《尚书·多方》："洪舒于民。"三国魏曹植《上牛表》："臣闻物以洪珍，细亦或贵。"宋叶适《祭郑景元文》："人之有材，岂不求通？曰天不显，匪人能洪。"《广韵·东韵》："洪，户公切。"其上古音，郑张尚芳构拟成 *glooŋ，李方桂构拟成 *guŋ，王力构拟成 *ɣoŋ。其中古音，郑张尚芳构拟成 *ɣuŋ，邵荣芬构拟成 *ɣuŋ，王力构拟成 *ɣuŋ。

第七种，单音节辅音为小舌音，有 qe、ʁa、ʁo，如：

tsə qe ælæ　ji go　te qha　pu ji（《羌族释比经典·治妖》P. 1293）
儿 大 一个 的 就 来 射　 做 了
大儿子端起火枪就朝妖邪射。

ʁa　　ʐa pipo　aɕi tshua（《羌族释比经典·赤》P. 2006）
大　小 西山　 十七　 寨
大小西山十七寨。

mo gou ʁo dʐati ʁo khaphei ʁo（《羌族释比经典·还家愿》P. 677）
人丁　 旺 五谷 旺 猪膘　　大
人丁兴旺，五谷满仓，肥猪肥壮。

羌语"大"双音节词主要有 daba，如：
tɕi ji daba tɕhi ji tɕiphu ɕyatɕephu（《羌族释比经典·还愿》P. 656）
神　 中 大神 的 当中 许基普
神中大神是许基普太阳神。

二　long（长）

《牛津高阶英汉双解词典》："long, measuring or covering a great length or distance, or a greater length or distance than usual.""long"对应汉语"长"。其在《百词表》中占第 14 位，在郑张尚芳《华澳语言比较三百核心词表》中居第 226 位，在黄布凡《藏缅语 300 核心词词表》中为二级核心词。该部分我们除了分析羌语"长"语义场，还分析"高"语义场。

1. "长"在羌语 14 个方言点发音如下：

桃坪：dʐe^{33}　　　　　麻窝：dʐi
蒲溪：dʐəlɑ　　　　　 曲谷：dʐə/ ʂam
松坪沟：dʐə　　　　　峨口：dʐə
萝卜寨：thɑ^{55}　　　　荣红：dʐə
绵虒：dʐe^{55}　　　　　热额纳：ʐətʂ
永和：dʐe　　　　　　小姓：dʐə
龙溪：thɑ^{55}　　　　　杨柳：dʐə

羌语"长"主要使用单音节表示，辅音有两种情况。一类是舌尖后塞擦音或擦音作辅音，有 dʐe、dʐə、dʐi、dʐəi、dʐa、ʐətʂ，如：
khe so gəu dʐəi dʐəi miŋa nə（《羌族释比经典·克一部》P. 1222）
克 比 脚长　长　 没有 的

没有比克的脚更长的。

khe sobu dʐa　dʐa　miŋa nə　（《羌族释比经典·克一部》P. 1222）
克 比肠 长　长　没有 的
没有比克的肠更长的。

khe soʂmu dʐe dʐe miŋa nə　（《羌族释比经典·克一部》P. 1222）
克 比毛长　长　没有 的
没有比克的毛更长的。

ja dzə na ɕy dʐə na ɕy dʐə　（《羌族释比经典·拴魂》P. 1803）
寿 长 和 命 长 和 命 长
病痛者命长啊命长，释比我这样向你通白。

ə¹ sə adio nia　ji dʐei　（《羌族释比经典·尔一部》P. 2139）
尔 的 一段 什么 的 长
尔这部经有多长。

ʂqeni tɕɕæ dæː n̠iawul zəʂ ɕiwuʔ　（《热额纳羌语参考语法》P. 136）
茂县 街 一条 多　长　是
茂县的街有多长？

羌语该系列词与以下语言的"长"有一定关系。如：则洛 ʂa⁵⁵、木雅 zu²⁴、九龙 ʂa⁵⁵、兰坪 ʂa⁵⁵、扎坝 ʂɿ⁵⁵、剑川 tso⁴²、卡卓 sɣ²²、傈僳 ʃi³³、纳西 ʂɻ²¹、怒苏 xɯɯ³³、南华 ʂɿ³³、巍山 ʂɿ⁵⁵、武定 sɻ³³、阿昌 səŋ⁵⁵、勒期 ʃəː ŋ³³、德努 she³³、仙岛 sɣŋ⁵⁵。羌语该系列词可以和汉语"修"相比较。《说文·彡部》："修，饰也。"《楚辞·九歌·湘君》："美要眇兮宜修，沛吾乘兮桂舟。"王逸注："修，饰也。言二女之貌，要眇而好，又宜修饰也。"引申可以用指"长"。《诗经·小雅·六月》："四牡修广，其大有颙。"毛传："修，长。"汉蔡琰《胡笳十八拍》："十七拍兮心鼻酸，关山阻修兮行路难。"《广韵·尤韵》："修，息流切。"其上古音，郑张尚芳构拟成 *sluɯ，李方桂构拟成 *stjəgw，王力构拟成 *siu。其中古音，郑张尚芳构拟成 *sɨu，邵荣芬构拟成 *siəu，王力构拟成 *sɨəu。认为，汉语 l-声母在原始汉藏语 *i 前颚化，原始藏缅语 *(s)riŋ "长/延长"，藏文 riŋ-ba "长"，sriŋ-ba "伸长，扩张，延期"，上古/中古汉语 s[ly]iěn/śiěn "申"< *原始汉藏语* (s)riŋ。[①]"申"

[①] Benedict, P.K（白保罗）：*Sino-Tibetan: a Conspectus*, Cambridge University Printing House. 1976: 477.

指"长"主要用作动词，我们认为，羌语该类"长"与汉语"修"相比较，从音义对应看更科学一些。

一类是舌尖前塞音作辅音，有 tha、tha，如：

patsho χegu tshetu tha we goʁe mi dze tɕio ji dʐue pu （《羌族释比经典·赤》P. 2003）

一双 草鞋 三卡 长 了 脚上 不 敢 钱 的 丢 了

一双草鞋三尺长，脚上穿着穿不上，付了银钱摔了鞋。

羌语该系列词与以下语言中的"长"有关系。如：仓洛 riŋ、门巴 riŋ[35]、阿力克 raŋ、巴尔提 ring、巴塘 ri[13]、拉萨 riŋ[13]、夏河 raŋ、贵琼 xi[55]、纳木义 da[53]、西夏 dzjo[1]。羌语该系列词语可以和汉语的"遥"相比较。《说文新附·辵部》："遥，逍遥也。又远也。"《方言》卷六："遥，远也。梁楚曰遥。"《礼记·王制》："自江至于衡山，千里而遥。"前蜀杜光庭《虬髯客传》："妓遥呼靖（李靖）曰：'李郎且来拜三兄。'"《广韵·宵韵》："遥，余昭切。"其上古音，郑张尚芳构拟成 *lew，李方桂构拟成 *grjagw，王力构拟成 *ʎio。其中古音，郑张尚芳构拟成 *jieu，邵荣芬构拟成 *iæu，王力构拟成 *jiɛu。

还可以在单音节词后加上一个副词"la"，有 dʐila、dʐəla，如：

ŋa phu dʐila-la-lei mɑ-u-ɑ （《蒲溪羌语研究》P. 80）

我 衣服 长 要

我要长的那件衣服。

2. "高"在羌语 14 个方言点发音如下：

桃坪：bu[33]　　　　　麻窝：buʴ

蒲溪：bəu　　　　　　曲谷：tijy

松坪沟：bi　　　　　　峨口：bɪɪ/tɪ wɪɪ

萝卜寨：bo[55]　　　　荣红：tiwi

绵虒：bʐu[55]　　　　 热额纳：tə bi

永和：bu　　　　　　 小姓：ʁʐu

龙溪：bo[55]　　　　　杨柳：bi

羌语"高"主要使用单音节形式表示，单音节首辅音可以是双唇音，有 bo、bəu、bu、po、pu、wa、we，如：

thu ʂæ tshuqə bo nə bo tshuqə tɕie kə （《羌族释比经典·颂神禹》P. 205）

涂山　山峰　高 的　高　山峰　尖　上
涂山山高又险峻。
ʂtɕie n̪i dʐəpə mu so bəu　（《羌族释比经典·造天地》P. 229）
心　和　精气　天　比　高
他的气魄比天高。
bu ʑintsə be　ji n̪iəu　（《羌族释比经典·功绩》P. 957）
高　如果　矮　的　来
如果高了就让它矮下来。
çy　qo　qɑ　po dʐaʁotshei　（《羌族释比经典·铁》P. 2106）
房　上　最　高　纳萨神
房上最高纳萨神。
tɕhi mə tɕhibɑ tɕhi ji tɕhi pu çyetçipu　（《羌族释比经典·请神》P. 298）
神　中　大神　神　中　神　高　许吉普
神中高者太阳神。
dʑie wa wa sə ŋotçotçhi　（《羌族释比经典·还羊神愿》P. 679）
山　高　高　的　厄角期
高山之处是山神厄角期。
dʑei we we sə mədʐotçhi　（《羌族释比经典·请神》P. 298）
最　高　高　山　牟卓期
高山之中山神爷。

羌语该系列词与以下语言中的"高"有关系。如：丹巴革什扎 bji/mtho、则洛 nbo[53]、二岗理 mbre、日部 mbrɑ、卓克基 mbro、观音桥 bre[53]、业隆 bro[55]、西夏 bjij[1]、傈僳 mo[33]、糯福 mv[33]。《说文·手部》："拔，擢也。"汉王充《论衡·累害》："夫采石者破石拔玉，选士者弃恶取善。"三国魏刘劭《〈人物志〉序》："汤以拔有莘之贤为名，文王以举渭滨之叟为贵。"金段成己《送孙仲文行台之召》诗："拔英外台选，列布皆珪璋。"引申可以用指"高出、超出"。《孟子·公孙丑上》："圣人之于民，亦类也，出于其类，拔乎其萃。"南朝梁刘勰《文心雕龙·杂文》："自《七发》以下，作者继踵，观枚氏首唱，信独拔而伟丽矣。"唐李白《梦游天姥吟留别》："天姥连天向天横，势拔五岳掩赤城。"《广韵·黠韵》："拔，蒲八切。"其上古音，郑张尚芳构拟成 *bruud，李方桂

构拟成 *brət，王力构拟成 *boət。其中古音，郑张尚芳构拟成 *buat，邵荣芬构拟成 *buat，王力构拟成 *bhuat。

可以是舌尖音，有 to、ta、dʑəi、na、nei，如：

pimia tɕiɕi to təlio paə¹a təlio pimia ɕi wa（《羌族释比经典·波舍》P. 926）

父母 跟前 高 上来 莲花 开放 父母 葬 啊

父母后事要办好，看个好地来安葬。

tsu ʁe lu ʁe ji lu ʁe ji ta ji（《羌族释比经典·兄妹治人烟》P. 243）

水 流 来 流 的 来 流 的 高 了

洪水涨得与天高了。

pho dʐəi me mi khui je（《羌族释比经典·罪一部》P. 1936）

树 高 人 不 带 的

风吹大树，妖魔不会将人带走。

biemuphʐe to na tə kou ma（《羌族释比经典·评理》P. 1976）

别莫迫 的 高 上 放 了

老大治家人人夸。

bu nei sa tʂə ʁue li ȵia（《羌族释比经典·解秽》P. 562）

不 高 贵 做 五 里 驱赶

坏民风的不正道者驱赶出五里之外。

羌语以上发舌尖前塞音的"高"与以下语言中的"高"有关系。如：仓洛 thon、门巴 thɔ⁵⁵、阿力克 mtho、巴塘 thʊ⁵⁵、拉萨 tho⁵⁵、夏河 tho、博嘎尔 tom。

可以是舌面音，有 khe、go、jia、tɕie、ɕi、ɕo、jy、ȵo，如：

khe tə zətʂei dʑə sə lio ȵia ʁo ʂe lə sə die tʂhoɕo（《羌族释比经典·解秽》P. 559）

高 山 拿来 还 用 邪 和羊角枝杈 的 来 解秽

高山之处羊角树枝把秽解。

ʐgu tə ɕi tɕha tshu po go wo dʑə ɕi tɕha we（《羌族释比经典·还愿》P. 644）

九 的 送要 山 高 高 上 邪 送 走 了

九来驱除山中邪，九座高山邪驱除。

dzətça lia la ta tə çi we （《羌族释比经典·还家愿》P.675）
四年 有了 腰 齐 高 了
四年长有齐腰高。

wo¹tʂhu khəupu ço tçe ȵəu （《羌族释比经典·九敬经》P.785）
梯步 经文 高 上 诵。
口诵经文上木梯。

bua tshua mipi bua jy fua to （《羌族释比经典·送邪气》P.771）
五谷 种下 不吉 五谷 高 矮 了
五谷种下高矮一样不吉利。

nə ʁu təʁu ba təʁu ȵa jia tə ʁue sa （《羌族释比经典·铁三足》P.2066）
二 起 起来 低处 起来 和 高 的 上去 了
二步跨起祥瑞来。

çi qə tçie bo çi nə mu pia a nə çi kə （《羌族释比经典·解秽》P.561）
上界 高处 神 的 天宫 十二 神 的
天宫之中十二神前。

tçhe tça lia na polia miwu go li ȵo we （《羌族释比经典·砍杉杆》P.1114）
三 年 有了 麻秆 不是 脚 的 高 了
三年长来麻秆高。

羌语该系列词语与以下语言中的"高"有一定关系。如：达让 ka³¹、格曼 kloŋ⁵³、义都 ka⁵⁵、日部 kə、卓克基 kə、三岩龙 gue⁵⁵、拖七 gue⁵⁵、新营盘 gue⁵⁵、左所 gue⁵⁵、剑川 ka⁵⁵、绿春 go³¹、墨江 kɔ³³。羌语该系列词可以和汉语"高"相比较。《说文·高部》："高，崇也。象台观高之形。"唐韩愈《同窦牟韦执中寻刘尊师不遇》诗："院闭青霞入，松高老鹤寻。"明归有光《吴山图记》："其最高者，穹窿、阳山、邓尉、西脊、铜井，而灵岩，吴之故宫在焉，尚有西子之遗迹。"《广韵·豪韵》："高，古劳切。"其上古音，郑张尚芳构拟成 *kaaw，李方桂构拟成 *kagw，王力构拟成 *ko。其中古音，郑张尚芳构拟成 *kau，邵荣芬构拟成 *kau，王力构拟成 *kau。

可以是小舌音，有 qə、qei、qhua、ʁa，如：

qə ti ma wu mu ti tçhe （《羌族释比经典·人真心》P.672）

高 上 则 要 人 真心 要
高尚之人人真心。
maməmaçiya tshu qei bo qei çiya（《羌族释比经典·还愿》P.592）
天蒙蒙亮　山　高　高 上 亮
管理天界的明月。
qhua qə qhua lə ʁa nei gu tʂə ʁu çe ʂa（《羌族释比经典·解秽》P.559）
高　山顶　上 石头 有 的 石 三 块
三块石头出高山。
səphie nə ʁa zu kə（《羌族释比经典·敬天地谢神恩》P.834）
药挖 者 高 山 去
挖药入深山。
同时还可以是复辅音，有 bʐa、bʐəu、bʐu、pzu、ʂkəu，如：
sæ ŋæ tçi bʐa zə tçi bʐa thu tçi（《羌族释比经典·话说圣洁木吉珠》P.1946）
啥 都有 了 高 矮 有了 上下 有了
在这人世上，有了高矮便有了上下。
ɣlodʐəi zgusazgu tshe bʐəu（《羌族释比经典·取火种》P.271）
城楼 九十九　层　高
城楼九十又九层高。
çipu tçiqa adʐa nətshə bʐu（《羌族释比经典·迟基格布》P.150）
身强 体壮 一丈 二尺 高
体壮身高一丈二。
khuatʂhu zuə pzu tsha ŋu stu（《羌族释比经典·祝酒词》P.894）
深沟　山　高 羊　牛 放
高山深处放牛羊。
dzə ʂke məi ɲi jiqe ʂkəu ji ŋæ læ ɲitçi pu ləu（《羌族释比经典·木吉剪纸救百兽》P.2241）
法事 会　且　技巧 高 的 我 呢 怎么 做 哟
他做法事本领高，我实在无可奈何。

三　small（小）

《牛津高阶英汉双解词典》："small, not large in size, number, degree,

amount, ect."" "small" 对应汉语 "小"。其在《百词表》中占第 15 位，在郑张尚芳《华澳语言比较三百核心词表》中居第 222 位，在黄布凡《藏缅语 300 核心词词表》中为一级核心词。

"小"在羌语 14 个方言点发音如下：

桃坪：pə³¹ tʂhe⁵⁵　　　　　　麻窝：Xtʂa；ketɕi
蒲溪：tsui；bzə；betʂhi；pi-betʂhi　　曲谷：ʂtʂa/ɕtɕi/ɕtɕitɕi
松坪沟：ketɕi　　　　　　　　峨口：Xtʂa
萝卜寨：ʂtʂa³¹　　　　　　　　荣红：xtʂa；ketɕi
绵虒：bzu³¹bzi³⁵　　　　　　热额纳：Xtʂa
永和：tsə：　　　　　　　　　小姓：ʁza
龙溪：xtʂa　　　　　　　　　 杨柳：tɕitɕi

羌语"小、少"可以用单音节词表示，也可以用双音节词表示。单音节词元音前辅音可以是单辅音，也可以是复辅音。

单辅音可以是舌尖前音，有 tsu、tsə、tse、tsa、tshu、tshə、tshe，如：

qəi tsu mima qəi bzəi ma　（《羌族释比经典·敬寨神》P. 462）
城　小　不要　城　大　要
无论是大城小城。

tsə ʂtu ŋa　ta qhəu mi qəi tsə dzə tsha wa　（《羌族释比经典·释比生肖论命》P. 2028）
兄弟们　上靠　不　能　小事　罚　要
兄弟骨肉少靠，小事多罚。

khzelə jy tse　tsitsi　jy zdupi pu　（《羌族释比经典·霉灾》P. 1774）
八月　鸡　小　声音难听　鸡　消灾法术　用
八月，小鸡啼鸣难听，将用在消灾之堂。

tɕatshua ba na tsa　（《羌族释比经典·请神》P. 300）
这寨　大 和 小
这寨老少众人丁。

da ɕo biaqə jydzo tshu tɕytɕy zei　（《羌族释比经典·还天晴愿》P. 690）
在那方　山梁　野鸡　小　唧唧　叫
山梁野鸡叫喳喳。

ʁujipiatʂə tʂa ma tʂa nə tshə pu ɕya （《羌族释比经典·鬼》P. 1680）
点水雀　小 是 小 则　小　的　灵敏

我的个儿小是小，心中分明能辨别。

jy　tə jy　tshe jy tshe　ʑi we（《羌族释比经典·走神路》P. 690）
鸡 大 鸡 小 鸡 三只 有 了

鸡大鸡小有三只。

羌语该系列词与以下语言中的"小"有关系。如：观音桥 zi^{53}、业隆 ze^{53}、六巴 $tsə^{33}$、锣锅底 $tsʅ^{53}$、兰坪 $tsɛ^{13}$、鲁甸 tsA^{13}、箐花 $tsɛ^{13}$、三岩龙 $tsei^{13}$、桃巴 tse^{35}、拖七 $tsei^{13}$、新营盘 $tsei^{13}$、左所 $tsei^{3}$、却隅 zi^{55}、史兴 tsi^{33}、剑川 se^{21}、棉谷 dzi^{33}。羌语该系列词可以和汉语的"细"相比较。《说文·系部》："细，微也。"本指"微小的丝。"朱骏声《说文通训定声》："细者，丝之微也。"引申可以用来指"小的"。《左传·襄公四年》："吾子舍其大而重拜其细，敢问何礼也？"唐张祜《塞上曲》："莫道功勋细，将军昔戍师。"《国语·周语下》："大不踰宫，细不过羽。"唐韩愈《独钓》诗："羽沈知食駃，缗细觉牵难。"《广韵·霁韵》："细，苏计切。"其上古音，郑张尚芳构拟成 *snɯɯls，李方桂构拟成 *siədh，王力构拟成 *syən。其中古音，郑张尚芳构拟成 *sei，邵荣芬构拟成 *sɛi，王力构拟成 *siei。白保罗认为，西部藏语 zi "非常小或非常少的东西"，克钦语 zi "小"，zi-zi "小，微细的"，缅语 sè，拉祜语 i<*yi<*ʔzi，并将藏缅语"小"构拟成 *ziy。①

单辅音可以是舌尖后音，有 tʂa、tʂu、tʂhuə、tʂuə、ʐa，如：

tsə⁺leke　je　ji tɕi　tʂa le　lə mə kə we（《羌族释比经典·还愿》P. 652）
自古以来　一个 儿 还 小 山 林 的 去 了

很小翻山又越岭，走去打猎转山巅。

ʐə tɕitɕe tʂu hanə tsəu （《羌族释比经典·说鬼》P. 1357）
鬼 女儿 小 十二 岁

鬼的小女儿有十二岁。

ʐuphʐi tiuta bapu　tʂhuə tatiu ʐatɕoje（《羌族释比经典·八月播种》P. 2157）

----

① Benedict, P. K（白保罗）：*Sino-Tibetan: a Conspectus*, Cambridge University Printing House. 1972：24.

白路 看见 歇气坪 小　那就 下来了
看见从白路那边小歇气坪处下来了。
phatçhu tʂuə bʐe akhua ta （《羌族释比经典·祝酒词》P. 893）
禽兽　小　大 一群 带
携带禽兽一大群。
ʁa　ẓa　pipo açi　tshua （《羌族释比经典·赤》P. 2006）
大 小 西山 十七 寨
大小西山十七寨。
羌语该系列"小"词语可与以下语言中的"小"相比较。如：苏龙 dʑiaŋ^{55}、傈僳 ẓo^{33}、华南 ẓɑ^{33}、德努 tθe^{53}、茵达 she^{53}、约语 tθe^{44}。

单辅音可以是边音，有 lə，如：
tsə lə　ælæ ɤze　ȵi lə　te bie pu ji （《羌族释比经典·治妖》P. 1291）
儿 小 一个 弓 和 箭 来 背 做 了
小儿子背上了弓和箭。

羌语该词可以与以下语言中的"小"相比较。如：泰语 lek^8、老挝 lek^8、版纳 lɛp^8、德宏 lik^8、黄洛 l̥e^{53}、柳田 l̥e^{53}。陈孝玲认为，该系列词可以与汉语"叔"比较。①《说文·又部》："叔，拾也。"《诗经·豳风·七月》："九月叔苴，采荼薪樗。"毛传："叔，拾也。"假借可以用来指"年龄比较小的"。北齐颜之推《颜氏家训·风操》："古人皆呼伯父叔父，而今世多单呼伯、叔。"清刘瀚《珠江奇遇记》："阿叔，南海人，姓锺氏，字秀霞……尝同余馆别墅，叔之大阮与焉。阮叔之，余亦叔之。"《广韵·屋韵》："叔，式竹切。"其上古音，郑张尚芳构拟成 *hljɯwɢ，李方桂构拟成 *hrjəkw，王力构拟成 *çiuk。其中古音，郑张尚芳构拟成 *çɨuk，邵荣芬构拟成 *çiuk，王力构拟成 *çɨuk。

单辅音可以是舌面前音，有 tɕhə、tɕy、tɕyi，如：
dʑi tə dʑi tɕhə dʑi tshei ẓi （《羌族释比经典·还愿》P. 588）
猴 大 猴 小 猴 三个 有
金丝猴大小有三个。
tyku tɕy tsuəsu qa ʂəkaŋ （《羌族释比经典·勒布斯色》P. 1395）
土猪 小 通知 我 能行

---

① 陈孝玲：《侗台语核心词研究》，博士学位论文，华中科技大学，2009年，第243页。

小土猪说传递口信我能行。

qhua tɕyi xsəi læ te phəu pu ji（《羌族释比经典·还愿》P. 652）
妖小　三　个　的　跑 做 了
三个小妖想跑掉。

单辅音可以是舌面后音，有 gu、ku，如：

tɕe gu tɕe bʐa lə　　mia　　phuə¹ ɕiou　nia　jia　hai qha ma tɕhya ji bo ho（《羌族释比经典·不吉》P. 1014）
女 小 女 大 一个 母亲　　话　接受　的　呀嘿亏不吃　的 是 啊
哎嗬噢噢呜，小女大女俱成人，母亲生前多教诲，铭记心间切勿忘。

pi　jigo　ku ku tɕætɕæ phie mi ŋue（《羌族释比经典·根治流产》P. 1312）
男人　这个　小　小 尖锄　挖 不 会
这个男人不会用小尖锄。

羌语以上两类用指"小"的词与以下语言的"小"有关系。如：阿力克 tɕhoŋ、巴尔提 khe、巴塘 tɕhu¹³、拉萨 tɕhy⁵⁵、夏河 tɕhoŋ、藏文 tɕhuŋ、阿侬 tɕi⁵⁵、博嘎尔 tɕop、达让 kɯ³¹、格曼 kɯ³¹、景颇 ka³¹。羌语该系列的词语可以和汉语的"尖"相比较。"尖"可以用来指"细小锐利的末端；顶端"。南朝梁江淹《江上之山赋》："巉嶷兮尖出，嵩巉兮穴凿。"《新五代史·杂传·李崧》："为浮屠者必合其尖。"元王实甫《西厢记》第五本第一折："红云：'姐姐，往常针尖不倒，其实不曾闲了一个绣床。'"《水浒传》第二十六回："〔武松〕身边藏了一把尖长柄短、背厚刃薄的解腕刀。"引申可以用之"小"。《玉篇·大部》："尖，小细也。"晋王羲之《书论》："每作一字，须用数种意……或上尖如枯秆，或下细若针芒。"唐杜甫《送张十二参军赴蜀州因呈杨五侍御》诗："两行秦树直，万点蜀山尖。"宋陈师道《后山诗话》："某守与客行林下，曰：'柏花十字裂，愿客对。'其俦晚食菱，方得对，云：'菱角两头尖。'"《广韵·盐韵》："尖，子廉切。"其上古音，郑张尚芳构拟成 *ʔslem，李方桂构拟成 *tsjam，王力构拟成 *tsiam。其中古音，郑张尚芳构拟成 *tsiɛm，邵荣芬构拟成 *tsiæm，王力构拟成 *tsɨɛm。

单音节元音前的辅音可以是复辅音，有 ʂtʂa、xtʂa、xtʂæ、bʐəi，如：
bʐa ȵia xtʂa nə ʑinə na（《羌族释比经典·木吉珠和斗安珠》P. 128）

大 和 小 的 生活 好

老的小的都舒坦。

Xtʂæ nia bẓa na diege qa （《羌族释比经典·木吉珠和斗安珠》P. 87）

小 和 大 的 和睦相处 能

人人愿和他一起。

qhua tsu qhua bẓəixæ ke ji （《羌族释比经典·还愿》P. 723）

沟 大 沟 小 上 去 了

顺着深沟上去了。

羌语表示 "小、少" 也可以用双音节表示，有 ketɕi、maba、pe[33] tɕhie[11]、betʂhi、pə[31] tʂhe[55]、tɕytɕe 等形式，如：

pə ʂu pətʂhəi he kuətɕi we （《羌族释比经典·还愿》P. 652）

年纪 小 时 运气 有

年轻时候运气好。

tshethse tɕytɕe kətɕu （《羌族释比经典·勒布斯色》P. 1395）

麻雀 小 飞去

小麻雀从窗口上飞过去。

四 hot（热）

《牛津高阶英汉双解词典》："hot, having a high temperature; producing heat." "hot" 对应汉语 "热"。其在《百词表》中占第 93 位，在郑张尚芳《华澳语言比较三百核心词表》中居第 258 位，在黄布凡《藏缅语 300 核心词词表》中为三级核心词。

"热" 在羌语 14 个方言点发音如下：

桃坪：khye le　　　　　　麻窝：dẓγ: dẓ；e

蒲溪：səsə；sə　　　　　　曲谷：dadə；də

松坪沟：khuəkhua　　　　　峨口：tɛ ʂɛ；sɛ；sɪ lɛ

萝卜寨：du[35]　　　　　　荣红：khue；dẓidẓi；si

绵虒：khue[11] khue[33]　　热额纳：də

永和：fiə-lə:　　　　　　　小姓：ɕop；ɕe

龙溪：khu[55] khua[55]　　 杨柳：ɕeli

羌语 "热" 可以用单音节表示，单音节首辅音可以是舌尖塞音，有 du、də，如：

ẓi　　phu　tə gu　ẓi　du nə（《羌族释比经典·九敬经》P. 793）
猴童 衣服 穿 上 猴童 热 啊
穿上衣服才暖和。

mujiq ha-tʂu nə mu qəl la kəm　daddə-ẓə　　dẓə（《热额纳羌语参考语法》P. 132）
太阳　　　　翻山　天下 所有的（趋向） 热（使动） 能
太阳出来后能使天下万物都温暖。

zəpu　la eɕy　də ke lu（《羌族释比经典·说节日》P. 2224）
地面 里 照亮 热 的 来
照耀大地送温暖。

羌语该系列词"热"与以下语言中的"热"有关系。如：达让 tai⁵⁵、武鸣 daː t⁷、望谟 daː⁷、侗语 tun¹、仫佬 tun¹、水庆 do³/tun¹、毛南 tuː n¹、泰语 dɯː at⁹、壮语 daː t⁹、布依 daː t⁸、拉柳 t̪hut⁷、黎语 tiː t⁷、布央 tot¹¹。陈孝玲认为该系列词与"干燥"有关，可以和汉语的"灲"相比较。① 《广雅·释诂二》："灲，干也。"王念孙疏证："灲之言槁也。"《广韵·平肴》："灲，乾也。"《中国歌谣资料·农民十二月》："蒸酒蓑衣糯，晒灲加光砦。""灲"有可以用指"热"，《玉篇·火部》："灲，热也。" 《广韵·平肴》："灲，许交切。"其上古音，郑张尚芳构拟成 *hreew，李方桂构拟成 *hragw，王力构拟成 *xeo。其中古音，郑张尚芳构拟成 *xɤɛu，邵荣芬构拟成 *xau，王力构拟成 *xau。

单音节首辅音可以是舌尖塞擦音、擦音，有 sə、sɛ、tshə，如：
ʂtɕieko sə n̠i ʂtɕieko lie ji（《羌族释比经典·取火种》P. 281）
心中　热 且 心中 暖 了
心中感受热腾腾。

pha ʂap lə dodu na tshə la wei（《羌族释比经典·兄妹治人烟》P. 246）
草床　些 全部 就 热 气 了
床上枝桠有了热气。

羌语该系列用指"热"的词与以下语言中的"热"有一定的关系。如：仓洛 tsha、门巴 tshe⁵⁵、巴尔提 tsho、巴塘 tsha⁵⁵、拉萨 tsha⁵⁵、夏河 tsha、道孚 xtsɛ、则洛 tshæ⁵³、纳木义 tshæ⁵³、九龙 tsə¹¹、史兴 tʂɿ³⁵、卡

---

① 陈孝玲：《侗台语核心词研究》，博士学位论文，华中科技大学，2009 年，第 248 页。

卓 tshɑ³³、傈僳 tshɑ³³、纳西 tshəɹ³³、怒苏 tshɯ³³、巍山 tshɑ⁵⁵、武定 tshu¹¹、喜德 tshɑ³³。羌语该系列词可以和汉语的"热"相比较。《说文·火部》："热，温也。从火，埶声。"《孟子·梁惠王下》："如水益深，如火益热。"唐王建《田家行》："五月虽热麦风清，檐头索索缲车鸣。"《西游记》第五十九回："敝地唤做火焰山，无春无秋，四季皆热。"《广韵·薛韵》："热，如列切。"其上古音，郑张尚芳构拟成＊njed，李方桂构拟成＊njat，王力构拟成＊n̠iat。其中古音，郑张尚芳构拟成＊n̠ziɛt，邵荣芬构拟成＊n̠ziæt，王力构拟成＊n̠ziɛt。

单音节首辅音可以是舌面擦音，有 ɕe、ɕi，如：
dahȵi kelu ɕi ke tɕhua（《羌族释比经典·打醋坛》P. 550）
红云 出来 热 出 要
红云出来天气炎热。

羌语该系列与以下语言的"热"有关系。如：博嘎尔 gu、独龙 kɑt⁵⁵、景颇 ka³¹、扎坝 kʊ⁵⁵、坡脚 kɯ²¹、龙华 khjaŋ⁴⁴、枫香 khoŋ³³、青岩 koŋ⁵⁵、养蒿 khi³³、宗地 koŋ³²、布努 khjuŋ³³。羌语该系列的词可以和汉语的"灸"相比较。《说文·火部》："灸，灼也。从火，久声。"《庄子·盗跖》："丘所谓无病而自灸也。"《史记·扁鹊仓公列传》："齐太医先诊山跗病，灸其足少阳脉口。"北齐颜之推《颜氏家训·勉学》："徐之才为灸两穴。"宋陆游《老学庵笔记》卷五："自言疾无轻重，一灸立愈。"也可以用来指与"热"有关的"烧灼"。宋乐史《绿珠传》："昭君村生女，皆灸破其面。"《广韵·有韵》："灸，举有切。"其上古音，郑张尚芳构拟成＊kʷlɯʔ，李方桂构拟成＊kjəgx，王力构拟成＊kiə。其中古音，郑张尚芳构拟成＊kɨɯ，邵荣芬构拟成＊kiəu，王力构拟成＊kiəu。

也可以用单音节词重叠表示"热"，khuəkhua、khu⁵⁵ khua⁵⁵、khue¹¹ khue³³、dʐɣːdʐe、dadə、dʐidʐi、səsə，重叠后前后两个音节读音有相同，也有不同，不同主要体现在元音的不同，元音有央化，也有脱落。如：
dʐi ji ɕieta xæ səsə ji（《羌族释比经典·取火种》P. 265）
脚 手 身上 发 热 了
周身热气在涌动。

ʐa tshəko mi khukhua mi le pe（《羌族释比经典·羌戈大战》P. 34）
岩 下边 不 热   不 又 冷

岩下不冷又不热。

也可以在单音节基础上,增加一个表方向的标记。多用 le, le 表示向心的运动方向, ha/hæ/he 向上方(远距离)、向外、向后、向返回方有 fiə-lə:、khye le、sɪ lɛ,如:

ɕy⁵⁵ ʐan³¹ ma³³ sʅ⁵⁵ ti³³ mi⁵⁵ ŋa³³ ko³³, tan¹³ ʂʅ¹³ tɕhi¹³ χəu¹³ ti³³ khye⁵⁵ le³³ tshyi³¹ (《羌语简志》P. 138)

虽然 太阳 没 有 但是 气候 热 厉害

虽然没有太阳,但是天气还是很热。

五 cold (冷)

《牛津高阶英汉双解词典》:"cold, having a lower than usual temperature; having a temperature lower than the human body." "cold" 对应汉语"冷"。其在《百词表》中占第 94 位,在郑张尚芳《华澳语言比较三百核心词表》中居第 257 位,在黄布凡《藏缅语 300 核心词词表》中为三级核心词。

"冷"在羌语 14 个方言点发音如下:

桃坪: mən³¹ pe⁵⁵ 　　　　麻窝: stiuqu; mupu
蒲溪: m pəi; ʂtu 　　　　曲谷: stu; muppa
松坪沟: ɕity 　　　　　　峨口: mə pɛ; stu χu
萝卜寨: tho⁵⁵ 　　　　　荣红: məpɑ
绵虒: təu³³ 　　　　　　热额纳: ɕty; ɕit ty; mum pa
永和: mupa 　　　　　　小姓: thy
龙溪: mu³³ pa⁵⁵; to⁵⁵ 　　杨柳: ɕi ty

羌语"冷"可以用单音节表示,也可以用双音节表示。单音节首辅音可以是舌尖音,有 tho、thəu、təu、to、thy,如:

ʂu əˈ dʐeidʐei ʐi　　phu ma gu ʐi　　tho nə (《羌族释比经典·九敬经》P. 793)

半夜 之时 猴童 衣 不穿 猴童 冷 啊

夜半三更天气凉,它不穿衣服冷不冷。

mi su zə ȵi mi thəu zə ji (《羌族释比经典·取火种》P. 283)
没饿让且没冷让的

也没让我受饥寒。

təu ji lewo ha sə gæ lə （《羌族释比经典·好人》P. 1944）
冷 的 地方 快 死 去 吧
撵你到冷的地方冻死。

羌语该系列词与以下语言中的"冷"有关系。如：独龙 tit⁵⁵、义都 dio⁵⁵、纳木义 bo⁵⁵、兰坪 bo¹³、则洛 de³³。黄树先用"瘭"与缅语的"冷"相比较。① 《广韵·寝韵》："瘭，粟体。"宋梅尧臣《暴雨》诗："森森斗觉凉侵肤，毛根瘭瘆粟匪躯。"也可以用指与"冷"有关的"寒病"。《集韵·寝韵》："瘭，寒病。"我们认为羌语该系列"冷"可以和汉语"瘭"相比较。《广韵·寝韵》："瘭，力稔切。"其上古音，郑张尚芳构拟成 *b·rɯmʔ，李方桂构拟成 *ljəmx，王力构拟成 *liəm。其中古音，郑张尚芳构拟成 *pɣiɪm，邵荣芬构拟成 *piem，王力构拟成 *piem。

单音节首辅音也可以是复辅音，有 ʂkəu、skəu、ʂtəu、stu、ʂtu，如：
so ʂe ʂkəu ȵi ʂpithu thu （《羌族释比经典·取火种》P. 264）
冬 来 寒 且 霜   铺
天寒地冻是灾祸。

so ʂe skəu ȵi me xu thəu （《羌族释比经典·取火种》P. 264）
冬 来 寒 且 人 髓 冻
寒冷冻坏凡人骨。

muqə əˈtshua ʂtəu læ ʂtəu miŋa （《羌族释比经典·取火种》P. 264）
天头 下 埋 冷 呢 冷 没有
虽是地冻天又寒。

羌语用双音节表示"冷"主要有三种形式。

第一种是鼻音词根加词缀，有 mən³¹ pe⁵⁵、m pəi、mupu、muppa、mə pɛ、məpɑ、mum pa、mupa 等形式，如：
tɕiqoˈʁu daʁe la, ma mupu ji （《麻窝羌语研究 P. 201》）
雪（前加）下 虽然 不 冷   （后加）
虽然下雪，但不冷。

ʐali-la m-pəi, kou-la sə-sə （《麻窝羌语研究 P. 201》）
外面   冷 ，里面 暖和。

---

① 黄树先：《汉语身体词探索》，华中科技大学出版社2012年版，第184页。

外面冷，里面很暖和。

kæ muppa tæːda me ʂkiue ʁze-jy（《热额纳羌语参考语法》P. 136）
这么冷　　火　烤　该

这么冷的天气，该烤火了。

ʐgu çi təpəl məpa　mupu（《羌族释比经典·说节日》P. 2223）
粮 酒 酿制 寒冷 不怕

五谷酿酒去寒气。

dalu mupa qu kən lən（《羌族释比经典·葬礼词》P. 1040）
阴间 寒冷 怕 得 很

只怕阴间受寒冷。

第二种是复辅音词根加词缀，有 stiuqu、stu Xu，如：

no⁵⁵ tsuə³³ Xtu³³ ti³³　tsʅ³³ thie³³！（《麻窝羌语研究》P. 243）
你 水　冷（助词）别 喝

你别喝冷水。

第三种是 çit ty，也可以读成 çty，如：

təs tie çty kutʂ ti Xta pies tie ʂkuki（《热额纳羌语参考语法》P. 305）
饭又冷菜又少肉有韧。

第二节　模糊属性核心形容词

前一节形容词多半可以从量上去规定，本节的形容词，不是靠"量"来衡量，而是在"量"上具有一个比较突出的特征：模糊。模糊指轮廓不清楚，模糊属性形容词是指在形容事物的"量"或"质"时，无法给出明确的界限，具有相对性。在《百词表》中，模糊属性核心形容词包括：full（满）、new（新）、good（好）、round（圆）、dry（干），下面按类别分别探讨。

一　full（满）

《牛津高阶英汉双解词典》："full, containing or holding as much or as many as possible; having no empty space." "full"对应汉语"满"，其在《百词表》中占第 95 位，在郑张尚芳《华澳语言比较三百核心词表》中居第 240 位，在黄布凡《藏缅语 300 核心词词表》中为一级核心词。

"满"在羌语14个方言点发音如下：

桃坪：sye⁵⁵　　　　　　麻窝：khɑ¹p

蒲溪：sua　　　　　　　曲谷：khə¹p；sue

松坪沟：　　　　　　　峨口：khɛ¹p

萝卜寨：die³¹-phu³⁵　　荣红：təsue

绵虒：suɛ³¹　　　　　　热额纳：tə sue

永和：tə swa　　　　　　小姓：tuso

龙溪：sua³¹　　　　　　杨柳：

羌语"满"可以说成单音节，单音节首辅音可以是双唇鼻音，有mu，如：

ɦiadi mu tʂhu di su da（《羌族释比经典·铁三足》P. 2070）
一仓 满 后 仓 多 了
一仓满了又一仓。

羌语该词与以下语言中的"满"有关系。如：剑川 mɑ³³、坡脚 man⁵³、榕江 mon³¹、拉珈 mot¹²、土家语 man⁵³、临高 mɔn³、壮语 mo³、布依 mo³。羌语该词可以和汉语的"满"相比较。《说文·水部》："满，盈溢也。从水，㒼声。"《广雅·释诂四》："满，充也。""满"可以做动词，指"充满、布满"。《庄子·天运》："在谷满谷，在阮满阮。"成玄英疏："乃谷乃阮，悉皆盈满。"唐卢纶《和张仆射塞下曲》之三："欲将轻骑逐，大雪满弓刀。"也可以做形容词"饱满、充实"。《吕氏春秋·审时》："后时者，茎叶带芒而末衡，穗阅而青零，多秕而不满。"《广韵·缓韵》："满，莫旱切。"其上古音，郑张尚芳构拟成 *moonʔ，李方桂构拟成 *muanx，王力构拟成 *muan。其中古音，郑张尚芳构拟成 *muan，邵荣芬构拟成 *muan，王力构拟成 *muan。

首辅音可以是双唇塞音，有 phə、phu、pa，如：

tɕipu jy　phə wu tɕiɲi pæ phə wu（《羌族释比经典·敬青苗土地》P. 2196）
马圈 马 满 是 猪圈 猪 满 是
马圈里马满栏，猪圈里猪满圈。

ʂənəu tɕeqə ʁo ʂə petʂu di phu pu（《羌族释比经典·颂神禹》P. 200）
石纽 之地 羊角 花朵 且 满 做
石纽满山羊角花。

tsuə te təsua pa ji tsuəbʐa ŋa （《羌族释比经典·羌戈大战》P. 38）
水 的 装满 满 的 河大 有

宽长河流处处有。

羌语该系列用于指"满"的词语，与以下语言中的"满"有一定的关系。如：博嘎尔 biŋ、达让 bluɯŋ、格曼 phlɑŋ^{55}、景颇 phʒiŋ^{55}、却隅 psɔ^{55}、哈尼 pu^{33}、基诺 prɯ^{33}、傈僳 bi^{33}、怒苏 bɹe^{31}、南华 bi^{33}、阿昌 pzəŋ^{35}、波拉 pjaŋ^{35}、浪速 pjaŋ^{55}、勒期 pjə：ŋ^{55}、丹老 pje^{42}、德努 pje^{32}、东友 ple^{42}、若开 pre^{42}、土瓦 plɛ^{42}、仰光 pje^{53}、茵达 ple^{31}、约语 pje^{42}、仙岛 pɯŋ^{35}、载瓦 pjiŋ^{55}。羌语该系列词可以和汉语"潽"相比较。《玉篇·水部》："潽，水。"《集韵·姥韵》："潽，水也。"后也可以用指"满"。四川阆中方言"酒倒满了"说成"酒潽儿郎 xian^{33}xian^{33}。"《集韵·姥韵》："潽，颇五切。"其中古音，郑张尚芳构拟成 *phuo，邵荣芬构拟成 *pho，王力构拟成 *phu。白保罗将藏缅语的"满"构拟成 *bliŋ ~ *pliŋ。

单音节首辅音可以是舌尖塞音，有 da、dəu、di，如：
adie mutʂhu die ʂu da （《羌族释比经典·走神路》P. 581）
一柜 之后 柜 足 满

丰收之粮堆满仓。

ʐguʁua tsha dəu qedʐə wa （《羌族释比经典·祭神林》P. 2228）
粮仓 柜   满   请求 了

只求五谷归满仓。

dzə χa ʁə   χa wo la di （《羌族释比经典·请愿》P. 651）
青稞 黄 麦子 黄 栏 架 满

丰收麦儿满栏架。

羌语该系列词可能与以下语言中的"满"有关系。如：西夏 tjIr、版纳 tim^{55}、德宏 tem^{33}、临高 dik^{33}、泰语 tem^{33}、邕宁 thim^{33}、三洞 tik^{55}、平塘 te：k^{213}。吴安其认为，藏缅语"满"可与汉语"实"相比较。[①] 我们赞同此说。《说文·宀部》："实，富也。"段玉裁注："以货物充于屋下，是为实。"《左传·昭公七年》："为章华之宫，纳亡人以实之。"《楚辞·招魂》："瑶浆蜜勺，实羽觞些。"王逸注："实，满也。"《史记·五帝本

---

① 吴安其：《汉藏语同源研究》，中央民族大学出版社2002年版，第319页。

纪》："瞽叟与象共下土实井。"司马贞索隐："亦作'填井'。"《新唐书·狄仁杰传》："罢安东，实辽西。"引申可以指"满"。《小尔雅·广诂》："实，满也。"《国语·越语下》："田野开辟，府仓实，民众殷。"汉焦赣《易林·归妹之咸》："文君之德，养仁致福，年无胎夭，国富民实。"《广韵·质韵》："实，神质切。"其上古音，郑张尚芳构拟成 *filig，李方桂构拟成 *djit，王力构拟成 *dzjet。其中古音，郑张尚芳构拟成 *ziɪt，邵荣芬构拟成 *ziet，王力构拟成 *dʑhjet。白保罗认为，巴兴语 dyam"满的（如容器）"，瓦尤语 dam"满的"，tam"充满"，藏语 ltam-pa"满的状态，如充满水的容器"，ltam（s）-pa"满的"，gtam（s）-pa"满"，tham-pa~them-pa"完全，满"，并将藏缅语的"满"构拟成 *dyam~*tyam。①

单音节首辅音可以是舌尖塞擦音、擦音，有 su、ʂu、sua、suæ、sue、tsæ、tʂə、ʐaə，如：

ŋu ki jikolita ɤueɤue dzo ȵia ɤueɤue su se（《羌族释比经典·功绩》P. 956）
你 的上把位上 圈圈 坐 和 圈圈 满 了
吊唁你的人团团围住你的灵柩。

a di mu tshu di ʂu da wa（《羌族释比经典·还愿》P. 612）
一 柜 之 上 柜 满 说 了
一柜装了又一柜。

tsha ȵi ŋu tə kaʐa pie tə sua（《羌族释比经典·敬天地谢神恩》P. 837）
羊 和 牛 要 成群 猪 圈 满
牛羊成群猪满圈。

mu suæ tɕhiæ suæ ye te suæ（《羌族释比经典·解秽》P. 566）
牛 满 羊 满 圈 的 满
牛羊牲畜大发展。

ʐəi ta ȵiəu ȵia ʐəi sue zə se（《羌族释比经典·功绩》P. 956）
路 上 来 且 路 满 做 了
来（奔丧）的路上都挤满了。

---

① Benedict, P. K（白保罗）：*Sino-Tibetan: a Conspectus*, Cambridge University Printing House. 1972: 52.

atɕæ tɕhæpi tɕæ ʂu mi tsæ tɕæ kolai （《羌族释比经典·根治流产》P. 1307）
半月　羊羔　一月　不满　乱跑　开始
半月羊羔不满一月，开始乱跑。
ŋamu laŋtɕia qhue nə tʂə zə （《羌族释比经典·劝慰》P. 1049）
除邪　花盘　沟　的　满　了
除妖驱邪的花盘把山沟都摆满了。
damu zˌaə qhou muȵi to nə die la qhue （《羌族释比经典·颂神禹》P. 211）
灰尘　满　天　太阳　是　的　且　的　遮
灰尘满天遮天阳。

羌语该系列词可能与以下语言中的"满"有关系。如：贵琼 dzi[35]、纳西 ʂəɹ[55]、道孚 rə xsɛ、喜德 dzi[21]、武定 ɖəɹ[11]。该系列来源应该与上一类有关。

单音节首辅音可以是舌面前音，有ɕya、ɕye、tɕiəu，如：

zˌgutshua dzˌəʁue zə tsə ɕya ȵia zə nəʁue （《羌族释比经典·颂神禹》P. 210）
九寨　百姓　来　聚　满　和　来　召集
各寨羌民来相助。
a ʂei ləkə　Xeȵi tsu ȵia Xe tə ɕye （《羌族释比经典·颂神禹》P. 214）
一身　之上　黑泥　水　和　泥　土　满
浑身沾满稀泥水。
mumu jyto qhozə tɕiəu so （《羌族释比经典·安家神》P. 307）
云雾　之处　一沟　满　了
云雾之处招你来。

单音节首辅音可以是舌面后音，有gua、kə[1]、ku，如：
jiobo gua kə a bo kua （《羌族释比经典·别》P. 1849）
鼓圈　满　的　一　鼓　要
羊皮鼓圆又圆。
ʁopu mutu Xə[1] kə[1] kei （《羌族释比经典·兄妹治人烟》P. 243）
山顶　天空　淹　满　了
山川平地一片混沌。
dzutshei　tɕio ku Xuei khukhu （《羌族释比经典·人真心》P. 672）

地上　长　满 茂盛 一遍
地上禾苗多茂盛。

羌语以上两类"满"的词语与以下语言中的"满"有关系。如：阿力克 kaŋ、巴塘 ko¹³、拉萨 khaŋ⁵²、夏河 kaŋ、阿侬 ɕim⁵⁵、普米 khɑu⁵⁵、卡卓 tɕɛ³³。羌语该系列"满"的词语可和汉语的"溢"相比较。《说文·水部》："溢，器满也。从水，益声。"《楚辞·天问》："东流不溢，孰知其故？"北魏郦道元《水经注·渭水一》："山下石穴广四尺，高七尺，水溢石空，悬波侧注，漰湱震荡，发源成川。"后引申可以指"满"。《尔雅·释诂下》："溢，盈也。"《荀子·王制》："筐箧已富，府库已实，而百姓贫，夫是之谓上溢而下漏。"汉刘桢《公宴诗》："芙蓉散其华，菡萏溢金塘。"南朝宋鲍照《秋夕》诗："幽闺溢凉吹，闲庭满清晖。"《广韵·质韵》："溢，夷质切。"其上古音，郑张尚芳构拟成 *lig，潘悟云构拟成 *[g]lig，李方桂构拟成 *rit，王力构拟成 *ʎiet。其中古音，郑张尚芳构拟成 *jiɪt，邵荣芬构拟成 *iet，王力构拟成 *jiet。

单音节首辅音可以是小舌音，有 ʁue、χo，如：

z̩a　ʁue ɕi　ʁue di nə ʁue kə tə pu（《羌族释比经典·颂神禹》P. 215）

庄稼 好 粮食 丰 柜 的 满 地 上 做
五谷丰登粮满仓。

di　tɕi mə tshu di　χo da（《羌族释比经典·还天晴愿》P. 692）
粮仓 的 看 来 粮仓 满 有
五谷粮食堆满仓。

羌语"满"可以用双音节词表示，有 dapu、diɕye、diphu、zəphu、datʂha、lapu、ma ʂə、tə sue、tə swa 等形式，如：

mieȵi miequa a ȵi dapu（《羌族释比经典·木吉珠和斗安珠》P. 80）
松树 松林　一 黑 满
松柏如海浪翻滚。

khuetʂu khuebz̩a khupia diɕye ji（《羌族释比经典·木吉珠和斗安珠》P. 128）
小圈　大圈　牲畜　满　了
满圈牲畜多兴旺。

qhəuqəhəla khupia diphu ji（《羌族释比经典·木吉珠和斗安珠》

P. 128）

沟上沟下　牲畜　满　了

满上喂养是家畜。

ə¹qei　datʂha di datʂha we （《羌族释比经典·人真心》P. 673）

五谷 丰收 粮仓 满 了

五谷丰收粮食满仓。

putɕi bie pi jio zəphu （《羌族释比经典·别》P. 1849）

现在 别 公 要 满

现在将别来装满。

mubia kheili tsuȵi lapu ʐu tɕe qhue （《羌族释比经典·颂神禹》P. 207）

天空 下面 洪水 满 地 房 盖

天下洪水成灾难。

tsue ji ma ʂə la　ma gəu （《羌族释比经典·劝慰》P. 1043）

水 的 满 溢出 不 够

池塘水满自流出。

二　new（新）

《牛津高阶英汉双解词典》："new, not existing before; recently made, invented, introduced, etc." "new"对应汉语"新"，其在《百词表》中占第 96 位，在郑张尚芳《华澳语言比较三百核心词表》中居第 253 位，在黄布凡《藏缅语 300 核心词词表》中为一级核心词。

"新"在羌语 14 个方言点发音如下：

桃坪：tshi⁵⁵；khsi　　麻窝：khsə

蒲溪：χsə　　　　　　曲谷：xsə

松坪沟：χsə　　　　　峨口：khsə

萝卜寨：ɕi⁵⁵　　　　　荣红：xsə

绵虒：sʅ¹¹　　　　　　热额纳：xsə

永和：sə　　　　　　　小姓：xsə

龙溪：tɕhi⁵⁵　　　　　杨柳：xsə

羌语"新"都是说成单音节，单音节的首辅音可以是舌尖塞音，有 thi，如：

pu thi zətɕo tɕha mupu （《羌族释比经典·走神路》P. 579）
年　新　来到　羊　属年

新年一到属羊年。

单音节的首辅音可以是舌尖塞擦音，有 tshe、tshei、tshi、tʂu，如：

ɤəmu tɕiaqə　ʂəɬatɕhy kutɕiatsatɕhi jæsətɕhi kuaba wo　dʐe　tshe wo phu　dʐa　lo sa　tshu　dʐa　lo sa （《羌族释比经典·还愿》P. 602）
龙溪 之地　什拿　古甲杂神　司羊神大愿　还　山羊　新 还 主意 询问 来 了 办法 询问 来 了

在龙溪什拿神、古甲杂神、司羊神处，还大愿还新愿询问主意和办法。

pu tshei zətɕyo tsha mu pu （《羌族释比经典·还愿》P. 611）
年　新　过来　羊　属　年

新的一年属羊年。

pu ə' sua na pu ba daqə pu　tshi lio we （《羌族释比经典·还愿》P. 611）
属相　算 了　年 旧 过去 年　新　来　了

属相年复又一年，辞了旧年是新年。

peje　jymi　je　jy　tʂu （《羌族释比经典·白耶来历》P. 1966）
白耶　母鸡　有　了　新

白耶的母鸡重新发展了。

单音节的首辅音可以是舌尖擦音，有 se、sə、sei、səi、si、zue，如：

pu se　tsə ȵa Xɬə se tsə ko （《羌族释比经典·插旗》P. 1231）
年　新　今　和　月　新 今 这

新年新月已来到。

Xɬema dakə Xɬe sə pia （《羌族释比经典·送魂》P. 1004）
旧月　过去　月　新　到

旧月过去新月到。

mia　sei nə kə　tʂha　lo sa （《羌族释比经典·软虫》P. 1072）
软虫　新　的　根　压 埋　来　了

新软虫根要埋掉。

gu　ba　kəte　gu　səi　ta　ba　kəte ta səi diujye （《羌族释比经典·夫妻缘由》P. 878）

衣服 旧 上面 衣服　新　帽 旧 上面 戴 新 说了
好像是旧衣服上加新衣服，旧帽子戴新帽。
wupa　ɦiala　wu　pho si ɦazə（《羌族释比经典·结拜兄弟》P.744）
羊角树 死后 羊角树　新 长出
老羊角树死后新羊角树长出来。
zue bi zueba zolo qhoʐo ke ȵia（《羌族释比经典·劝慰》P.1047）
新 粮 旧粮 磨子 当中 去 呢
不管所有的粮食去了磨房后。

羌语以上三类词与以下语言的"新"有关系。如：门巴 se⁵⁵、阿力克 sho、巴尔提 sar、巴塘 sɛ⁵⁵、拉萨 sa：⁵⁵、阿侬 sɛ⁵⁵、尔龚 xso、贵琼 sʉ⁵⁵、观音桥 sɛr⁵⁵、业隆 sar³³、木雅 sæ³³、纳木义 sʅ⁵⁵、兰坪 ʂi¹³、鲁甸 ʂə⁵⁵、箐花 ʂə⁵⁵、哈尼 sʅ³¹、墨江 ʃɣ³¹、傈僳 ʃi³¹、纳西 ʂʅ⁵⁵、怒苏 dzɔ⁵⁵、喜德 ʂʅ⁵⁵、阿昌 ʂək⁵⁵、波拉 sak⁵⁵、浪速 sak⁵⁵、勒期 sə：k⁵⁵、丹老 tθɪ⁴²、德努 tθɪ³²、东友 sheɪ⁵³、若开 tθaɪʔ⁴、土瓦 tθɪ⁴²、仰光 tθɪʔ⁴、茵达 shɪ⁴⁵、仙岛 ʂɯk⁵⁵、载瓦 sik⁵⁵、坡脚 sɪ⁵⁵。羌语该系列的词可以与汉语的"新"相比较。《说文·斤部》："新，取木也。"《说文·斤部》："新，取木也。"章炳麟《论承用"维新"二字之荒谬》："且彼亦知'新'之为义乎？衣之始裁为之'初'，木之始伐谓之'新'。"引申可以用指"初次出现的"。《诗经·豳风·东山》："其新孔嘉，其旧如之何？"五代和凝《小重山》词："新牓上，名姓彻丹墀。"《广韵·真韵》："新，息邻切。"其上古音，郑张尚芳构拟成 *siŋ，李方桂构拟成 *sjin，王力构拟成 *sien。其中古音，郑张尚芳构拟成 *siɪn，邵荣芬构拟成 *sien，王力构拟成 *sien。白保罗认为，汉语 si̯ĕn（A 调）"新"，si̯an/si̯än（A 调）"鲜"，并将藏缅语的"新"构拟成 *sar。①

单音节的首辅音也可以是舌尖边音，有 lə、li，如：
lə tshei zətɕyo ɕilə we（《羌族释比经典·还愿》P.611）
新 月 过来 七月 是
新的一月是七月。
kua pu kua li tʂo pu　tʂo li　da tsa kə（《羌族释比经典·还愿》P.649）
愿上 愿新 旗上 旗新 过 看 去

---

① Benedict, P.K（白保罗）：*Sino‐Tibetan：a Conspectus*, Cambridge University Printing House. 1972：301.

有无还愿者您去看了。

羌语该系列词的来源还有待进一步探究。

羌语单音节首辅音还可以是舌面音，有 tɕhi、tɕi、ɕi、ɕie，如：

gu　　tɕhi lə ma səχə kə nə　（《羌族释比经典·阶波刹格》P. 248）
衣服　新　的 是 穿上 去 要

新的衣服来穿上。

lə tɕi zətɕo ɦiadʐo lə　（《羌族释比经典·走神路》P. 579）
月 新 来到 十 月

新的一月是十月。

dʑi ɕi lə ma tətshu kə nə　（《羌族释比经典·阶波刹格》P. 427）
旗 新 的 是 立上 去 要

又将新旗来插上。

pəsei ɕie bo zubasei kə qhəu kə ʁua　（《羌族释比经典·还愿》P. 804）
今天 新 鼓 土地神 的 猫头鹰 的 帮

今天我拿新鼓，土地神也帮我记忆。

羌语以上词与以下语言的"新"有关系。如：格曼 kɯ³¹、嘉戎 kə、三岩龙 ɕi¹³、拖七 ɕi⁵⁵、新营盘 ɕi¹³、左所 ɕi⁵⁵、南华 ɕi⁵⁵、撒尼 ɕi²、武定 ɕi⁵⁵。羌语该类词的来源应该与发舌尖音的塞擦音的"新"来源相同。

单音节的首辅音也可以是唇音，有 ba，如：

χə ba　lə ma səla kə nə　（《羌族释比经典·阶波刹格》P. 248）
裁 新 的 是 换 去 要

裁面新旗换上去。

羌语该词的来源还有待进一步探究。

羌语"新"单音节首辅音还可以是复辅音，有 xsə、xɬə、χsə，如：

səi xsə əˀ sui go ʐne səi pa ji　（《羌族释比经典·惩治毒药猫》P. 1239）
天 新 来 算 就 两 天 是 了

新的一天到来了。

xɬə xsə əˀ sui go xsə xɬə pa ji　（《羌族释比经典·惩治毒药猫》P. 1239）

新 月 来 算 就 二 月 是 了

二月已经过去了。

səi χsə ɦə sui go χætɕi pa ji　（《羌族释比经典·惩治毒药猫》P. 1279）

日 新 来 算 初 十一 是 的
新的初十一迎来了。

三 good（好）

《牛津高阶英汉双解词典》："good, of high quality or an acceptable standard." "good" 对应汉语"好"，其在《百词表》中占第 97 位，在郑张尚芳《华澳语言比较三百核心词表》中居第 245 位。

"好"在羌语 14 个方言点发音如下：

桃坪：na^{33}；ʂe^{33}　　　　麻窝：nɑ
蒲溪：Xsɑ；nɑ　　　　　　曲谷：nɑ
松坪沟：pa　　　　　　　 峨口：nɑ
萝卜寨：tye^{55}　　　　　　荣红：nɑ
绵虒：na^{31}　　　　　　　热额纳：na
永和：jæləkjɛ　　　　　　小姓：nɑ
龙溪：na^{31}；Xei^{31}　　　　杨柳：ʂe

羌语"好"主要使用单音节表示，单音节首辅音可以是双唇塞音，有 bo、pa、pai、pao、pə、pei、phe、phei、phia、phu，如：

tçhi sə jiodçya tçhi sə bo　（《羌族释比经典·还愿》P. 642）
神 上 安位 神　 的 好
请了神来有位安。

tçioʑio tʂuəmi pa tsə nətshue ʑi （《羌族释比经典·释比生肖论命》P. 2029）
夫　 妻　 好 子 迟　 有
夫妻和睦，儿子见迟。

peja dʐukhe pesə pai （《羌族释比经典·送草把人》P. 1380）
伯伢 请到 日子 好
是敬请伯伢的好日子。

kuətçi ʂəiɲi dʐə ʑiʑi pao （《羌族释比经典·铁三足》P. 896）
星辰 高照 事 所有 好
吉凶高照事事顺。

kaitha sed tsuetə tə pə lə （《羌族释比经典·颂老君神》P. 481）
拉锯 镰 锤子 做 好 了

凿锯刨锤均造就。

diou pei mi pei tʂho　da zo jie（《羌族释比经典·解秽》P.525）
门　好　的　好　解秽　的　等　了

解秽之后门道更好。

pe sə tɕi phe qa ȵio ma da（《羌族释比经典·解秽》P.562）
今天　日子　好　我　驱赶　要　做

今天是个好日子，我来将邪驱除。

kua phei tʂo phei tɕhi phei ʁami（《羌族释比经典·磨房》P.2123）
愿　好　旗　好　神　好　磨房

愿已还上该修磨房。

phia mu bato tɕhi phia wo　we（《羌族释比经典·吉利美满》P.855）
好　的　地方　神　好　是　了

选好地方来敬神。

tɕe phu　le tɕi tɕe ka lia we（《羌族释比经典·唱根源》P.848）
房子　好　有　的　房子　根　好　了

房子好则根基好。

羌语该系列词，与以下语言中的"好"有关系。如：博嘎尔 po、达让 pɹa⁵⁵、义都 pɹa⁵⁵、兰坪 phʃi⁵⁵。白保罗认为，塔米语（基兰提语）əpra，迪加罗语 pra，卢舍依语 tha，塔多语 əpra"好"，并将藏缅语的"好"构拟成 *pra。①

首辅音可以是双唇鼻音，有 ma、me、mə、mei、mi、mu，如：

dzə ȵi gu sa mi tsfia jidzə su ma（《羌族释比经典·释比生肖论命》P.2040）

吃　和　穿　的　不　缺　手艺　学　好

衣食不缺，宜拜师学艺。

ŋo sə sotsə phei　jiəu me tsə gue dʐa tso ji　gue da lio wa（《羌族释比经典·好人》P.1944）
你　死　之后　好衣　有　好　的　我　穿　好　了　我　的　是　了

你死之后，好衣服我来穿。

mə ʂei ase zuo tasto tədʐy（《羌族释比经典·青稞和麦子的来历》

---

① Benedict, P.K（白保罗）：*Sino-Tibetan：a Conspectus*, Cambridge University Printing House. 1972：36.

P. 2070)
好 日子 这天 等 坛口 揭开
等到好日子这天揭开坛口。
kua ʁo tʂo ʁa ʁa əˈ mei sa（《羌族释比经典·下愿》P. 686)
愿 还 旗 还 还 得 好 了
愿还旗还还得好。
ʁdzie me ʂtɕie dzə ʂtɕie mi ʂəi（《羌族释比经典·木吉剪纸救百兽》
P. 2246)
凡民 心 重　心 不　好 了
寨民残忍又贪婪。
tə　ɕi　aɕi　bo　mu la　əˈ ɕi　phu azo ɕia（《羌族释比经典·阶波剎格》P. 425)
上 敬 一天 众人 好 的 吉日 年份 等 了
等到这天吉祥日。

羌语该系列词，与以下语言中的"好"有关系。绿春 mɯ³¹、墨江 mɯ³¹、基诺 mɯ⁴⁴、巍山 mɛ²¹。白保罗认为，克钦语 mai，怒语 mɛ，米基尔语 me "好"，并将藏缅语的"好"构拟成 *may。①

单音节首辅音也可以是舌尖前塞音，有 di、die、ta、tə、tha、thu、ti、tue、tui、tye，如：
liŋa əˈʁo dzə di ʁə di ʁə dida（《羌族释比经典·铁三足》P. 2070)
高山 平地 青稞 好 麦子 好 麦子 丰收
高山河坝平川地，青稞麦子大丰收。
ʐgutsha lato zu ba fia dʐei ɕi die ʁue sa（《羌族释比经典·还愿》
P. 599)
雁门 九寨 地 大 一款 粮食 好 招来 了
雁门九寨好的粮食招来了。
da ji da ta ta ɕi ʐo ji（《羌族释比经典·九敬经》P. 878)
路的 路 好 好 的 修 了
修好神路神灵行。
tse tsu tse bʐa tə dʐa sa（《羌族释比经典·绷鼓》P. 1131)

---

① Benedict, P. K（白保罗）：*Sino - Tibetan：a Conspectus*, Cambridge University Printing House. 1972：223.

铃 小 铃 大 好 缝 要
大铃小铃要缝好。

peɲi wu¹ çyæ æçyæ tha ji（《羌族释比经典·绷鼓》P. 1125）
黑松 鼓 弯 来弯 好 了
黑松鼓圈弯好了。

putçi tue tʂə tue çia ŋu（《羌族释比经典·羊皮鼓经》P. 778）
现在 好 就 好 的 是
现在又将作更改。

pi kə lətçi Xoka ti sa（《羌族释比经典·毒和病》P. 1171）
释比 的 之中 整治 好 了
释比来了整治病。

kue kə çi ȵia sogo çi so lo thie（《羌族释比经典·九敬经》P. 787）
愿 去 之 处 祭品 处 都 是 好
还愿坛上还愿之路都好走。

kadʐəi mi ʂəi çtçiedze dzə tçhi da aka pəna tue（《羌族释比经典·释比生肖论命》P. 2040）
亲戚 不 好 钱财　四　方 走 一家 亲戚 好
六亲冷淡，财富四方流，夫妻和顺。

tçitshenepu tçiæ tui pu ji（《羌族释比经典·敬界址神》P. 442）
隔壁邻居 春 好 似 的
邻里和睦似如春。

mu tçi Xedʐo çieə¹ tye jio（《羌族释比经典·评理》P. 1974）
人 家 针筒 三个 好 的
看见他人的针筒，出了价来换三个。

羌语该系列"好"的词语，与以下语言的"好"有关系。如：泰语 di²、老挝 di¹、版纳 di¹、壮语 dei¹、布依 di¹、水语 ʔda：i¹、莫语 da：i¹、柳江 di⁴²、武鸣 dai²⁴、糯福 dɑ²¹。

单音节首辅音也可以是舌尖塞擦音，有 tʂə、tʂu、tʂuai、tso、tsu、dʐa、dʐai、dze，如：

tʂəə¹ tʂə ʁə apamupitha tçi（《羌族释比经典·羊皮鼓经》P. 777）
自古 好 是 阿巴木比塔 的
远古时候，阿巴木比塔。

mu dzə tʂəu ȵia su phia ju （《羌族释比经典·走神路》P. 583）
人 吃 好 和众 喜欢 了
人吃好了人喜欢。

ŋo sə sotsə phei jiəu me tsə gue dʐa tso ji gue da lio wa （《羌族释比经典·好人》P. 1944）
你 死 之后 好衣 有 好的 我 穿 好 了 我 的 是 了
你死之后，好衣服我来穿。

suo daqə na suo gua tɕetɕi ɕi tsu mu （《羌族释比经典·走神路》P. 583）
唱经 唱完 了 唱经 回 这个 敬 好 了
唱经唱完就回转，此时愿物已还好。

se pi keizei kue tʂho dʐa jie （《羌族释比经典·解秽》P. 526）
神 释比 之处 愿还 解秽 好 了
解秽后释比科向神还愿。

mumia keizei zəutʂho dʐai jie phʐe ko tɕio jie （《羌族释比经典·吉祥》P. 2210）
女儿 之中 出嫁 好 了 白 的 看见 了
女儿出嫁多吉祥。

nətɕia lia la jəu mu dze （《羌族释比经典·走神路》P. 580）
二岁 有 了 长 的 好
二岁之时长得壮。

羌语该系列词，与以下语言的"好"有关系。如：阿侬 sʅ³¹、木雅 si⁵⁵、史兴 rʉ³⁵、傈僳 dzi³³、南华 tsə⁵⁵、撒尼 tʂa²、坡脚 tsha³⁵。白保罗认为，克钦语 sau "油，肥肉，脂肪，油的，美味可口的"，卢舍依语 thau "肥肉，脂肪，胖的"加罗语 tho，迪马萨语 thau "油"，博多语 thau "油"，gathau "甜味，滋味"，并将藏缅语的"好"构拟成 *sa·w。①

单音节首辅音也可以是舌尖擦音，有 ʂəi、za、zə、ʐəi，如：

mu ʂəi tʂhuo də ʂəi tʂhuo （《羌族释比经典·敬神》P. 494）
日子 好 择 云梯 好 择

---

① Benedict, P. K（白保罗）：*Sino-Tibetan: a Conspectus*, Cambridge University Printing House. 1972: 65.

择好日子像搭了云梯。
ẓaˡ li za ɕi pia jio ɕi ɕa （《羌族释比经典·修房造屋》P. 2133）
收 成 好 的 猪 的 喂 要
收成好了要喂猪。
kede tsu ȵi tha de ẓəi （《羌族释比经典·八月播种》P. 2156）
头帕 戴 和 带子 拴 好
戴好头帕，拴好带子。
羌语该类词与上一类词的来源相同。

单音节首辅音也可以是舌尖鼻音，有 na、nai、nao、ne、nə、nei，如：
ẓdzie sə fiə na zə pho səfiə ɕiezə （《羌族释比经典·凶魔》P. 1244）
病处 来 好 让 肿 处 来 消退
让病好起来让肿消下去。
apamupi mutu sə na dẓə dophu nai （《羌族释比经典·兄妹治人烟》P. 243）
阿巴木比 天生 神 和 星宿 商量 好
天地造好没有亮光，天神请来星宿商量。
mə ŋatəkaẓa ȵi zətʂuə letʂuə nao （《羌族释比经典·祝酒词》P. 899）
人 兴旺 后 子 孙 好
人兴财发子孙贤。
adio adio khua nə khua nə nə khua nə （《羌族释比经典·说凤凰》P. 1595）
阿朵 阿朵 凤凰 好 凤凰好 好凤凰 好
阿朵阿朵凤凰好啊，凤凰带来了吉祥。
keti miŋu tɕhikə nei （《羌族释比经典·解秽》P. 1330）
石包 没有 送去 好
送到没有石包的地点。

单音节首辅音也可以是舌尖边音，有 la、le、lə、li、lia、lie、lo、lu，如：
ẓi sə la kə dakə nə （《羌族释比经典·鬼》P. 1778）
在 的 好 的 过去 啊
身体多舒适。

lə ela tshə mie le （《羌族释比经典·敬神》P.341）
泥巴 好 庄稼 长势 好
土地肥沃庄稼好。

dʐə phei tə kua tɕhi le tshu （《羌族释比经典·还愿》P.623）
凡人 信条 上 拿 天神 好 带去
凡人之好意带上去，吉祥的要神灵听。

li ŋa əʴʁo dzə di ʁe di χei dida wa （《羌族释比经典·还愿》P.612）
好 的 地方 青稞 好 麦子 好 好 丰收 是
青稞麦子都要好，五谷丰收粮满仓。

kuasə tʂosə lia mu we tsaɕi （《羌族释比经典·磨房》P.2122）
还愿 祭祀 好 的 是 这天
愿物祭品都很好。

əʴzi əʴ ta atɕi qanəmi nə lie so lathie （《羌族释比经典·九敬经》P.787）
来修 好 一齐 都是 的 好 则顺利
神路修得很好走。

ɕi kə tɕy ȵia zu go lu tha （《羌族释比经典·启亮神》P.421）
神 去 好 和 地神 走 好 要
天神好走地神好走。

kue kətɕy ȵia tʂo go lo tɕha （《羌族释比经典·启亮神》P.421）
愿 去 好 和 祭品 走 好 要
还愿供品已敬上。

单音节首辅音也可以是舌面塞擦音，有 dʑio、tɕy、tɕæ、tɕəu、tɕhei、tɕho、tɕia、tɕie、tɕiəu、tɕio、tɕiu、tɕo、tɕou、tɕyo，如：

ʂna ɕyæ pu səi dzui tsə dʑio wa wo （《羌族释比经典·说母亲》P.971）
后 扫 做 了 罪 还 好 要 哟
将罪孽扫身后，罪孽才还的清。

tɕhi dʐa ʁu dʐa dʐa əʴtɕy （《羌族释比经典·还愿》P.616）
神 笑 都 笑 笑 得 好
神来享用笑开颜。

zətə tɕæ peikhəʴ （《羌族释比经典·驱除邪气》P.1820）

日子 好 确定
今天是吉祥日子。
tɕhi dʐa ʁu dʐa əˈ tɕou（《羌族释比经典·唱根源》P. 850）
神 笑 都 笑 笑 好
神喜欢来神高兴。
po tshu tesə thəti tɕhei（《羌族释比经典·唱面膜》P. 353）
松树 插 需要 准备 好
准备好需要插的松枝。
ge pu la mu getu tɕho（《羌族释比经典·阶波刹格》P. 424）
天做 事 是 吗 天上 好
天愿之事还天上。
phatshu qui tɕia wu ji qæ ʂtieta bejy tɕhie tɕiosəi（《羌族释比经典·木吉剪纸救百兽》P. 2240）
野兽　管 好 说 了 我 心上 蜜糖 喝 好像
看管百兽有术，我心中犹如吃了蜜糖一样甜。
pu lu lu tɕie ɕie əˈɤo sa（《羌族释比经典·还愿》P. 627）
腰 痛 处 好 的 还来 了
腰痛之病已转好。
dʐə lo tɕiəu ȵiæ dʐe tsho tɕiəu sə（《羌族释比经典·还愿》P. 616）
邪 来 好 和 邪 落 好 了
置邪此时落对了。
tshu dze mi qəi nəi mi tɕio ji（《羌族释比经典·拜母恩词》P. 1986）
饭 吃 不 能 睡 不 好 了
茶饭不思夜不寐。
sə jokuibijio tɕhetɕe thæŋu tɕiu（《羌族释比经典·送草把人》P. 1383）
神 送走后 没事 那样 好
神走到的地方就没有事了。
datɕhæ ɕatsə tʂəu da tɕo wa（《羌族释比经典·天未亮云已散》P. 710）
右脚 先踏 旗愿 就 好 哇
再踏右脚，还旗愿就万事亨通。
ȵeu əˈ pha kə tə ɕa tɕou（《羌族释比经典·向神通明》P. 411）

稀泥 和好 上 砌 好
和好泥来砌好墙。

bopuqa［ʑio］tɕiko mi tɕyo tɕhi mi tɕyo ji（《羌族释比经典·还愿》P. 2232）

主家人（唱）家里 不 好 家 不 好 的
主家人（唱）：家里近日不顺遂。

单音节首辅音可以是舌面后塞音，有 kə，如：

mudzə ədzə tsu kə li tə dzutəta lə pu ji（《羌族释比经典·鬼》P. 1672）
人们看 看 上 好 上 看 很漂亮 一个 做 了
显出能工巧匠的手艺，神宇宫廷多漂亮。

羌语该两类词语，与以下语言的"好"有关系。独龙 gɑm⁵³、格曼 kɯ³¹、景颇 ka³¹、贵琼 ge³⁵、嘉戎 kə、剑川 ɕo²¹、纳西 ka³³、怒苏 ge³³、阿昌 tɕi⁵⁵、波拉 kai⁵⁵、浪速 kai³¹、勒期 kɛː³¹、丹老 kau⁵³、德努 kɔ⁵³、东友 kwø⁵⁵、若开 kau⁴⁴、土瓦 kɔ⁴⁴、仰光 kau⁵⁵、茵达 kɔ⁵³、约话 kau⁴⁴、仙岛 cɛ⁵⁵、载瓦 ke⁵¹。羌语该系列词语可以和汉语的"嘉"相比较。《说文·壴部》："嘉，美也。"《诗经·豳风·东山》："其新孔嘉，其旧如之何？"郑玄笺："嘉，善也。"晋葛洪《抱朴子·嘉遁》："藜藿嘉于八珍，寒泉旨于醽醁。"宋陆游《数日秋气已深清坐无酒戏题长句》："渐近重阳天气嘉，数椽茅竹淡生涯。"《广韵·麻韵》："嘉，古牙切。"其上古音，郑张尚芳构拟成 *kraal，李方桂构拟成 *krar，王力构拟成 *keai。其中古音，郑张尚芳构拟成 *kɤɛ，邵荣芬构拟成 *ka，王力构拟成 *ka。

单音节首辅音可以是舌面中音，有 ja、je、jia、ju、jy，如：

mu dzətɕəu ȵa su phia ja（《羌族释比经典·魂归来》P. 1153）
人 过来 和 山 享用 好
众人来临人亦乐。

oqu me tɕi nezə je（《羌族释比经典·敬神》P. 337）
全家 人 的 福星 好
全家人都福星好。

sei la maʁue puəˈjia kə asei kə（《羌族释比经典·通灵》P. 1782）
神 众 不一样 日子 好的 一天 中
神与凡民不一样，今天是个好日子。

muzə tɕiəu ȵia su phia ju we（《羌族释比经典·人真心》P. 673）

人们 来 了 庄稼 也 好 了
人们劳作庄稼好了。

mu ɤe lətɕi jy zəχo sa （《羌族释比经典·毒和病》P. 1172）
人 的 地方 好 消散 了
人的病痛已消除。

单音节首辅音可以是舌面鼻音，有 ȵi、ȵia、ȵio、ȵu、ŋa、ŋue、ŋuw，如：

ȵi ba dzu sə tie mi dzue （《羌族释比经典·走神路》P. 583）
好 位 坐 者 吃 没 罪
座中凡民皆无罪。

ɕi di tɕəu ȵia ʐgu di tɕəu （《羌族释比经典·向神通明》P. 410）
神 的 接 好 牢固 接 上
神的根基已牢固。

pia təu kəu kəu təu gu ȵio （《羌族释比经典·修房造屋》P. 2134）
猪 千 里面 千 长 好
成千猪儿肥且壮。

tɕha pa ȵu əˀ tetsəzei （《羌族释比经典·唱面膜》P. 352）
酒 刀头 好 放 很满意
刀头敬酒放好很满意。

mitɕo mi ŋa qa ji ʂə ʂua ma （《羌族释比经典·家里作法符》P. 1080）
不顺 不 好 我 被 清扫 除
吾敕此符普扫不祥。

tɕie qe əˀ tso tɕie lə dəi ji tɕie tso ŋue sei （《羌族释比经典·说母亲》P. 974）
织 头 来 拴 织 机 绑 了 织 拴 好 了
织布机上的线编好了，编织也有罪。

dzuo mi ŋuw qu dzo pei （《羌族释比经典·根治流产》P. 1309）
坐 不 好 左侧 坐 了
不好好坐，朝着左侧坐。

单音节首辅音可以是舌面擦音，有 ɕa、ɕi、ɕie、xe、ʑe、ʑi、ʑie

kue ʑəidiuȵi tʂəu ʑəidiu ɕa （《羌族释比经典·找铁》P. 2082）
还愿 修路 插旗 修路 好

修了还愿的路，修好了还愿插旗的路。
ʂətɕha ɕi ma ʕoʕa ɕi （《羌族释比经典·走神路》P. 581）
解除 好 呢 根治 好
根治解除为吉祥。
mi lie ɕie tsa sə səkə （《羌族释比经典·九敬经》P. 788）
眼 力 好 个 牛 去打
眼力好的人去打野牛。
dzʐə xe mi ŋu ɕi xe ŋu （《羌族释比经典·木吉珠和斗安珠》P. 93）
凡间 好 不是 仙家 好 有
凡间不能与仙比。
mə zo tɕha ʐe se ʁueʐui （《羌族释比经典·鼓的来历》P. 1134）
人 村 酒 好 神 高心
村里酒好神高心。
tshə əˈhui tshə ʑi ʁui （《羌族释比经典·敬神》P. 340）
泉水 煮 肉 好 吃
泉水煮肉肉好吃。
dzə ʑie ʑieȵi thie ʑie ʑie kuə ta stiese （《羌族释比经典·送精怪》P. 1916）
吃 好 东西 喝 好 好 你 给 请了
好吃好喝敬奉你。

羌语该类词与单音节首辅音为舌面塞擦音的"好"有关系。详见前文。

单音节首辅音可以是半元音，有 wa、we，如：
dzuwowo təʐywæ （《羌族释比经典·鬼》P. 1778）
股骨卷曲 医治 好
股骨卷曲医治好。
fianə lə tɕitɕo tɕhimu atəu lezə tshowe le tɕho bophʐe dzə tsho sa （《羌族释比经典·还愿》P. 599）
十二月 初一 神灵 一千 安顿 好 了 拿上 白鼓 都 请了
十二月来请神时，手拿白鼓把神敬。

羌语"好"单音节首辅音也可以发成小舌音或者喉音，有 qa、qe、qə、qua、he、fiəi、ʕo、ʕə、ʕe、ʕa、ʕei、ʕue、ʁa、ʁu、ʁue，如：

pemutçikəu tə ʑi təta atɕa qa nə mi nə lie （《羌族释比经典·九敬经》 P.787）

柏木老人 上 修 上好 一齐 好 的 是 的 好

柏木神路修好了，神路修得多平坦。

wu tɕi seiʐa ʂətɕhe da mu kə a qə pa ma （《羌族释比经典·敬神》 P.1991）

你 的 肝子 取出 给 吃 去 要 好 做 的

卦师又说道，要治阿妈的病痛，需食儿的肝子。

pheji lakə zə tə qua （《羌族释比经典·许愿》 P.764）

衣裳 前襟 青稞 包 好

前襟衣裳包了青稞种。

he səsa heti naja sadzəthu （《羌族释比经典·敬神》 P.338）

好 三句 带去 坏的 丢掉

把好的三句带去，坏的丢掉。

thək mətɕy jawu ɦiəi （《羌族释比经典·甩镰刀》 P.1454）

那 墨居 功劳 好

阿巴墨居功绩大。

gue ʁa dæjæ χæpi wa （《羌族释比经典·许愿》 P.766）

愿 好 高兴 成功 了

三界诸神高心笑开颜。

a ʁu tə ʁu tsətɕi tɕiaqo ʂə tə wo ɲa χe ʁu sa （《羌族释比经典·铁三足》 P.2066）

一起 的 起 他们 这家 美 了 起来 和 更 好 起来

一步跨起吉祥来。

ɕi ʁue ʐaə ʁue di nə phu kə tə pe ma （《羌族释比经典·颂神禹》 P.202）

庄稼 好 粮食 好 柜 的 满 的 要 成 要

五谷丰登堆满仓。

dʑətɕi dʑəʁue ɕi zə χa ɲia mu zə χe （《羌族释比经典·颂神禹》 P.216）

凡间 百姓 心 的 好 和 人 的 好

凡民百姓多欢畅。

jie dʐi ʂə wu χə dʐi dʐi wa （《羌族释比经典·还愿》P. 627）
病 鞋 出 丢 好 带 拴 了
吉祥带儿拴好了。

zugo ʐalo χei dida wa （《羌族释比经典·还愿》P. 612）
土地 丰收 好 丰收 了
此地来年好收成。

qu tɕi mə tshu qu χo da （《羌族释比经典·还天晴愿》P. 692）
功 劳 建 了 功 好 有
有了成绩建了功。

ku tɕe mutshu ku χue da wa （《羌族释比经典·还愿》P. 613）
丰收 的 之上 丰收 好 说 了
丰收又换丰收年。

羌语这类词可与汉语的"好"相比较。《说文·女部》："好，美也。从女、子。"《国语·晋语一》："子思报父之耻而信其欲，虽好色，必恶心，不可谓好。"韦昭注："好，美也。"《战国策·赵策三》："鬼侯有子而好，故入之于纣，纣以为恶。"汉王褒《四子讲德论》："故毛嫱、西施，善毁者不能蔽其好；嫫母、倭傀，善誉者不能掩其丑。"元石德玉《秋胡戏妻》第二折："他有一个女儿唤作梅英，尽生得十分好，嫁与秋胡为妻。"《广韵·晧韵》："好，呼晧切。"其上古音，郑张尚芳构拟成 *qhuuʔ，李方桂构拟成 *həgwx，王力构拟成 *xu。其中古音，郑张尚芳构拟成 *xau，邵荣芬构拟成 *xau，王力构拟成 *xau。

羌语"好"单音节首辅音还可以是复辅音，有 gʐe、ʐgəu、χsa、xsa、ʂkəu、phʐæ，如：

matsa tsaʐəu tha zətʂei dʐio wu gʐe （《羌族释比经典·还愿》P. 1743）
不锋利 刀子 他 拿 打   得 好
打出锋利的刀子。

qelə tshua ji ælə dæ tshua te ʐgəu ji （《羌族释比经典·说母亲》P. 976）
头上 砍 了 一个 去 砍 来 好 了
第一斧砍去砍得好。

tɕhie χsa tshe χsa me ji dze ji （《羌族释比经典·拜母恩词》P. 1986）
酒 好 肉 好 人的 吃 了

好酒好肉别人吃。

təuŋæn phʐə læ phʐə xsa ji（《羌族释比经典·木吉剪纸救百兽》P. 2251）

斗安 主意 呢 主意 好 的
斗安主意果然好。

ɕela ale tɕhatʂu tɕhabəˑ tɕha nə ʂkəu so（《羌族释比经典·木吉珠和斗安珠》P. 85）

锡拉 一个 掐算 卜卦 算 的 好 了
感谢为我拨疑云。

tʂhə tɕi dæke tʂhə xæ phʐæ sei（《羌族释比经典·请山神》P. 327）

百 家 过去 百 使 好 了
走到百家使百家顺利了。

羌语"好"还可以用复音词表示，有 jadie、nati、natsə、phiawo、qækəu、təpa、tə ʂai、wamie，如：

jadie sə n̪ia jajie ʁue sa（《羌族释比经典·还愿》P. 600）

好 看 了 好 招来 了
看着好的招来了。

mopi nati atuə baidzu kai（《羌族释比经典·斗安木吉结婚》P. 882）

木比 好 一阵 考虑 过
木比思量好一阵。

ʂəpi kueʐəi natsə kueda tɕowa（《羌族释比经典·找铁》P. 2081）

释比 还愿 好 还愿 顺利了
释比说还愿好，还愿一切都顺利。

moto phiawo tɕhi phiawo tɕi aɕi tsa we（《羌族释比经典·吉利美满》P. 855）

天宫 好 神 好 的 一天 看了
时遇上天好日子，又是敬神好时辰。

ŋa ta gue ta dʐe le gue zˌaˑ qækəu gue zˌəˑ（《羌族释比经典·好人》P. 1944）

我 做 人物 的 事 的 人物 了 好 人物 了
我专门做好事。

khi mu dʐie jitha ji go təpa duda（《羌族释比经典·铁三足》P. 2022）

破日 病治 的就好狂
破日宜：治病，主必安康。
oku tə ʂa the tə ʂai（《羌族释比经典·说鬼》P. 1362）
一家 美好 都 好
一家美好家庭都幸福。
tsuəˈ mi ʂəi pə æpu dzˌə ŋa wu waje wamie tɕiopu（《羌族释比经典·释比生肖论命》P. 2028）
脾气 不 好 这 年 事 有 要 父母 好 做
性情暴躁，重拜父母保重。

四 round（圆）

《牛津高阶英汉双解词典》："round, shaped like a circle or a ball ." "round"对应汉语"圆"，其在《百词表》中占第 98 位，在郑张尚芳《华澳语言比较三百核心词表》中居第 225 位，在黄布凡《藏缅语 300 核心词词表》中为三级核心词。

"圆"在羌语 14 个方言点发音如下：

桃坪：xgy^{33} xgy^{33}　　　麻窝：patʂ
蒲溪：yan；phapha　　　曲谷：petʂ pa：ləw
木卡：yæn tha　　　峨口：jyaŋ pu luŋ
萝卜寨：bu^{31} ti^{55}　　　荣红：patʂ
绵虒：jun^{11} thA^{33}　　　热额纳：peləku xue pets
永和：patsɨ　　　小姓：patʂ
龙溪：patʂ；pa^{31}ku^{31}；go^{55}　　　杨柳：patʂ

根据上面的语料我们可以看出，羌语的"圆"可以用汉语借词来表示，如蒲溪的 yan、木卡的 yæn tha、绵虒的 jun^{11} thA^{33}、还有峨口的 jyaŋ。羌语"圆"的本族词主要使用双唇塞音表示，有麻窝、龙溪、小姓、永和、荣红的 patʂ。羌语这个词可以和汉语的"扁"相比较。《说文·册部》："扁，署也。从户、册者，署门户之文也。"本指"在门户上题字"。《后汉书·百官志五》："皆扁表其门，以兴善行。"宋洪迈《容斋五笔·东不可名园》："予有两园，适居东西，故扁西为西园，而以东为东圃。"清叶廷琯《吹网录·〈柳南随笔续笔〉有应订正处》："居恒每以古贤自励，扁其室曰'不欺'。""扁"通过音变可以用来指"圜貌"。《集韵·

先韵》："扁，圜貌。"《集韵·铣韵》："扁，蒲眠切。"其上古音，郑张尚芳构拟成*bleenʔ，李方桂构拟成*bianx，王力构拟成*byan。其中古音，郑张尚芳构拟成*ben，邵荣芬构拟成*ben，王力构拟成*bhien。

除此之外，我们还根据羌语语料库，查询发现羌语用指"圆"还有以下一些词语。

羌语"圆"可以用单音节表示，单音节首辅音可以是舌尖塞音，有di、tu，如：

χephʑe miwu zə tsə di ɲia dzətɕi di（《羌族释比经典·颂神禹》P. 216）

月亮 不是 又　圆 和 凡间 圆

您像圆月照凡民。

ɣlophʑəi tu tu　miɣlo dzəiŋ dzəiŋ（《羌族释比经典·惩治毒药猫》P. 1249）

白石　圆 圆 黑石头 长　长

用圆圆的白石头和长长的黑石头。

羌语该类词与以下语言的"圆"有关系。如：景颇 tin[31]、苏龙 ta[55]、则洛 ta[33]、扎坝 the[55]、撒尼 dɒ[11]、柳江 duːn[42]、榕江 ton[22]、莫语 ʔduːn[6]、复员 tu[31]、偶里 tuan[12]。羌语该词可与汉语的"团"相比较。《说文·口部》："团，圜也。从口，专声。"《墨子·经下》："鉴团景一。"南朝梁吴均《八公山赋》："桂皎月而长团，云望空而自布。"宋王安石《题扇》诗："玉斧修成寳月团，月边仍有女乘鸾。"也可以泛指"球形或圆形的物品"。宋孟元老《东京梦华录·诸色杂卖》："供香饼子，炭团。"《广韵·桓韵》："团，度官切。"其上古音，郑张尚芳构拟成*doon，李方桂构拟成*duan，王力构拟成*duan。其中古音，郑张尚芳构拟成*duan，邵荣芬构拟成*duan，王力构拟成*dhuan。

单音节首辅音可以是舌尖擦音，有 so、su，如：

khu　nə mi wu kho　so tɕha（《羌族释比经典·羊皮鼓经》P. 780）

杨柳 的 不 是 空心 圆 要

鼓圈要圆中心空。

χephe agu　bo su mi lio tue（《羌族释比经典·羊皮鼓经》P. 777）

月亮 一个 鼓 圆 不 够 是

月亮也被收回去。

羌语该系列词与以下语言中的"圆"有关系。如：仓洛 ri、九龙 ʐu¹¹、兰坪 ʐue¹³、箐花 ʐue⁵⁵、新营盘 ʐuə¹³。

单音节首辅音可以是舌面擦音，有 ɕi，如：

tɕhazei ɕi die haɕi tɕopu （《羌族释比经典·勒布斯色》P.1387）

算卦　圆　石头　站在　上面

站在圆石上面算了一卦。

羌语该词与以下语言的"圆"有一定关系。如：阿力克 kor、巴塘 gɑ¹³、夏河 ko:¹³、博嘎尔 kor、格曼 gɑ⁵⁵、桑孔 ŋgun³³、西夏 khjwi²。羌语该词可与汉语"环"相比较。《说文·王部》："环，璧也。肉好若一谓之环。"《左传·昭公十六年》："宣子有环，其一在郑商。"王国维《观堂集林·说环玦》："余读《春秋左氏传》'宣子有环，其一在郑商'，知环非一玉所成。岁在己未，见上虞罗氏所藏古玉一，共三片，每片上侈下敛，合三而成规。片之两边各有一孔，古盖以物系之。余谓此即古之环也……后世日趋简易，环与玦皆以一玉为之，遂失其制。"宋高承《事物纪原·衣裘带服·环》："《瑞应图》曰：'黄帝时，西王母献白环，舜时又献之。'则环当出于此。"引申可以指"环形的"。唐柳宗元《龙马图赞并序》："其状龙鳞、虺尾、拳毫、环目、肉鬣、马之灵怪有是耶。"《广韵·删韵》："环，户关切。"其上古音，郑张尚芳构拟成 *gʷraan，李方桂构拟成 *gwran，王力构拟成 *ɣoan。其中古音，郑张尚芳构拟成 *ɦɣuan，邵荣芬构拟成 *ɣuen，王力构拟成 *ɣwan。

单音节首辅音可以是小舌音，有 ʁua，如：

ʁua lə miwu ʁuatəu tɕha （《羌族释比经典·羊皮鼓经》P.780）

圆　的　不是　圆圈　要

要把鼓圈箍得圆。

单音节首辅音可以是半元音，有 we，如：

kolo mi　ŋu kobəʼ phu we （《羌族释比经典·煞》P.1844）

戈罗　的　是　圆根　样　圆

戈罗就像圆根样圆。

单音节首辅音可以是复辅音，有 ɣlio，如：

xtʂə pie sa ji go ɣlio ɣlio pu səi （《羌族释比经典·释比生肖论命》P.977）

虱猪血的呢圆圆做了

从像虱一样小的猪崽腹中取出的油做了大油饼。

羌语"圆"也可以用双音节表示，双音节可以是在单音节基础上增加一个后缀形成，有 palu、bu^{31} ti^{55} 等形式，如：

əŋtɕi khai palu tɕitha （《羌族释比经典·葬礼词》P. 1040）
你的 馍馍 圆圆 祭拜
为你祭祀的馍馍。

qɑ^{31} bu^{31} ti^{55}-ti^{31}-to^{55} tɕɑ^{31} （《萝卜寨羌语语法研究》P. 109）
你 圆 要
我要那个圆的。

羌语"圆"双音节也可以通过重叠构词，形成双音节，有 tutu、ɣgy^{33} ɣgy^{33}、phapha，如：

ʁlobʐəi tutu ʂe tshei ŋue ji go ʁlotʂhəi ŋue ji （《羌族释比经典·说母亲》P. 975）
白石 圆圆 谁 刻 会 的 就 石磨 会 的
石磨磨青稞磨得很好。

五 dry（干）

《牛津高阶英汉双解词典》："dry, not wet, damp or sticky, without water or moisture.""dry"对应汉语"干"，其在《百词表》中占第 99 位，在郑张尚芳《华澳语言比较三百核心词表》中居第 259 位，在黄布凡《藏缅语 300 核心词词表》中为二级核心词。

"干"在羌语 14 个方言点发音如下：

桃坪：ʐi^{55} kua^{55} 麻窝：ɹətɕi
蒲溪：zekua   曲谷：jyku；tujyku
木卡：ʐə kua   峨口：ji tɕyɛ
萝卜寨：ʐə^{55}；fiə^{155} 荣红：juku
绵虒：zei^{11} 热额纳：jykye
永和：jikyɛ   小姓：jikuə
龙溪：tə^{31} ɚ^{31} 杨柳：əkye

羌语"干"可以用单音节词表示，单音节首辅音可以是双唇塞音，有 pho、pia，如：

pho tɕhie tʂəi n̪i ɕiexua to ji （《羌族释比经典·取火种》P. 283）

干 树枝 取 和 干草 备 了
备好干草和树枝。

pia jie ne　wu ha sə　ke ne（《羌族释比经典·好人》P. 1944）
干 的 地 你 去 死 去 吧
干喝地方你死去。

羌语该系列"干"的词语与以下语言中的"干"有关系。如：纳西 pv²¹、怒苏 phɯi³³、泰语 pha：k⁹/bok⁷、老挝 bɔk⁷。羌语该系列词可以和汉语"暴"相比较。《广韵·屋韵》："暴，日干也。"又《号韵》："暴，晞也。"《周礼·天官·染人》："凡染，春暴练，夏纁玄。"贾公彦疏："以春阳时阳气燥达，故暴晒其练。"宋沈作喆《寓简》卷十："〔芍药〕花过之后，每旦迟明而起，斸土取根，洗濯而后暴之。"明唐寅《赠南野》诗："晓依寒日暴毛褐，夜对中星举酒杯。"《广韵·屋韵》："暴，蒲木切。"其上古音，郑张尚芳构拟成*boog，李方桂构拟成*buk，王力构拟成*bok。其中古音，郑张尚芳构拟成*buk，邵荣芬构拟成*buk，王力构拟成*bhuk。

也可以是舌尖前塞音，有 tə、de，如：
jetʂupu mə tə-ʂqa çi, tʂuandʑitə-jikye, ɦatu jetʂupu-j qapa taχ ʂə mujy ʁuaja（《热额纳羌语参考语法》P. 221）
雅主寨 天　旱 因为 庄稼　干　然后 雅主寨 老头儿 一些 雨 求
雅主寨因为天旱，庄稼干枯了，于是雅主寨的老汉们就求起雨来。

tʂhexɬe na zə　dipide ji guai（《羌族释比经典·招仓房》P. 2093）
八月　时 青稞 上面 干 了 晒
八月时青稞就晒干了。

单音节首辅音也可以是舌根音，有 ka、guai，如：
guxɬe də　təpijiguai（《羌族释比经典·招仓房》P. 2095）
九月 黄豆 都晒了 干
九月时黄豆干透了。

ti¹³ ʂə³¹ le⁵⁵ iau²¹³ ka⁵⁵（《语言接触视野下的南部羌语比较研究》P. 309）
地 湿的　要　干
湿的地要干。

羌语该系列用指"干"词语与以下语言的"干"有一定关系。如：

阿力克 rkam、巴塘 ka⁵⁵、拉萨 kam⁵⁵、西夏 hka、阿侬 gɛŋ⁵⁵、博嘎尔 ɕen、达让 ɕoŋ³⁵、独龙 kan⁵⁵、景颇 khʒɔʔ⁵⁵、义都 ɕaŋ³⁵、嘉戎 kə、剑川 ka⁵⁵、绿春 gɯ³³、墨江 kɯ³³、波拉 kjauʔ⁵⁵、勒期 kju：ʔ⁵⁵、丹老 tɕhauʔ⁴²、德努 tɕhɔ³²、东友 khrø⁵³、若开 khrauʔ⁴、土瓦 tɕhɔʔ⁴²、仰光 tɕhauʔ⁴、茵达 tɕhɔʔ⁴⁵、约语 tɕhauʔ³。羌语该系列词语可与汉语"干"相比较。《集韵·寒韵》:"干,燥也。"《诗经·王风·中谷有蓷》:"中谷有蓷,暵其干矣。"《吕氏春秋·爱类》:"禹于是疏河决江,为彭蠡之障,干东土,所活者千八百国。"高诱注:"干,燥也。"唐韩愈《酲醒》诗:"秋阴欺白日,泥潦不少干。"《广韵·寒韵》:"干,古寒切。"其上古音,郑张尚芳构拟成 *kaan,李方桂构拟成 *kan,王力构拟成 *kan。其中古音,郑张尚芳构拟成 *kan,邵荣芬构拟成 *kan,王力构拟成 *kan。白保罗认为,克钦语 kan"(溪流)干",缅语 khàn,阿兹语 kan(缅-傈僳语 *kan)"干",并将藏缅语的"干"构拟成 *kan。①

单音节首辅音可以是擦音,有 ʐei、χa,如:

ʐupu ʐei ȵiaʐei maqa kə die dʐeidʐei(《羌族释比经典·颂神禹》P. 210)

田地 干 和 干 不行 的 来 裂开

水田干得裂开口。

mu zəχa ȵia ʐuʐaɹ dʐei kə qo ma tɕhe(《羌族释比经典·颂神禹》P. 212)

天 的 干旱 和 地皮 裂 的 怕 不用

百姓不怕天干旱。

phu¹¹ ʐei³³(《绵虒羌语研究》P. 46)

衣服 干

衣服干了。

羌语该系列词与以下语言有关系。如:格曼 sal、仙岛 tsui³⁵、壮语 saːu³、布依 saːu³、侗语 so³、莫语 so³、临高 so¹。羌语该类词可以和汉语"燥"相比较。《说文·火部》:"燥,干也。"《易·干》:"同声相应,同气相求。水流湿,火就燥。"孔颖达疏:"火焚其薪,先就燥处。"北周庾信《和裴仪同秋日》:"霜天林木燥,秋气风云高。"明宋应星《天工开物·治丝》:"凡供治丝薪,取极燥无烟湿者,则宝色不损。"

---

① Benedict, P. K(白保罗): *Sino-Tibetan: a Conspectus*, Cambridge University Printing House. 1972: 292.

《广韵·晧韵》："燥，苏老切。"其上古音，郑张尚芳构拟成*saaw?，李方桂构拟成*sagwx，王力构拟成*so。其中古音，郑张尚芳构拟成*sau，邵荣芬构拟成*sau，王力构拟成*sau。

羌语"干"也可以用双音节词来表示，有 ʐekua、təxa、dəiguæ 等形式，如：

tʂhuaba dʐudʐu kəte dzə ʐekua stu（《羌族释比经典·新房竣工还愿》P. 2137）

泥巴　稀的　上面　土　干　盖

稀泥上面放干土。

mu təxa ɳia lyo təgo（《羌族释比经典·邪怪》P. 1756）

天　干旱　和　手　扔了

天也干旱无收成。

dəiguæ na ɣethi ʂa（《羌族释比经典·兄妹治人烟》P. 248）

干透　就　回拢　了

晒到麻秆干透后。

第三节　颜色属性核心形容词

颜色词语既可以做名词，也可以做形容词。考虑到第一章名词占比过大，我们把颜色词放入形容词类别中来探究。颜色属性形容词是指在形容事物颜色的词语。在《百词表》中，模糊属性核心形容词包括：red（红）、green（绿）、yellow（黄）、white（白）、black（黑），下面按类别分别探讨。

一　red（红）

《牛津高阶英汉双解词典》："red, hacing the colour or fire.""red"对应汉语"红"。其在《百词表》中占第 87 位，在郑张尚芳《华澳语言比较三百核心词表》中居第 273 位，在黄布凡《藏缅语 300 核心词词表》中为三级核心词。

"红"在羌语 14 个方言点发音如下：

桃坪：xn̩i^{31} ɳi^{33}　　　　　麻窝：ɕizi

蒲溪：ʂən　　　　　　　曲谷：ɕuppu/hi

松坪沟：ȵi　　　　　　峨口：ɕy pu
萝卜寨：ʑi⁵⁵　　　　　荣红：ɕupu
绵虒：nə⁵⁵　　　　　　热额纳：xiʁu
永和：xi　　　　　　　小姓：hidze
龙溪：ɕi⁵⁵　　　　　　杨柳：xidze

羌语"红"可以用单音节词表示，单音节首辅音可以是单辅音，单辅音可以为鼻音，有 ȵi、nə⁵⁵，如：

a¹¹ko³³ ta¹¹ pa³³ ne⁵⁵ ki¹¹ ta¹¹ pa³³ phzɿ³³ ki¹¹ so¹¹ bi¹¹ pi³³（《绵虒羌语研究》P. 31)
　这个　帽子　红色　　帽子　　白色　　　　小
红色的帽子比白色的帽子要小很多。

ȵiȵi-ti tə phzɿ, χueχue-ti tə mi-phzɿ（《木卡羌语研究》P. 36）
　红　　那个 甜 绿　　那个 甜
红的是甜，绿的是酸的。

羌语该系列"红"与以下语言的"红"有关系。如：木雅 ni⁵⁵、九龙 ne³⁵、兰坪 ȵɸ⁵⁵、鲁甸 ȵye⁵⁵、箐花 ȵɸ⁵⁵、三岩龙 ȵe⁵⁵、桃巴 ȵe⁵⁵、拖七 ȵe⁵⁵、左所 ȵe⁵⁵、大姚 ȵi⁴⁴、赫章 nɣ²¹、弥勒 ni³³、禄劝 ne²¹、南华 ȵi³³、武定 ne¹¹、喜德 ni³³、户撒 na⁵⁵、孔家寨 nɛ⁵⁵、勒期 nɛː³¹、丹老 ni³³、德努 ni³³、东友 ni²²、若开 ni²²、土瓦 ni²²、仰光 ni²²、茵达 ni³³、约语 ni¹¹、仙岛 na³³。白保罗认为，现在我们可以根据嘉绒语的 wəurni<*-rni，羌语的 ńhi "红"，建立起一种有限分布的词根。这种词根也许是*r-nil~*r-ni（y）"牙龈"（=红色，深红色的状态）。白保罗将藏缅语的"红"构拟成*（r-）ni "红的"。①

首辅音可以为舌面擦音，有 ɕi、xi、ʑi⁵⁵，如：

ma ɕi ta mu ʂhei na tɕha na tʂhei na da təu na tɕha təu na da（《羌族释比经典·请神》P. 301）
　人 红 戴 者 百 的 要 和 百 的 给 千 的 要 千 的 给
他是披红之能人，成百要则成百给，成千要则成千给。

khue xi ələ ʂəl məʴ（《羌族释比经典·伯仔莫居打地府》P. 1477）
　狗　红　一只　拉着　梦见

---

① Benedict, P. K（白保罗）：*Sino-Tibetan: a Conspectus*, Cambridge University Printing House. 1972：244.

梦见牵着一条红狗。

pəi^{55} pəi^{55} ȵa^{35} ji ^{55} ʑi^{55} je^{55} a^{55} tʂhu^{55} （《萝卜寨羌语语法研究》P. 122）
花儿　　非常　红　　　一　朵

一朵很红的花。

羌语该系列舌面擦音的"红"和以下语言中的"红"有关系。如：达让 ɕi^{53}、独龙 ɕaŋ^{53}、义都 ɕi^{55}、大研 xy^{21}、苏龙 ji^{55}。羌语该系列词可以和汉语"绛"相比较。《说文·糸部》："绛，大赤也。"《史记·田单列传》："田单乃收城中得千余牛，为绛缯衣，画以五彩龙文。"北魏郦道元《水经注·汳水》："其后有人着大冠，绛单衣，杖竹立冢前，呼采薪孺子伊永昌曰：'我，王子乔也，勿得取吾坟上树也。'"清姚鼐《登泰山记》："回视日观以西峰，或得日或否，绛皓驳色，而皆若偻。"《广韵·绛韵》："绛，古巷切。"其上古音，郑张尚芳构拟成 *kruuŋs，李方桂构拟成 *krəŋw，王力构拟成 *keəm。其中古音，郑张尚芳构拟成 *kɤŋ，邵荣芬构拟成 *kɔŋ，王力构拟成 *kɔŋ。

首辅音可以为舌尖擦音，有 ʂən，如：

suʐo　　bo　　ʂən saʐo　　bo　　ʂən（《羌族释比经典·德为一部》P. 1203）
小太平 牦牛 红 大太平 牦牛 红

做太平保福要用红牦牛。

羌语舌尖擦音的"红"与以下语言中的"红"有关系。如：江底 si^{55}、庙子源 sei^{54}、长坪 θi^{54}、龙尾 si^{55}、傈僳 si^{31}、陈湖 sji^{31}、罗浮 si^{31}、金秀 siʔ^{54}。白保罗认为，加罗语 gittśak"红"，迪马萨语gadźau<gadźau"红，金"，卢舍依语 raŋ-ka-tśak"金"（参见 raŋ-va"锡"），克钦语 dźa"金"，怒语 za"银，钱"。其据此将藏缅语的"热"构拟成 *tsyak。① 羌语该系列词可以和汉语的"赤"相比较。《说文·赤部》："赤，南方色也。"《周礼·考工记·画缋》："杂五色，东方谓之青，南方谓之赤。"引申指"红色"。《礼记·月令》："〔季夏之月〕天子居明堂右个，乘朱路，驾赤骊。"孔颖达疏："色浅曰赤，色深曰朱。"汉班固《西都赋》："风毛雨血，洒野蔽天，平原赤，勇士厉。"宋陆游《幽居》诗："迎霜南阜枫林赤，饱雨西村菜甲青。"清方殿元

---

① Benedict, P. K（白保罗）：*Sino-Tibetan：a Conspectus*，Cambridge University Printing House. 1972：45.

《章贡舟中作歌》之五："江窄风移万山石，中天无云炎日赤。"《广韵·昔韵》："赤，昌石切。"其上古音，郑张尚芳构拟成 *khljag，李方桂构拟成 *khrjiak，王力构拟成 *tɕhyak。其中古音，郑张尚芳构拟成 *tɕhiɛk，邵荣芬构拟成 *tɕhiæk，王力构拟成 *tɕhiɛk。

首辅音可以为喉擦音，有 hiŋ、hiŋ，如：

ɕia hin toto dʐo pu tə je biemuphzे (《羌族释比经典·评理》P.1975)
血 红 坨坨 门 板 上 擦   别莫迫
鲜红猪血抹门板。

zु bu dzədzo hiŋ nə hiŋ tə hiŋ tshu (《羌族释比经典·颂神禹》P.200)
地上   四方 红 的 红 上 红 是
天地四方红灿烂。

单音节首辅音可以为复辅音，有 hɲi、hŋi、ʂhə、ʂnə、xɲi、xɲi，如：

jiku hɲi jiku phʐi aze gao (《羌族释比经典·青稞和麦子的来历》P.2169)
鸡公 红 鸡公 白 一只 要
红白公鸡要一只。

bomia fiɲi tɕho datue (《羌族释比经典·绷鼓》P.1132)
鼓椎 红 起来 敲
用红布包的鼓椎不断地敲鼓。

tɕuoʐo dʐysə ti hŋi atʂe (《羌族释比经典·结婚打煞》P.909)
新郎 左手 用 红 揭开。
新郎反手来接盖。

khue tsə thə wu pia sa ʂhə je (《羌族释比经典·额一段》P.701)
狗 杀 的 要 猪 血 红 了
杀猪宰羊流出的血，染红了大地。

ʂnə wu ta wu ta wu zु ji (《羌族释比经典·惩治毒药猫》P.1238)
红 路 上 路 上 路 分 了
从正道上要将正邪分开。

tshoŋuzुuŋa bəɲie xɲi tsuo dʐa (《羌族释比经典·过年禁忌》P.1109)
骡马牛羊 布条 红 拴 在

骡马牛羊拴布条。

nə χɳi mozə moluo le （《羌族释比经典·说狐狸》P. 1618）
石头 红 洞内 有
狐狸躲在红石包里面。

羌语"红"也可以用复音词表示，如 ŋenlə、xɳi³¹ɳi³³、ɕuppu、ɕupu、xiʁu、hidze 等形式，如：

tʂho mə ŋenlə ta tɕio mi dou wa （《羌族释比经典·解秽》P. 524）
拿 的 红 的 看 不 见 是
没看见红的进来。

ɕdigu tæpe xiʁu ɦu （《热额纳羌语参考语法》P. 63）
中间 一件 红的 是
中间那样是红的。

二　green（绿）

《牛津高阶英汉双解词典》："green, having the colour of grass or the leaves of most plants and trees." "green" 对应汉语"绿"。其在《百词表》中占第 88 位，在郑张尚芳《华澳语言比较三百核心词表》中居第 275 位，在黄布凡《藏缅语300 核心词词表》中为二级核心词。

"绿"在羌语 14 个方言点发音如下：

桃坪：xue³³ xue³¹　　　麻窝：ʐanku
蒲溪：χuχui　　　　　曲谷：ləp
松坪沟：χue　　　　　峨口：χɑʂ/tsəχʂɹɛ ɜw
萝卜寨：χui⁵⁵　　　　荣红：xafʐəu
绵虒：χue¹¹　　　　　热额纳：ɦa gil
永和：lu　　　　　　　小姓：til
龙溪：χuei⁵⁵　　　　　杨柳：halu

羌语"绿"可以用单音节词表示，单音节首辅音可以是舌面音，有 xui，如：

ɕiexua xui ɳi pætsu pha ji （《羌族释比经典·取火种》P. 268）
青草 绿 和 花朵 盛 的
绿草青青鲜花艳。

羌语该词与以下语言中的"绿"有关系。如：巴尔提 sngon、巴塘

dʐo⁵⁵、博嘎尔 dʑeoː、纳西 xəɪ²¹、丹老 seɪ⁵³、德努 seɪ⁵³、东友 si⁵⁵、若开 seɪ⁴⁴、土瓦 si⁴⁴、仰光 se⁵⁵、茵达 seɪ⁵³、约语 seɪ⁴⁴、仙岛 ɲau⁵⁵、载瓦 ŋjui⁵¹。白保罗认为，卡瑙里语 śöŋ <*sriŋ，曼查替语 sriŋ，昌巴拉祜里语 sriŋ~śiŋ "活，活的"，卢舍依语 hriŋ "新鲜，绿"，hriŋ ʔ"生育，生（子）"，梅特黑语 hiŋ "活着"，米基尔语 reŋ "活，苏醒过来"，reŋ-seŋ "绿，青绿"（显然是来自*s-reŋ 的一对词根），克钦语 tsiŋ < śriŋ "草，青绿色的，绿的"，kətsiŋ "新鲜的，绿的，生的，未熟的"，怒语 məśiŋ <*m-śriŋ "绿"，śin "草"（可能是来自克钦语的借词），还有əthiŋ "未熟的，未烧熟的"，但是缅语 hraŋ "活，活的"，加罗语 thaŋ <*sraŋ "活"，gathaŋ "绿的"，迪马萨语 gathaŋ "活，活的；绿的，未熟的"。并将藏缅语 "绿" 构拟成*s-riŋ~s-raŋ。① 羌语该词可以和汉语的 "青" 相比较。《说文·青韵》："青，东方色也。木生火，从生丹，丹青之信言象然。" 宋苏轼《雨》诗："青秧发广亩，白水涵孤城。" 明何景明《咏怀》："青蕙缘广隰，绿蘅被洲中。" "青" 还可以用指 "没有成熟的庄稼"。北魏贾思勰《齐民要术·耕田》："秋耕" 原注："比至冬月，青草复生者，其美与小豆同也。" 唐杜甫《绝句》："江边踏青罢，回首见旌旗。" 宋王安石《东门》诗："迢迢陌头青，空复可藏鸦。"《广韵·青韵》："青，仓经切。" 其上古音，郑张尚芳构拟成*shleeŋ，李方桂构拟成*tshiŋ，王力构拟成*tshye。其中古音，郑张尚芳构拟成*tsheŋ，邵荣芬构拟成*tshɛŋ，王力构拟成*tshieŋ。

单音节首辅音可以是喉音，有 hæ、ha ʂ，如：

zəkə miŋu hæ sasei（《羌族释比经典·青稞根源》P.2178）
地里 就像 绿 遍地
田地里面绿油油。

ʔæpe xiʁu ɦu, ʔæpe ha ʂ ɦu, jipe kəm çe（《热额纳羌语参考语法》P.220）
一件 红的 是 一件 绿的 是 两件 都 好看
一件是红的，一件是绿的，两件都好看。

也可以是小舌音，有 χa、χei、χui、χue，如：

muχa ʁopu sə χa sete tʂu çimæ（《羌族释比经典·开坛请神》

---

① Benedict, P. K（白保罗）：*Sino-Tibetan: a Conspectus*, Cambridge University Printing House. 1972：90.

P. 391)

翠绿 山顶 神 绿 三台 旗 送了

翠绿山顶绿旗三台插了。

dʐo ȵia ʁa te χei ki mo ɕia （《羌族释比经典·梦一部》P. 1199）

盘香 和 柏香 的 绿 的 梦 了

梦见盘香和柏香变得嫩绿了。

bajo χui bo jo χui mapia wu nə （《羌族释比经典·请神》P. 298）

低处 绿 高 处 绿 天神 是 啊

从低到高一片绿。

nə^{33}-ki^{11} tsu^{11}-ki^{33} ne^{11}, χue^{11}-ki^{11} tsui^{33}-ki^{11} ne^{11} （《绵虒羌语研究》P. 46）

红 甜 是 绿 酸 是

红的是天的，绿的是算的。

以上两类可能与第一类的来源有关。

单音节首辅音也可以是舌尖音，有 ləp、le、lu、til，如：

qa ɕuppu to：pu-a   qupu ləp to：pu （《羌语研究》P. 111）

我 红的 喜欢   他 绿的 喜欢

我喜欢红的，他喜欢绿的。

pæχlə ji ȵiəu seli piata atsə ɕiχue le jəu tɕio je （《羌族释比经典·额一段》P. 700）

正月 的 来 河岸 之处 小草 绿 油 成 了

正月到来，河岸边的小草发出了嫩绿的叶子。

羌语该系列词与以下语言中的"绿"有关系。如：剑川 lu^{33}、卡卓 lv^{55}、撒都 ljo^{55}、坡脚 lu^{35}、标话 luk^{8}、平塘 lu^{53}、洞头 lɔ^{44}、黄洛 ly^{31}、柳田 lje^{22}、回辉 lok^{43}、壮语 lok^{8}、布依 lɔk^{8}、临高 luk^{8}、村语 luək^{4}、布央 lok^{11}。羌语该系列词可以和汉语"绿"相比较。《说文·系部》："绿，帛青黄色也。"《诗经·邶风·绿衣》："绿兮衣兮，绿衣黄里。"孔颖达疏："绿，苍黄之间色。"南朝梁刘勰《文心雕龙·隐秀》："朱绿染缯，深而繁鲜。"唐温庭筠《菩萨蛮》词之九："小园芳草绿，家住越溪曲。"《广韵·烛韵》："绿，力玉切。"其上古音，郑张尚芳构拟成 *rog，李方桂构拟成 *ljuk，王力构拟成 *liok。其中古音，郑张尚芳构拟成 *lɨok，邵荣芬构拟成 *liok，王力构拟成 *l wok。

单音节首辅音也可以是双唇音，有 pa，如：

dzələ gələ a tɕia χa χui ba jio pa nia bo jo thu we （《羌族释比经典·还愿》P. 614）

四月 这月 一季 草 青 低 处 绿 和 高 处 拢 了

四月时值好风光，从低到高草青绿。

羌语该词可以和汉语“碧”相比较。《说文·石部》：“碧，石之青美者。”南朝宋刘义庆《世说新语·汰侈》：“君夫（王恺）作紫丝布步障，碧绫里四十里。”唐柳宗元《溪居》诗：“来往不逢人，长歌楚天碧。”前蜀韦庄《菩萨蛮》词：“春水碧于天，画船听雨眠。”《广韵·昔韵》：“碧，彼役切。”其上古音，郑张尚芳构拟成 * prag，李方桂构拟成 * pjiak，王力构拟成 * prɯag。其中古音，郑张尚芳构拟成 * ŋɯɛ，邵荣芬构拟成 * ŋa，王力构拟成 * ŋa。

羌语“绿”单音节词也可以是复辅音，有 ʐge，如：

me ʂto ʐge ætɕiæ pu səi （《羌族释比经典·说母亲》P. 977）

绸缎 绿 一丈 做 了

做了一件一丈长的绿绸缎。

羌语“绿”也可以用复音词表示，有 xue^{33} xue^{31}、ʐɑnku、χuχui、ɦa gil、xafʐəu 等形式，如：

χȵi^{31}ȵi^{33} na^{33} xue^{33}xue^{31} （《羌语简志》P. 158）

红　　和　绿

红的和绿的。

ȵiȵi-ti tə phzɿ，χueχue-ti tə mi-phzɿ （《木卡羌语研究》P. 36）

红　那个 甜　绿　　　那个 不甜

红的是甜的，绿的是酸的。

三　yellow（黄）

《牛津高阶英汉双解词典》：“yellow, having the colour of lemons or butter.”“yellow”对应汉语“黄”。其在《百词表》中占第 89 位，在郑张尚芳《华澳语言比较三百核心词表》中居第 274 位。

“黄”在羌语 14 个方言点发音如下：

桃坪：xa^{55} xa^{33}	麻窝：χɑ
蒲溪：ɕeɕe	曲谷：x ʂæhæʴ/hæʴ giʥi
松坪沟：χoʴ	峨口：ʂtʃə χɑ

萝卜寨：fiɑ⁵⁵　　　　　荣红：xɑ ʂ
绵虒：ΧA³³　　　　　　热额纳：ha ʂ
永和：hæ˧wu　　　　　 小姓：haw
龙溪：Χa⁵⁵　　　　　　杨柳：hawu

羌语"黄"可以用单音节词表示，单音节首辅音可以为唇音，有pa，如：

tʂulə tɕitɕo dadzeike we dzəΧa pa tsu tsho lə zə we（《羌族释比经典·还愿》P. 598）
六月 初一 看见　　　了青稞 黄 了 摘 的 容易 了
六月青稞麦子黄，容易摘来不易载。

我们认为该词可能与上面指"绿"有关系。

单音节首辅音可以为舌尖音，有 dzəu，如：

Χa ʂa satɕi wuΧa wu bosə dzəu la ba ʂəthu（《羌族释比经典·唱根源》P. 849）
青春 已经 枯黄 了 高处 黄 了 低处 到
青草枯黄由高处向此处。

羌语该词与以下语言有关系。如：仓洛 ser、阿力克 ser、巴塘 she⁵⁵、拉萨 se：⁵⁵、夏河 she、观音桥 sɛr⁵⁵、纳木义 ʂʅ⁵³、扎坝 ʂʅ⁵⁵、哈尼 sʅ⁵⁵、墨江 ʃɯ⁵⁵、卡卓 sɣ²⁴、傈僳 ʃi³³、纳西 ʂʅ²¹、撒都 sə³³、桑孔 sʅ⁵⁵、圭山 ʂi³³、赫章 ʂe¹³、弥勒 ʂa³³、撒尼 ʂʐ⁴⁴、巍山 ʂa⁵⁵、武定 ʂɔ¹¹、喜德 ʂʅ³³。白保罗认为，加罗语 gittśak "红"，迪马萨语 gadźau<gadźau "红，金"，卢舍依语 raŋ-ka-tśak "金"，克钦语 dźa "金"，怒语 za "银，钱"，其据此将藏缅语"黄"构拟为 *tsyak。① 羌语该词语可以和汉语"緫"相比较。《字汇补·糸部》："緫，仓红切，色青黄也。"其中古音，郑张尚芳构拟成 *tsuŋ，邵荣芬构拟成 *tsuŋ，王力构拟成 *tsuŋ。

单音节首辅音可以是舌面前音，有 ɕie，如：

mi læ ʐdʑie ʂkəu pu ɲi qa ɕie pu （《羌族释比经典·拜母恩词》P. 1986）
母 呢 痛苦 做 且 脸 黄 做
娘被痛得脸色黄。

单音节首辅音也可以是舌根音，有 ko、ŋæ、xa，如：

---

① Benedict, P. K（白保罗）：*Sino – Tibetan*：*a Conspectus*，Cambridge University Printing House. 1972：45.

ko ʐintsə ʂnə ji ȵiəu（《羌族释比经典·功绩》P. 957）
黄 如果 红 的 来
如果黄了就让它红起来。

ʐi ŋæ Xedʐo tɕi mu we ʐ̩ei¹（《羌族释比经典·评理》P. 1975）
铜 黄 针筒 的 没 有 说
黄铜针筒又丢失。

qe ʂe tɕhia ȵia ɕie ʐ̩e xa wu（《羌族释比经典·劝慰》P. 1045）
头 下 埋 和 身 使 黄 要
被压弯了枝头，叶子也枯黄了。

羌语以上两类"黄"的词语与以下语言中的"黄"有关系。如：博嘎尔 ɕɯr、独龙 guaɹ⁵³、格曼 kɯ³¹、道孚 gɛ、嘉戎 khsər、糯福 ɕi³³、龙华 kwan³³、高坡 ko⁵⁵、吉卫 kwei³¹、洞头 gwɛ³¹、黄洛 kwən¹³、柳田 kwən¹³、布努 kwa²⁴、罗浮 khun⁴²。该词可以和汉语的"黄"相比较。《说文·黄部》："黄，地之色也。"《易·坤》："天玄而地黄。"《墨子·所染》："染于苍则苍，染于黄则黄。"唐温庭筠《杨柳枝》诗之二："南内墙东御路旁，预知春色柳丝黄。"《广韵·唐韵》："黄，胡光切。"其上古音，郑张尚芳构拟成 *gʷaaŋ，李方桂构拟成 *gwaŋ，王力构拟成 *ɣuaŋ。其中古音，郑张尚芳构拟成 *ɣuaŋ，邵荣芬构拟成 *ɣuaŋ，王力构拟成 *ɣuaŋ。邢公畹、潘悟云、龚群虎、黄树先等都拿汉语"黄"与汉藏语中的"黄"进行比较。

单音节首辅音可以是小舌音，有 Xa、Xæ、Xu，如：
dʐo Xa ʁa Xa Xa ki mo ɕia（《羌族释比经典·梦一部》P. 1198）
盘香 黄 柏香 黄 黄 的 梦 了
梦见盘香和柏香枯黄了。

sa ȵioȵio sa zu nə Xæ sa（《羌族释比经典·绵虫》P. 1693）
鬼怪 驱赶 了 胡子 都 黄 了
驱走了鬼怪胡子都黄了。

dʐo Xa ʁa Xu tə¹ Xa je（《羌族释比经典·额一段》P. 701）
盘香 黄 柏香 黄 来 黄 了
盘香木和柏香木都开始枯黄了。

羌语该系列"黄"的词语与以下语言中的"黄"有关系。业隆 Xsor³³、兰坪 ɣa¹³、鲁甸 ɣA¹³、箐花 ɣa¹³、三岩龙 ŋei¹³、桃巴 ŋɛ⁵⁵、拖七

ɣA¹³、新营盘 ɦA¹³、左所 ɣA⁵⁵、浪速 xui³¹、勒期 xə:³³。羌语该系列词应该与上一类"黄"的来源相同。

单音节首辅音也可以是喉音，有 hæ、hæn、hæŋ、ɦæŋ、hæ¹ ʂ，如：

ʑie ȵioȵio sa dzu nə hæ sa （《羌族释比经典·祛病》P. 1717）
病魔 驱赶 了 胡须 也 黄 了
驱除病魔胡须也黄了。

sə hæn qə qə tɕipisua （《羌族释比经典·九敬经》P. 788）
牛 黄 头 头 贵重
牛头的确很贵重。

sə haŋ pa qhue tɕio mi ʂo （《羌族释比经典·九敬经》P. 789）
牛 黄 蹄 足 多 结实
野牛蹄子真结实。

jymia ɦæŋ ma təbei ʐdu （《羌族释比经典·邪怪》P. 1730）
鸡婆 黄 的 长蛋 怪
黄鸡婆生长蛋怪。

hæ¹ ʂ bu le se bu ŋu （《羌族释比经典·颂释比木拉》P. 476）
黄 鼓 有 凶 鼓 是
黄色鼓儿是凶鼓。

羌语"黄"也可以用复音词表示，有 x ʂæhæ¹、hagu、hæ¹ giʥi、xa⁵⁵ xa³³、ɕieɕie、ʂtʃə Xɑ、hæ¹wu、ʂəɕie，如：

XueXue mətsəsto laxaxe tshəlazə （《羌族释比经典·迟基格布》P. 175）
绿 绸缎子 肩膀上 挂在了
绿色缎子肩上挂。

hagu atse dede guje （《羌族释比经典·找铁》P. 2079）
黄色 这块 颜色 变了
这块黄色的铁块烧成了黄色。

ɣə stikə ʂ əɕie puda wa （《羌族释比经典·青稞和麦子的来历》P. 2164）
麦子 穗头 黄色 开始 黄了
麦子穗头颜色开始黄了。

四 white（白）

《牛津高阶英汉双解词典》："white, having the colour of fresh snow or

of milk." "white" 对应汉语 "白"。其在《百词表》中占第 90 位，在郑张尚芳《华澳语言比较三百核心词表》中居第 278 位，在黄布凡《藏缅语 300 核心词词表》中为一级核心词。

"白" 在羌语 14 个方言点发音如下：

桃坪：phʐi⁵⁵   麻窝：phi
蒲溪：phʐi；phʐəi   曲谷：phixu；phoχu
松坪沟：tɕhywu   峨口：phɿʂ
萝卜寨：pʰze⁵⁵   荣红：phis
绵虒：phzɿ³³；phʐi⁵⁵   热额纳：phiχu
永和：phi   小姓：tʂhu
龙溪：phe⁵⁵   杨柳：tʂhu

羌语 "白" 可以用单音节词语表示，单音节的首辅音可以是单辅音，单辅音可以是双唇音，有 phe、phə、phei、phi、phie、phies，如：

ʁo phe a gu go əˈ go （《羌族释比经典·羊皮鼓经》P. 780）
石　白　一　个　来　了　来
白石一个传下来。

dʑi phə tʂhu sə dzə tɕi tɕha na dzə tɕi zə sa （《羌族释比经典·还愿》P. 625）
旗　白　插　处　青稞　要　则　和　青稞　的　给　了
插旗之处撒青稞，青稞粒儿来献上。

atɕia dʑei phei dzətɕie zəla tɕhi qu gua we （《羌族释比经典·还愿》P. 661）
一头　羊　白　凡人　给　神　功　报　了
白羊一头来敬奉，报答神灵的恩德。

qu na tsə le qəˈ də phi pe jy tʂu （《羌族释比经典·送魂》P. 1005）
老舅　和　少舅　有　头上　戴　白　这　样　了
老舅少舅都戴孝了。

suʁa so phie mu ʁe tɕha （《羌族释比经典·还天晴愿》P. 691）
山中　麻　白　人　的　要
山中白麻人们要。

ɧæke¹ hejysəkæ ɧiŋu sue ŋu phies hæke ɲi （《羌族释比经典·伯伢打猎》P. 1406）
出去　时候　金　亮　银　白　出去　了

出去时面色比金子还亮，比银子还白。

羌语该系列词与以下语言"白"有关系。如：博嘎尔 puŋ、景颇 phʒo、尔龚 phru、二岗理 phrəm、观音桥 phrəm⁵³、业隆 phrom⁵³、纳木义 phu⁵³、九龙 phʐɿ⁵⁵、兰坪 phʂə⁵⁵、鲁甸 phʐə⁵⁵、箐花 phʐə⁵⁵、三岩龙 phʐi⁵⁵、桃巴 phʐA⁵⁵、拖七 phʐɛ⁵⁵、新营盘 phʐi⁵⁵、左所 phʐA⁵⁵、哈尼 phju⁵⁵、基诺 phro⁴⁴、福 phu³³、纳西 phəɹ²¹、撒都 phi²¹、桑孔 phu⁵⁵、大姚 phu³³、波拉 phju⁵⁵、浪速 phju³¹、阿昌 phʐo⁵⁵、勒期 phju:³³、丹老 phju³³、德努 phju³³、东友 phru³²、若开 phru²²、土瓦 phlu¹、仰光 phju²²、茵达 phlu³³、仙岛 phʐu⁵⁵、载瓦 phju⁵¹。羌语该系列词可以和汉语的"白"相比较。《说文·白部》："白，西方色也。阴用事，物色白。"《易·贲》："上九，白贲，无咎。象曰：白贲无咎，上得志也。"王弼注："以白为饰，而无患忧，得志者也。"《管子·揆度》："其在色者，青、黄、白、黑、赤也。"唐李白《浣纱石上女》诗："玉面邪溪女，青娥红粉妆，一双金齿屐，两足白如霜。"《广韵·陌韵》："白，傍陌切。"其上古音，郑张尚芳构拟成 *braag，李方桂构拟成 *brak，王力构拟成 *beak。其中古音，郑张尚芳构拟成 *bʁɛk，邵荣芬构拟成 *bak，王力构拟成 *bhek。邢公畹、潘悟云、龚群虎等皆用汉语"白"与少数民族语"白"对应。

单辅音也可以是舌尖擦音，有 sua、ʂto，如：

mu sua mi ȵu tɕi tɕhi tʂha （《羌族释比经典·祝酒词》P. 894）
夜 白 不 分 家 新 立

兴家立业日夜忙。

Xputæ ʂto tʂhə Xui te pu （《羌族释比经典·敬日月星辰》P. 451）
地上 白 前 醒 的 做

凡间万物皆苏醒。

羌语该系列词与以下语言中的"白"有关系。如：则洛 de³³、麦崩 ʂa⁵⁵、木雅 tʂhø⁵³、卡卓 tshɿ³³。该系列词可能可与汉语的"的"相比较。《广雅·释器》："的，白也。"《易·说卦》："其于马也，为善鸣，为馵足，为作足，为的颡。"孔颖达疏："白额为的颡。"李鼎祚《集解》引虞翻曰："的，白；颡，额也。"唐黄滔《送友人边游》诗："亲咏《关山月》，归吟鬓的霜。"《广韵·锡韵》："的，都历切。"其上古音，郑张尚芳构拟成 *pleewɢ，李方桂构拟成 *tiakw，王力构拟成 *tyok。其中古音，郑张尚芳构拟成 *tek，邵荣芬构拟成 *tɜk，王力构拟成 *tiek。

单辅音也可以是舌尖鼻音，有 nə，如：
dʑio nə xsəi ʂəi dəuwu kuke qui （《羌族释比经典·说母亲》P. 982）
门　白　三　道　往外　去　关
将三道邪恶的黑门朝外关出去。

羌语该词与以下语言中的"白"有一定关系。如：达让 lio⁵³、义都 lio⁵³、西夏 lew²、圭山 ɬu³³、撒尼 ɬz⁵³、峨山 thu⁵⁵、赫章 thu¹³、禄劝 thu³³、弥勒 thu³³。白保罗认为，藏语 sŋo"蓝，绿"，卢舍依语 ŋou"白"，塔多语 ŋou"清洁"，肖语 nau"绿"，贝特语 əŋoi"黄"，并据此将藏缅语"白"构拟成 *ŋow。①

单辅音也可以是舌面音，有 tɕha、ɕie、gi，如：
qhabia tsotshi ŋo wo tɕha gələ pa we （《羌族释比经典·还愿》P. 615）
河边　打扮　银　样　白　这月　是　了
这月时节已到了，河边沟底银白色。

ɕie phẓei ɕæntə lə sə bu fia sue （《羌族释比经典·找铁》P. 2116）
白　铁　镰刀　就　去　蜂　去　割
白铁镰刀割蜂房。

ʂuai liou gi phẓəi （《羌族释比经典·开天门》P. 698）
圣洁　来　白　旗
插上神洁的白色纸旗。

羌语该系列词与以下语言中的"白"有关系。如：阿力克 ka、巴尔提 kar、巴塘 kɑ⁵⁵、拉萨 kaː⁵⁵、夏河 kaː⁵⁵、格曼 ka、黄洛 ky³³、柳田 kje³³。该类词可以和汉语的"缟"相比较。《说文·糸部》："缟，鲜色也。"《小尔雅·广服》："缯之精者曰缟。"清任大椿《释缯》："缯之细者曰缟。"又："其通名者缟，一曰素，一曰鲜支，一曰縠，一曰縑。"《尚书·禹贡》："厥篚玄纤缟。"孔传："缟，白缯。"《礼记·王制》："殷人哻而祭，缟衣而养老。"孔颖达疏："缟，白色生绢。亦名为素。"《汉书·食货志上》："乘坚策肥，履丝曳缟。"汉陈琳《为曹洪与魏文帝书》："若骇鲸之决细网，奔兕之触鲁缟。"后引申可以指"白色"。《素问·五藏生成论》："生于心，如以缟裹朱。"王冰注："缟，白色。"南朝宋谢惠连《雪赋》："眄隰则万顷同缟，瞻山则千岩俱白。"宋周邦彦《倒

---

① Benedict, P. K（白保罗）：*Sino-Tibetan: a Conspectus*, Cambridge University Printing House. 1972: 69.

犯·新月》词："千林夜缟，徘徊处，渐移深窈。"清姚鼐《〈香岩诗稿〉序》："大雪，松竹尽缟。"《广韵·晧韵》："缟，古老切。"其上古音，郑张尚芳构拟成＊kaawʔ，李方桂构拟成＊kagwx，王力构拟成＊ko。其中古音，郑张尚芳构拟成＊kau，邵荣芬构拟成＊kau，王力构拟成＊kau。

羌语"白"单音节首辅音还可以是复辅音，有 phʐe、phʐei、phʐəi、phzi、phʐi，该类词与第一类"白"词语的来源相同。如：

ʐi phʐe tʂhui sə tə mi tɕie la（《羌族释比经典·还愿》P.646）
旗 白 插　处 它 不 敢 了
白旗插邪不敢留。

to phʐei atshe to nə atshe the qeti ə¹ pha（《羌族释比经典·尔一部》P.2149）
布 白 一尺 布 黑 一尺 它 上面 来 盖
一尺白布和一尺黑布盖在上面。

sdo pəipəi de phʐəi de je（《羌族释比经典·解秽法鼓》P.504）
圣物 所有 拥有 白 拥有 了
也有了敬奉上天的圣物。

kue tɕagəi phzi nake（《羌族释比经典·招财》P.2206）
还愿 插旗 白 一起
还愿插白旗时用的。

ɕi phʐi ɕi dʐio zu kha pei（《羌族释比经典·根治流产》P.1312）
铁 白 铁 枪 左 打 做
白色的铁枪用左手打。

羌语"白"还可以使用复音词表示，有 phiχu、phiχa、phixu、phoχu、tɕhywu、phʐəiqe、phʐigu、phʐiji、phʐijy、phʐitɕe，如：

phiχu bu le ɕi ʁue ŋu（《羌族释比经典·颂释比木拉》P.475）
白　鼓 有 酒 开 是
白鼓拿来开坛用。

lə ʐɕiχa atʂæ phiχa atʂæ səχa atʂæ nə thi tshei（《羌族释比经典·兄妹治人烟》P.249）
纸 红色 一张 白色 一张 绿色 一张 拿 上 了
红白绿纸各取一张来了。

dzuæpæ phʐəiqe kue te ʂtɕie wa（《羌族释比经典·说母亲》P.971）

荞花　白色　你　来　敬　要
白生生的荞花来敬你。

phzʐigu atse dede guje （《羌族释比经典·找铁》P. 2079）
白色　这块　颜色　变了
这块白色的铁块烧成白色了。

çi əʲ¹ tui je phzʐiji topu （《羌族释比经典·找铁》P. 2079）
铁　呢　打　已经　白色　板
白色的铁打出白色铁板。

sutsə ʂei nasu phzʐijy tçi ʑiləpa （《羌族释比经典·结拜弟兄》P. 472）
尾巴　拖着　尾巴　白色　的　变成了
尾巴拖在地上变白了。

ʁuo phzʐiphzʐi ta atçi maçu zə （《羌族释比经典·祝酒词》P. 893）
石头　白色　给　一定　弄脏　不
洁白石头得崇敬。

zʐətsə phzʐilə zʐə tçe ŋu （《羌族释比经典·说鬼》P. 1360）
纸钱　白色　鬼　属于　是
白色的纸钱属于鬼。

五　black（黑）

《牛津高阶英汉双解词典》："black, having the very darkest colour, like night or coal." "black" 对应汉语"黑"。其在《百词表》中占第91位，在郑张尚芳《华澳语言比较三百核心词表》中居第277位，在黄布凡《藏缅语300核心词词表》中为一级核心词。

"黑"在羌语14个方言点发音如下：

桃坪：n̠i⁵⁵ n̠i³¹　　　　　　麻窝：n̠iq

蒲溪：ŋ ŋ; naçpie　　　　曲谷：n̠ihaq/n̠iq

松坪沟：n̠iq　　　　　　　峨口：n̠ɪχ/n̠ɪ xəʲ¹

萝卜寨：ni³¹　　　　　　　荣红：n̠iq

绵虒：nə³³　　　　　　　　热额纳：n̠iq

永和：n̠i　　　　　　　　　小姓：n̠iq

龙溪：n̠i⁵⁵　　　　　　　　杨柳：n̠iq

羌语"黑"可以用单音节词表示，单音节首辅音可以是双唇鼻音，有 məu、mo、mu，如：

pipo ʂə mi le məu ʑi nə ma jia hai ɕya ʑi nə nə wu jia ho（《羌族释比经典·不吉》P. 1107）
叔伯 死 的 一个 黑 在 是 吗 呀 嘿 亮 在 是 你 是 呀 嗬
死者我的亲叔伯，不知魂魄暗处游，还是亮处享安乐。

ɕya ʑintsə mo ji ȵiəu（《羌族释比经典·功绩》P. 957）
亮 如果 黑 的 来
如果亮了就让它黑一点。

pu qua mu qua so lio pu sə（《羌族释比经典·启明神》P. 418）
在 夜空 黑 夜空 启明星 来 做 了
是你启明星将黑夜冲破。

羌语以上"黑"与以下语言中的"黑"有关系。如：丹老 mɛ[53]、德努 mɛ[53]、若开 mɛ[44]、茵达 me[53]、约语 mɛ[44]、达让 maŋ[53]。羌语该系列词可以和汉语的"墨"相比较。《说文·土部》："墨，书墨也。从土，从黑，黑亦声。"明陶宗仪《辍耕录·墨》："上古无墨，竹挺点漆而书，中古方以石磨汁，或云是延安石液，至魏晋时始有墨丸，乃漆烟松煤夹和为之。"引申可以用指"黑色"。《广雅·释器》："墨，黑也。"唐韩翃《送刘将军》诗："青巾校尉遥相许，墨矟将军莫大夸。"《西游补》第四回："一只粉琉璃桌子，桌上一把墨琉璃茶壶。"《广韵·德韵》："墨，莫北切。"其上古音，郑张尚芳构拟成 *mlɯɯg，李方桂构拟成 *mək，王力构拟成 *mək。其中古音，郑张尚芳构拟成 *mək，邵荣芬构拟成 *mək，王力构拟成 *mək。白保罗认为，列普查语 muk "多雾的，有薄雾的"，muk-muk "阴暗，黑暗" <藏缅语 *r-mu·k；muŋ "阴暗的，多云的" <藏缅语 *mu·ŋ。白保罗将藏缅语的"黑"构拟成藏缅语 *mu·ŋ。①

首辅音可以是双唇塞音，有 pu，如：

ɕatsu pi ji pu ji jali dzə je boso tələla sa（《羌族释比经典·颂释比木拉》P. 476）
师祖 释比 的 黑 的 夜晚 凡人 病 全部 解开 了
释比师祖来作法，疾病一夜全消除。

单音节首辅音也可以是舌尖鼻音，有 næ、nə、nei、neiq、su、

---

① Benedict, P. K（白保罗）：*Sino-Tibetan: a Conspectus*, Cambridge University Printing House. 1972：234.

tshui，如：

　　munə tɕhioqe næ ʂpiezə ji（《羌族释比经典·治妖》P.1292）
　　大白天 之中 黑 变成 了
　　大白天的就变成了黑夜。

　　me ʂto nə ȵi me ʂto ʂnə netɕhie pu ji（《羌族释比经典·说母亲》P.977）
　　绸缎　黑　和　绸缎　红　两匹　做了
　　红黑绸缎各是两匹。

　　zʅu za nə ki ŋa mi tɕhua za（《羌族释比经典·罪一部》P.1930）
　　马　皮　黑　的　我　不　踩　呀
　　不洁净的马皮我不踩。

　　ʁu¹ phi ʁu¹ nei qhæ dysua（《羌族释比经典·送杉旗》P.1611）
　　牦牛 白 牦牛 黑 杉旗 交涉
　　杉旗用黑白牦牛供奉了。

　　neiq bu le tɕita ŋu（《羌族释比经典·颂释比木拉》P.476）
　　黑 鼓 有 家庭 是
　　黑鼓拿来家庭用。

羌语该系列"黑"词语与以下语言中的"黑"有关系。如：阿力克 nok、巴塘 nɑ¹³、拉萨 na¹³、夏河 naχ、独龙 nɑʔ⁵⁵、尔龚 ȵa、贵琼 ȵi³⁵、观音桥 ȵɑ⁵⁵、木雅 ȵi⁵⁵、兰坪 ȵɑ¹³、九龙 ȵɑ¹¹、鲁甸 ȵA¹³、箐花 ȵɑ¹³、新营盘 ȵA¹³、哈尼 na³³、基诺 na⁴²、卡卓 na⁵³、傈僳 nɛ⁵³、纳西 nɑ²¹、怒苏 na⁵³、果力 nu⁵³、彝语 ne³³、波拉 naʔ³¹、浪速 nɔʔ³¹、勒期 nɔːʔ³¹。羌语该系列"黑"词语可以和汉语的"涅"相比较。《说文·土部》："涅，黑土在水中也。从水，从土，日声。"《广雅·释诂三》："涅，泥也。"《荀子·劝学》："蓬生麻中，不扶而直；白沙在涅，与之俱黑。"引申也可以用指"黑色"。《广雅·释器》："涅，黑也。"《淮南子·说山训》："譬犹以涅拭素也。"高诱注："涅，黑也；素，白也。"唐段成式《酉阳杂俎续集·支诺皋中》："见堆案绕壁，皆涅楮朱书。"《广韵·屑韵》："涅，奴结切。"其上古音，郑张尚芳构拟成 *hmɯɯn，李方桂构拟成 *hnən，王力构拟成 *xyən。其中古音，郑张尚芳构拟成 *xuən，邵荣芬构拟成 *xuən，王力构拟成 *xuən。白保罗认为，藏语 rum "黑暗，暗"，克钦语 rim "微暗，黑暗"，nrim "晚上"，niŋrim rim "黄昏"，sərim，怒语 rim~rim na "灰色的"（na "黑的"），rim-rim wɛ "黄昏"，并将藏缅语"黑"构拟成 *num ~ *rim。①

单音节首辅音也可以是舌尖前塞擦音和擦音，有 su、tshui，如：

su phʐei miɲa tɕi le tʂhu mo （《羌族释比经典·九敬经》P.791）
黑 白 没有 宫 个 修 哟
白天夜晚接着修天宫。

sælə dʐa mu xsu tshui pu ji （《羌族释比经典·木吉剪纸救百兽》P.2245）
索子 安 者 山 黑 做 了
吊路子他黑了山。

单音节首辅音也可以是舌面鼻音，有 ɲe、ɲi、ɲie、ɲis、ɲi，如：

dzəʁua petʂu qhua lə sa ɲe mi sa （《羌族释比经典·九敬经》P.791）
荞子花   开 了 会 黑 不 会
吃了田园荞子花，荞子烂花无收成。

jymia ɲi le tətɕhi lo we （《羌族释比经典·邪怪》P.1729）
母鸡 黑 一个 铁蛋 生 了
黑母鸡生一铁蛋。

gəti dʐə ɲi gə tə ti wa （《羌族释比经典·还愿》P.616）
天上 公羊 黑 这 年 敬 了
肥壮公羊已敬上。

zæ ɕie qhe ɲie （《羌族释比经典·山黄岩黑》P.1320）
山 黄 岩 黑
山黄岩黑。

khumie ɲis tɕitu ʁam je misan （《羌族释比经典·说鬼》P.1359）
母狗 黑 房边 吼叫 有 没有
黑色母狗在房边吼叫的有没有。

snə ə na ɲi apa doʁule （《羌族释比经典·开坛请神》P.393）
红 和 黑 阿巴 敬请到
红鼻师爷要敬请到，黑鼻师爷要敬请到。

羌语该系列的词与首辅音为舌尖鼻音"黑"来源相同。详见上文。

单音节首辅音也可以是小舌音，有 qha，如：

---

① Benedict, P. K（白保罗）：*Sino-Tibetan: a Conspectus*, Cambridge University Printing House. 1972：401.

təuŋæʈʂu le tənə ɕi ȵia tənə qha ji （《羌族释比经典·木吉珠和斗安珠》P. 103）

斗安珠 个 已敬 焦 和 已敬 黑 了
烈火烧焦斗安身。

羌语"黑"单音节首辅音还可以是复辅音，有 ʐmu、Xle，如：
ɕyæ ʐgəu qeze ʐmu ʐgəu qezə tɕie tɕie pu so （《羌族释比经典·说母亲》P. 968）

亮起 之时 黑起 之时 织 织 做 了
从清晨一直织到黄昏。

hase məta tə Xle koko （《羌族释比经典·好人》P. 1942）

一天 之后 这 黑 之中
过了一些时间，在黑的树叶堆里面。

羌语"黑"还可以用双音节表示，有 næʂpie、nuȵi、zəməu、ȵi^{55}ȵi^{31}、naɕpie、ȵihaq、ȵixə¹，如：
ɕieta go næʂpie ŋue ji （《羌族释比经典·治妖》P. 1290）

身上 就 黑 是 的
身上的羽毛黑乎乎。

Xamu pikə nuȵi məna la məna do wu le （《羌族释比经典·交替给羊》P. 1632）

地上 奔跑 黑 威力 豺狗 威力 请 叫 了
释比我敬请了神威，黑狼豺狗就奔跑如飞。

muȵi ʐgo ȵia mu zəməu kə ʂəXou tʂə （《羌族释比经典·颂神禹》P. 213）

太阳 落山 和 天 黑 的 时候 里
每天黑夜到来时。

no nəŋa ȵiȵi zəmə dala du （《羌族释比经典·羌戈大战》P. 43）

你 乌鸦 黑的 话语 假说 说
斥责黑鸦话不真。

结　语

本书以《百词表》为线索组建语义场，结合田野调查材料及羌语书面材料，对羌语核心词语义场中的词语进行了一个比较系统的梳理与研究。全书涉及54个名词，19个动词，15个形容词，即涉及88个核心词的语义场。这88个语义场中涵盖不同形式的核心词将近一千余个。本书利用历史比较语言学的研究成果，从共时和历时两个角度对其进行了较为深刻的探究。通过该研究，我们发现了羌语词语中的一些特殊现象及其规律。

首先，通过以语义场为核心梳理核心词，能够比较清晰地发现羌语词语演变的历程。在调查过程中，我们发现不少羌语词汇受到汉语的影响，越来越多的词语开始与汉语同轨发展。羌语的濒危程度在不断加深，羌语的深入研究还有待广大学者积极参与及进一步拓展。

其次，研究中充分利用田野调查资料和羌语书面材料，可以发现羌语书面材料非常重要。这些书面材料中记载了不少羌语已经消失或者正在消失的词语。系统地分析这些词语有利于展现羌民族的发展历程。

再次，以羌语核心词语义场中的词语与汉语、藏语比较，可以清晰地展现汉羌同根同源。让我们充分了解中华民族的伟大与浑厚。

最后，通过研究，我们发现羌语词汇来源复杂，不仅仅与汉语、藏语有关，其与藏缅语之间关系是比较密切，但是也与苗瑶语、侗台语有一定关系。也即汉藏语言的发展是相互影响，相互促进。

当然，本书还存在一些不足。如因篇幅和研究重点的因素，在对羌语核心词进行历史比较时，引用前人的观点较多，深入地进行历史比较显得有些单薄。同时，因为本书既要对不同方言点的羌语进行调查，又要将羌语书面材料组建语料库，工作量异常大，导致我们在行文中没有对剩余的十二个核心词进行研究。但是，剩余的核心词主要是数量词、代词，前贤对数量词、代词研究成果非常多，而且研究也很深入，故我们在此没有必要复述前贤成果。当然，日后，我们还是会花一定时间对这些词进行一个梳理，以便该研究更全面、更深入。

参考文献

一 论文

安群英、史军：《20世纪以来国内羌族研究文献述评》，《西南民族大学学报（人文社会科学版）》2014年第3期。

蔡文君：《羌族非物质文化遗产研究——浅论羌族语言面临的困境及抢救对策》，《贵州民族研究》2008年第6期。

常倩：《近百年来羌族史研究综述》，《贵州民族研究》2009年第3期。

陈春勤：《羌族文献全文资料数据库建设初探》，《四川图书馆学报》2007年第3期。

陈玉堂：《从羌语"Na gve Lea"的音译谈起——兼谈羌语翻译语料库的建设》，《译苑》2009年第3期。

陈玉堂：《从"释比"的音译谈羌族释比经典中"神名"的英译》，《阿坝师范高等专科学校学报》2010年第4期。

戴庆厦：《古汉语研究与少数民族语言》，《古汉语研究》2008年第4期。

瞿霭堂：《嘉绒语动词的人称范畴》，《民族语文》1983年第4期。

盖兴之、姜竹仪：《纳西语在藏缅语言中的地位》，《民族语文》1990年第1期。

高韬、周俊勋：《木卡和绵虒羌语格标记对比分析》，《华西语文学刊》2012年第2期。

耿静：《羌族研究综述》，《贵州民族研究》2004年第3期。

耿静：《羌语与羌族文化生态保护实验区建设》，《贵州民族研究》

2012 年第 1 期。

古同熙、袁琳蓉：《羌族文献资源的调查与分析》，《西南民族学院学报》1998 年第 2 期。

顾颉刚：《从古籍中探索我国的西部民族——羌族》，《历史学研究》1980 年第 1 期。

和根吉：《纳西语及其同彝、羌语支间联系探析》，《管理观察》2009 年第 12 期。

黄布凡：《从羌语的构词词缀看羌族思维方式的某些特征》，《汉藏语言研究》2014 年第 5 期。

黄布凡：《羌语语音演变中排斥鼻音的趋势》，《民族语文》1987 年第 5 期。

黄布凡：《羌语》，中央民族学院少数民族语言研究所编《中国少数民族语言》，四川民族出版社 1987 年版。

黄布凡：《藏缅语动词的趋向范畴》，马学良等编《藏缅语新论》，中央民族学院出版社 1994 年版。

黄布凡：《羌语的体范畴》，《民族语文》2000 年第 2 期。

黄布凡：《羌语构词词缀的某些特征》，《民族语文》2002 年第 6 期。

黄成龙：《羌语形容词研究》，《语言研究》1994 年第 2 期。

黄成龙：《羌语音位系统分析刍议》，《民族语文》1995 年第 1 期。

黄成龙：《羌语动词的前缀》，《民族语文》1997 年第 2 期。

黄成龙：《羌语音节弱化现象》，《民族语文》1998 年第 3 期。

黄成龙：《羌语的存在动词》，《民族语文》2000 年第 4 期。

黄成龙：《羌语》，联合国教科文组织《世界语言报告》中国部分，中国社会科学院民族研究所编，2000 年。

黄成龙：《羌语名词短语的词序》，《民族语文》2003 年第 2 期。

黄成龙：《语法描写框架及术语的标记》，《民族语文》2005 年第 3 期。

黄成龙：《羌语的名量词》，《民族语文》2005 年第 5 期。

黄成龙：《羌语子句的关系化手段》，《民族语文》2008 年第 4 期。

黄成龙：《羌语的话题标记》，《语言科学》2008 年第 6 期。

黄成龙：《羌语中的生命度等级序列》，《汉藏语学报》（第七期）2013 年。

黄春宇：《濒危语言，理智与情感之间》，《文汇报》2015年第10期。

李山、周发成：《论羌语语法中的否定形式》，《民族语文》2002年第1期。

李永燧：《缅彝语调类：历史比较法的运用》，《民族语文》1996年第5期。

李永燧：《羌缅语群刍议》，《民族语文》1998年第1期。

刘光坤：《羌语中的藏语借词》，《民族语文》1981年第3期。

刘光坤：《羌语辅音韵尾研究》，《民族语文》1984年第4期。

刘光坤：《羌语中的长辅音》，《民族语文》1986年第4期。

刘光坤：《论羌语代词的"格"》，《民族语文》1987年第4期。

刘光坤：《藏缅语族中的羌语支试析》，《西南民族学院学报》1989年第3期。

刘光坤：《羌语复辅音研究》，《民族语文》1997年第4期。

刘光坤：《论羌语声调的产生和发展》，《民族语文》1998年第2期。

刘光坤：《论羌语动词的人称范畴》，《民族语文》1999年第1期。

刘辉强、尚云川：《拯救羌语支濒危语言——尔苏语、纳木依语、贵琼语、扎巴语资料记录和保存》，《西南民族大学学报》（人文社科版）2006年第12期。

罗仁地、潘露莉：《信息传达的性质与语言的本质和语言的发展》，《中国语文》2002年第3期。

罗仁地、潘露莉：《焦点结构的类型及其对汉语词序的影响》，徐烈炯、潘海华主编《焦点结构和意义的研究》，外语教学与研究出版社2005年版。

麻慧群、周俊勋、刘汉文：《木卡羌语语音概述》，《阿坝师范高等专科学校学报》2011年第3期。

马国荣：《秦汉时期西域羌族、车师和月氏的社会生活》，《喀什师范学院学报》1996年第2期。

马锦卫、蔡华、仁青措、刘诚芳：《四川民族地区民族语言文字应用情况研究》，《西南民族大学学报》（人文社科版）2006年第8期。

马锦卫：《彝语及其亲属语同源词探析》，《西南民族大学学报》（人文社科版）2012年第11期。

聂鸿音：《道光〈石泉县志〉中的羌语词》，《民族语文》2000年第聂鸿音：《汉文史籍中的西羌语和党项语》，《语言研究》2000年第4期。

彭小琴：《羌族语言的传承路径研究》，《贵州民族研究》2015年第2期。

阮宝娣：《羌语濒危型村寨语言使用现状及成因分析》，《民族教育研究》2012年第5期。

阮宝娣：《羌语衰退型村寨语言使用现状及其成因分析》，《中央民族大学学报》2012年第6期。

阮宝娣：《羌语稳定型村寨语言使用现状及其成因分析》，《云南民族大学学报》2012年第5期。

申向阳：《古老羌语：从弱势走向濒危——阿坝州羌语生存现状调查》，《阿坝师范高等专科学校学报》2011年第2期。

申向阳：《羌族文化重建中羌语的保护和抢救》，《文教资料》2012年第8期。

沈向荣、刘博：《汉藏语中的塞尾爆破现象》，《民族语文》2010年第1期。

孙宏开：《羌语动词的趋向范畴》，《民族语文》1981年第1期。

孙宏开：《羌语支属问题初探》，民族语文编辑部编《民族语文研究问题》，青海民族出版社1982年版。

孙宏开：《川西"民族走廊"地区的语言》，《西南民族研究》（第一集），四川民族出版社1983年版。

孙宏开：《试论"邛笼"文化与羌语支语言》，《民族研究》1986年第2期。

孙宏开：《论羌族双语制——兼谈汉语对羌语的影响》，《民族语文》1988年第4期。

孙宏开：《从词汇比较看西夏语与藏缅语族羌语支的关系》，《民族语文》1991年第2期。

孙宏开：《藏缅语族羌语支语言及语言学研讨会述评》，《当代语言学》2000年第2期。

孙宏开、江荻：《描写中国语言使用的国际音标及附加符号》，《民族语文》2004年第1期。

孙宏开：《在危险环境中的调查》，《中国民族》2006年第2期。

孙宏开：《中国少数民族语言活力排序研究》，《广西民族大学学报》（哲学社会科学版）2006年第5期。

孙宏开：《古代羌人和现代羌语支族群的关系》，《西南民族大学学报》（人文社科版）2011年第1期。

孙宏开：《羌语支在汉藏语系中的历史地位》，《云南民族大学学报》2011年第6期。

孙宏开：《羌族"释比"语源考》，《阿坝师范高等专科学校学报》2013年第2期。

孙宏开、刘光坤：《羌语的调查研究》，《阿坝师范高等专科学校学报》2014年第3期。

孙宏开：《中国少数民族语言规划百年议》，《青海民族研究》2015年第2期。

唐韵：《四川兄弟民族语言文字的使用及研究概述》，《四川师范学院学报》1996年第5期。

田阡子、孙宏开、江荻：《汉藏语数据与东亚人类的渊源》，《西南民族大学学报》2007年第11期。

王保锋、王蓓：《龙溪羌语施事者标记 Le^{31} 的实验研究》，《民族语文》2015年第4期。

王保锋：《龙溪羌语的构词法》，《阿坝师范学院学报》2016年第1期。

王平：《羌族语言与文化的现状、保护与传承》，《社会科学家》2010年第4期。

王熠：《探析羌族与汉语的历史源流与发展现状》，《高校讲坛》2010年第29期。

闻宥：《论黑水羌语中之 Final Plosives》，《中国文化研究所集刊（第一卷）》1940年第1期。

闻宥：《川西羌语之初步分析》，《中国文化研究所集刊》（第二卷），1941年。

闻宥：Verbal directive prefixes in the Jyarung and their Qiang equivalents，《中国文化研究所集刊（第三卷）》，1943年。

闻宥：《汶川萝卜寨羌语音系》，《中国文化研究所集刊（第三卷）》，1943 年。

闻宥：《汶川瓦寺组羌语音系》，《中国文化研究汇刊（第三卷）》，1943 年。

闻宥：《理番后二枯羌语音系》，《中国文化研究所集刊（第四卷增刊）》，1945 年。

闻宥：《羌语方言中若干强子音之来源》，《中国文化研究所集刊（第六卷）》，1947 年。

闻宥：《An abridged Ch'iang vocabulary》，《中国文化研究所集刊（第九卷）》1950 年。

闻宥：《汶川萝卜寨辞汇简编（萝卜寨方言）》，《中国文化研究所集刊（第十卷）》，1951 年。

闻宥：《论所谓南语》，《民族语文》1981 年第 4 期。

薛方昱、乔高才让：《甘肃古代羌语地名探讨》，《敦煌学辑刊》2009 年第 3 期。

叶小军：《羌语保持的语言人类学思考》，《黑龙江民族丛刊》2012 年第 6 期。

叶小军：《试论羌语转换对地区文化安全的影响》，《红河学院学报》2014 年第 4 期。

尹蔚彬：《"做"义轻动词的功能和语法化特点——以羌语支语言为例》，《民族语文》2017 年第 1 期。

俞敏：《东汉以前的姜语和西羌语》，《民族语文》1991 年第 1 期。

袁琳蓉：《百年来羌族宗教研究的回顾与反思》，《民族学刊》2014 年第 3 期。

张倩儒：《普米语合成双音词的构词方式》，《咬文嚼字》2011 年第 6 期。

张天明：《羌语保护与传承的教育对策探析》，《内蒙古师范大学学报》（教育科学版）2012 年第 10 期。

张曦：《藏羌彝走廊的研究路径》，《西北民族研究》2012 年第 3 期。

赵红海：《羌语濒危的原因透视及对策探讨》，《黑龙江民族丛刊》2011 年第 4 期。

赵蕤：《基于历史考古视角下的日本羌族研究文献综述》，《中华文化论坛》2014 年第 1 期。

赵蕤:《近30年来日本学者的羌族研究文献综述——以文化人类学为中心》,《贵州民族研究》2014年第5期。

赵小刚:《朝那:保留在汉语中的古羌语词语》,《兰州大学学报》(社会科学版)2007年第2期。

赵小刚:《羌汉语言接触形成的一组同源汉字》,《中央民族大学学报》(哲学社会科学版)2004年第6期。

赵旭东、罗涛:《以文字书写典范与以文化融合多元之间的互动与生成》,《广西民族大学学报》(哲学社会科学版)2010年第5期。

郑武曦:《试论语言接触引发的羌语对当地汉语的干扰》,《阿坝师范高等专科学校学报》2009年第3期。

郑武曦:《龙溪羌语概况》,《民族语文》2010年第4期。

郑武曦:《龙溪羌语名词短语的结构》,《阿坝师范高等专科学校学报》2015年第4期。

郑张尚芳:《汉语与亲属语言比较的方法问题》,《南开语言学刊》2003年第6期。

郑张尚芳:《谈音义关联的平行词系比较法》,《民族语文》2004年第1期。

周发晟:《简论羌语格助词》,《阿坝师范高等专科学校学报》2007年第3期。

周俊勋等:《木卡羌语的语法标记分析》,《华西语文学刊》2012年第1期。

邹莹:《羌族语言研究综述》,《阿坝师范高等专科学校学报》2013年第4期。

LaPolla, Randy, J. & Huang Chenglong. *English – Qiang glossary by semantic field*. Basic Materials on Minority Languages in East and Southeast Asia. 2003.

Nathaniel Sims, *A phonology and lexicon of the Yonghe variety of Qiang*, Linguistics of the Tibeto-Burman Area, 2014.

二 硕博论文

陈孝玲:《侗台语核心词研究》,博士学位论文,华中科技大学,2009年。

陈仕君：《藏缅语的比较句研究》，硕士学位论文，上海师范大学，2014年。

崔霞：《独龙语系属比较研究》，硕士论学位文，中央民族大学，2009年。

胡晓玲：《羌族学生英语学习中的跨语言影响》，硕士学位论文，西南大学，2007年。

高韬：《语言接触视野下的南部羌语比较研究》，博士学位论文，西南交通大学，2018年。

贾慧灵：《绵虒羌语研究》，硕士学位论文，西南交通大学，2011年。

蓝广胜：《羌族火文化研究》，硕士学位论文，中央民族大学，2010年。

刘丽媛：《藏缅语族 a 前缀研究》，硕士学位论文，云南师范大学，2016年。

麻慧群：《木卡羌语研究》，硕士学位论文，西南交通大学，2011年。

欧阳澜：《瑶语核心词研究》，博士学位论文，华中科技大学，2017年。

其咪仲呷：《扎巴方言研究》，硕士学位论文，中央民族大学，2012年。

田智：《汉语与羌语三种句序对比研究》，硕士学位论文，中央民族大学，2005年。

王保锋：《萝卜寨羌语语法研究》，博士学位论文，中央民族大学，2017年。

王小琴：《羌族地区中小学羌语文课程实施问题及对策研究》，硕士学位论文，西南大学，2008年。

王嫒：《羌族地区文化生态的保护与发展——以四川省汶川县布瓦村为例》，硕士学位论文，中央民族大学，2011年。

魏晓莉：《民国时期国内外学者对四川羌区的社会考察述论》，硕士学位论文，四川师范大学，2015年。

吴铮：《藏缅语否定范畴研究》，博士学位论文，中央民族大学，2007年。

余成林：《汉藏语系语言存在句研究》，博士学位论文，中央民族大学，2011年。

张竞艳：《四川茂汶地区羌族语言选择问题研究》，博士学位论文，中央民族大学，2010年。

张夏夏：《韵律焦点的实现与感知——藏语拉萨语、羌语比较研究》，硕士学位论文，中央民族大学，2013年。

周发成：《热额纳羌语参考语法》，博士学位论文，上海师范大学，2019年。

Huang Chenglong, *A Reference Grammar of the Puxi Variety of Qiang*, PhD dissertation. Hong Kong：City University of Hong Kong, 2004.

Zheng wuxi, *A Grammar of Longxi Qiang*, PhD dissertation. national university of singapore, 2016.

三 著作

戴庆厦：《汉藏语研究方法讲稿》，商务印书馆2021年版。

邓春琴：《南北朝核心词研究》，中国社会科学出版社2019年版。

丁邦新主编：《历史层次与方言研究》，上海教育出版社2007年版。

董秀芳：《词汇化：汉语双音词的衍生和发展》，四川民族出版社2002年版。

范文澜：《中国通史简编》，人民出版社1978年版。

费孝通：《中华民族多元一体格局》，中央民族大学出版社2018年版。

傅懋勣：《论民族语言调查研究》，语文出版社1998年版。

高华年、宋长栋、庄益群：《少数民族语言调查研究教程》，广西教育出版社1990年版。

耿少将：《羌族通史》，上海人民出版社2010年版。

黄布凡、周发成：《羌语研究》，四川人民出版社2006年版。

黄成龙、王保锋、毛明军、张曦：《四川松潘羌语》，商务印书馆2019年版。

黄成龙：《羌语荣红话》，中国社会科学院民族研究所，1993年。

黄成龙：《羌族》，中国地图出版社2003年版。

黄成龙：《蒲溪羌语研究》，民族出版社2007年版。

黄成龙、周发成、张曦：《羌语366句会话句》，社会科学文献出版社2014年版。

黄成龙：《羌语言文字通览》，四川民族出版社2021年版。

黄树先：《汉缅语比较研究》，华中科技大学出版社2003年版。

黄树先：《汉语身体词探索》，华中科技大学出版社2012年版。

金理新：《汉藏语系核心词》，民族出版社2012年版。

刘光坤：《麻窝羌语研究》，四川民族出版社1998年版。

刘晓南：《汉语音韵研究教程》，北京大学出版社2007年版。

马林英、［美］王丹宁、［美］苏珊：《藏汉英常用词词汇》，民族出版社2008年版。

马学良：《汉藏语概论》，北京大学出版社1991年版。

潘悟云：《汉语历史音韵学》，上海教育出版社2000年版。

［日］桥本万太郎：《语言地理类型学》，世界图书出版公司北京公司2008年版。

冉光荣、李绍明、周锡银：《羌族史》，四川民族出版社1985年版。

任乃强：《羌族源流探索》，重庆出版社1984年版。

四川省少数民族古籍整理办公室：《羌族释比经典》，四川民族出版社2008年版。

孙宏开：《羌语简志》，民族出版社1981年版。

孙宏开：《藏缅语族羌语支研究》，中国社会科学出版社2011年版。

孙宏开：《八江流域的藏缅语》，中国社会科学出版社2013年版。

孙宏开、丁邦新、江荻、燕海雄：《汉藏语语音和词汇》，民族出版社2016年版。

王洪君：《历史语言学方法论与汉语方言音韵史个案研究》，商务印书馆2014年版。

韦树关、颜海云、黎莎：《国外壮侗语族语言词汇集》，世界图书出版公司2019年版。

吴安其：《汉藏语同源研究》，中央民族大学出版社2002年版。

向柏霖、蓝庆元：《中国少数民族语言汉语借词的历史层次》，商务印书馆2013年版。

杨光荣：《藏语汉语同源词研究：一种新型的中西合璧的历史比较语言学》，民族出版社2000年版。

俞敏：《俞敏语言学论文集》，商务印书馆1999年版。

周发成：《汉羌词典》，中国文联出版社2010年版。

周庆生:《中国民族语言学研究》,社会科学文献出版社 2008 年版。

周锡银:《羌族词典》,巴蜀书社 2004 年版。

P. K. 本尼迪克特:《汉藏语言概论》,罗美珍等译,中国社会科学院民族研究室,1984 年。

Jonathan Paul Evans, *Introduction to Qiang Phonology and Lexicon*: *Synchrony and Diachrony*, university of California, 1999.

LaPolla, Randy, J. & Huang Chenglong, *A Grammar of Qiang*, *With annotated texts and glossary*. Berlin: Mouton de Gruyter. 2003.